佛教與中國文化

——王開府教授榮退紀念論文集

黃連忠、李幸玲、黃敬家等編撰

萬卷樓圖書公司 印行

卻顧所來徑・蒼蒼橫翠微
——我的學思歷程

一

　　我於民國 36 年 1 月 7 日在廈門出生，大陸淪陷後隨父母輾轉由香港來台，先住台北，再遷台南七股、桃園中壢，最後定居新竹。小時有氣喘痼疾，常請病假，形成我害羞寡言而不善交友的性格；但從好的一面來說，也養成我獨自思考的習慣。因為父親文筆很好，我又受了幾位國文老師的影響，從初中開始喜歡國文。高中時讀新竹中學，因學校規定每月寫課外閱讀報告，我開始去圖書館借書來看，課外閱讀變成學習的一部分。那時除了讀教育部節選《四書》編成的《文化基本教材》，又參考了老師指定的蔣伯潛《廣解四書》，覺得自己與儒家思想頗為契合。特別是讀了《廣解四書》書眉的朱子集註，初步了解宋明理學家對經典的見地，讓我受益匪淺。

　　高二時遇到史作檉老師，他畢業於台大哲學研究所，是方東美的學生。史老師是我們的導師，也教我們英文，但上課時偶而隨興的講些哲學，我遂初窺了哲學的天地。他常在我的週記中批語，對我有所指導與鼓勵，影響我極為深遠。那時我開始讀老師的一些著作。我印象最深的是，他認為一個人能做什麼事並不重要，重要的是他能不能成為一個真誠的人。史老師在校園中有些特立獨行，同學們都戲稱他是聖人。

　　我在高中國文課本中，讀了一篇有關王陽明的文章，提到王陽明年少時曾問老師讀書是為了什麼？老師說是為了在科舉考試中登第，陽明不以為然，他認為讀書是要做天下第一等人。陽明年輕時熱衷追求生命的價值，居然在新婚之夜走進一間道觀，學習打坐到天亮，忘了回家。我對這樣的人格極為嚮往。高中時開始寫日記，反省自己的生活。真誠面對自己與世界，成為我的座右銘。

　　青少年的輕狂，再加上自認為有些才氣、文情與智慧，自我期許很高，也形成孤傲的性格，即使這種性格不常顯露在外。另一方面，我也從父親任職機關的圖書室，借了有關交際修養的通俗著作，想改善自己的人際關係，學習待人處事成功之道。

　　新竹中學辛志平校長可是赫赫有名。他作風非常民主，每個月集合學生在禮堂開動員月會，學生可以自由上台批評學校事務，再由校長及各處主任回應學生的批評，這在全台灣恐怕是絕無僅有的。他重視德、智、體、羣、美五育均衡發展。在學校巡視時，看見走廊有紙屑，他會親手把紙屑撿起來，作為身教。他要求每一位學生學會游泳與長途越野賽跑，否則不能畢業。我因身體不好，達不到這兩個標準，他就利用朝會時間，教我們這些病號打太極拳。那時我也從一位治氣喘的中醫師學八段錦。有了太極拳、八段錦的基礎，成年之後我也興致勃勃的學外丹功、甩手、香功等健身法，對我的身心頗有助益。

　　新竹中學規定美術、音樂不及格的學生都要補考通過，否則不能畢業。美術老師李宴芳先生，引導我對美術的興趣。我的畫作偶而與其他同學的畫作一起在學校玄關布告欄中展出。音樂老師蘇申墉先生則讓我對古典音樂感到興趣。

　　高二我被分到實驗班，因想讀文組，就離開了實驗班。我常常生病，數學、英文學不好，不幸留級。但也因為留級重讀高二一次，學習表現有很大的進步，讓我信心大增，對數學、英文都有興趣。高三時導師是英文老師葉景曦，選我當副班長。雖然是文組，也得上物理課。物理課的老師大概看我上課很認真，有一次問我為什麼不考理組，我祇好笑笑。高三時的國文代課老師，我忘了他的名字，他上課都會在最後留個十幾分鐘給大家問問題，可是同學們都不發問。我覺得很浪費時間，所以常常找些問題當堂問老師，這意外的使我沈默寡言的個性有了改變，我開始習慣在許多人面前勇於提問，甚至表達意見。畢業後我參加任何大小會議，都會用心思考，提出自己的看法與主張，積極參與討論，而不甘祇作壁上觀，我的入世性格終於顯露出來。

　　高中畢業本來要考台大哲學系，後來因為想當老師，讀師大又有公費，可以減輕父母的負擔，於是選擇師大國文系為我的第一志願，後來果真如願以償。當然，向來對國文的興趣，也是決定我就讀國文系的重

要原因。因為大學考試國文科的成績名列全國中文系的第二名，所以還得到聯合報中國文學獎金，領到一萬元，這在當年還是筆高額獎金，讓父母十分欣慰。

二

在師大四年，結識了同年級甲乙丙三班的許多同學。大一時我們就組成了一個課外論學的小團體。我讀的是丙班，和甲班的翁以倫、姚榮松同學，乙班的李豐楙同學也很熟悉。因為我和豐楙都喜歡古典音樂，常常相約一起去聽音樂會，暑假時也互相通信聊天。教新文藝的謝冰瑩教授，編選當時同學作品成《青青文集》一書，由文源書局於 56 年正式出版，這在國文系還是第一遭。這本書還存在系圖書館裡，其中我寫的是〈我的英文老師〉，用以表達我對史老師的崇敬。大學時期沒有特別親近哪位老師，大二常翹課，經常從圖書館借書，自己在校園找一棵樹下看書。大三時靜極思動，被同學推選為班長，開始投入團體的事務。大四時無法繼續住校，與好友蔡廷吉同學一同在學校附近租屋。58 年大學結業，隨後回到新竹中學實習。那時有同學鼓勵我去考研究所，我教書半年後也覺得這樣一直教下去，並非我的志趣，所以決定考研究所。同學徐平章特別提供我考古題，在寒假中好好準備。我選擇考師大及政大中文研究所，後來幸運的兩邊都考取，我決定回師大就讀，同時也與姚榮松同學，再度成為研究所的同窗好友。

師大國研所的師資大多是經學、小學、文學為主。第一學期上了程發軔老師的課，老師要我們寫一篇小論文，我根據顧頡剛《古史辨》的研究，寫了一篇〈周易經傳著作問題初探〉，想不到程老師沒通知我，就逕自推荐給《孔孟月刊》在 61 年發表。這是我發表的第一篇論文，令我受寵若驚。後來這篇論文也被收入台北黎明文化公司出版的《易經研究論集》中。因為程老師知遇之恩，後來寫碩士論文就請他指導，他也答應了。他要我自己找研究主題，我最後決定寫〈王陽明的致良知說〉，也顯示我對陽明的始終敬重。62 年我進入師大國文系擔任助教，以後升等為正式開課的教師。一起在國文系教書的大學同學，除了姚榮松之外，還有吳金娥同學。王新華與蔡廷吉同學則任教於林口的僑大先

修班，後來僑大成為師大林口校區。

67 年由學生書局出版我的第一本著作《胡五峯的心學》。那年正好牟宗三老師到台灣，對臺大哲學研究所學生作一系列演講，我躬逢其盛，親聆教益。這次的演講記錄結集成書，即《中國哲學十九講》。我開始閱讀牟先生的著作，特別是與宋明理學有關的《心體與性體》一書。對牟先生思路的細密及見解的獨到，大為折服。但後來我了解佛教尤其大乘思想之後，對他判佛教為境界形態並不贊同。當時我也閱讀唐君毅、徐復觀、方東美等學者的書。

我本想去美國讀哲學，以償讀哲學的宿願。後來發現時間上不容許我去留學兩三年。因此我考慮改去美國讀教育。為了準備留美，我通過了托福和 GRE 考試，分數都很高。72 年透過師大姊妹校的交流關係，我申請去美國密蘇里大學教育研究所讀成人教育，一年後取得教育碩士學位。回國後開始想研究道德哲學與倫理學。75 年由學生書局出版《儒家倫理學析論》一書。

我非常喜歡《四書》，尤其是〈中庸〉，〈中庸〉闡發天人之際，致廣大而盡精微，並暢論「至誠無息」，深獲我心。77 年在「王安中國學術研究獎助金」資助下，完成了〈由「中庸」探討儒家倫理的基本信念〉一文。

77 年正中書局的《國文天地》雜誌將停刊，當時國文系王熙元主任與本系陳滿銘、許錟輝及東吳大學林慶彰等教授覺得該雜誌停刊很可惜，遂邀請本系許多老師集資接辦，我也受邀參與。

78 年林耀曾老師因病退休，王熙元主任要我去接林老師「中國哲學史」的課；同年我也開了「宋明理學導讀」。84 年由萬卷樓出版《四書的智慧》一書。後來也在進修部暑期碩士班開「中國哲學史專題研究」。

88 年暑假我去日本九州大學中國哲學史研究室，進行自費專題研究三個月，研究主題是「張橫渠氣論研究」，完成〈張橫渠氣論之詮釋——爭議與解決〉一文，發表在日本九州大學中國哲學研究會《中國哲學論集》。此外，因為我對胡五峯的研究，引起日本學者高畑常信的注意，他開始與我通信，並且送他的論著給我，他主要是研究胡五峯與張南軒的湖湘學派。

88 至 91 年參與鍾彩鈞先生主持的中央研究院主題研究計畫：「儒釋道三教關係研究」。我負責一子計畫，後來發表了論文〈宗密《原人論》三教會通平議〉。

98 至 99 年應邀到韓國外國語大學中文系講學一年。

在行政工作方面，64 至 65 年經張孝裕老師推荐，兼任師大訓導處課外活動組學生社團輔導工作。65 至 69 年經李鍌和楊昌年老師推荐，擔任宗亮東教務長的秘書。77 至 78 年經田博元老師推荐，擔任師大中等教育輔導委員會輔導組主任，同時主編《師大校刊》。

行政工作頗為繁瑣，影響我的學術研究。陳滿銘教授卻鼓勵我在學思之餘，也要在行政事務上多所歷練，拓展視野與胸襟氣度。他的勸勉讓我銘感在心。93 年陳麗桂主任受聘轉任實習輔導處長，系主任必須改選。系裡有些老師鼓勵我參選。我回想自己承受國文系的教育與栽培，從 54 年起前後近四十年，我對系也當有所回報，所以並未拒絕。93 年接任師大國文系主任至 96 年。94 至 98 年兼任教育部九年一貫國語文輔導群召集人。系主任任內因應本系教師退休及教學所需，三年內新聘教師十一位。此外，推動成立國內第一所以國際漢學為宗旨之「國際漢學研究所」，推荐賴貴三教授擔任所長。負責系務三年，多承本系教師之努力及助教們的協助，系務多所開展，歷年評鑑優良。後來文學院院長改選，雖承許多同仁鼓勵，實非素願，遂未參選。

擔任系主任時，適因高中國文課綱修訂，教育部主張減少國文科時數，不教文化基本教材，張曉風與余光中老師都強烈反對，許多老師發起了「搶救國文運動」，我也參與其中。95 年我們正式成立「中華語文教育促進協會」，由余光中老師擔任理事長，我則擔任總幹事，推動語文教育工作。99 年余老師任滿，我遂接任理事長之職至今。

93 年至今因職務的關係，我涉及國文教育實際業務，也在國文教學上進行若干研究。這包括推動中小學國文課綱的評估與發展、國語文心智圖教學、中文檢定、閱讀教學、評量以及思考教學。97 年與九年一貫國語文輔導群的老師合著《國語文心智圖教學指引》出版。近年也開始在研究所及進修部碩士班開「語文思考教學研究」；在學士班開「思想方法」；在通識開「思考方法」。以上這些國語文教育的參與、推動與研究，是因緣湊巧所致，雖然做出一些成績，究竟不是我一生的志向。

三

從小我與宗教有緣。讀小學時每天經過一所基督教長老會，長老會每週日有許多小朋友在裡面，我也進去看。長老會的人會講故事，又發點心、牛奶、卡片給大家，吸引我以後常去那裡。這是記憶中第一次接觸宗教。

讀初中時家搬到新竹北大路天主教堂後面的小巷子裡。我發現教堂後面的活動中心是很好的去處。可以在那裡看書，接近親切的外國神父，並且參加免費的英語班，我也因此接觸了天主教。雖然沒有參加周日的彌撒，但有一陣子我還是依神父的建議，試著唸天主教的玫瑰經。

教堂後的那條小巷跨過一條溝渠，溝渠上蓋了兩三坪大的小廟，我們出門都會經過它，卻不知道裡面供了什麼神。每年除夕母親一定會準備一些食物帶我們姊弟去小廟拜拜。讀高中時，母親帶我們去市區內的關帝廟進香，因為我身體不好，母親把我登記為關聖帝的義子。考大學前母親也帶我去拜祂，請求保祐。後來考上第一志願，我們相信義父也幫了忙。

到台北讀師大，大姨媽家就在附近的金門街尾，我有空時常常往她家跑。很喜歡吃她煮的菜，特別是她用煤球慢熬的稀飯有股焦味，令人回味無窮。大姨媽篤信佛教，有一次她帶我去土城朝山，進謁了廣欽老和尚。我見了老和尚，不知道該跟他說什麼，他就叫我出去走走。這是我和純正佛教結緣的開始。

不知何時，我在《老子》書上，寫了一首詩句：「丈夫自有衝天志，不向如來行處行。」當初我不知從哪裡讀到這詩句，現在才查到是禪師所傳的一句偈。自己抄寫這偈句時，是想表達什麼，我也記不得了，大概是勉勵自己不要模仿任何賢聖，走自己真正想走的路才最重要。

73 年母親久咳不癒，後來檢查出是得了肺癌。我和內人陪她去了無次數醫院，先後動了幾次手術。我們姊弟也到處找中醫治療，沒有什麼效果。75 年我要求自己不殺生及吃素，但這個決定與佛教並無直接關係。77 年偶然間得知清海法師來附近的實踐堂演講，試著去聽講，對她灑脫自在、與眾不同的弘法風格印象深刻。過數月她又來國軍文藝

活動中心演講，我再次參與，並決定接受她的印心，視自己為佛教徒。78 年我修她的觀音法門，嚴格吃素，奶蛋都禁。同年因不能接受清海法師及其團體的傳教作法，停止了觀音法門的修行，於是想研究真正的佛教，打算讀佛學研究所。這年 11 月母親過世，享壽 72 歲，安葬觀音山墓園。過了 11 年，89 年父親也辭世，享壽 97 歲，與母親合葬。雙親的過世，使我真正面對了生死的問題。

　　記得有一次我在教宋明理學課時，有位學生問我：「儒家沒有解決生前死後的事，卻只管中間這一段人生，是不是有所缺漏？」我一時無法回答這個問題，不免反思儒佛之間的兩難與矛盾，對儒家是否為「了義」，起了疑心。

　　80 年我聽了淨空法師講經，開始修淨土宗，並在學生的安排下，邀父親一起在淨空法師處皈依三寶，成正式的佛門弟子。82 年我因教工藝系的「四書」課，開始思考儒家在現實生活的用處，懷疑「道德」可以當一門課程來講，轉為一心向佛。

　　我從高一入學的第一天開始，就斷斷續續的寫了幾本日記。第一本日記是父親在開學前送我的，他還在日記首頁題詞勉勵我。這本日記可算是我高中生涯的全記錄。第二本日記是我 54 年考上師大時，姊姊送我的禮物，但我祇寫到大二為止。大三我當了班長，也許太忙了，就沒繼續寫。62 年是我讀碩士學位最後一個學期，我又開始寫第四本日記。從這年 1 月直到 82 年 6 月為止。在這段期間，我不斷藉著寫日記與自己對話，以思考生命的意義與終極關懷。這二十年間的生命思索檔案，記錄了我如何由儒家最後轉為佛家的心路歷程。

　　82 年經人介紹，參加在台北市八德路 2 段台北新雨佛教文化中心林清玉老師的共修會、毗婆舍那訓練班、中級佛法班，以及張大卿老師的佛法解脫班，學習原始佛教的毗婆舍那 (Vipassana) 禪修法與四念處修行。82 年因為我任教授滿七年，可以休假一年，原修我「佛學概論」的一位同學建議我去法光佛教文化研究所選課，所以我也報考該所成為選讀生，到 84 年為止。那時主要選修了楊郁文老師的阿含經、高明道老師的歐美佛學；同時也選修北投中華佛學研究所冉雲華老師的禪學。法光研究所的禪光法師，因人在美國洛杉磯寺院住持，無法長住台北，83 年就請我兼任研究所的教務工作，我勉強答應幫忙了一年。

　　在法光研究所期間，我們幾位同學曾一起去台中拜訪印順導師。印老接見我們時，我記得有一位同學問他生死的問題，他說：「一個人死了，就像坐火車到站，就要下車。如果在這輩子好好努力，有相當的成果，到了下輩子一定會有很好的工作等著你去做，不用擔心。」這讓我想起楊郁文老師上課講的一段話，他說：「我最盼望的是，下輩子出生後，到圖書館看到自己前生的著作，而能夠繼續接著做下去。」

　　我曾在師大附近南昌路的十普寺，參加過鄭振煌教授的暑期研習課程一週，學習南傳佛教的禪修與經行，這是我第一次見到鄭老師。研習時有一天和同學們用午齋，大家一起唸「普賢警眾偈」：「是日已過，命亦隨減；如少水魚，斯有何樂？當勤精進，如救頭然；但念無常，慎勿放逸。」再唸「食存五觀」：「計功多少，量彼來處；忖己功德，全缺應供；防心離過，貪等為宗；正事良藥、為療形枯；為成道業，應受此食。」這時，不知為什麼我忽然淚流滿面，感動莫名良久。

　　後來印度的葛印卡老師到法光研究所來演講，由鄭振煌老師擔任即席翻譯。不久葛印卡老師到中壢圓光寺主持十日禪修，我也報名參加。幸運的與鄭振煌老師不期而遇，同住一間，真是高興。但是十日禪期間，嚴格禁語，沒有機會向鄭老師請益。這十天每天打坐，過午不食，坐得腳都痛了。結束後到中壢火車站搭車，似乎又回到人世間，但內心有說不出的平靜與喜悅，彷彿有一種「事事無礙」的心境。這是我第一次參禪的體驗。那一陣子我偶而參加慧炬佛學社的活動，也因此接觸到一些同修，參加幾次日常法師引導的「菩提道次第廣論班」。

　　在法光研究所我認識了高一屆的學姊果儒法師，對我多所照顧。她後來去斯里蘭卡進修碩士學位。她不時編印或翻譯許多南傳佛教的中文書給我，我再轉發給上佛學課的同學。因果儒法師的介紹，我也到白河從宗善法師學緬甸的禪法。

　　82 年我獲選擔任「東方宗教討論會」會長一年。83 年榮獲國家科學委員會研究「優等獎」，得獎論文為〈宗鏡錄中的洞山禪師偈頌〉，這也是我第一篇研究禪宗的論文。

　　前面提過 88 年暑假我去日本九州大學研究的事，這件事也很偶然。我當初想要去日本，是為了去研究佛教。一般大學教師想出國作學術研究，會申請國科會短期研究的經費補助，作半年或一年的研究。但

是國科會補助出國研究的申請條件，是須通過該國語文能力檢定考試，或者須有在該國研究滿三個月的資歷。我從未學過日文，也未曾在日本研究三個月，無法提出申請。無論如何，我既然打定主意要去日本，首先就該去學日文，參加日文檢定考試。東吳大學的城區部在我家附近，於是我就去報名學日文。上課的第一天意外的遇到大學同學蔡廷吉，想不到他也來學日文。交談下，才知道我們的前系主任黃錦鋐教授是日本九州大學博士，他安排廷吉去九州學習，所以廷吉先來學日文。我當場就表示自己也想去。在廷吉的推荐下，黃老師很爽快就答應了，為我寫信給九大中國哲學史研究室主任柴田篤，取得對方的同意。我去日本研究計畫的第一步就這樣實現了。

到了九大後，黃老師介紹我認識在九大中哲室的台灣博士生金培懿，她非常熱心的協助我和廷吉。我們在那裡也認識了培懿的同學藤井倫明 (後來成為她的先生)。有一次培懿安排我和廷吉去日本儒學大師也是九大名譽教授岡田武彥的「簡素書院」，請我們去講台灣的教育現況。當天岡田先生也出席，會後他親自署名送我一本著作《王陽明拔本塞源論》。

研究理學的知名學者荒木見悟也在九大，他剛剛從中哲室退休。我請助教幫忙安排，見到了荒木先生。在日本同學協助下，和他筆談了一小時。後來我看到他退休後捐給文學部圖書館大批書籍。其中有不少牟宗三先生的著作，但書本完好如新，沒有任何批註，我有點懷疑他是否好好讀過牟先生的書。牟先生的著作即使是我來讀，也有些費力，何況是外國人。

在九大我也遇見在那邊研究佛教的見弘法師 (現在法鼓佛教學院碩士班任教)，她告訴我當時九大有一位京都大學來客座的船山徹教授，是一位很不錯的年輕佛教學者。在見弘師安排下，我和船山晤談了半小時，大致了解他的研究情形。船山的研究機構是非常有名的京都大學人文科學研究所。89 年我開始著手申請國科會出國研究計畫，需要找一所日本大學作為我往訪的研究機構，一直苦無著落。後來柴田主任來台，相談之下我問他認不認識船山教授，他說認識。我就拜託他回日本後與船山聯絡，問船山可否安排我去他那裡作訪問研究，柴田答應了。但我等了很久，一直沒有接到柴田的回音，而申請計畫時間在即，

我只好直接寫信給船山。想不到他很快的的回信表示同意。因此，我很順利的取得京大人科所的同意書，申請到國科會的短期研究計畫，去京大研究半年。

在京大人科所研究收穫很多，船山特別在他的研究室隔壁安排一個研究房間給我用，這是該所極少有的禮遇。除了能充分利用該所典藏的圖書資源外，我也到京都有名的佛教大學查印資料，並參觀了以禪學研究聞名的京都花園大學禪文化研究所，這研究所是日本知名禪宗學者柳田聖山所創立的。旅日的期間我也去東京大學訪問，拜訪了當時在東大人科所讀博士的王翠玲 (智學法師，現在在成功大學中文系任教)，並到東京的國會圖書館去查閱圖書。在京都研究時，也巧遇中正大學中文系的蔡榮婷教授，她來人科所查有關禪宗的資料。

船山的研究重心在中國佛教，而我的興趣是在印度初期佛教。所以船山又介紹我認識榎本文雄教授，他是大阪大學專門研究初期佛教的學者。在他的同意下， 我的 92 年國科會專題研究計畫，就安排暑期赴日本大阪大學作一個月的初期佛教研究。

以上在日本研究的經驗，現在看來真是因緣和合，不可思議。這讓我想起我指導論文的學生，告訴我的一件趣事。她說曾問一位仁波切：她前生是做什麼的？那位仁波切說她是在日本的廟裡當知客僧。我笑著說：「對啊！怪不得妳這輩子人緣很好，朋友很多。」她又問仁波切：「那我的老師前生做什麼？」仁波切說：「他就是妳的師父啊！」看來或許我前輩子真的在日本出家，才會與日本結這麼多善緣。

81 年田博元老師退休，83 年我接他的「佛學概論」及研究所的「佛學研討」。84 年起陸續開了許多佛教相關的課程，如通識的「佛學與人生」「禪與人生」；研究所的「禪學研討」，進修部碩士班的「中國佛教哲學專題研究」；學士班的「禪宗經典選讀」。我中年以後學思歷程的轉變，明顯的反映在我的課程發展上。

在我的學思生涯中，支持我最大的是內人金允中女士。她擔任數學教師，結婚以來相夫教子，讓我沒有後顧之憂。我去美國留學及到日本做研究，如果沒有她留在台灣教書及照顧女兒，是不可能的。女兒王菁與王華先後留美，分別取得藝術碩士、哲學與認知科學雙博士學位，現都在國內大學任教。她們且已成家育子，都住在我家附近，生活彼此照

應，我與內人深感欣慰。

101 年 2 月退休後，我還陸續兼一些課。未來仍將把學思的核心，集中在佛學尤其禪學上，而篤實修行更是我最主要的努力方向。

王開府　寫於 101 年 12 月 15 日

CRSORCRSORCRSORCRSOR　致謝　CRSORCRSORCRSORCRSOR

這本退休論文集的論文，是歷來隨我學習的學生精心撰作，他們大半是研究佛學尤其是禪學；也有些研究其他領域的學生也主動撰稿。這些學生大多擔任教職，百忙之中抽空研究與撰寫，尤其令我感動。其中黃連忠、李幸玲、黃敬家等幾位，負責規畫論文集之籌備、邀稿、聯繫、編印等諸多繁瑣事務，更為感謝。而所有同學共同集資，由萬卷樓圖書股份有限公司鼎力協助出版發行，也在此一併致謝。

王開府　於 101 年 12 月 31 日

王開府著作目錄

A. 期刊論文

1. 1972，周易經傳著作問題初探，孔孟月刊，10 卷 10 期，頁 13-18　收入 1981 年 1 月，易經研究論集，台北：黎明文化，頁 401-416

2. 1974，王陽明致良知說，臺灣師大國文研究所集刊，18 期，頁 1107-1218　原為 1973 年 6 月，碩士論文

3. 1977，孔子的成聖歷程 上、下，孔孟月刊，15 卷 11 期，頁 7-11；16 卷 1 期，頁 10-14

4. 1979a，孝經對現代人的啟示，師大校刊，231 期，頁 20-21

5. 1979b，文章結構的教學，文風，34 期，頁 93-98　又見 1982 年 2 月，中等教育雙月刊，33 卷 1 期，頁 44-49

6. 1979c，太極圖與圖說考辨，教學與研究，1 期，頁 49-74

7. 1979d，老子道體論初探，國文學報，8 期，頁 1-16

8. 1980a，顏氏家訓之文學觀，國文學報，9 期，頁 157-166

9. 1980b，中庸思想體系新探，孔孟學報，40 期，頁 137-156

10. 1981，張橫渠的天道思想，國文學報，10 期，頁 37-52

11. 1982，張橫渠的心學，國文學報，11 期，頁 45-60

12. 1985a，張橫渠的性說，國文學報，14 期，頁 147-164

13. 1985b，「動心忍性」釋疑，孔孟月刊，23 卷 10 期，頁 25-26

14. 1985c，對「中庸」一詞含義的分析，孔孟月刊，24 卷 1 期，頁 27-31

15. 1985d，張橫渠的道德修養方法，中華文化復興月刊，18 卷 11 期，頁 45-50

16. 1986，由動機‧結果及行為之倫理判斷探討儒家倫理思想，中國學術年刊，8 期，頁 15-35　節載於 1987 年 4 月，文史哲的時代使命，臺灣師大研究室，臺北：文津出版社

17. 1987a，佛洛姆人本倫理思想述評 (上、下)，鵝湖，140 期，頁 43-47；141 期，頁 27-31

18. 1987b，道德教育與民主理想—由杜威之有關思想談起，師大學報，32 期，頁 299-309　又見 1988 年 4 月，師大校刊，268 期，頁 21-25

19. 1987c，宋明儒學研讀法舉隅，文風，47 期，頁 226-233

20. 1987d，自我實現與儒家倫理，孔孟月刊，25 卷 12 期，頁 29-38

21. 1987e，志伊尹之所志，學顏子之所學--談宋明儒者的出處風範，國文天地，5 卷 4 期，頁 26-28

22. 1988a，宋明儒學的基本關懷及其再開展，國文學報，17 期，頁 143-152

23. 1988b，為改編文化基本教材進一言，國文天地，4 卷 2 期，頁 59-61

24. 1988c，孔子的心願，國文天地，4 卷 6 期，頁 76-77

25. 1988d，發問技巧在「中國文化基本教材」教學上的應用—思想方法訓練的教學示例，中等教育，39 卷 6 期，頁 38-47

26. 1989a，戴東原性理思想述評，國文學報，18 期，頁 157-184

27. 1989b，論儒家的道德原則及其基礎，鵝湖，174 期，頁 7-13

28. 1989c，論老子思想與易乾坤之道，教學與研究，11 期，頁 139-157 原發表於 1987 年 11 月，第一次世界道學會議，第四屆國際易學大會會前論文集 2，頁 296-311

29. 1990，由「中庸」探討儒家倫理的基本信念，鵝湖學誌，5 期，頁 17-42

30. 1991，從兼愛到愛無差等，中國學術年刊，12 期，頁 57-71

31. 1992，認知取向在「中國文化基本教材」教材與教法之應用，國文學報，21 期，頁 111-144 原發表於 1992 年 4 月，第一屆中華民國國語文教學學術研討會

32. 1994，阿含經中的涅槃義（上、下），法光，61-62 期，4 版

33. 1996，《維摩詰經》中直心、深心及其相關概念的探討，佛學研究中心學報，1 期，頁 89-109

34. 1998a，思想研究法綜論—以中國哲學為例，國文學報，27 期，頁 147-187

35. 1998b，孔孟的生死觀，高中教育雙月刊，2 期，頁 64 -67

36. 1999，憨山德清儒佛會通思想述評—兼論其對《大學》《中庸》之詮釋，國文學報，28 期，頁 73-102 原發表於 1998 年 12 月，華梵大學第三次儒佛會通學術研討會論文集，頁 69-191

37. 2000a，張橫渠氣論之詮釋—爭議與解決，中國哲學論集 日本九州大學中國哲學研究會印行，26 號，頁 20-41 原發表於 1999 年 9 月，日本九州大學第 105 次中國哲學懇話會

38. 2000b，《善生經》的倫理思想—兼論儒佛倫理思想的異同，世界中

國哲學學報，創刊號，頁 57-92 原發表於 2000 年 5 月，華梵大學第四次儒佛會通學術研討會，頁 225-242

39. 2001a，佛教「會通」「和會」釋義，慶祝莆田黃錦鋐教授八秩嵩壽論文集，頁 133-148

40. 2001b，活在當下—惠能的圓頓禪法，師大校刊，323 期，頁 40-48

41. 2002，宗密《原人論》三教會通平議，佛學研究中心學報，7 期，頁 147-183 原發表於 2000 年 12 月，中央研究院文哲研究所，儒釋道三教關係研討會，頁 1-26

42. 2003a，原始佛教、根本佛教、初期與最初期佛教，冉雲華先生八秩華誕壽慶論文集，法光出版社，頁 21-56 (國科會專題研究 NSC91-2411-H-003-026)

43. 2003b，初期佛教之「我」論，中華佛學學報，16 期，頁 1-22 原發表於 2002 年 3 月，現代佛教學會，佛教研究的傳承與創新學術研討會，頁 1-16；(國科會第三十九屆補助科學與技術人員國外研究之成果，NSC 39052F)

44. 2004，儒家與宗教交談，孔孟月刊，42 卷 6 期，頁 1-8

45. 、單文經、高秋鳳、鄭圓鈴 2006，中小學國文科課程綱要評估與發展研究，中國學術年刊，28 期（春季號），頁 237-268

46. 2008，心智圖與概念模組在語文閱讀與寫作思考教學之運用，國文學報，43 期，頁 263-296

47. 2008，歸零—東方宗教的身心靈修養，孔孟月刊，47 卷 1-2 期，頁 44-46

48. 2010，漢語能力測驗的填空題型—以舊 HSK 為例，韓國，中國語文學論集，63 號，頁 275-292

49. 2010，由舊 HSK 和 TOP 論高等漢語的定位，韓國，中國言語研究，23 輯，頁 433-456

50. 2012，洞山良价禪師的修道開悟歷程，靈山現代佛教月刊 343 期（12 月號），第 3-4 版

B. 研討會論文

1. 1994，《宗鏡錄》中的洞山禪師偈頌，紀念程旨雲先生百年誕辰學術

研討會論文集（台灣書店出版），頁 457-495

2. 1988，良知，見聞與善的直覺，陽明學學術討論會論文集，臺灣師大
　人文教育中心，頁 69-85

3. 1986，道德內涵的體認--是非基準之建立，紀念先總統蔣公百齡誕辰
　中華文化復興運動與文化建設研討會論集，台北市立師範專科學校印
　行，頁 69-85

4. 1979，胡五峰心性思想發微，近世儒學與退溪學國際會議第四屆論文
　集，頁 261-277

5. 2010，宗密與牟宗三「三教判教」模式的比較，儒道國際學術研討會─
　隋唐 論文集，頁 499-512

C. 專著及專著論文

1. 1978a，胡五峰的心學，臺灣學生書局，頁 1-146

2. 1978b，程顥、程頤 叢書之一，中國歷代思想家，第 28 冊，臺灣商
　務印書館，頁 3073-3123 又見 1978 年，二程思想及其評價與影響
　(上、下)，中華文化復興月刊，11 卷 11 期，頁 59-65；11 卷 12 期，
　頁 70-76

3. 1985，儒家的憂患意識與樂道精神，《憂患意識的體認》，中華民國國
　際教育研究會，頁 99-108，原見青年日報 1985 年 10 月 7 日及 11 日，
　中西文化版

4. 1986，儒家倫理學析論，臺灣學生書局，頁 1-288

5. 1993a，美之旅，儒學與人生─《四書》解讀及教學設計，國立台灣
　師範大學國文系四書教學研討會編，三民書局，頁 279-295

6. 1993b，中國哲學概論，國學導讀（三），三民書局，頁 1-39

7. 1995，四書的智慧，萬卷樓圖書公司，頁 1-558，1999 年修訂再版，
　頁 1-355

8. 2008 合著，國語文心智圖教學指引，教育部，頁 1-218

9. 2008，心智圖與國語文教學，等著《國語文心智圖教學指引》，頁 1-20

10. 2009，思考、閱讀能力與分級指標，《閱讀教學理論與實務》，國立
　　臺北教育大學出版，頁 10-36

D. 其他 散文、專欄短文、序、翻譯

1. 1979，請勿吝惜時間 散文，中央日報副刊 6 月 22 日

2. 1981a，畫帆 散文，中央日報副刊 1 月 31 日

3. 1981b，哲學是什麼？翻譯，中華文化復興月刊，14 卷 12 期，頁 29-31，原作者 Karl Jaspers

4. 1985，成長心理學的若干涵義 翻譯，鵝湖，11 卷 1 期，頁 42-46，原作者 April O 'Connel & Vincent O 'Connel

5. 1998a，燈前禪影──禪與心靈改革，國文天地，158 期，頁 20-21

6. 1998b，燈前禪影──七佛的共同校訓，國文天地，159 期，頁 20-22

7. 1998c，燈前禪影──兩岸猿聲啼不住，國文天地，160 期，頁 56-59

8. 1998d，燈前禪影──EQ 之外，國文天地，162 期，頁 47-49

9. 1998e，燈前禪影──祖師西來意，國文天地，163 期，頁 37-38

10. 1999a，燈前禪影──日日是好日，國文天地，164 期，頁 27-29

11. 1999b，燈前禪影──理入與行入，國文天地，165 期，頁 34-36

12. 1999c，燈前禪影──報怨與隨緣，國文天地，166 期，頁 19-21

13. 1999d，燈前禪影──無所求與稱法行，國文天地，167 期，頁 22-24

14. 1999e，燈前禪影──慧可與楞伽禪，國文天地，168 期，頁 22-24

15. 1999f，燈前禪影──斷臂與得髓，國文天地，169 期，頁 37-39

16. 1999g，燈前禪影──說通與宗通，國文天地，170 期，頁 39-41

17. 2000a，燈前禪影──楞伽禪的先驅──求那跋陀羅，國文天地，178 期，頁 25-26

18. 2000b，燈前禪影──如來清淨禪，國文天地，179 期，頁 42-45

19. 2000c，燈前禪影──橋流水不流，國文天地，181 期，頁 21-23

20. 2000d，燈前禪影──觀心空王，國文天地，184 期，頁 18-20

21. 2000e，燈前禪影──性在作用，國文天地，186 期，頁 40-41

22. 2002，序，黃連忠《禪宗公案體相用思想之研究》，臺灣學生書局

23. 2003，宗教與佛教，法光，161 期，1 版

24. 2006，作文教學的危機與轉機──代序，、陳麗桂主編《國文作文教學的理論與實務》，心理出版社

25 2007，一生真愛 序，莊維敏《兩代情一生愛》，創意年代文化公司

26. 2008，序，黃敬家《贊寧宋高僧傳敘事研究》，臺灣學生書局

27 2008，序，《心智圖國語文教學指引》，教育部

28. 2008，喫茶去 序，鐘友聯《問茶找茶樂趣多》，台中，佛法山文化公司，頁 18-20

29. 2009，零與無限 序，鐘友聯《與奇人異士相遇》，台中，佛法山文化公司，頁 16-20

30. 2010，韓國大學生看首爾中國近現代水墨名家展，歷史文物，20 卷 2 期，頁 12-21

31. 2010，首爾半年采風剪影，韓國 Koreana，2010 春季號，頁 41-42

佛教與中國文化
——王開府教授榮退紀念論文集

目　錄

序‧卻顧所來徑‧蒼蒼橫翠微——我的學思歷程　王開府

【作者介紹】

王開府　國立臺灣師範大學國文學系退休教授

王鼎興　東吳大學中國文學系碩士

蕭　玫　國立清華大學中文學系兼任助理教授

楊琇惠　臺北科技大學文化事業發展系副教授

游嵐凱　國立臺灣師範大學國文學系碩士

李幸玲　國立臺灣師範大學國文學系副教授

高毓婷　國立花蓮高工教師兼教學組長

黃青萍　臺北科技大學通識中心兼任助理教授

王鳳珠　國立臺北教育大學兼任助理教授

黃慧禎　國立臺灣師範大學國文學系博士候選人

黃連忠　高苑科技大學通識教育中心助理教授

黃敬家　國立臺灣師範大學國文學系副教授

鄭燦山　國立臺灣師範大學國文學系教授

黃瑩暖　國立臺灣師範大學國文學系副教授

郭乃禎　國立臺灣師範大學國文學系講師

呂佳樺　桃園縣大有國中教師

（以上排列為論文發表之序）

漢譯佛典中「月喻教說」初探[1]

王鼎興

一、前言

　　在世尊各種善巧的弘法方式中，「譬喻」是一種常用且重要教說方式。透過譬喻的教說方式，能使聽法者更容易地理解世尊所要宣說的教理。[2]例如在著名的《箭喻經》中，世尊便以人身中毒箭，不先求醫，反而去探求發箭者之姓名、身材、膚色、職業以及所中毒箭之構造材質等與救命無關的議題為喻，來說明愚癡之人不知探求趣向涅槃之法，而陷溺於與解脫無關的哲理思辯中。[3]又如在《維摩詰所說經・方便品》中，亦以聚沫、泡、炎、芭蕉、幻、夢、影、響、浮雲、電……等，來譬喻眾生身之虛幻不實。[4]

---

[1]　由於筆者學力所限之故，本文所說的漢譯佛典並不包含密續部份。

[2]　「十二分教中的『譬喻』，音譯為阿波陀那Avadāna，義譯為『出曜』或『日出』；『譬喻』是偉大的光輝事跡。無論是佛的，佛弟子的，一般出家在家的，凡有崇高的德行，都閃耀著生命的光輝，為佛第子所景仰。此外，如《蛇喻經》，《象跡喻經》的喻，原文為aupamya。還有比量中的喻，原文為dṛṣṭānta。後二者，都是對於某一義理，為了容易理解，舉事來比況說明，與阿波陀那，本來是完全不同的。」見印順法師，《印度佛教思想史》，p203，正聞出版社，中華民國九十二年四月十五刷。案:印順法師此處所說的「原文」是指梵語。

[3]　見T1.26.804 a21-805 c9。(本文所列漢譯經，皆出自《大正藏》。如此例出處，依次是：T表《大正藏》，9 表第 9 冊，262 表該經在《大正藏》中的編號是no.262，12 是第 12 頁。b是中欄，若為a是上欄，c是下欄。12-13 是起訖行數第 12 至第 13 行。)

[4]　《維摩詰所說經・方便品》云：「維摩詰因以身疾，廣為說法。諸仁者！是身無常，無強、無力、無堅、速朽之法，不可信也。為苦為惱，眾病所集。諸仁者！如此身，明智者所不怙。是身如聚沫，不可撮摩；是身如泡，不得久立；是身如炎，從渴愛生；是身如芭蕉，中無有堅；是身如幻，從顛倒起；是身如夢，為虛妄見；是身如影，從業緣現；是身如響，屬諸因緣；是身如浮雲，須臾變滅；是身如電，念念不住；是身無主，為如地；是身無我，為如火；是身無壽，為如風；是身無人，為如水；是身不實，四大為家；是身為空，離我我所；是身無知，如草木瓦礫；是身無作，風力所轉；是身不淨，穢惡充滿；是身為虛偽，雖假以澡浴、衣食，必歸磨滅；是身為災，百一病惱；是身如丘井，為老所逼；是身無定，為要當死；是身如毒蛇、如怨賊、如空聚，陰界諸入所共合成。諸仁者！此可患厭，當樂佛身。」見T14.475.539 b12-29。

在佛陀的教法裏，月亮是時常被引用的譬喻。從漢譯佛典的內容來看，透過月亮所具有的不同特質，以及因其而產生的一些現象，佛陀有了種種豐富的教說。其中包含了：比丘至檀越[5]家時應有的正確態度與行為、親近善知識之重要及狎近惡知識所可能導致的惡果、稱讚大乘菩薩行與如來智慧功德、勸修精進行、以月喻佛、以月喻經等。以下即就這幾方面，分別做進一步的討論與說明。[6]

二、比丘至檀越家時應有的正確態度與行為

有關比丘欲至檀越家時，應先具備何種的正確觀念？到檀越家後，在行為舉止上比丘又該如何自持？在《別譯雜阿含經》中記載了一段世尊對比丘們的教說：

> 爾時，佛告諸比丘：「若有比丘將欲往詣於檀越家，先作是念：『若有所施，當速與我，勿令遲晚；至心施我，莫不至誠；願使多得，勿令寡少；惠我精細，勿得麁澁。』若作是念決定意者往檀越家，檀越雖與，不至心施、不恭敬與、雖施飲食不令豐足、與其麁澁不與精細、設有施與遲緩不速，而此比丘，不稱意故，羞恥愁憂，生損減心。而此比丘，應作是念：『至檀越舍，彼非己家，云何而得稱遂其心？何故生念欲令檀越速施不遲，乃至精細不用麁澁？』若作是念，設無所得，心不悔恨，離於增減，無有怨嫌。設彼檀越，少有所施、不至心

---

[5]「檀越」，為巴利語 "dānapati" 的音譯，是「施主」的意思；此處的「檀越家」是指，對三寶行布施的在家人的住所。

[6] 漢譯佛典中「以月為喻的教說」，似乎未見前人有所發明。日本學者對「譬喻教說」雖有許多卓越的成果，例如：服部正明的《夢の譬喻について》(見印度学仏教学研究　通号 5 p252-254 1954-09-25)、東元慶喜的《仏典に見える譬喻の種類》(見印度学仏教学研究　通号 33 p374-377 1968-12-25)、福原蓮月的《大般涅槃経の譬喻について》(見印度学仏教学研究　通号 45 p385-389 1974-12-25)、福原亮嚴的《華嚴経の譬喻研究》(天台学報　通号 31 p20-26 1989-10-16)等，但並無「月喻」的專文研究。在國內，惠敏法師所著之《月喻經》的研究--以《瑜伽師地論》有關部分為主 (見中華佛學學報第 2 期 p143-155：民國 77 年，臺北：中華佛學研究所)，其重點主要在於，透過現存南北傳「月喻經」諸本的對照研究，探尋「入他家」的「月喻」之本意，藉以考訂《瑜伽論記》之註釋。

與、遲晚不速、乃至與麁不與精細，如是比丘，心不嫌恨，亦不愧恥，心無增減。」[7]

在此段經文中，佛陀指出：若比丘在要前往檀越家前，內心便先懷有高傲和貪圖利養的想法，則當他到達檀越家後，面臨了種種與自己預期不符的狀況時，便會因為無法滿足事先所想的欲求而導致各種煩惱的產生。針對於此，佛陀提出了「至檀越舍，彼非己家，云何而得稱遂其心？」的教示，亦即比丘在要前往檀越家時，應先具備「檀越舍，彼非己家」的基本認知，能謹守為客之道，便不致有違主客間應有的分際；能去除不切實際的預期心理與非分之想，則自然能避免一些莫名煩惱的產生。

除了上述《別譯雜阿含經》的內容之外，在《雜阿含經》中，世尊則以月為喻做了更多的教示：

爾時，世尊告諸比丘：「當如月譬住、如新學，慚愧軟下，攝心斂形而入他家；如明目士夫，臨深登峰，攝心斂形，難速前進。如是，比丘如月譬住、亦如新學，慚愧軟下，御心斂形而入他家。……」佛告比丘：「於意云何，比丘為何等像類應入他家？」諸比丘白佛言：「世尊是法根、法眼、法依，唯願廣說，諸比丘聞已，當受奉行。」佛告諸比丘：「諦聽、善思，當為汝說。若有比丘，於他家心不縛著貪樂；於他得利，他作功德，欣若在己，不生嫉想；亦不自舉，亦不下人；如是像類比丘，應入他家。」[8]

在此，世尊更進一步從修行的觀點告誡諸比丘：當比丘欲至檀越家時，應當「如月譬住」，懷著如新學般的心，謙恭柔順，同時更應秉持著，如臨深淵、如登險峰的態度，收攝身心，謹言慎行；其次，對於檀越所施供養，不應心生貪著，更不應因陷溺於利養當中而徒生煩惱。此外，對於檀越因供養比丘所造之功德及諸比丘所獲之供養，皆應本著「欣若在己」的心情，真誠隨喜，切不可心生嫉妒，自讚而毀他。比丘身心之修持，若能合乎以上所述，則堪入檀越

---

[7] 見T2.100.414 c13-26。

[8] 見T2.99.299 c7-21。

家。

　　從以上《雜阿含經》所述之的內容來看，相較於《別譯雜阿含經》對於「比丘至檀越家時應有的正確態度與行為」，的確具備了更豐富的教說；然而，若仔細研讀「爾時，世尊告諸比丘：『當如月譬住、如新學，慚愧軟下，攝心斂形而入他家；如明目士夫，臨深登峰，攝心斂形，難速前進。如是，比丘如月譬住、亦如新學，慚愧軟下，御心斂形而入他家。』」這段經文，筆者以為，似乎仍有值得做進一步討論之處。首先，依據經文所述，「慚愧軟下，攝心斂形」看來是用來說明「如月譬住、如新學」。然而，由於此處對於何謂「如月譬住」，似乎並無清楚的說明，因此，「如月譬住、如新學」與「慚愧軟下，攝心斂形」之間的關係便不易理解[9]；其次，對於「如明目士夫，臨深登峰，攝心斂形，難速前進。」這段文字，在整段經文中與上下文之間的聯繫上該如何解讀，亦有困難。而關於這個部分，巴利經典有與此經對應的經文可供參考。

　　在巴利經典《相應部》第 16 相應第 3 經〈_candūpamasuttaṁ_〉（如月經）中，世尊對比丘們做了這樣的開示：

> candūpamā bhikkhave kulāni upasaṅkamatha apakasseva kāyaṁ apakassa cittaṁ， niccanavakā kulesu appagabbhā[10]
> 比丘們！你們要像月亮那樣地接近各種家族，也就是，把身和心拉到後面之後才接近；在各個家族裏，始終要像剛出家的比丘，不傲慢、不鹵莽。
>
> seyyathāpi bhikkhave puriso jarudapānaṁ vā olokeyya pabbatavisamaṁ vā nadīviduggaṁ vā apakasseva kāyaṁ apakassa cittaṁ， evameva kho bhikkhave candūpamā kulāni upasaṅkamatha apakasseva kāyaṁ apakassa cittaṁ， niccanavakā kulesu appagabbhā[11]

---

[9] 「如月譬住」，在《佛說月喻經》中有一段經文可供參考：「是時，世尊告諸苾芻言：『如世所見，皎月圓滿，行於虛空，清淨無礙；而諸苾芻，不破威儀，常如初臘者，具足慚愧，若身若心，曾無散亂，如其法儀，入白衣舍，清淨無染，亦復如是。』」（見T2.121.544 b17-21。）此處是以月行於空，清淨無礙，來比喻比丘身、心清淨無染而入白衣家（在家人的住所）。

[10] S. 16. 3; S. II 197.（S. 表Saṁyuttanikāya, 16 表第 16 相應，3 表第 3 經。II 197，表PTS版第二冊頁 197。）

[11] 同注 23。

比丘們！正如同某個人觀看一座老舊的水井、艱險的山崖或深淵，他
會先把身和心拉到後面（意指不敢大意，保持距離地觀看），同樣地，－
比丘們－你們要像月亮那樣地接近各種家族，也就是，把身和心拉到
後面之後才接近，在各個家族裏，始終要像剛出家的比丘，不傲慢、
不鹵莽。

　　從以上所引之第一段巴利經文來看，與《雜阿含經》經文「如月譬住」相
對的，是"candūpamā"這個複合詞，意思是「像月亮那樣的」，從它的格變
化（m.pl.N.）來看，可知是用來形容比丘們。另外，在巴利《注》中，在candūpamā
後面加上了hutvā（變成~之後），並且用candasadisā來解釋candūpamā，
candasadisā hutvā 意思為「變成像月亮之後」。[12]

　　其次，從以上所引之第二段巴利經文的內容來看，可知其主要是舉「一個
人觀看一座老井、艱險的山崖或深淵」為例，來進一步說明「把身和心拉到後
面之後」的意思。

　　綜合以上所引之巴利《經》和《注》的內容，巴利經文的意思可以理解為：
世尊教示比丘們：你們要像月亮那樣（指變成像月亮之後）接近各種家族，也
就是，把身和心拉到後面之後才接近，正如同某個人觀看一座老舊的水井、艱
險的山崖或深淵，他會先把身和心拉到後面（意指不敢大意，保持距離地觀看）
[13]；在各各家族裏，始終要像剛出家的比丘，不傲慢、不鹵莽。透過以上的比
較可知，雖然巴利經文和《雜阿含經》在內容上並非完全一致，但對於理解《雜
阿含經》經文中「如月譬住」一詞以及「如明目士夫，臨深登峰，攝心斂形，
難速前進。」這段文字在整段經文中與上下文之間的聯繫，確實是提供了一個
很好的參考。

三、親近善知識之重要及狎近惡知識所可能導致的惡果

---

[12] Spk. II 164. （Spk. 表Sāratthappakāsinī, Saṁyuttanikāya-aṭṭhakathā 。 II 164，表PTS版第二冊
頁164。）

[13] 案：此處的「把身和心拉到後面（意指不敢大意，保持距離地觀看）」，應可理解為《雜阿
含經》經文中所說的「攝心斂形」。

在漢譯佛典中，藉著月亮本身盈缺的變化特質，亦將其喻為「善男子」與「不善男子」。在《雜阿含經》中，有一段關於年少的婆羅門向佛陀問法的內容，當此婆羅門問佛如何判斷「善男子」與「不善男子」時，世尊以月亮為喻，為其做了以下的說明：

> （婆羅門）白佛言：「瞿曇！不善男子云何可知？」
>
> 佛告婆羅門：「譬猶如月。」
>
> 婆羅門復問：「善男子云何可知？」
>
> 佛告婆羅門：「譬猶如月。」
>
> 婆羅門白佛：「云何不善男子如月？」
>
> 佛告婆羅門：「如月黑分，光明亦失，色亦失，所係亦失，日夜消滅，乃至不現；如是，有人於如來所，得信家心、受持淨戒、善學多聞、損己布施、正見真實，於如來所淨信、持戒、惠施、多聞、正見真直已，然後退失。於戒、聞、施、正見，悉皆忘失，日夜消滅，乃至須臾，一切忘失。」
>
> 復次，婆羅門：「若善男子不習近善知識，不數聞法，不正思惟，身行惡行、口行惡行、意行惡行，行惡因緣故，身壞命終墮惡趣泥梨中。如是，婆羅門！不善男子其譬如月。」
>
> 婆羅門白佛：「云何善男子其譬如月？」
>
> 佛告婆羅門：「譬如明月淨分光明，色澤日夜增明，乃至月滿，一切圓淨；如是，善男子於如來法、律得淨信心，乃至正見真淨增明，戒增、施增、聞增、慧增，日夜增長。復於餘時親近善知識，聞說正法，內正思惟，行身善行、行口善行、行意善行故，以是因緣，身壞命終化生天上。婆羅門！是故善男子譬如月。」[14]

從以上佛陀與婆羅門的問答內容可知，此處佛陀所謂的「善男子譬如月」是指：一個人能於如來法中，生淨信心，具正知見，並且能時常親近善知識，聽聞正法，如理思惟，善行精進而生善所；猶如月亮由缺而盈，漸次增明，乃

---

[14] 見T2.99.25 c4-27。

至月滿。相反的，所謂「不善男子其譬如月」則是指：一個人雖曾聽聞正法，並依教奉行，但由於「不習近善知識」，終因退失道心，造諸惡業而墮惡趣；猶如月亮由盈而缺，漸趨於暗，乃至不現。而透過回答婆羅門的提問，佛陀亦藉此善巧地帶出對修行者而言極為重要的修行課題：「親近善知識」。

　　有關善知識對於修行者的重要性，無論在聲聞或大乘的經典中都經常被提到。如在《增壹阿含經》第 23 品第 6 經和第 44 品第 10 經中，世尊便告誡阿難說：

> 阿難！莫與惡知識從事。所以然者，與愚人從事，無信、無戒、無聞、無智；與善知識從事，便增益諸功德，戒具成就。如是，阿難！當作是學。[15]
> 復次，阿難！若有善男子、善女人親近善知識，信、聞、念、施、慧皆悉增益。……阿難！世間無善知識者，則無有尊卑之敘，父母、師長、兄弟、宗親，則與彼猪犬之屬與共一類，造諸惡緣，種地獄罪緣；有善知識故，便別有父母、師長、兄弟、宗親。[16]

在《增壹阿含經》第 20 品第 1 經中，世尊亦對諸比丘說：

> 當親近善知識，莫習惡行，信於惡業。所以然者，諸比丘！親近善知識已，信便增益，聞、施、智慧普悉增益，若比丘親近善知識，莫習惡行；所以然者，若近惡知識，便無信、戒、聞、施、智慧。是故，諸比丘！當親近善知識，莫近惡知識；如是，諸比丘！當作是學。[17]

在《中阿含經》第 153〈鬚閑提經〉中，世尊則對婆羅門說：

> 鬚閑提！有四種法未淨聖慧眼而得清淨。云何為四？親近善知識恭敬承事，聞善法，善思惟，趣向法、次法。鬚閑提！汝當如是學：親近善知識恭敬承事，聞善法，善思惟，趣向法、次法。鬚閑提！當學如

---

15 見T2.125.614 a13-16。
16 見T2.125.768 c15-28。
17 見T2.125.596 c23-29。

是。鬚閑提！汝親近善知識恭敬承事已，便聞善法；聞善法已，便善思惟；善思惟已，便趣向法、次法；趣向法、次法已，便知此苦如真，知此苦習，知此苦滅，知此苦滅道如真。[18]

　　從以上所引《增壹阿含經》的內容可以清楚的了解到，對於修學佛法者而言，透過與善知識的學習，無論是在佛法信心的建立，或是在布施、持戒上的實踐，乃至於智慧的增長等方面，都有極廣大的助益。而在《中阿含經》中則更提到，在親近善知識時，除了應以恭敬的態度承事供養之外，對於善知識的教誨更應如理思惟，身體力行。

　　至於在大乘的教法裏，由於是以成佛為修行的終極目標，因此，在菩薩道的漫長修學過程中，親近具備各種不同特質與功德的善知識，更是不容偏廢。而關於此點，〈入法界品〉中善財童子的參學歷程，可謂極佳的例證。此外，在〈入法界品〉中，透過文殊師利菩薩對善財童子的教示，亦揭示了修學佛法者在尋求與親近善知識時所應具備的正確態度與觀念。如在經文中，文殊師利菩薩對善財童子開示說：

善男子！若欲成就一切智智，應決定求真善知識。善男子！求善知識勿生疲懈，見善知識勿生厭足，於善知識所有教誨皆應隨順，於善知識善巧方便勿見過失。[19]

　　從以上所引文殊師利菩薩對善財童子教示的經文，可歸納出以下幾項要點：首先，發菩提心欲成就佛道者，必先尋求真善知識。其次，在尋訪善知識的過程中，不僅應精勤不懈；同時，對於具備各種不同功德與特質的善知識亦應廣泛地親近。至於在接受善知識的教誨時，更應時時懷著謙恭卑下的態度，虛心受教，對於善知識善巧方便的教導方式，不應因心存驕慢而誤見過失。

　　綜觀以上各經所述可知，無論是對於聲聞行者或大乘行者而言，親近善知識皆為首要的修學課題。然而，正由於親近善知識是如此的重要，因此，對於「善知識」的定義，更須有清楚和完整的了解。關於此點，在《摩訶般若波羅

---

[18] 見T1.26.672 c26-673 a6。

[19] 見T10.279.334 a5-9。

蜜經》卷 27〈常啼品〉中有這樣的說明：

> 何等是善知識？能說空、無相、無作、無生無滅法及一切種智，令人
> 心入歡喜信樂，是為善知識。[20]

　　根據《摩訶般若波羅蜜經・常啼品》所說，所謂善知識是指：能宣說「空、
無相、無作、無生無滅法及一切種智」，並能「令人心入歡喜信樂」者。因此，
此處所說的善知識，重點是放在：能善巧的解說「空、無相、無作、無生無滅」
等法要，並且能使聽法者因獲得法喜，進而對於佛法產生更堅定信心的說法
者。而在《大般若波羅蜜多經》卷 453〈增上慢品〉中，世尊透過對善現(須
菩提)的教示，則開顯了「善知識」所具有的更寬廣的意義。如經云：

> 復次，善現！若菩薩摩訶薩增上作意，欲證無上正等菩提，應常親近、
> 恭敬供養、尊重讚歎真善知識。
> 爾時，善現即白佛言：「何等名為諸菩薩摩訶薩真善知識？」
> 佛告善現：「一切如來、應、正等覺是諸菩薩真善知識，一切菩薩摩
> 訶薩眾亦是菩薩真善知識，諸有聲聞及餘善士，能為菩薩摩訶薩眾宣
> 說開示，分別顯了：『布施、淨戒、安忍、精進、靜慮、般若波羅蜜
> 多相應義趣』令易解者，亦是菩薩真善知識。
> 復次，善現！布施波羅蜜多乃至般若波羅蜜多是諸菩薩真善知識，四
> 念住乃至八聖道支亦是菩薩真善知識，四靜慮、四無量、四無色定亦
> 是菩薩真善知識，八解脫乃至十遍處亦是菩薩真善知識，空、無相、
> 無願解脫門亦是菩薩真善知識。
> 極喜地乃至法雲地亦是菩薩真善知識，陀羅尼門、三摩地門亦是菩薩
> 真善知識，五眼六神通亦是菩薩真善知識，如來十力乃至十八佛不共
> 法亦是菩薩真善知識，無忘失法、恒住捨性亦是菩薩真善知識，一切
> 智、道相智、一切相智亦是菩薩真善知識，一切菩薩摩訶薩行亦是菩
> 薩真善知識，諸佛無上正等菩提亦是菩薩真善知識，永斷一切習氣相
> 續亦是菩薩真善知識。

---

[20] 見T8.223.416 b15-17。

> 復次，善現！苦集滅道聖諦是諸菩薩真善知識，諸法緣性亦是菩薩真
> 善知識，諸緣起支亦是菩薩真善知識，內空乃至無性自性空亦是菩薩
> 真善知識，真如乃至不思議界亦是菩薩真善知識。」[21]

　　從上述經文內容可知，此處所謂的「善知識」，並非僅限於能善巧地宣說、
闡明佛法要義的「說法者」，亦包含了能引導凡夫趣向佛道的正法(法門)以及
「聖者的智慧與功德」。茲列表說明如下：

善知識所含蓋的範疇		
說法者	所說法(法門)	聖者之智慧與功德
一切如來、應（供）、正等覺	布施波羅蜜多乃至般若波羅蜜多（六度）	極喜地乃至法雲地（初地至十地）
一切菩薩摩訶薩眾	四念住乃至八聖道支（三十七道品）	陀羅尼門、三摩地門、五眼六神通
諸有聲聞及餘善士，能為菩薩摩訶薩眾宣說開示，分別顯了：『布施、淨戒、安忍、精進、靜慮、般若波羅蜜多相應義趣』令易解者，	四靜慮、四無色定（四禪八定）	如來十力乃至十八佛不共法
	四無量（慈、悲、喜、捨四無量心）	
	八解脫乃至十遍處	永斷一切習氣相續
	空、無相、無願解脫門	無忘失法、恒住捨性
	苦集滅道聖諦	一切智、道相智、一切相智
	諸法緣性、諸緣起支	一切菩薩摩訶薩行
	內空乃至無性自性空	諸佛無上正等菩提

　　對於一個不是辟支佛根器的凡夫而言，藉由親近善知識，聽聞正法，可謂
修學佛道唯一且必要的途徑。然而，誠如親近善知識的目的乃在於聞取正法，

---

[21] 見T7.220.287 a26-b24。

因此，對於從善知識處所習得之各種法義，便應經常思惟，持之不忘。此外，在透過對法的深細思惟和了悟之後，亦應本著「舜何人也，予何人也，有為者亦若是。」[22]的精神，以一切諸佛、聖者之智慧與功德為修學的榜樣，精勤不懈，依教奉行，如此，則佛道雖遠，亦終有可成之日。

四、稱讚大乘菩薩行與如來智慧功德

在漢譯佛典中，透過月亮在夜晚時，無與倫比的光芒和月光能帶給人清涼感受的特質，月光亦被用來比喻大乘和菩薩的大悲心。[23]例如在《大乘修行菩薩行門諸經要集》中，即是以星（光）比喻聲聞，以月（光）比喻菩薩行，而勸修大乘。[24]而在《大般若波羅蜜多經》中，則更以「菩薩修行淨戒波羅蜜多，迴向趣求一切智智，普勝一切聲聞、獨覺迴向涅槃所有淨戒。」猶如「月輪出放大光明，一切星光皆被映奪。」來讚嘆菩薩行。[25]此外，《華嚴經・賢首菩薩品》中亦說：「菩薩處彼清淨眾，如月在星獨明耀。」[26]凡此，皆為透過月之光耀遠勝於星光的譬喻，來讚揚大乘菩薩行之殊勝遠非聲聞、獨覺之所能及的例證。

至於月光能帶給人的清涼感受的特質，則被比喻為能滅除眾生煩惱熱的菩薩大悲心。如經上說：「菩薩如月大清涼，令諸熱惱皆清淨。」[27]又說：「譬如月光，照眾生身，令得清涼……此地(現前地)菩薩所有善根亦復如是，能滅無量百千億那由他眾生煩惱熾火。」[28]而正如同月光的普照世間，菩薩對於眾生的悲心亦是平等而無差別。[29]

---

[22] 見《孟子・滕文公篇》。

[23] 案:此處的月光，指的是滿月時的月光。

[24]《大乘修行菩薩行門諸經要集》卷2:「爾時，佛告摩訶迦葉言:『如月與星，不可棄月先念諸星;智者亦爾，修行菩薩，亦復如是，以習學故，不應棄捨先念聲聞。』」見T17.847.953 b7-9。

[25]《大般若波羅蜜多經》卷586:「又，滿慈子! 如月輪出，放大光明，一切星光皆被映奪。如是，菩薩修行淨戒波羅蜜多，迴向趣求一切智智，普勝一切聲聞、獨覺迴向涅槃所有淨戒。」見T7.220.1032 c24-27。

[26] 見T9.278.438 b12。

[27] 見T17.843.925 a25。

[28] 見T10.279.195 a19-23。

[29]《文殊師利佛土嚴淨經》卷下:「十上月童真菩薩曰:『普等眾生，若如月滿;心不見等無所等，是曰一業敷演經法。』」見T11.318.901 a6-7。

　　除了以上所述，在《大般涅槃經》中論及佛入月愛三昧所放光明能為眾生
帶來種種利益時，亦以月光為喻：

> 王（阿闍世王）即問言：「何等名為月愛三昧？」者婆答言：「譬如月
> 光，能令一切優鉢羅花開敷鮮明；月愛三昧，亦復如是，能令眾生善
> 心開敷，是故名為月愛三昧。大王！譬如月光，能令一切行路之人心
> 生歡喜；月愛三昧，亦復如是，能令修習涅槃道者心生歡喜，是故復
> 名月愛三昧。大王！譬如月光，從初一日至十五日，形色光明，漸漸
> 增長；月愛三昧，亦復如是，令初發心諸善根本，漸漸增長，乃至具
> 足大般涅槃，是故復名月愛三昧。大王！譬如月光，從十六日至三十
> 日，形色光明，漸漸損減；月愛三昧，亦復如是，光所照處，所有煩
> 惱能令漸減，是故復名月愛三昧。大王！譬如盛熱之時，一切眾生，
> 常思月光，月光既照，欝熱即除；月愛三昧，亦復如是，能令眾生除
> 貪惱熱。大王！譬如滿月，眾星中王，為甘露味，一切眾生之所愛樂；
> 月愛三昧，亦復如是，諸善中王，為甘露味，一切眾生之所愛樂，是
> 故復名月愛三昧。」[30]

　　此處，世尊以悲心故，藉著阿闍世王因犯弒父五逆重罪而感現世遍體生瘡
惡報因緣，為其入月愛三昧，放大光明，先治王身瘡痛之苦，進而善巧地為其
說法，令悟無常、苦、空、無我之法。不僅阿闍世王因此能「破壞眾生所有一
切煩惱惡心」[31]，亦使「無量人民悉發阿耨多羅三藐三菩提心，以如是等無量
人民發大心故，阿闍世王所有重罪即得微薄。」[32]

　　猶如月光的普照萬物，諸佛菩薩亦是平等無私地以無量方便渡化眾生。然
而，就如同《攝大乘論》所說：「由失尊不現，如月於破器。」[33] 諸佛菩薩固
然無時無刻不護念眾生、攝受眾生，但眾生亦應心存向善之念，方能成就渡化
因緣。阿闍世王雖曾犯下弒父之五逆重罪，但因其能發自內心真誠、深切地悔

---

30 見T12.374.481 a26-b15。
31 見T12.374.484 c14-15。
32 見T12.374.484 c19-20。
33 見T31.1593.131 a25。《攝大乘論釋》卷10：「問：『若如來身是常住者，於一切時，何故不現？』
　答：『眾生罪不現，如月於破器：如破器中，水不得住，月影不現，此非月過，是器之失。』」
　見T31.1598.444 a26-29。

過，故終能感得世尊之救渡，即是一極佳的例證。

　　除了以上所述，在月亮從初一至十四的過程中，其亮度逐漸增強的現象，亦被比喻為菩薩因於修行精進不懈，故而一切善根輾轉增上、所有功德漸次具足。[34]至於十五月圓的滿月，或被喻為世尊清淨圓滿的德行[35]，或被喻為佛的相好莊嚴[36]，甚或亦被喻為諸經之首。[37]

五、其他

　　誠如《法華經‧譬喻品》所說：「諸有智者，以譬喻得解。」[38]善巧的譬喻，固然有助於聽法者對於法的理解，而聽法者本身亦應先具備正確的態度與觀念，方能蒙受其利。然而，在聽聞佛法時，有哪些正確的態度與觀念是聽法者應先建立的？首先，必須懷著對佛法和說法者的恭敬之心，謙卑受教；其次，應本著「依於義不依語」[39]的認知，如理思惟。如《楞嚴經》上說：「如人以手，指月示人，彼人因指，當應看月；若復觀指以為月體，此人豈唯亡失月輪，亦亡其指。何以故，以所標指為明月故。」[40]指之於月，猶語之於義也。在漢譯佛典中，世尊以月為喻，透過月亮能帶給人清涼感受的特質和其本身由初月至滿月、由盈而缺的種種變化，做了各種利益眾生的教說；而隨著各種教說的流傳，當一輪明月暢遊虛空之時，一切黑暗皆將隨之散盡，同時亦將為眾生帶來無上的清涼與安隱。

---

[34]《佛說遺日摩尼寶經》卷1：「譬如月初生時，日日增益；菩薩如是，精進具足於功德。」見T12.350.190 b23-24。

[35]《大方廣佛華嚴經‧如來出現品》：「復次，佛子！譬如月輪，有四奇特未曾有法。何等為四？一者，映蔽一切星宿光明；二者，隨逐於時，示現虧盈；三者，於閻浮提澄淨水中，影無不現；四者，一切見者皆對目前，而此月輪無有分別、無有戲論。佛子！如來身月，亦復如是，有四奇特未曾有法。何等為四？所謂：映蔽一切聲聞、獨覺、學、無學眾；隨其所宜，示現壽命修短不同，而如來身無有增減；一切世界淨心眾生菩提器中，影無不現；一切眾生有瞻對者皆謂如來唯現我前，隨其心樂而為說法，隨其地位令得解脫，隨所應化令見佛身，而如來身無有分別、無有戲論，所作利益，皆得究竟。」見T10.279.266 c29-267a13。

[36]《摩訶般若波羅蜜經‧四攝品》：「云何為八十隨形好？……四十者，面淨滿如月。」見T8.223.395 c27，396 a17-18。

[37]《正法華經‧藥王菩薩品》：「此經如是，一切諸法，最為元首；猶若須彌眾山中高，如月盛滿，星中最明。大慧光明，照曜三界，為諸法首，無上道王。」見T1.1.14 a17-21。

[38] 同注2。

[39]《維摩詰所說經‧法供養品》：「依於義不依語」。見T14.475.556 c9。

[40] 見T19.945.111 a9-11。

什譯《金剛經》之「相」

蕭玫

前言

　　鳩摩羅什作為中國四大譯經師之一，其精審而雅馴的諸多漢譯佛典，素來於教界備受尊崇並廣為傳誦，復觀中外學界對其人其作之研究，其量之多與其質之精，亦儼然蔚為一時之顯學。在環繞著鳩摩羅什而展開的譯學研究之中，或標舉其於譯場及譯業之劃時代貢獻[1]；或臚列其於漢語詞彙的締創拓展之功[2]；或分析其翻譯策略與譯文風格[3]；或如晚近萬金川先生之藉由西方當代若干翻譯理論，透過「跨文化翻譯」的嶄新視角重加檢視譯者之立場及態度[4]。總結而言，關於羅什譯學的舊日研究成果，固已花繁葉茂令人目不暇接，而新近的研究則復另闢康莊而發人緬想。

---

[1] 如李惠玲〈鳩摩羅什與中國古代譯場制度的確立〉（《河南師範大學學報》第 32 卷第 6 期，2005.11）一文自遠古之翻譯活動談起，頌揚中國首位譯經大師在譯業的歷史縱軸中高踞於耀眼的座標。

[2] 如江傲霜〈同經異譯的《維摩詰經》及其對漢語詞彙發展的貢獻〉（《海南大學學報人文社會科學版》第 25 卷第 2 期，2007.04）藉支謙、羅什、玄奘三種譯本之比對來呈現漢語詞彙的激盪與漢語句式的變化。

[3] 此類作品應為羅什譯學研究之大宗。略舉數例，如中村元著，劉建譯〈基於現實生活的思考——鳩摩羅什譯本的特徵〉（《世界宗教研究》第 2 期，1994）列舉若干異於他本的羅什譯語，論證羅什的翻譯帶有「不捨有為法」的個人特色。又如高婉瑜〈論《阿彌陀經》漢文異譯本的詞彙與篇章風格〉（《淡江中文學報》第 21 期，2009.12，頁 89-117）一文將羅什與玄奘譯本所選用的的詞彙及展現的風格加以比較；從而凸顯兩大譯經師殊異的譯經思考和實踐方式。郭英杰・趙青〈鳩摩羅什和聖・奧古斯丁翻譯藝術比較〉（《洛陽師範學院學報》第 29 卷第 3 期，2010.06）指出鳩摩羅什與聖奧古斯丁，這兩位時代相仿然而東西遙隔的宗教學家，竟於翻譯策略與風格展現了驚人的相似性。曹樹明・姜春蘭〈從《妙法蓮華經》看鳩摩羅什的佛經翻譯特徵〉（《廣東海洋大學學報》第 28 卷第 2 期，2008.04）則指出什譯精練簡約、關照整體、文句通暢等三種特徵。

[4] 詳萬金川〈梵本《維摩經》的發現與文本對勘研究的文化與思想轉向〉，《正觀》第 51 期，2009.12，頁 143-203。

相對於前述大開大闔的研究之功，在這篇簡單的文章裡，偌大的研究面向將被凝聚於一個小小的點——羅什所譯《金剛經》文中屢屢出現的「相」字。

不同於其他譯經師，鳩摩羅什似乎對「相」字予以特殊的青睞。就漢譯《金剛經》之諸本所見，羅什不加區辨地使用「相」字來翻譯 lakṣaṇa、nimitta、saṃjñā、grāha 等四個梵文字，甚至在沒有對應梵文的情況下猶赫然出現「相」字。在中國譯經史上，羅什固然是傾向「意譯」[5]並以辭彩流麗著稱的譯經師，然而作為譯界宗匠，羅什斷不至以文廢質，為講求修辭之縟麗而不惜湮沒或模糊教理。梁啟超將什譯類歸為「成熟之意譯」而非「未熟的意譯」[6]，意即在此。準此，羅什對於「相」字之抉擇與運用，理當有其用意，而不能逕以粗略或訛謬視之。

有關羅什譯文之廣用「相」字，如實佛學研究室之許洋主先生早於 1995 年從事《金剛經》諸譯之對勘研究時即已措意於此，釋德心〈《金剛經》諸漢譯本中的「相」與「想」〉[7]一文，即拜許先生之啟發而研究發表，該文對諸本之比對用力甚勤，可資參閱。而有關乎此一主題而更富趣味者，則是美國學者 Paul Harrison 之會議論文 *Resetting the Diamond: Reflections on Kumārajīva's Chinese Translation of the Vajracchedikā* [8]，可憾者，筆者迄今猶對該文緣慳一見。所幸，藉由萬金川先生之引述，可知該文旨在強調什譯《金剛經》的重要特徵之一，即是「相」字的大量使用，再者，鳩摩羅什將 saṃjñā 譯為「相」，然而原文 saṃjñā 並不具備譯語「相」字的「徵象」、「表相」（sign）之意。[9]在引述 Harrison 文章重點之餘，萬金川繼而提出扼要而精彩的評論，對此下文將再度言及。至於本文之撰作目的，乃意圖清楚呈現什譯《金剛經》對「相」字之大量使用、「相」字的若干原語，進而尋繹選用此一譯語之可能動機與潛在

---

[5] 「意譯／free translation」乃相對於「直譯／literal translation」而言。前者經過譯者的主觀理解之後，以較自由的方式譯出；後者則更忠於原文而作逐字逐句的翻譯。

[6] 梁啟超指出：「順俗曉暢，以期弘通，而于原文是否吻合，不甚厝意」的譯作，是為「未熟的意譯」，而此類譯師，可以「頗麗其辭，仍迷其旨」之支謙譯為代表。至於其後，「什公所譯，對于原本，或增或削，務在達旨」、「雖多剪裁，還極矜慎」的羅什譯，則為「成熟的意譯」之代表。詳氏著〈翻譯文學與佛典〉第四節〈翻譯文體之討論〉，收錄於《佛學研究十八篇》（天津：天津古籍出版社，2005）頁 142-147。

[7] 本文收錄於《宗教與心靈改革研討會論文集》（高雄：高雄道德院，1998），頁 320-365。

[8] 本文發表於 2007 年「北京論壇」之「多元文明衝突與對話中語言的認同與流變」研討會。

[9] 詳萬金川〈梵本《維摩經》的發現與文本對勘研究的文化與思想轉向〉文末之「補記與訂正」，《正觀》第 51 期，2009.12，頁 200-203。

意義。

　　為凸顯什譯「相」字的特殊性，本文將對勘漢傳《金剛經》之各種譯本[10]。
《金剛經》之現存古漢譯凡六，依次為：

　　一、姚秦・鳩摩羅什譯《金剛般若波羅蜜經》（402A.D.）

　　二、北魏・菩提流支譯《金剛般若波羅密經》（509A.D.）

　　三、陳・真諦譯《金剛般若波羅蜜經》（562A.D.）

　　四、隋・達磨笈多譯《金剛能斷般若波羅蜜經》（590A.D.~）

　　五、唐・玄奘譯《能斷金剛般若波羅蜜多經》（《大般若波羅蜜多經》
　　　　卷五七七之第九會〈能斷金剛分〉，660~663A.D.）

　　六、唐・義淨譯《佛說能斷金剛般若波羅蜜多經》。（703A.D.）

就中，鳩摩羅什的譯本最早問世，而其後的三百年之間，又相繼出現了至少五
種漢譯本。綜觀現存的六種漢譯，文意與理路固然一致，然而譯文則或略或詳，
彼此風格或近或疏。大體言之，第一羅什與第二流支譯本相似度最高；第三真
諦譯本之跋文曰：「尋此舊經，甚有脫誤，即於王午年五月一日重翻」[11]，彼謂
「甚有脫誤」之「舊經」云者，殆指什、支二譯。細味「脫誤」之譏，「脫」
者，或指羅什刪繁而趨簡的譯文風格[12]，然而今人費解的是：真諦譯較之羅什
譯，其實未加詳贍，甚至脫略尤多；「誤」者，如下文所述，什、支二譯的「相」
字，真諦多易為「想」或「執」，或許即其「勘誤」之一例。復次，第四笈多
譯本因為遷就梵文語序，致令詰屈晦澀，厥旨難明[13]。至於第五、第六之唐代
新譯，玄奘譯本之繁複莊重[14]，正與義淨譯本之簡約輕捷相映成趣。

---

[10] 有關《金剛經》的各種版本和翻譯，詳參楊白衣〈金剛經之研究〉，《華崗佛學學報》第5期，
　　1981，pp.63~67。

[11] 《大正新脩大藏經》（以下簡稱 T.）冊8，頁766b。

[12] 鳩摩羅什的翻譯方式傾向於刪繁而節略。如僧叡於〈大智釋論序〉所云：「胡文委曲，皆如
　　初品，法師（羅什）以秦人好簡，故裁而略之。」見《出三藏記集》，T.55, p.75a。

[13] 根據萬金川的研究與推論，此一識讀難度高到不可思議的笈多譯本，有可能是縝密的翻譯流
　　程當中意外流出的「半成品」。其引人入勝的論述，詳見〈佛典漢譯流程裡「過渡性文本」
　　的語文景觀〉一文，見載於《正觀》第44期，頁103-142。

[14] 《大唐大慈恩寺三藏法師傳》記載：玄奘首翻《大般若經》時，面對多達二十萬頌之梵本，
　　其譯經團隊每每請求刪略，於是玄奘「將順眾意，如羅什所翻，除繁去重。作此念已，於夜
　　夢中即有極怖畏事以相警誡，或見乘危險巇，或見猛獸搏人，流汗戰慄，方得免脫。覺已驚
　　懼，向諸眾說，還依廣翻……不敢更刪，一如梵本」（T.50, pp.275c -276a）可知即便在處理
　　卷帙浩繁並語多重複的《般若經》時，玄奘依然在下意識裡難以悖離矜慎保守、忠於原文而
　　不避繁重的翻譯風格，而這種莊重繁複的譯風在下文的諸譯對照表中可以清楚得見。

　　羅什譯本之「相」字，如與五種古漢譯本相互對勘，則同異立判，可藉以窺見譯師選用譯語之演變軌跡。如再輔以梵本[15]及藏譯[16]，則不難尋繹鳩摩羅什選用「相」字以迻譯 lakṣaṇa、nimitta、saṃjñā、grāha 之潛在考量與學術傾向。

一、什譯《金剛經》「相」字所對應之梵文

　　在《金剛經》文中，鳩摩羅什以「相」字翻譯 lakṣaṇa、nimitta、saṃjñā、grāha 等四個梵文字，同時，在無對應梵文的情況下，「相」字也出現了六次。表列如次：

什譯「相」字的對應梵文

Lakṣaṇa（相貌、特徵）	nimitta-saṃjñā（相想——有關表相的概念）	Saṃjñā（想法、概念）	grāha（執取）	無相對應之梵文
凡22字	凡1字	凡50字	凡5字	凡6字
可以身相見如來不(5-1)[17]	菩薩應如是布施，不住於相(4-2)	若菩薩有我相、人相、眾生相、壽者相，即非菩薩(3-4)	若世界實有者，則是一合相。如來說一合相，則非一合相，是名一合相(30-5)	菩薩應不住相布施，其福德不可思量(4-3)
不可以身相得見如來。何以故？如來所說身相，即非身		是諸眾生無復我相、人相、眾生相、壽者相(6-7)	一合相者，則是不可說(30-6)	菩薩無住相布施，福德亦復如是不可思量(4-8)

[15] 學界最通行之《金剛經》梵本，係 Max Müller 所編 *Vajracchedikā-prajñāpāramitā-sūtra*（Anecdota Oxoniensia, Aryan Series, vol. 1, part 1, 1881, pp. 19-46）。此梵本收錄於如實佛學研究室校訂《新譯梵文佛典・金剛般若波羅蜜經》（台北：如實，1995）第二冊，是即本文所據。

[16] 智軍等譯，收錄於如實佛學研究室校訂《新譯梵文佛典・金剛般若波羅蜜經》（台北：如實，1995）第三冊。

[17] 各本《金剛經》本無章節之分。如實佛學研究室所校勘之《新譯梵文佛典・金剛般若波羅蜜經》，為求校勘與比對之便，不但細分章節，更進而析分文句，為諸譯之對照提供了十分便捷的研究工具。(5-1)代表第 5 章第 1 節，以下諸欄依此類推。

相(5-2)				
凡所有相，皆是虛妄。若見諸相非相，則見如來(5-3)		無法相，亦無非法相(6-8)		是諸眾生若心取相，則為著我、人、眾生、壽者(6-9)
可以三十二相見如來否(13-9)		若取法相，即著我、人、眾生、壽者(6-9)		發阿耨多羅三藐三菩提者，說諸法斷滅相(27-3)
不可以三十二相得見如來(13-10)		若取非法相，即著我、人、眾生、壽者(6-10)		發阿耨多羅三藐三菩提心者，於法不說斷滅相(27-4)
如來說三十二相，即是非相，是名三十二相(13-11)		若復有人得聞是經，信心清淨，則生實相(14-3)		不取於相，如如不動(32-2)
如來可以具足諸相見不(20-4)		是實相者，則是非相，是故如來說名實相(14-4)		
如來不應以具足諸相見(20-5)		此人無我相、人相、眾生相、壽者相(14-7)		
如來說諸相具足，即非具足，是名諸相具足(20-6)		我相即是非相，人相、眾生相、壽者相，即是非相(14-8)		
可以三十二相觀如來不		離一切諸相，則名諸		

(26-1)		佛(14-9)		
以三十二相觀如來(26-2)		我於爾時，無我相、無人相、無眾生相、無壽者相(14-12)		
以三十二相觀如來(26-4)		若有我相、人相、眾生相、壽者相，應生瞋恨(14-13)		
不應以三十二相觀如來(26-5)		於爾所世，無我相、無人相、無眾生相、無壽者相……菩薩應離一切相(14-14)		
如來不以具足相故，得阿耨多羅三藐三菩提(27-1)		一切諸相，即是非相(14-16)		
如來不以具足相故，得阿耨多羅三藐三菩提(27-2)		若菩薩有我相、人相、眾生相、壽者相，則非菩薩(17-4)		
		不生法相……所言法相者，如來說即非法相，是名法相(31-4)		

　　據統計可知，什譯《金剛經》之「相」字凡 84 處，其中 50 字，亦即幾近

三分之二乃用以翻譯 saṃjñā。其次,用以翻譯 lakṣaṇa 之「相」字佔有 20 字,
接近全數四分之一。至於迻譯 nimitta 與 grāha,乃至無對應梵文之「相」字縱
然零星無幾,但仍隱藏不容輕忽的意義。下文試分論之。

二、作為 lakṣaṇa 之「相」

　　lakṣaṇa 之迻譯為「相」,相對於 saṃjñā、nimitta 與 grāha,應當最無疑議。

　　綜觀此類文句,率多用以指涉如來殊勝的外在特徵,所謂「身相」、「三十
二相」、「諸相具足」、「具足相」云者,盡皆如是。在義理上,這類文句旨在說
明如來殊勝的形貌與特徵,自性空故,不應執之以為實,從而指向「凡所有相,
皆是虛妄。若見諸相非相,則見如來」的結論。顯而易見的,凡此作為 lakṣaṇa
之「相」,皆可十分穩當地解釋為「形貌」、「特徵」等等「外在表相」之意。

　　Lakṣaṇa 之迻譯為「相」,不僅什譯如此,爾後的五種漢譯也盡皆如是。
舉例言之,羅什譯「三十二相」(dvātriṃśanmahāpuruṣalakṣaṇa)云者,應為「三
十二大人相」之略譯,如流支譯即作「三十二大人相」。餘如真諦、笈多譯作
「三十二大丈夫相」;玄奘譯作「三十二大士夫相」;而譯筆率多從簡之義淨則
一如羅什而逕譯為「三十二相」。諸譯雖詳略不同,以 lakṣaṇa 為「相」則殊無
二致。又如什譯「具足相」(lakṣaṇasaṃpad)云者,流支譯作「相成就」;真
諦同於羅什譯作「具足相」;笈多譯作「相具足」;玄奘譯作「諸相具足」;從
簡之義淨則缺而弗譯。諸譯之語序及用詞雖小有差異,譯 lakṣaṇa 為「相」則
其共識。

　　倘使從字義流變之角度觀之,古漢譯以「相」字來對應 lakṣaṇa,應當是
出於深思熟慮的謹慎抉擇。蓋「相」字本義原作動詞「察視」「省視」之意,
因而從「目」。在遠古時代,木材是建築物與各式家具的重要材料,為取得合
適的建材與木料,自然必須詳細檢視種類不一、形質各異的樹木。因之,「相」
本是「從目木」之會意字,作動詞「視」、「觀」解,如《詩經・鄘風・相鼠》
句云:「相鼠有皮,人而無儀」、《左傳・隱公十一年》:「相時而動,無累後人」
等等即其本義。爾後,「相」由主體的「觀、視」之義,衍生出客體的「被觀
者、被視者」之意,於是有了名詞的「相貌」、「姿容」、「形體」之義,如云「相
貌堂堂」、「相好莊嚴」、「相逐心生」等等即是。有類於「相」,lakṣaṇa 的字義
發展也依循著這般由主體而客體、由動詞而名詞的軌跡。Lakṣaṇa 源於動詞語

根√lakṣ，意謂 to perceive、to observe，其後加上 ana 成為中性名詞 lakṣaṇa，其義則轉化為被看見、被觀察的對象，諸如 a mark,sign, symbol, token, characteristic, attribute[18]。Lakṣaṇa 正如「相」，是由動詞「看見」、「觀察」衍生而來的名詞，意指被察見的外貌、表相，與特徵。從 too see 到 what being seen，lakṣaṇa 與「相」發展的路徑相仿，字義也若合符節[19]，無怪乎自羅什首譯之後，流支等五種漢譯盡皆從善如流。

三、作為 nimitta 之「相」

「相」之原語作 nimitta 者，羅什譯本當中僅見一例，即：
　　菩薩應如是布施──不住於 相 。
此一文句之上下文義，旨在說明菩薩布施財物時，應抱持無所執著的態度[20]。誠因對色、聲、香、味、觸、法等等外境無所住著，其布施福德乃無可計數。菩薩不應住著的「六境」，簡言之，亦即作為 nimitta 之「相」。Nimitta 係由接頭詞 ni 加上動詞語根√mi（或 mī、mā）衍生而來的名詞。Mi／mī／mā 有 to observe, to perceive, to know 的含意，於是衍生而出的名詞 nimitta，便由主體「見」的動作，轉為客體「被見」的對象，意指 what being observed or perceived，從而解釋為 a target, a sign, a mark[21]。正如前述之 lakṣaṇa 源於動詞語根√lakṣ，nimitta 也源於動詞語根√mi，因之 nimitta 譯為「相」，取其「表相」、「標記」之意，也就十分入理。

然而比照與什譯對應之五種漢譯：
　　流支譯：菩薩應如是布施──不住於 相想
　　真諦譯：菩薩應如是行施──不著 相想
　　笈多譯：菩薩摩訶薩施與應如不 相想 亦住

---

[18] Monier-Williams, *A Sanskrit English Dictionary*, Delhi: Motilal Banarsidass Publishers, 1999, pp.891~892。

[19] 有關 laksana 與「相」的文字發展問題，萬金川〈梵本《維摩經》的發現與文本對勘研究的文化與思想轉向〉已然言之，詳參《正觀》第 51 期，2009.12，頁 190。

[20] 什譯經文：「菩薩於法應無所住行於布施。所謂不住色布施，不住聲、香、味、觸、法布施。須菩提！菩薩應如是布施──不住於相。何以故？若菩薩不住相布施。其福德不可思量。」（T.8, p.749a）文中第二個「相」字並無相對應之梵文，詳下文第六節。

[21] 詳參 Monier-Williams, *A Sanskrit English Dictionary*, Delhi: Motilal Banarsidass Publishers, 1999, p.551、p.。

　　玄奘譯：如是菩薩摩訶薩如不住 相想 應行布施

　　義淨譯：菩薩如是布施，乃至 相應 [22]亦不應住

五種漢譯之中，除了義淨譯之「相應」或為「相想」之訛，其他四譯則正作「相想」，而異於什譯之獨出「相」字。至於究竟應作「相想」抑或單獨作「相」？對照「不住於相」四字之梵文：

　　Na nimittasaṃjñāyām pratitiṣṭhet

顯然可見，什譯「相」字的原語 nimittasaṃjñāyām 係連綴 nimitta 與 saṃjñā 所組成之複合詞，可理解為依主釋之位格關係，意謂：有關於「表相」、「特徵」（nimitta）的「概念」或「想法」（saṃjñā）。準此，流支等之譯為「相想」是忠於梵文的直譯；而羅什之譯為「相」，反倒是有所脫略的意譯。

　　吾人必須進一步追問的是：這樣的脫略，是有意淡化「想／saṃjñā」的主觀心識意味？或是擴大了「相」的義界以涵括主體的心識作用？抑或兩種可能兼而有之？

　　可以大致肯定的是，流支等五種漢譯所據之原本應作 nimittasaṃjñā，因而不約而同的譯為「相想」。再者，「相」與「想」之聯袂出現而構成複合詞，實已明示兩者之間焦不離孟、孟不離焦的連帶關係。蓋以一般認識作用而言，內在的心想往往依傍外在的物相而生。一旦剝除外相，心想即泰半失去憑藉。「相」與「想」經常相依而並存，菩薩的布施應「不住於相想」，意指「不執著任何與外相、外境有關的概念或心想」。倘使羅什所據的梵本同然是 nimittasaṃjñā，則羅什刻意脫略「想」而獨言「相」，原因至少有二：

　　其一，羅什對「能緣之識」的關心遠不如「所緣之境」。如所周知，鳩摩羅什大量譯介龍樹之學，為三論宗奠立發展基礎，致令中觀大乘之學盛弘於中國。般若經與中觀學固然強調破除對「實有」的虛妄執著，主張掃除妄執，建立「空觀」的正確認知，然而般若經系與中觀之學著墨最力者，終究是現象界的無自性空，亦即「法無我」或「諸法自性空」的闡述。易言之，中觀之學切入的重點，毋寧是外在現象界的本質分析。這種學思傾向在瑜伽唯識學的對比

---

[22] 此處「相應」殆為「相想」之訛，「應」字宜受上下文牽引而誤。此段原文：「若菩薩有眾生想者，則不名菩薩。所以者何？由有我想、眾生想、壽者想、更求趣想故。復次，妙生！菩薩不住於事應行布施，不住隨處應行布施，不住色聲香味觸法應行布施。妙生！菩薩如是布施，乃至相應亦不應住。何以故？由不住施，福聚難量。」（T.8, p.772a）比對同經異譯，亦可推知「相應」原作「相想」。

之下則更形昭著。唯識之學雖也觸及遍計所執的外境，然而更側重於依他起的心識，亦即內在心識作用的分析。無怪乎，唯識學者窺基在註解什譯《金剛經》文「菩薩應如是布施，不住於相」時，指出：「應云『不住相想』。想者，分別心相者所著境。言不住者，除內分別心，於外不著外相也。謂不見受者、施者，及所施物故而熾然施也。」[23]作為唯識學者，窺基對什譯的補充和解釋，顯然意在修正什譯向「境相」的傾側，而擬重新聚焦於「內分別心」。如果單就《金剛經》此一文段而論，窺基的見解應當更接近原文與原意，而羅什對「想」的脫略，似乎反映了他個人偏好中觀之學，側重現象分析的的學術傾向。

其二，倘使鳩摩羅什不圖徹底排擠「心想」而獨厚「境相」，那麼他有無可能希望藉由「相」字來帶出主觀心想之意？如前所述，從「目」之會意字「相」，其本義為「見」。而動詞之「見」轉化為名詞，可以衍生出「見解」之意，如云「依我之見」、「婦人之見」等等。事實上，與視覺有觀的動詞，經常可能轉生出內在心覺之意，如「看」之衍生出「看法」；「觀」之衍生出「觀點」；「視」之衍生出「視角」等等，皆屬此類。不惟中文如此，英文當中 view 衍生出 viewpoint，look 衍生出 outlook 等等，理亦同此。當然，就中國文字的發展及運用層面來說，「相」似乎不曾在轉為名詞之後被賦予類似「看法」、「觀點」、「視角」之意，然而在外籍學者鳩摩羅什的眼中，這樣的推想是否可能浮現，倒也很難斷定。誠然，一位深諳漢語的本土譯經師，如玄奘，如義淨，當不致於試圖以單一一個「相」字來同時涵括 nimitta 與 saṃjñā，但鳩摩羅什作為域外學者，對中國文字的駕馭能力自然不能與漢地學者同日而語[24]。尤其，羅什於弘始四年（402A.D.）翻譯《金剛經》，彼時來華日淺，去華梵兼善之境界猶遠。同樣在弘始四年，其譯經團隊重要成員的僧叡便曾經表示：「詳聽什公傳譯其名，幡覆展轉，意似未盡，良由未備秦言，名實之變故也。」[25]據此，吾人或可大膽假設：彼時「未備秦言」又偏好節譯的鳩摩羅什，也許有意以「相」

---

[23] 見窺基《金剛般若經贊述》，T.33, p.131c。窺基乃玄奘弟子，其註疏不依奘譯而依什譯，乍見似乎不合情理，然而〈校訂例言六則〉中說明道：「本經新翻，未容潤飾，故此疏就什譯以解之，蓋以其譯在初流傳最廣耳。」（T.33, p.124c）應當可信。

[24] 季羨林也曾指出：「如果仔細推究起來，就連這一位號稱＂轉能漢言＂的鳩摩羅什，也並不能華梵兼通。」詳〈佛經的翻譯與與翻譯組織〉，收錄於《佛教十五題》（北京：中華書局，2007），頁 145。蓋鳩摩羅什在華的近十年間，其華語造詣確是逐步進展，至後期始臻妙境。其漢語能力的進步歷程，可參見王文顏《佛典漢譯之研究》（台北：天華，1984），頁 221~222。

[25] 僧叡〈思益經序〉，見錄於僧祐《出三藏記集》卷八，T.55, p.57c。

字來概略涵括 saṃjñā 的「心想」之義。

四、作為 saṃjñā 之「相」

　　什譯「相」字之原語，乃以 saṃjñā 為最大宗。Saṃjñā 係由接頭詞 sam 加動詞語根 √jñā 所構成的抽象名詞。動詞 jñā 意指 to know, have knowledge, become acquainted with, perceie, apprehend, understand, experience, recognise, ascertain 等等，皆指主觀心識的認知作用[26]。然而，指涉外境的「相」字與指涉心想的 saṃjñā 於義有隔，而鳩摩羅什藉彼譯此，便成為耐人玩味的特殊現象。

　　為凸顯什譯 saṃjñā 為「相」的特殊性，首先比對六種古漢譯：

羅什譯 (402)	流支譯 (509)	真諦譯 (562)	笈多譯 (590)	玄奘譯 (660~663)	義淨譯 (703)
若菩薩有我相、人相、眾生相、壽者相，即非菩薩(3-4)	若菩薩起眾生相、人相、壽者相，則不名菩薩	一切菩薩無我想、眾生想、壽者想、受者想	菩薩名說應，若眾生想轉，壽想若、人想若轉	若諸菩薩摩訶薩，不應說言有情想轉，如是命者想、士夫想、補特伽羅想、意生想、摩納婆想、作者想、受者想轉	由有我想、眾生想、壽者想、更求趣想故
是諸眾生無復我相、人相、眾生相、壽者相(6-7)	是諸菩薩無復我相、眾生相、人相、壽者相	是諸菩薩無復我想、眾生想、壽者想、受者想	彼等菩薩摩訶薩我想轉，不眾生想、不壽想、不人想轉	彼菩薩摩訶薩無我想轉，無有情想、無命者想、無士夫想、無補	由彼菩薩無我想、眾生想、壽者想、更求趣想

---

[26]　參見 Monier-Williams, *A Sanskrit English Dictionary*, Delhi: Motilal Banarsidass Publishers, 1999, p.425。

				特伽羅想、無意生想、無摩納婆想、無作者想、無受者想轉	
無法相,亦無非法相(6-8)	無法相,亦非無法相,無相亦非無相	無法想,非無法想,無想,非無想	法想轉,無法想轉不,亦彼等,想、無想轉不	無法想轉,無非法想轉,無想轉亦無非想轉	非法想、非非法想,非想、非無想
是諸眾生若心取相,則為著我、人、眾生、壽者。若取法相,即著我、人、眾生、壽者(6-9)	是諸菩薩若取法相,則為著我、人、眾生、壽者	是諸菩薩若有法想,即是我執及眾生、壽者、受者執	若……彼等菩薩摩訶薩法想轉,彼如是彼等我取有,眾生取、壽取、人取有	若菩薩摩訶薩有法想轉,彼即應有我執、有情執、命者執、補特伽羅等執	若彼菩薩有法想,即有我執、有情執、壽者執、更求趣執
若取非法相,即著我、人、眾生、壽者(6-10)	若是菩薩有法相,即著我相、人相、眾生相、壽者相	（缺）	若無法想轉,彼如是彼等我取有,眾生取、壽取、人取有	若有非法想轉,彼亦應有我執、命者執、補特伽羅等執	若有非法想,彼亦有我執、有情執、壽者執、更求趣執
若取非法相,即著我、人、眾生、壽者(6-10)	若是菩薩有法相[27],即著我相、人相、眾生相、壽者相	（缺）	若無法想轉,彼如是彼等我取有,眾生取、壽取、人取有	若有非法想轉,彼亦應有我執、命者執、補特伽	若有非法想,彼亦有我執、有情執、壽者執、更求趣執

---

[27] 此云「有法相」（T. Vol. 8, p.753b）者,若根據上下文脈,並比對同經異譯,似應加上否定語而校正為「有非法相」。

				羅等執	
若復有人得聞是經，信心清淨，則生實相，當知是人成就第一希有功德(14-3)	若復有人得聞是經，信心清淨，則生實相，當知是人成就第一希有功德	當知是人則與無上希有之法而共相應，聞說經時，能生實想	希有具足眾生有當，若此經中說中，實想發生當	若諸有情聞說如是甚深經典，生真實想，當知成就最勝希有	若復有人聞說是經，生實想者，當知是人最上希有
是實相者，則是非相，是故如來說名實相(14-4)	是實相者，則是非相，是故如來說名實相、實相	是實想者，實非有想，是故如來說名實想、說名實想	實想彼如是非想，彼故如來說實想、實想者	諸真實想、真實想者，如來說為非想，是故如來說名真實想、真實想	此實想者，即非實想，是故如來說名實想、實想
此人無我相、人相、眾生相、壽者相(14-7)	此人無我相、人相、眾生相、壽者相	此人無復我想、眾生想、壽者想、受者想	不彼等菩薩摩訶薩我想轉當，不眾生想、不壽想、不人想轉當	彼諸有情，無我想轉，無有情想、無命者想、無士夫想、無補特伽羅想、無意生想、無摩納婆想、無作者想、無受者想轉	彼人無我想、眾生想、壽者想、更求趣想
我相即是非相，人相、眾生相、壽者相，即是非相(14-8)	我相即是非相，人相、眾生相、壽者相，即是非相	我想、眾生想、壽者想、受者想，即是非想	我想，彼如是非想，若及如是眾生想、壽者想、人想、彼如是非想	諸我想即是非想，諸有情想、命者想、士夫想、補特伽羅想、意生想、摩納婆想、作者	我想、眾生想、壽者想、更求趣想，即是非想

				想、受者想，即是非想	
離一切諸相，則名諸佛(14-9)	離一切諸相，則名諸佛	諸佛世尊解脫諸想盡無餘故	一切想遠離，此佛世尊	諸佛世尊離一切想	諸佛世尊離諸想故
我於爾時，無我相、無人相、無眾生相、無壽者相(14-12)	我於爾時，無我相、無眾生相、無人相、無壽者相，無相，亦非無相	我於爾時，無有我想、眾生想、壽者想、受者想，無想，非無想	不時我彼中時，我想、若眾生想、若壽想、若人想，若不我有想，非想時	我於爾時，都無我想、或有情想、或命者想、或士夫想、或補特伽羅想、或意生想、或摩納婆想、或作者想、或受者想。我於爾時都無有想，亦非無想	無我想、眾生想、壽者想、更來趣想。我無是想，亦非無想
若有我相、人相、眾生相、壽者相，應生瞋恨(14-13)	若有我相、眾生相、人相、壽者相，應生瞋恨	若有我想、眾生想、壽者想、受者想，是時則應生瞋恨想	彼中時，我想有，瞋恨想亦我彼中時有，眾生想、壽想、人想有，瞋恨想亦我彼中時有	若有我想，即於爾時應有恚想。我於爾時若有有情想、命者想、士夫想、補特伽羅想、意生想、摩納婆想、作者想、受者想，即於爾時應有恚想	我有是想者，應生瞋恨

於爾所世，無我相、無人相、無眾生相、無壽者相……菩薩應離一切相 (14-14)	於爾所世，無我相、無眾生相、無人相、無壽者相……菩薩應離一切相	於爾所生中，心無我想、眾生想、壽者想、受者想……菩薩摩訶薩捨離一切想	彼中亦我不想有，不眾生想、不壽想、不人想，不亦我有想、非想有……菩薩摩訶薩一切想捨離	我於爾時，都無我想、無有情想、無命者想、無士夫想、無補特伽羅想、無意生想、無摩納婆想、無作者想、無受者想。我於爾時都無所想，亦非無想……菩薩摩訶薩遠離一切想	我於爾時，無如是等想。是故應離諸想
一切諸相，即是非相(14-16)	一切眾生相，即是非相	此眾生想，即是非想	眾生想，彼如是非想	諸有情想，即是非想	此眾生想，即是非想
若菩薩有我相、人相、眾生相、壽者相，則非菩薩(17-4)	若菩薩有眾生相、人相、壽者相，則非菩薩	若菩薩有眾生想，則不應說名為菩薩	若……菩薩眾生想轉，彼不菩薩摩訶薩名說應，乃至人想轉，不彼菩薩摩訶薩名說應	若諸菩薩摩訶薩有情想轉，不應說名菩薩摩訶薩……若諸菩薩摩訶薩，不應說言有情想轉。如是，命者想、士夫想、補特伽羅想、意生想、摩納婆	若菩薩有眾生想者，則不名菩薩

				想、作者想、受者想轉,當知亦爾	
不生法相……所言法相者,如來說即非法相,是名法相(31-4)	不住法相……所言法相、法相者,如來說即非法相,是名法相	為令法想不得生起……是法想、法想者,如來說即非想,故說法想	如無法想亦住……法想、法想者……非想此如來說,彼故說名法想者	法想、法想者,如來說為非想,是故如來說名法想、法想	乃至法相亦無所住……法想、法想者,如來說為非想,故名法想、法想

比對之下鮮明可見:羅什譯與流支譯作「相」者,其後的真諦、笈多、玄奘、義淨等四譯一概作「想」。這樣壁壘分明的兩類翻譯,乍見之下確實容易令人以為:「『相』與『想』的出現次數,反映出《金剛經》各漢譯本所依據的梵文原典有二種……鳩摩羅什與菩提流支所採用的梵本應該是比較接近的,故此二譯自成一系統,而其它五譯……另成一系統…」[28]然而本文認為,譯經師各自選擇偏好的譯語,從而造成翻譯名相的差異,這種現象充其量只能說明譯經師之各有所好各領風騷,並不足以證明所據之原本各不相同。蓋翻譯本是一種糅合認知與美感的創造活動,譯經師憑著各自的學養和情性來翻譯同一文本,本不可能完全合轍,其道理正如同兩介文人幾乎不可能創作出同一作品。因此,但憑「相」與「想」的出現次數而逕行論斷兩類譯本之梵文原典隸屬兩種不同的原文系統,毋寧是略嫌倉促的推論。試想,羅什與流支譯本當中多達十數個文段的五十個「相」字,其原文若非 saṃjñā,而悉皆是「另一系統」的另一個梵字,如此巨大的差異與特殊的光景,其可能性能有幾多?事實上,綜觀六種漢譯,縱然譯筆之詳略有異,譯語更不盡相同,但經文之整體脈絡則無甚出入,客觀而言,實在缺乏強有力的證據證實彼等所據之原典互不相同。

　　然而,如果前兩譯與後四譯之梵文原典並不是出於判然分明的兩種系統,又該如何解釋羅什譯與流支譯的高度雷同?本文認為,這極可能是出於流支對前譯的尊重。終究,至少截至唐代為止,鳩摩羅什的《金剛經》譯本,一如什

---

[28] 詳釋德心〈《金剛經》諸漢譯本中的「相」與「想」〉,《宗教與心靈改革研討會論文集》(高雄:高雄道德院,1998),頁 335。

譯之其它經典，都是同經異譯之中流傳最廣而影響最深的版本[29]。更何況就現存文獻觀之，菩提流支的譯本是繼羅什首譯之後而出的第一種重譯，兩譯雖然相去一世紀，但羅什作為譯界宗匠，首譯在前而聲望隨後，或足以令後譯之流支戒慎小心地參考甚至追隨。又如世親所造，菩提流支所譯的《金剛般若波羅蜜經論》當中，流支也一貫地採用「相」字，如「一者我相，二者眾生相，三者命相，四者壽者相」云云[30]。或許在什譯《金剛經》之後的百年之間，這「人我四相」已幾成套語，流支也就順古而不加改易了。「相」之正名為「想」，猶須待半個世紀之後的第二位譯經大師真諦。

　　羅什譯 saṃjñā 為「相」之文段，乃以恆常一併出現之「我相、人相、眾生相、壽者相」這組套語為主。此「四相」的梵語依次為：ātmasaṃjñā、pudgalasaṃjñā、sattvasaṃjñā、jīvasaṃjñā，四者皆是以依主釋位格關係構成的複合詞，意謂「關於『我』、『人』、『眾生』、『壽者』的概念與想法」。同理，「法相／dharmasaṃjñā」即意指「關於『法』的概念與想法」。而句 6-9 所云「若心取相」與「若取法相」，梵文 sacet dharmasaṃjñā pravarteta，意謂「如果關於『法』的概念與想法生起」。

　　再者，句 14-9 的「一切諸相」與句 14-14 的「一切相」，梵文皆作 sarvasaṃjñā，意指「一切概念與想法」，而非「一切外在的事相或表相」。而最容易引生誤解的，則當屬句 14-3 與句 14-4 的「實相」了。此處什譯「實相」云者，殊非吾人所熟知之「真相」、「本性」等義，因其梵語不作 dharmatā、bhūta-lakṣaṇa 等等，而作 bhūtasaṃjñā，意指「實想」、「信以為實」、「內心以之為真實」。試比較什譯與奘譯、義淨譯：

　　羅什譯：若復有人得聞是經，信心清淨，則**生實相**，當知是人成就第一希有功德。
　　玄奘譯：若諸有情聞說如是甚深經典，**生真實想**，當知成就最勝希有。
　　義淨譯：若復有人聞說是經，**生實想者**，當知是人最上希有。

奘譯與義淨譯皆明白曉暢地說明：若有人聽聞此經的道理而不疑有他地信以為

---

[29] 參註 23。
[30] 詳 T.25, p.783b。

實，此人具有難能可貴的功德。相對之下，羅什譯的「則生實相」，則不免節外生枝地引導讀者歧生某些形而上的聯想。

承上所述，舉凡「實相」、「法相」、「一切諸相」，乃至「我相」、「人相」、「眾生相」、「壽者相」這一系列套語，什譯「相」字，很容易淡化「概念與想法」的 saṃjñā 原意，而轉生「相狀」、「特徵」等歧義[31]，這極可能是真諦以後諸譯改「相」為「想」的主要考量。

就義理而言，這些文段一如前一小節的「不住於相（想）」，多用以楬櫫大乘菩薩行布施時應有的態度——正見一切法自性空，掃除將一切法執以為實的錯誤觀念。終究「般若掃執」，必須掃除的是內心的妄執，而不是外在的相狀。「無我相、無人相、無眾生相、無壽者相」，指的是放下關於我、人、眾生、壽者的觀念和執著。有關於此，鳩摩羅什不可能不知，更不可能誤解，因為就在同為羅什所譯的其它文段當中分明有句云：

> 若樂小法者，著 我見 、 人見 、 眾生見 、 壽者見 ，則於此經不能聽受、讀誦、為人解說。[32]
> 「須菩提！若人言：『佛說 我見 、 人見 、 眾生見 、 壽者見 』。須菩提！於意云何？是人解我所說義不？」「世尊！是人不解如來所說義。何以故？世尊說 我見 、 人見 、 眾生見 、 壽者見 ，即非 我見 、 人見 、 眾生見 、 壽者見 ，是名 我見 、 人見 、 眾生見 、 壽者見 。」[33]

什譯「我見、人見、眾生見、壽者見」，可與前文屢屢出現的「我相、人相、眾生相、壽者相」並觀而比較之。「我見」等之 dṛṣṭika／dṛṣṭi，與「我相」等之 saṃjñā，兩者皆有主觀心想之意。Saṃjñā 如前所述指「概念與想法」；dṛṣṭi 亦指「見解與看法」；dṛṣṭika 則進一步界定為「錯誤的觀念」。無論如何，saṃjñā 必如 dṛṣṭi／dṛṣṭika 一般指涉（錯誤的）認知或（偏邪的）主觀心想，這一點譯經師鳩摩羅什必定有所察知。果如此，鳩摩羅什為何不以帶有主觀心識意味的

---

[31] 如《中文大辭典》「相」字條下有「謂姿態容貌形體也」一解，並舉《金剛經》「無人相、我相、眾生相、壽者相」一句為例，顯係望文生義的誤解。然之所以造成這樣的郢書燕說，譯語之含糊不明似也難辭其咎。

[32] 羅什譯《金剛般若波羅密經》，T.8, p.750c。

[33] 同上，p.752b。

「想」字來迻譯 saṃjñā，卻採用偏向客觀外境之意的「相」字？此一譯字的抉擇，或許不能簡單地以「同音通假」的古文用字通例[34]一語帶過，理由是：單純表音的用字與明確簡單的語意固然有相對自由寬鬆的用字空間[35]，但攸關義理的用字及術語則大有字斟句酌的必要。佛典的翻譯，本以思想的溝通、教理的傳遞為首要目的，作為偉大譯經師的鳩摩羅什不可能無覺於此，更何況，什譯《金剛經》分明有句云：

> 所有一切眾生之類……若有想、若無想、若非有想非無想，我皆令入無餘涅槃而滅度之。[36]

「若有想、若無想、若非有想非無想」云云，蓋以心識作用之有無與狀態來區分眾生的種類。「有想」之原語 saṃjñin，意謂「有心識作用者」。由是觀之，鳩摩羅什對漢字「想」之適足以表明「心識作用」必定瞭然於心。

　　然則，鳩摩羅什為何選擇以「相」字而非「想」字來迻譯「人我四相」之 saṃjñā？其原因或許同於前一節的推論：首先，鳩摩羅什偏好龍樹的中觀之學，對現象界的諸法自性空著墨較力，取「相」而捨「想」正呈現這樣的學術傾向。其次，或許在羅什對漢字的想像與理解之中，「相」字可以引伸出或涵蓋有「主觀見解」之意，因之可堪作為 saṃjñā 之譯語。

　　倘使吾人認許在以上文段當中，「相」的精確性確實不如「想」，那麼羅什所譯之「相」相較於玄奘所譯之「想」，是否可視為中觀之學與唯識之學的學風差異之一？蓋中觀之學強調自性空義，「以有空義故，一切法得成」，這是大破大立，著眼於大原則的掌握，而不拘泥於字義的解析；而唯識之學側重心識的分析，「五法三自性八識二無我」，既不避繁瑣地建立系統化、精緻化的學術架構，必然重視學術語言的精準性。同樣的 saṃjñā，什譯為「相」，奘譯為「想」，似乎透露了兩者對「所緣之境」與「能緣之識」的分別關注，同時也隱約體現了「籠統而尚簡」和「繁複而精確」兩般迥異的學術風格。

五、作為 grāha 之「相」

---

[34] 《中文大辭典》「相」字條下引《說文通訓定聲》：「相，假借為想。」
[35] 如人名之「荀卿」可作「孫卿」；簡單的「早起」於《孟子·齊人》章則作「蚤起」。
[36] 羅什譯《金剛般若波羅蜜經》，T.8, p.749a。

Grāha 源於動詞語根√ grah (to seize, take)，意指 seizing, holding, catching, receiving…[37]，要之不離「把捉」、「執取」之主體性的主動義涵。

什譯 grāha 為「相」雖然僅有五例，但其特殊性卻不容漠視。各種漢譯相對應之文句表列如次：

羅什譯 (402)	流支譯 (509)	真諦譯 (562)	笈多譯 (590)	玄奘譯 (660~663)	義淨譯 (703)
若世界實有者，則是一合**相**。如來說一合**相**，則非一合**相**，是名一合**相**(30-5)	若世界實有者，則是一合**相**。如來說一合**相**，則非一合**相**，是故佛說一合**相**	若**執**世界為實有者，是聚一**執**。此聚一**執**，如來說非**執**，故說聚一**執**	界有，彼如是**搏取**有。若如是如來**搏取**說，非**取**彼如來說，彼故故說名**搏取**者	若世界是實有者，即為一合**執**。如來說一合**執**，即為非**執**，故名一合**執**	若世界實有，如來則有聚**執**。佛說聚**執**者，說為非聚**執**，是故說為聚**執**
一合**相**者，則是不可說(30-6)	一合**相**者，則是不可說	此聚一**執**，但世言說	**搏取**……不世俗語，不可說	此一合**執**，不可言說，不可戲論	此聚**執**者，是世言論

什譯「一合相」，除了始終踵繼前賢的流支譯本與之雷同，其他漢譯則作「聚一執」、「一合執」、「聚執」等等。其梵語 piṇḍagrāha，是由 piṇḍa 與 grāha 連綴而成的複合詞，意指對於「聚合、整體／piṇḍa」的「執著、執取／grāha」。

針對 piṇḍa，什譯「一合」，與真諦譯「聚一」、玄奘譯「一合」、義淨譯「聚」，大致相去不遠而不難會得其意，至於 grāha 則頗相逕庭－－真諦、玄奘、義淨皆譯為「執」，笈多則譯為「取」。「執」之與「取」，皆能充分呼應 grāha 之梵文字義，唯羅什譯之為「相」，乍見不免令人費解。如前文所述，就鳩摩羅什的用字習慣而言，「相」這原用以指涉客體現象的漢字，極可能具有心想（saṃjñā）的主體意味。準此，什譯的「相」字具有執取（grāha）的主動之意，也就不過度令人詫異了。當然，就漢字的母語使用者而言，「相」作為「外相」與「對象」，多代表被認知與把握的客體，如今在羅什的譯語中

---

[37]參見 Monier-Williams, *A Sanskrit English Dictionary*, Delhi: Motilal Banarsidass Publishers, 1999, pp.371-372。

翻客為主，或許多少令人感到匪夷所思。

六、無對應梵文之「相」

在這一類為數不多卻頗不尋常的譯例當中，羅什對於「相」字的偏好或恐得到最大程度的映現。在下列表格的五個譯句裡，非但真諦等譯並未出現相對於「相」字的譯語，即就梵典觀之，也不見其相對應的梵字。原來，羅什乃自出機杼地「加字迻譯」——加上「相」字來補充說明自己對原文的理解。

什譯無相對應梵文之「相」字的諸漢譯對照表

羅什譯 (402)	流支譯 (509)	真諦譯 (562)	笈多譯 (590)	玄奘譯 (660~663)	義淨譯 (703)
菩薩應不住**相**布施，其福德不可思量(4-3)	若菩薩不住**相**布施，其福德聚不可思量	若菩薩無執著心行於布施，是福德聚不可數量	若……菩薩摩訶薩不住施與……福聚不可量受取	若菩薩摩訶薩都無所住而行布施，其福德聚不可取量	由不住施，福聚難量
菩薩無住**相**布施，福德亦復如是不可思量(4-8)	菩薩無住**相**布施，福德聚亦復如是不可思量	若菩薩無執著心行於布施，是福德聚亦復如是不可數量	若菩薩摩訶薩不住施與……福聚不可量受取	若菩薩摩訶薩都無所住而行布施，其福德聚不可取量	菩薩行不住施，所得福聚不可知量
若作是念：發阿耨多羅三藐三菩提者，說諸法斷滅**相**(27-3)	汝若作是念：菩薩發阿耨多羅三藐三菩提心者，說諸法斷滅**相**	若汝作是念：如來有是說：「行菩薩乘人，有法可滅」	菩薩乘發行，有法破滅施設斷	如是發趣菩薩乘者，頗施設小法，若壞、若斷耶？	諸有發趣菩薩乘者，其所有法是斷滅不？
發阿耨多羅三藐三菩提心者，於法不說斷滅**相**	菩薩發阿耨多羅三藐三菩提心者，不說諸法斷滅	如來不說：行菩薩乘者，有法可滅，及以永斷	不菩薩乘發行，有法破滅施設不斷	諸有發趣菩薩乘者，終不施設少法，若壞、若斷	趣菩薩乘者，其法不失

(27-4)	相				
不取於相，如如不動(32-2)	而不名說，是名為說	如無所顯說，故言顯說。如如不動，恆有正說	如不廣說，彼故說名廣說	如不為他宣說開示，故名為他宣說開示	無法可說，是名正說

細觀這五個譯句，又可粗分為三類：

（一）「住相布施」

　　菩薩以「不住相」的態度布施，故其布施福德無數無量。梵本相對應文段分別作：

> Yaḥ bodhisatvo 'pratiṣṭhito dānaṃ dadāti tasya puṇyaskandhasya na sukaraṃ pramāṇam udgrahītuṃ (4-3)
>
> Yo bodhisatvo 'pratiṣṭhito dānaṃ dadāti tasya puṇyaskandhasya na sukaraṃ pramāṇam udgrahītuṃ (4-8)

兩個幾近相同的文段皆意謂：「凡是無所住著的菩薩／Yaḥ bodhisatvo 'pratiṣṭhito」「布施財物／dānaṃ dadāti」，「他的福德聚的量／tasya puṇyaskandhasya pramāṇam」「不易取得（沽測）／na sukaraṃ udgrahītuṃ」。而「無所住著」，亦即「不執著」的原語 a-prati-ṣṭhita，是轉為形容詞用的過去被動分詞，用以形容「菩薩」。從梵語的「無所住著」或「不執著」，過渡為羅什漢譯的「不住相」或「無住相」，這多出來的「相」字，如銜接到前文第三小節的「菩薩應如是布施──不住於相」來考察，可知鳩摩羅什承上文而加字翻譯，意指菩薩不應住著的「相」或對象，乃是色、聲、香、味、觸、法等六境（nimitta）。再者，這衍生的「相」字，也可能隱隱暗示了布施者、布施物、與受施者，從而強化了「三輪體空」的布施原則，亦即發揮了「諸法性空」的般若之學[38]。

---

[38]　有關於「三輪相」的論述，在無著造頌，世親釋，義淨譯的《能斷金剛般若波羅蜜多經論釋》中有云：「攝伏在三輪，於相心除遣，後後諸疑惑，隨生皆悉除。經云：『菩薩如是應行布施，乃至想相亦不應著。』此顯所捨之物，及所施眾生，并能施者，於此三處除著想心。次明布施利益。或有難云：『既於施等離其相狀。如何當獲福德利益？』為答此故，說生福甚多。」（T.25, p.875c）準此，世親認為無著頌中所言「攝伏三輪相」者，乃針對《金剛經》文「菩

（二）「法斷滅相」

追求無上正等正覺的行人，對於諸法不說「斷滅相」。與此譯相對應的兩處梵文分別是：

Bodhisattvayānasamprasthitaiḥ kasyacid dharmasya vināśaḥ prajñapto ucchedo vā (27-3)

Na bodhisattvayānasamprasthitaiḥ kasyacid dharmasya vināśaḥ prajñapto nocchedaḥ (27-4)

這兩個前後相續的文句，旨在說明：「任何一法的破滅或者斷絕／kasyacid dharmasya vināśaḥ ucchedo vā」，「不被趣求菩薩乘者認可或知道／Na bodhisattvayānasamprasthitaiḥ prajñapto」。易言之，基於緣起諸法自性本空的理解，大乘菩薩不執著、不認許任何一法真有所謂的「破滅」或者「斷絕」。在此，羅什將「法的破滅或斷絕」譯為「法斷滅相」，這衍出的「相」字究竟何所取義？大約只有一百年後猶恪遵其譯的菩提流支能默契於心吧！在此，吾人所能再次確認者，毋寧是羅什從事漢譯時對「相」字的特殊偏好。

（三）「不取於相」

什譯《金剛經》第 32 節有云：

云何為人演說？不取於相，如如不動。何以故？一切有為法，如夢幻泡影，如露亦如電，應作如是觀。

與此相對應之梵文如次：

Kathaṃ ca samprakāśayet. Tad yathākāse tārakā timiraṃ dīpo māyāvaśyāyabudbudam svapnaṃ ca vidyud abhraṃ ca evaṃ draṣṭavyaṃ saṃskṛtam. Tathā prakāśayet tenocyate samprakāśayed iti.

薩如是應行布施，乃至相想亦不應著」提出進一步的說明。對經文的「相想／nimittasaṃjñā」，無著的理解是「關於能施者、受施者，以及所施之物的概念與想法」。而什譯衍出的「相」字，是否源自梵本《論釋》的影響？又，羅什將「相想／nimittasaṃjñā」略譯為「相」，如本文第二節所述。

（語譯：又/ca，如何解說/ kathaṃ ca saṃprakāśayet？如同天空中的星、翳、燈、幻、露、泡、夢、電、雲／Tad yathākāse tārakā timiraṃ dīpo māyāvaśyāyabudbudaṃ svapnaṃ ca vidyud abhraṃ ca，有為法應被如是觀之。這樣解說/ Tathā prakāśayet，因此被說為解說/ tenocyate saṃprakāśayed）

　　兩相比對之下，可知梵文偈頌之中用以譬喻有為法的「星、翳……」等九喻，在什譯中有所簡省；然而什譯中「不取於相，如如不動」一語，梵文則付之闕如。鳩摩羅什傾向「意譯」的翻譯風格，於此又見一例。
　　「不取於相」，也見於其他若干佛典，例如：

此菩薩聞未來諸佛之所修行，了達非有，<u>不取於相</u>。（《大方廣佛華嚴經》，T. 10, p. 113b）
<u>不取於相</u>，不著相好。諸色境中於味於染如實知故，常求出離。耳聲鼻香舌味身觸意法亦然。（《佛說如來不思議祕密大乘經》，T. 11, p. 740b）
云何法利？謂了法是心，見二無我。<u>不取於相</u>，無有分別。（《大乘入楞伽經》，T. 16, p. 613c）

　　上列經文中「不取」之「相」，既有「諸佛之所修行」的清淨之法，亦有「色聲香味」等等有漏之法。染淨雙遣，不取相、不執著，正是般若空觀的修行心法。什譯《金剛經》之「不取於相」，倘非來自原文的直譯，則當是鳩摩羅什的個人體會與隨興補充吧！

結論

　　透過同經異譯的比對與梵文原義的分類，鳩摩羅什對「相」字的喜好之深與應用之廣，已然不言可喻。
　　簡言之，羅什在翻譯《金剛經》時，以同樣一個「相」字來概括 lakṣaṇa、nimitta、saṃjñā、grāha 等四個梵文字，甚至在沒有梵本原文的情況下，也靈活地加此「相」字來闡釋一己的理解。

　　在翻譯為「相」的四個梵文字當中，意指「外在表相」的 lakṣaṇa 最無疑議。事實上，鳩摩羅什之後的五種現存漢譯也盡皆從善如流地將 lakṣaṇa 迻譯為「相」。然而，在什譯《金剛經》的 84 個「相」字當中，這樣「公認穩當」的譯例只有 21 個，僅佔全數的四分之一，其餘的四分之三，則無疑地留有大幅的討論空間。

　　什譯「相」字的原語，實以佔有 50 例，亦即幾近三分之二的 saṃjñā 為大宗。不同於 lakṣaṇa 之側重於客觀、外在的表相特徵，saṃjñā 指涉的是主觀、內在的概念與心想，表示妄想執著的 grāha 義亦類此。果如是，鳩摩羅什勢必擴大了「相」這個漢字的義界，始能涵括主觀心想的義涵。又或者，將 saṃjñā 與 grāha 譯之為「相」，是鳩摩羅什的學思重心由能緣之心向所緣之境傾側的文字暗示？

　　其實，鳩摩羅什對「相」字的明顯偏好，進而賦予深義，並不僅見於所譯《金剛般若波羅蜜經》。在篇帙較繁的《小品般若波羅蜜經》文中，不令人訝異地，也出現了類同的用字習慣。試觀下列文段，並比較相對應的奘譯：

> 佛諸弟子，敢有所說，皆是佛力。所以者何？佛所說法，於中學者，能證諸法相。證已有所言說，皆與法相不相違背，以法相力故。（羅什譯《小品般若波羅蜜經》，T. 8, p. 537b）
>
> 世尊弟子敢有宣說顯了開示，皆承如來威神之力。何以故？舍利子！佛先為他宣說顯了開示法要，彼依佛教，精勤修學，乃至證得諸法實性，後轉為他有所宣說顯了開示。若與法性能不相違，皆是如來威神加被，亦是所證法性等流。（玄奘譯《大般若波羅蜜多經》，T. 7, p763b）

顯然可見，羅什譯與玄奘譯，這一簡一繁，恰恰展現了「意譯」與「直譯」兩番不同的翻譯典型。此外，奘譯的「諸法實性」、「法性」，與「法性等流」；在什譯中則分別作「諸法相」、「法相」，與「法相力」。羅什對「相」字的偏好於此再見一斑。至於「性」之與「相」，意義上自有重疊亦有分歧，而鳩摩羅什在《金剛經》以外的漢譯佛典中，又賦予「相」字哪些意義？則須留待他日再行深掘矣。

《優婆塞戒經》中「殺戒」之研究

楊琇惠

一、前言

　　《優婆塞戒經》可以說是現存最完整的一部大乘優婆塞戒經，經中除了規範在家男眾居士應當具備的在家倫理之外，還兼論了諸多大乘佛教的相關議題，可說是一部內容極為豐富的大乘戒經。其漢譯本見於《大正藏》第二十四冊，經號 1488，為曇無讖於北涼姑臧所譯，全經共計七卷二十八品，約六萬八千字左右。此經並沒有梵文本及藏文本傳世，唯有漢譯本及依此本所譯的日譯本及英譯本：日譯收於《國訳一切經》印度撰述部，律部十二卷，為大野法道所譯；而英譯則收於 BDK English Tripitaka 45-ll，名為"The Sutra on Upasaka Precepts"，為恆清法師於 1994 年譯出。

　　此經漢譯本在西元四二六年被譯出，當時的翻譯情形被載於僧祐《出三藏記集》的〈優婆塞戒經記第十一　出經後記〉，記云：

> 太歲在丙寅夏四月二十三日，河西王世子撫軍將軍錄尚書事大沮渠興
> 國，與諸優婆塞等五百餘人，共於都城之內，請天竺法師曇摩讖譯此
> 在家菩薩戒，至秋七月二十三日都訖。秦沙門道養筆受。願此功德令
> 國祚無窮，將來之世值遇彌勒，初聞悟解逮無生忍，十方有識咸同斯
> 誓。[1]

　　此〈出經後記〉透露出：本經乃是由曇無讖法師（Dharmaraksla 385～433）[2]，於沮渠蒙遜在位時的丙寅年，[3]北涼武宣王玄始十五年（西元四二六年）年

---

[1] 梁・僧祐《出三藏記集》卷九，《大正藏》卷五十五，頁 64 下－65 上。

[2] 曇無讖法師的傳記最早見於梁・僧祐的《出三藏記集》，之後的傳記許多都轉引或參考此版本。就連同一時期的梁・慧皎《高僧傳》，都是參考《出三藏記集》，然後再加以刪繁補缺。之後

的四月二十三日至七月二十三日於姑臧所譯成；時由道養擔任筆受，與會者尚含括河西王世子沮渠興國，及五百多位列席聽講的在家信眾。[4]

此傳世的七卷本《優婆塞戒經》，就其內容結構而言，乃承襲自《善生經》，亦即以善生居士請教佛陀有關外道禮敬六方一事作為全經的緣起與架構，進而展開二十八品的教說。在《善生經》中，佛陀由於不認同禮敬六方神祇以求福祐的迷信行為，所以教導善生當以人倫道德的實踐來取代禮敬六方，如是才能得到真正的福祐。此舉不但從人本的立場來評判祭祀行為，更有將德行從「神教」中解放出來的意味。《優婆塞戒經》沿襲《善生經》的傳統，而以六波羅蜜及六種人倫關係來取代「禮敬六方」一事。《優婆塞戒經》在承襲之後，大為擴大篇幅，將原本的一卷本《善生經》擴展為七卷二十八品；二十八品中雖各有專論，但品品關聯，呵成一氣，其中除了軸心主旨優婆塞戒（六重二十八失意罪）外，還探討到了不少大乘議題。然而，若要一一加以論述，實非本論文所能備載，因此，筆者擬縮小主題，僅就與「殺戒」相關的議題來進行討論。

在印度，不殺生（ahiṃsā）的思想雖然說早在《夜柔吠陀》中即可見到，[5]但是當時並沒有受到大力的倡導，可以說一直要等到佛教的出現，才將此不殺生思想發揚光大。[6]佛教的不殺生思想所關涉到的面向甚多，諸如環境倫理、

的佛經目錄，如《開元錄》、《古今譯經圖紀》都是參考此傳略。法師除了《出三藏記集》所載的天竺人之外，亦有說是罽賓（Kashmir）人。（參見《魏書・列傳八十七》卷九十九）至於法師的生年另一說是生於東晉太元八年，即西元 383 年。佐藤心岳〈涼州の仏教とくに仏教の伝播の實情を中心としてて〉，《印度學佛教學研究》，第 28 卷第 2 號，頁 311。

[3] 「太歲」為我國古代天文學上所假定的歲星，又稱作「歲陰」或「太陰」。古代人觀天象，觀察到歲星（即木星）運行一周天恰巧為十二年（其實是 11.86 年），因而將黃道分為十二等分，並以歲星所在位置分別予以命名，之後又配以十歲陽，組成六十干支，用以紀年。然而，歲星的運行方向乃是由西向東繞日而行，此和將黃道分為十二支的方向正好相反，為避免不便，古代的天文學家便設想出一個與真歲星運行方向相反的假歲星，稱之為「太歲」，用以區別真歲星，並以彼所在位置來紀年。（可進一步參考《爾雅・釋天》、《淮南子・天文訓》、《史記・天官書》、清・王引之《經義述聞・太歲考》）

[4] 西域經師在譯經時，會一邊翻譯一邊講述經中文義，所以僧俗二眾可以在一旁聆聽請法。由於這次翻譯的經典較為特殊，乃是專屬於在家信眾的戒經，因此在場聽講的也就清一色全是在家居士。但是，並不是每次的譯經都有對外開放，有些譯場只允許參與翻譯的人出席，席間的討論也只允許共事者參與。

[5] 該《夜柔吠陀》的原始經文如下：Atta yat tapo danam arjavam ahiṃsā satya-vacanam iti, ta asya daksinah. (CChandogya Up. III 17.4) 轉引自 K.T.S Sarao 者・心倫譯〈古印度佛教的不殺生思想〉，《普門學報》第十三期，頁 30。

[6] K.T.S Sarao 教授以為，佛教對於推廣不殺生思想的貢獻功勞甚大，其中，將印度代表神聖戰爭的「戰輪」轉化為象徵神聖和平的「法輪」即是其貢獻之一。（K.T.S Sarao 者・心倫譯〈古

日常生活細節、飲食習慣、祭祀風俗、職業等等，舉凡人類的舉手投足，都內含不殺生的慈悲護生思想。此慈悲護生的思想可以說在《優婆塞戒經》中展露無遺，不但在經文中時而可見，在六重二十八失意罪中更具體條列了八條或直接或間接與殺生有關的戒條。

　　一切眾生，不論是天人或是螻蟻，莫不貪生惡死，視未知的死亡為畏途；而殺生恰是將眾生推向恐懼深淵的惡行。斷取眾生命根，令眾生與其所愛及其所屬的現實世界徹底分離，是何等的殘酷？因此「殺生」的行為，深為世人所厭惡，所懼怕，所禁止。相反的，若能持守不殺生戒，熄滅內心瞋害之毒的話，不但能施「無畏」與眾生，自己也能過得安詳和樂。

　　然而，面對不殺生一戒，即便是處於高科技的現代人，仍然常常要面臨許多道德兩難的情況，諸如：死刑、自殺、安樂死、人工流產、撲殺染病動物、撲殺病媒蚊、產業養殖、皮製品、動物實驗……等倫理與現實兩相衝突的問題。面對這些問題，《優婆塞戒經》如何看待？其標準是否能為現代人提供身心安頓的準則？

　　筆者擬先介紹六重二十八失意罪中，與殺戒相關的戒條，藉以瞭解《優婆塞戒經》對殺戒的根本主張。然後再進一步介紹《優婆塞戒經》對於殺戒具體犯相的規範及罪責輕重的判定，以釐清《優婆塞戒經》對持犯標準的規範。

二、關於殺生禁戒的施設

　　在優婆塞受優婆塞戒的儀式過程中，羯磨師父即曾要求受戒者不當從事五種職業，即：不賣生命、不賣刀劍、不賣毒藥、不得沽酒、不得壓油，因為此五者都是害生的職業，是故修持不殺戒的優婆塞實不當從事。[7]除了不得從事這五種職業之外，還不得參與關於製造：羅網、藍染、釀皮的工作，因為這三

　　印度佛教的不殺生思想〉，《普門學報》第十三期，頁1。）

[7] 不得壓油乃是因為壓油的過程會傷害小生命的原故。在《大乘大集十輪經》中有提到：「譬如有人壓油為業，一一麻粒皆有蟲生，以輪壓之油便流出，汝當觀此壓麻油人於日夜中殺幾生命。假使如是壓麻油人以十具輪相續恒壓，於一日夜，一一輪中所壓麻油數滿千斛，如是相續至滿千年。汝觀此人殺幾生命？所獲罪業寧為多不？地藏菩薩摩訶薩言：甚多，世尊；甚多，大德。此人所殺無量無邊，所獲罪業不可稱計，算數譬喻所不能及，唯佛能知餘無知者。」（《大乘大集地藏十輪經》卷四，《大正藏》卷十三，頁744下）

種工作備具了間接害生之嫌。[8] 由此可見，《優婆塞戒經》甚是重視在家居士
對職業的選擇。而這種以正當的職業來謀取生活所需的觀念，其實正是八正道
中「正命」的理念。所謂的正命乃指棄捨一切不正當的行業，而以適當合理的
方法求得飲食、衣服等日常所需的用品；相反的，如果從事不正當的行業，即
屬「邪命」。而以斷取眾生性命為業的謀生方式即是邪命的一種。

　　《優婆塞戒經》除了在職業的選擇上對欲受戒的優婆塞有所提醒之外，在
戒條上更是明確地標示不允許傷害眾生性命的行為。

　　縱觀《優婆塞戒經》戒行分類乃是承襲自菩薩戒的戒學系統，亦即將戒條
內容依其罪責差異而分輕重戒。所謂的重戒或可說是整體的戒律總則，而輕戒
則可視作戒律總則下的分則。作為總則的「重法」為不可悔過的根本重戒，其
性質近於「性戒」，持戒者一旦犯了重法，即刻喪失其所受的優婆塞戒戒體。
[9]而屬於分則的「失意罪」，《優婆塞戒經》共施設了二十八條，其內容甚廣，
筆者將之分作六大類，即：人倫道德、個人心性修養、僧俗倫理、職業道德、
公民道德及日常生活習慣等六大類。[10]在這六重二十八失意罪中，除了重法的

---

[8] 禁止製造網捕殺生命的羅網，和禁止製作熟皮或加工皮件二事，較為易懂，很容易聯想到害
　　生。至於不得作藍染，其意不甚明瞭，在其他經文中，曾有出現不得與藍染家往來之文句，
　　然而並未說明原由。筆者以為，現在藍染的素材以植物居多，不過昔日的藍染材料也許來自
　　動物，或因藍染的過程會破壞生態環境，以造成直接或間接的害生故而禁止也說不定。（不
　　得與藍染家往來一事見《大方等陀羅尼經》卷四，《大正藏》卷二十一，頁 657 中）

[9] 六重法由不殺生、不偷盜、不虛說、不邪婬、不說四眾過、不得酤酒等六者所構成。此六重
　　法和《菩薩瓔珞本業經》、《梵網經》的前六條重戒內容可說完全一致，唯獨《優婆塞戒經》
　　因是在家居士戒經，因此沒有禁斷婬欲，以「不得邪淫」為戒。又由於是根本戒的關係，所
　　以不難發現許多戒條和聲聞戒或基本五戒是相同的，因為根本性戒是通戒，不僅通二乘，更
　　適用於全體有情。然而，由於經文過於簡潔，對於怎樣才是犯相並沒有多作說明，因此，歷
　　來諸註疏家說法各自不同：或有以聲聞判罪的準則來詮說者；或有以為重罪中仍有輕重之分
　　者；或有認為菩薩戒之重戒重於聲聞者，諸說紛紜。關於重戒的細部內容可參考釋聖嚴《戒
　　律學綱要》，台北，天華出版社，1982 年，頁 270－277。

[10] 一、人倫道德：不供養父母師長、不瞻視病苦者、不施與乞者、不起迎問訊長者、打罵奴婢
　　僮僕、施殘食於四眾、棄捨途中所遇之病者。二、個人心性修養：憍慢罪、月中不能六日持
　　八戒及供養三寶、不往聽法。三、僧俗倫理：受僧具、獨宿尼寺、不儲僧具、受用未供三寶
　　之新穀果蓏菜茹、未經允許而恣意說法、行走於諸比丘沙彌前、為師擇選美好過分之食。四、
　　職業道德：田作時不求淨水及陸稼處、不正斗秤、養蠶。五、公民道德：不納官稅、犯國制。
　　六、日常生活習慣：耽樂飲酒、飲有蟲之水、獨行於嶮難處、畜貓狸、不當畜一切獸、於非
　　處非時行欲。所謂的「人倫道德」，乃是指與他人（宗教人士除外）互動的行為；「個人心性
　　修養」則是指涉及個人修為，或是聞道修法，以促進個人心性成長的行為；「僧俗倫理」：在
　　家居士與出家眾互動時所應有的行為；「職業道德」：凡關涉工作的選擇、態度與行為者均屬
　　之；「公民道德」：身為一國國民所應盡的公民義務；「日常生活習慣」：於日常生活中的慣性

第一條為殺戒外，在二十八失意罪中，有三條失意罪直接關涉殺戒，另有四條失意罪間接涉及殺戒，於此，筆者擬一併介紹。

(一)六重法中的「殺戒」

　　誠如上述，六重法的性質較近於「性戒」，而所謂的「性戒」意指無需待佛制戒，即已存在的戒條，亦是不分身分、種族、膚色、性別、宗教、年齡、受戒與否、出家與否，均需尊守的戒律，一旦犯了性戒，未來必定受報。是以就連出家人的戒律雖然有兩三百條之多，但亦僅列與殺、盜、婬、妄四項性罪有關者為波羅夷罪，視為不可原諒的重罪。出家人若犯了波羅夷罪，即面臨被逐出僧團的命運，不像犯了遮戒的人，還能經由懺悔自新，再次被僧團所接納。由於優婆塞不似僧伽處於團體生活中，所以即便犯了六重法也不會有被「團體」逐出之虞，然而，卻會喪失所受持的優婆塞戒戒體，由如此重的懲罰來看，六重法實具備了「性罪」的特質。

　　對於列為第一條的殺戒，經文云：

> 優婆塞受持戒已，雖為天女乃至蟻子悉不應殺。若受戒已，若口教殺，若身自殺，是人即失優婆塞戒。是人尚不能得煗法，況須陀洹至阿那含。是名破戒優婆塞、臭優婆塞、旃陀羅優婆塞、垢優婆塞、結優婆塞，是名初重。[11]

　　一旦受持了優婆塞戒，不論對象是高高在上的天女或是微小的螻蟻均不得起加害之心，不得以口或以身加以殺害；[12]如果受戒後還傷害或剝奪眾生的生命的話，此破戒之人不但會喪失所受得的優婆塞戒戒體，於修行上也不得成就，不能成就煗法乃至阿那含果。[13]經文雖然對於不得殺生規範得甚為精簡，但是其嚴禁殺生行為的決心卻是相當明確的。

行為。

[11] 《優婆塞戒經・受戒品》卷三，《大正藏》卷二十四，頁1049上－中。

[12] 其實，不只身、口能犯殺業，就連意念也可以害生，例如，當一個有禪定力的修行人起惡心時，即有可能運用意念奪取眾生的生命。然而由於《優婆塞戒經》的傳教對象乃是一般的在家信眾，因此僅提到不得以身、口二業害生。至於所言的以口殺人，筆者以為，有可能是指間接教唆害生；或是以惡言傷人，令聞者因想不開而輕生。

[13] 此處所言的「煗法」乃是指加行位四位中的第一位。加行位，為修行的位階，列於資糧位之後，意指加行用功，以取證道果之意，其所含括的四位分別為煗位、頂位、忍位及世第一位。

　　根據Sarao教授的研究，在梵巴經文中，提到殺生戒時，主要是以離殺（panatipata veramani）、斷殺(panatipata pativirati)、不殺(ahi j sa)三者來表詮。其中以「不殺」最常出現在佛典中，而「離殺」與「斷殺」則較常出現於有關禁殺的戒條中。教授推測，所以會有此種用字上的差別，可能是因為「離」(veramani)和「斷」(pativirati)均含有努力防犯，和努力克服意志的意含；亦即於受戒後，願意盡一切努力遠離或迴避關於傷害有情生命的行為。[14]雖然《優婆塞戒經》沒有梵文本，然而，其所顯示的「不應殺」一語，實著含藏了離殺、斷殺的努力意味。

　　持戒之人所以會生起此努力防犯害生的意志，全因慈悲心與慚愧心之故；因不忍眾生承受到被傷害的恐懼，所以慈心以對，又，因不願自己道德淪喪，所以對自己的行為常懷慚愧心。慈悲心，能令人柔軟；慚愧心，能令人精進，兩者相輔相承，同為護生而努力。

(二)二十八失意罪中關涉殺戒之戒條

　　若說六重法為根本戒，那麼列在六重法之後的二十八失意罪或可視為根本戒下的細小戒，其性質近於「遮戒」。然而，為何會稱作「失意罪」？《梵網經菩薩戒本疏》對此的解釋是：「謂忘念所作，乖於本志，故名失意也。」[15]「失意」，換言之，或可說是忘失正念之意。

　　雖然說在整部《優婆塞戒經》中，從卷一到卷七，到處都可以見到佛陀對在家居士日常生活的叮嚀，可是，這些叮嚀既繁多又雜散無章，實在很難讓人有所依循，因此，在眾多學處中，《優婆塞戒經》揀選了二十八則基本學處，以作為在家居士的行事指標。[16]由於此二十八則規範，在罪責上較六重法來得輕，因此又稱之為失意罪。

1. 直接涉及殺生者

　　在二十八條失意罪中，有三條直接關涉到殺戒，亦即：飲用有蟲之水、畜貓狸、養蠶三者；飲用有蟲之水屬日常飲食習慣，畜貓狸則屬生活習慣，而養

---

[14] K.T.S Sarao者．心倫譯〈古印度佛教的不殺生思想〉，《普門學報》第十三期，頁5-8。

[15] 《梵網經菩薩戒本疏》卷四，《大正藏》卷四十，頁634中。

[16] 對於那些散見於經文的殷殷囑咐，雖然沒有列入六重二十八失意罪中，可是，筆者以為，或可視之為居士們的所應學習的「學處」。《菩薩地持經》曾經如是定義「學處」：「菩薩於何處學？學有七處：一者自利、二者利他、三者真實義、四者力、五者成熟眾生、六者自熟佛法、七者無上菩提。」(《菩薩地持經》卷一，《大正藏》卷三十，頁890下) 此定義其實也適用於《優婆塞戒經》中對於在家居士們的期許上。

蠶或可視作職業來看待。由此可見,《優婆塞戒經》要求受戒優婆塞當隨時隨地都重視護生的根本精神。

(1) 禁止飲用有蟲之水

由於過去淨水技術不像現代這般進步,水中雜質多留有些細小生物,因此,過去印度的修行者多隨身攜帶濾水袋,欲飲水時,先以袋濾水然後再加以飲用。此舉乃是為了避免飲水時,將小生物喝入體內,以造成小生物無辜的喪命。《優婆塞戒經》同樣以此來要求在家居士:

若優婆塞受持戒已,疑水有虫,故便飲之,是優婆塞得失意罪,不起、墮落、不淨、有作。[17]

其實,這條失意罪除了蘊含了無限的慈悲之外,同時還符合了現代的衛生與科學觀念,因為濾掉微生物,不但能免去殺生之虞,更能預防疾病的感染。

修行人的心比較細密,比較柔軟,比較能為眾生著想,所以不但在飲水的時候會加以注意,就連在走路時,也是小心翼翼,生怕踩傷了無辜的小生命。這些舉動無非欲減少無意間傷害眾生性命的機會,可說是努力「離殺」的行為。

(2) 禁止畜養猫狸

所以會禁止畜養猫狸,乃是因為以往畜養猫狸的目的均在於捕殺鼠輩的原故。是以畜養猫狸的行為背後,便隱藏了「害生」、「殺生」的用意,在眾生平等的前題下,此畜養行為被嚴格禁止。《優婆塞戒經》如是說:

若優婆塞受持戒已,若畜猫狸,是優婆塞得失意罪,不起、墮落、不淨、有作。[18]

或許會有人以為畜養猫狸和製作羅網一樣,均是屬於協助殺生的行為,應當被放置於間接殺生的項目之下才是。然而,筆者的考量是,此行為帶有強烈的殺意,因為行為人在畜養猫狸之初,即是因為知道猫狸具有捕食老鼠之性,想藉之來滅除鼠患,所以才加以畜養的,其「殺鼠輩」的目的極為明確。若針對此滅鼠的目的而言,畜養人可謂具「教唆」之嫌,而其行為更屬於積極性行為,而非消極的「不作為」因此,筆者將之置於直接殺生的條目之下。

---

[17] 《優婆塞戒經·受戒品》卷三,《大正藏》卷二十四,頁 1049 下。
[18] 《優婆塞戒經·受戒品》卷三,《大正藏》卷二十四,頁 1050 上。

(3)禁止養蠶

受優婆塞戒後，不得養蠶，因為養蠶亦是殺生之業。《優婆塞戒經》云：

> 若優婆塞受持戒已，若養蠶者，是優婆塞得失意罪，不起、墮落、不淨、有作。[19]

雖然《優婆塞戒經》的經文沒有詳細說明不能養蠶的原因，然而，藉由養蠶來營利確實是殘忍的行為。養蠶者圖利營私，意在取絹絲以製衣，然而業者可想過在蒸煮蠶繭時，傷害了多少性命？《過去莊嚴劫千佛名經》曾直言：「養蠶煮繭傷殺滋甚。」[20]

不只業者不當以養蠶為業，消費大眾亦不當穿著絲質衣物，或蓋蠶絲被，因為，唯有斷了市場上的需求，業者才會停止製造。談論至此，不禁讓筆者聯想到市面上所充斥的各式皮衣或皮件，如由小牛皮、小羊皮、鱷魚皮、蛇皮所製成的物件，以及由動物體毛所製成的衣服，諸如兔毛衣、羊毛衣、羽絨衣等等，是否都應該列在不得使用的範圍內？因為，消費者購買得愈踴躍，業者便會殺害更多的生靈。

其實，出家僧人即不穿著絲質僧服，除了因為修行以簡樸為重外，更重要的是絲質衣物乃是犧牲蠶的性命所換來的，其與皮衣的「殺生」意味無異，因此慈悲的僧眾寧願穿著糞掃衣，也不著以絲質衣料製成的僧服。戒經云：

> 衣服者，養蠶殺繭，取桑織絡，染浣裁縫，眾緣調度，無量辛苦。計上下衣，資凡殺幾蠶，出幾氣力？蠶繭入湯，受幾痛苦？是故佛教著糞掃衣。[21]

不穿絲質衣服乃不忍蠶處於熱湯中的苦痛，是以此舉亦是護生的表現，而且如是的堅持，也是一種傳達拒絕間接害生的方式。

2.間接涉及殺生者

誠如上述，所謂的間接殺生乃是指應為而不為「不作為」所造成的生命傷

19　《優婆塞戒經·受戒品》卷三，《大正藏》卷二十四，頁 1050 中。
20　《過去莊嚴劫千佛名經》卷一，《大正藏》卷十四，頁 367 中。
21　《淨心戒觀法》卷一，《大正藏》卷四十五，頁 825 上。

害，亦即因一己的「不作為」而錯失救援的第一時間，使得原本不會有生命危險的生命因此而喪生。

在論及行為與犯罪的關係時，不論是佛教戒律或是我國現行的刑法，都一致肯定「無行為，即無犯罪」，認為行為與犯罪間具有密不可分的關係。[22]除此之外，兩者還一致認同行為當分作「作為」與「不作為」兩種。

在刑法理論上，通常是以身體的動與靜來區分作為與不作為的分別，前者為積極行為，後者為消極行為。[23]然而亦有學者主張單以身體的動靜來分判作為與不作為是不夠的，如林山田先生則以為，所謂的作為犯乃指行為人以積極之作為，在意思支配下，針對特定動作，運用體力使身體移動，以致破壞法益。而不作為則指行為人以消極之不作為的方式違法，即在意思支配下，針對特定動作，不運用體力，而不使身體移動，致破壞法益。換言之，林山田教授以為，刑法對「作為」的定義是：造做出法律所禁止的行為，而非指單純的「為」；相對的，「不作為」亦非指單純的「不為」、「無為」或「無所作為」，而是指「不為」法律認為應為的行為。[24]

而《優婆塞戒經》也同樣認為人透過身、口、意三個管道來造作行為，其中身、口二業具有「作」與「無作」兩種行為，[25]而屬於心行的意則僅有「無作」的行為表現。[26]再者，不論是「作」或「無作」均具有作善或作惡的可能性，只要是起心動念為惡，即便是「無作」，亦會因無作而犯罪破戒；此處所要談論的間接殺生即屬此類。

---

[22] 在我國現行刑法典中，「行為」一詞的意涵與一般用法相同。唯有對「行為」加以限定或進行判斷後，方才具足刑法上的意義。述說一般行為的例子，如：「行為非出於故意或過失者，不罰」（刑法十二條）、「未滿十四歲人之行為，不罰」（刑法十八條）、「心神喪失人之行為，不罰」（刑法十九條）、「業務上之正當行為，不罰」（刑法二十二條）。而含有刑事意味的行為則如：「已著手於犯罪行為之實行」（刑法二十六、二十七條）、「犯罪之行為或結果」。至於「犯罪行為」，據林山田教授對的定義如下：「行為係指構成要件行為，它是客觀不法構成要件之核心，乃就行為之違犯方式、行為手段、行為時間、行為地點、行為之實施方法等，而成為規定於客觀不法構成要件之客觀構成犯罪事實。」（林山田《刑法通論》上冊，台北，台大法學院圖書部經銷，1998，頁 207。）

[23] 福田平、大塚仁編《日本刑法總論講義》，遼寧，遼寧人民出版社，1986，頁 55。

[24] 林山田《刑法通論》上冊，台北，台大法學院圖書部經銷，1998，頁 167。

[25] 《優婆塞戒經》：「或有說言：身業三事有作無作，口不如是。是義不然！何以故？若口有作、無無作者，口勅殺已，不應得罪，是故口業亦應有作及以無作。」《優婆塞戒經》卷六，《大正藏》卷二十四，頁 1068 中。

[26] 《優婆塞戒經》：「心雖在善、不善、無記，所作諸業無有漏失，故名無作。」（《優婆塞戒經》卷六，《大正藏》卷二十四，頁 1069 中）

(1)不瞻視病苦者

生、老、病、死是人一生中無法避免的苦,誰都會生病。人在病痛纏身時,最是無助,最是需要他人的幫助,如果在此時沒有人願意伸出援手,或給予生活上的照料,或予以精神上的慰藉,生病的人或許有可能因此而久病厭世,生起輕生的念頭。如果因為自己沒能前往瞻視而導致病者尋短的話,此即犯了「無作」的殺生惡業。

是以《優婆塞戒經》說:

> 若優婆塞受持戒已,污惡不能瞻視病苦,是優婆塞得失意罪,不起、墮落、不淨、有作。[27]

此引文點出了有些人不願意照顧病人,或是害怕照顧病人的原因:怕髒。由於病人無力照料個人的清潔與衛生,因此,多有惡瘡或惡臭,加上在看護的過程中很可能受到來自病人身上的細菌感染,是以有許多人視瞻病為畏途,不是很樂意從事照顧病人的工作。然而,發願自他兩利的優婆塞,當奮力克服嫌惡的心,不能怕髒,當至心看護病患。因為,瞻病除了利他之外,還能培養大悲心。《梵網經菩薩戒本疏》在為「瞻病」釋義時說:「初制意者,菩薩以大悲為體,拔苦為用,何容見病而不瞻救?故須制也。」[28]

人際往來是相互的,與人結善,為人設想,他日彼善亦當回到自己身上;反之,若與人為惡,私營己利,處處妨害他人,日後自己有難時,別人也不會加以援助。瞻病其實正是一種結善緣的方式。佛經中有個例子說:有一位病疾困篤,久寢床褥,脊下蟲出,呻號終日的病比丘,臥病多日,無人探視。一日,佛與諸比丘按行房舍,見此比丘困篤如是,佛陀便問他:有人來瞻視你嗎?病比丘回答說沒有。佛陀又問:你之前可曾前往瞻視別人?病比丘回答說不曾。佛陀聞此,說:你不曾瞻視別人,如何希求別人來看望你呢?於是佛陀即親自為該病比丘洗滌並擦拭身體。當時帝釋見此景象,也一同前來協助佛陀照護病比丘。病比丘痊癒後,佛陀對諸比丘說:自今日起,如果有人生病,應當相互瞻視,互相照顧。[29]

27　《優婆塞戒經‧受戒品》卷三,《大正藏》卷二十四,頁 1049 下。
28　《梵網經菩薩戒本疏》卷五,《大正藏》卷四十,頁 638 下。
29　《分別功德論》卷四,《大正藏》卷二十五,頁 43 中－下。

　　除上述的故事之外，筆者聯想到另一個頗具啟發性的故事。話說一日，大目犍連邀請因用功過度而眼盲的摩尼婁陀一起出遊，然而，彼時摩尼婁陀正在縫衣服，因此，他請大目犍連等他縫完再去。縫衣之時，不巧線脫了針，因此，摩尼婁陀即大聲唱言：有誰欲作功德，幫我穿個針線？佛陀以天耳聽到了摩尼婁陀的呼喊，於是即刻前往摩尼婁陀處，為他穿針引線。[30]事後，僧眾們知道此事後個個慚愧，因為就連佛陀都不放棄為他人服務的修福機會了，身為凡夫僧豈可不為他人服務？

　　有位極為懂得瞻視病人的讖比丘，他常以五事來瞻視病人：一、善於分別良藥；二、不懈怠，先起後臥；三、恒喜與病人言談，不貪著睡眠；四、以法供養，不貪著飲食；五、堪任與病人說法。[31]其實，要具備讖比丘如是的瞻病能力，既能辨藥又能說法，其實是不容易的。讖比丘所以能具備分別良藥的能力，乃是因為在前世時，曾經有五百世為醫善解方藥，且能聽聲察色，知病根源的醫者。一般人或許沒能作到讖比丘的視病境界，但至少能盡心就好。

(2)獨行於嶮難處

　　護生的對象乃是一切眾生，人我皆然，是以若將自己暴露於危險的地方，讓自己的生命受到威脅的話，亦是不智的「害生」之舉。《優婆塞戒經》云：

> 若優婆塞受持戒已，嶮難之處，無伴獨行，是優婆塞得失意罪，不起、墮落、不淨、有作。[32]

　　在比丘尼的具足戒中，亦曾規定比丘尼不得獨行於恐怖處所，因為曾有尼眾獨行於恐怖處，遇到了凶惡之人，彼時因為沒人有可以加以救護，於是慘遭不幸，因此施設此戒。[33]

30　《佛本行集經》卷 59，《大正藏》卷三，頁 927 上－中。

31　《分別功德論》卷四，《大正藏》卷二十五，頁 43 中－下。

32　《優婆塞戒經・受戒品》卷三，《大正藏》卷二十四，頁 1049 下。

33　此戒在各廣律中皆有施設，今《五分律》為例：「若比丘尼於國內恐怖處無所依怙而獨行者波逸提；雖眾多比丘尼共行，而無白衣強伴，名為獨行。從一聚落至一聚落，若無聚落行半由旬波逸提，式叉摩那、沙彌尼突吉羅。」（《五分律》卷十三，《大正藏》卷二十二，頁 89 下。）

　　優婆塞雖然是男性，可是若是落單的話，仍是有可能因遇到盜匪或是猛獸而有喪命的危險。因此，受戒後的優婆塞應該處處留心，不當讓自己陷於險境，妄失性命。

(3)不當畜養一切獸

　　此戒施設的目的在於避免無辜的動物受到虐待。因為有些人僅對人有惻隱之心，但是對於動物卻無法以同等的同理心來對待，是以其行為多為粗暴殘忍，有鑑於此，《優婆塞戒經》才會施設此戒，冀望能減少虐待動物行為的發生。

　　其實，《優婆塞戒經》並沒有禁止畜養象、馬、牛、羊、駝驢等一切動物，不過，卻認為不當讓沒有受戒的人來畜養。因為沒受過戒的人，如果對動物過於殘暴的話，有可能會發生虐待致死的情形。《優婆塞戒經》如是言：

> 若優婆塞受持戒已，畜養象、馬、牛、羊、駝驢一切畜獸，不作淨施，求受戒者，是優婆塞得失意罪，不起、墮落、不淨、有作。[34]

　　以前在印度或有以所畜之群獸來爭鬥為戲的行為，此惡習，在《長阿含經》中曾載到：

> 如餘沙門、婆羅門食他信施，但習戰陣鬥諍之事。或習刀杖、弓矢之事；或鬥雞犬、猪羊、象、馬、牛駝諸畜；或鬥男女；及作眾聲：貝聲、鞞聲、歌聲、舞聲。緣幢倒絕，種種伎戲，入我法者，無如此事。[35]

　　佛教嚴格禁止此番畜養群獸以供戲鬥娛樂的行為，因為，這無非是在虐待動物。不過，若畜牛以犁田耕作，或是以其他動物來幫忙勞作，倒是被允許的。筆者曾就此翻閱佛經，發現經中多有以牛犁田耕作的記載，且無有呵責之語；因此，畜牛、馬、羊等動物並沒有被禁止，唯一要注意的是，所託付的人是否有受戒，是否能以愛心來畜養。

---

[34] 《優婆塞戒經・受戒品》卷三，《大正藏》卷二十四，頁1050上。
[35] 《長阿含經》卷十三，《大正藏》卷一，頁84中。

我國現行的法規亦有規範「野生動物保育法」，此法亦是基於保護動物所制定的。在此保育法的第一條即明文規定：「為保育野生動物，維護物種多樣性，與自然生態之平衡，特制定本法。」所謂的野生動物為：「一般狀況下，應生存於棲息環境下之哺乳類、鳥類、爬蟲類、兩棲類、魚類、昆蟲及其他種類之動物。」而保育的方法為：「不得騷擾、虐待、獵捕、宰殺、買賣、陳列、展示、持有、輸入、輸出或飼養、繁殖。」字裏行間在在透露出慈悲。然而，此法與優婆塞戒失意罪最大的不同在於，前者只關注在野生動物上，但是對於營利的產業動物，卻不在保護的範圍之內；而後者則是連產業動物的飼養方式都加以關注，此乃其最大的差別。如果動物產業的飼養者能落實此條失意罪的話，必能提升被忽視已久的動物產業倫理，而重新省思產業動物的生存權。

(4) 棄捨途中所遇之病者

若於行路中遇到有人病危，或是急需救助時，一樣必須主動予以協助，若是因為一時的棄捨，而致使該病患因此而喪生的話，受戒的優婆塞同樣犯了「不作為」的殺生行為。《優婆塞戒經》言：

> 若優婆塞受持戒已，行路之時遇見病者，不住瞻視，為作方便，付囑所在，而捨去者，是優婆塞得失意罪，不起、墮落、不淨、有作。[36]

在往昔，醫療設施既不發達也不普遍，因此，若於途中遇見互不相識的患者，仍應上前搭救，因為若不願伸出援手，患者或許會因小病而喪命也說不定。是以發願行菩薩道的優婆塞，在途中見到有人生病，身體不適時，絕對不可以掛念私事，急忙趕路，一定要過去瞻視，盡己所能予以援助。

現代社會醫療環境進步了，除非病倒於很偏僻的地方，要不然只要一通電話，救護車即刻趕到；在這樣便利的條件下，此條失意罪便很容易守。不過，筆者聯想到的是，考驗現代人良心的或許是在途中遇見車禍時，要不要前去關切。在眾人自掃門前雪的心態下，見到他人車禍時，常有事不關己的想法，以為反正有肇事者和警察會處理，自己過去或許會礙手礙腳，或是被傷者誤會自己便是肇事者。對此，筆者甚不以為然，因為在筆者的經驗中，傷者是需要旁人的關切與協助的，即便是一兩句溫暖的慰問或是攙扶，都具有穩定傷者情緒

---

[36] 《優婆塞戒經‧受戒品》卷三，《大正藏》卷二十四，頁 1050 中。

的作用,像是問問傷者是否需要幫他通知家人,或是幫他拾起散落一地的東西……,都是令傷者窩心的行為。因此,即便醫療便利了,現代人仍是不得棄捨需要幫助的病患。

在六重二十八輕戒的三十四條戒律中,直接或間接關係到殺生的戒條就占了八條,如此的比例不可謂不高,由此即可認知到《優婆塞戒經》對於不殺生戒的重視。然而,由於上述的戒條內容並沒有清楚說明持犯的標準,很難讓人明白持犯的界線,若欲釐清持犯的準則還得對殺戒犯相加以研究才行。

三、對於殺生犯相之界定

《優婆塞戒經》要求受戒的優婆塞在受戒後當「施諸眾生無恐無畏,咸令一切離苦獲安。」[37]其實,若是能持守不殺生戒,即是對眾生施與最大的無畏了。然而,要持守好不殺生戒,還得清楚了知怎樣的行為構成「殺生」,觸犯了殺戒犯相,如此方能守好戒律。

(一)犯罪行為的構成要素

在闡述此問題之前,筆者以為有必要先說明《優婆塞戒經》對「完整」行為的定義。據《優婆塞戒經》的說法,一個「戒行犯相」要成立,必當具足「根本」、「方便」與「成已」三個要件。[38]所謂的「根本」係指罪行的動機及該行為本身;「方便」乃指造作該罪行時的手段、方式或工具;「成已」係指犯罪後的心理狀態及後續行為。

其實,若依「無行為,即無犯罪」的刑法觀點說明的話,「根本」即是構成犯罪事實的根本行為。[39]據林山田教授對犯罪行為的定義:犯罪行為係指構

---

[37] 《優婆塞戒經・六波羅蜜品》卷三,《大正藏》卷二十四,頁 1053 中。

[38] 《優婆塞戒經》卷六:「是十業道,一一事中各有三事:一者根本、二者方便、三者成已。」《優婆塞戒經》卷六,《大正藏》卷二十四,頁 1067 上。

[39] 在我國現行刑法典中,「行為」一詞的意涵與一般用法相同。唯有對「行為」加以限定或進行判斷後,方才具足刑法上的意義。述說一般行為的例子,如:「行為非出於故意或過失者,不罰」(刑法十二條)、「未滿十四歲人之行為,不罰」(刑法十八條)、「心神喪失人之行為,不罰」(刑法十九條)、「業務上之正當行為,不罰」(刑法二十二條)。而含有刑事意味的行為則如:「已著手於犯罪行為之實行」(刑法二十六、二十七條)、「犯罪之行為或結果」。然而,值得注意的是,在刑法典中,將行為分作「作為」與「不作為」兩種。在刑法理論上,通常是以身體的動與靜來區分作為與不作為的分別,前者為積極行為,後者為消極行為。(福田平、大塚仁編《日本刑法總論講義》,遼寧,遼寧人民出版社,1986,頁 55)然而亦有學

成犯罪的要件行為，其乃客觀不法構成要件之核心。其內容含括犯罪行為之違犯方式、行為手段、行為時間、行為地點、行為之實施方法等，由之而構成犯罪事實。[40]因為有此根本行為的造作，所以才會構成「戒行犯相」的成立，反之，若無此行為即無犯相亦破戒之謂，是以稱之為「根本」。

而「方便」係指協助該主要罪行完成犯罪事實的器具、方法或途徑，即違犯方式或行為之實施方法。[41]

至於「成已」，或可視之為「行為結果」，亦即針對行為人在完成該罪行後，對該罪行所作出的「善後」行為，及悔改與否的心理狀態；依於《優婆塞戒經》的定義，若無悔改之意，更且憍慢自大的話，始構成「成已」。

此三者如果完全具備的話，即構成完整的犯罪行為。然而，此三項要素並不一定每次都同時成立；在人類錯綜複雜的犯罪行為當中，形式多樣，或僅具其一，或具其二，不一而定。例如經文中提到預謀殺人的犯行時言：「**若作莊嚴，事竟不成，唯得方便，不得根本。**」[42]

若預謀殺人，如設下陷井或放置毒藥，然而被害者卻沒有中計，安然逃過一劫的話，並不構成殺人的根本犯行，只能說是構成了「方便」加行。不過，若是被害者因之而死亡的話，即得根本罪，經云：「作莊嚴已，便得殺者，得根本罪。」[43]又，如果於殺人後，生起悔過之心的話，即不構成「成已」，經云：「如其殺已，不追成已，無無作罪。」[44]由此可知，根本、方便、成已依於罪行的不同，而有不同的類型組合。

(二)殺戒犯相之判定

構成「殺生」行為所當具足的根本、方便、成已的犯相如下：

者主張單以身體的動靜來分判作為與不作為是不夠的，如林山田先生則以為，所謂的作為犯乃指行為人以積極之作為，在意思支配下，針對特定動作，運用體力使身體移動，以致破壞法益。而不作為則指行為人以消極之不作為的方式違法，即在意思支配下，針對特定動作，不運用體力，而不使身體移動，致破壞法益。換言之，林山田教授以為，刑法對「作為」的定義是：造做出法律所禁止的行為，而非指單純的「為」；相對的，「不作為」亦非指單純的「不為」、「無為」或「無所作為」，而是指「不為」法律認為應為的行為。(林山田《刑法通論》上冊，台北，台大法學院圖書部經銷，1998，頁167)

40　林山田《刑法通論》上冊，台北，台大法學院圖書部經銷，1998，頁207。
41　若依於林山田教授對犯罪行為的定義的話，「根本」與「方便」二者實概括在犯罪行為之內。《優婆塞戒經》將之一分為二，乃為細分「犯相」途徑、方式及器具而來。
42　《優婆塞戒經》卷六，《大正藏》卷二十四，頁1068上－中。
43　《優婆塞戒經》卷六，《大正藏》卷二十四，頁1068上－中。
44　《優婆塞戒經》卷六，《大正藏》卷二十四，頁1068上－中。

若有他想、有眾生想，若以疑心斷其命根，若動身作相或口說殺，是
名根本。求刀磨利、置毒、作索，是名方便。殺已手觸稱量提持，若
自食噉，若與人食，得物用度，任意施與，歡喜受樂，無有慚愧，心
不悔恨，自讚其身，生大憍慢，是名成已。[45]

首先，就殺戒的「根本」而言，乃是指殺生的動機與行為本身。其要件有
三：一、清楚了知被害對象為自身以外之「眾生」；二、對被害對象生起殺心，
欲斷其命根；三、以具體的肢體行為行殺，或是間接的以口教殺。此中，第一
條為對行為客體的認知，第二條為犯罪動機，第三條為具體犯罪行為。

依《優婆塞戒經》的經義，構成殺生的第一要件，乃行為人在侵害或攻擊
行為客體時，需清楚了知自身行為所侵害或攻擊的具體對象（被害人或被害生
物）是自身以外的「眾生」，如是始構成殺生犯相。然而，若依此界定，凡是
不具足「他想」或「眾生想」的殺生行為，如自殺或誤殺都不構成殺罪。

接下來，所謂的「犯罪動機」乃是指在認知行為客體為自身以外的眾生之
後，行為人在具有自我決定能力，且能判斷是非善惡之下，生起「不法的心意
趨向」，「欲」促成不法行為的內在意念；就殺生一事而言，係指生起殺意。

若結合第一要件（他想、眾生想）與第二要件（殺意）可知，《優婆塞戒
經》認為足以構成「殺生犯相」的行為，僅限於含括「知」（認知要件）與「欲」
（決意要素）的「故意」殺生行為，而對於那些不含括「知」與「欲」的「過
失」行為則不予以承認。[46]由此可知，《優婆塞戒經》並不認為過失致死的行
為構成殺戒犯相。[47]

---

[45] 《優婆塞戒經》卷六，《大正藏》卷二十四，頁 1067 上－中。

[46] 林山田教授以為，故意犯行含括了認知要素及決意要素。所謂認知要素即行為人主觀上必須
對於客觀不法構成要件之所有客觀行為情狀全部有所認識，始具備故意之認知要素。而決意
要素即指行為人對於客觀之構成犯罪事實有所認識之後，並進而具有實現客觀構成犯罪事實
之決意。（林山田《刑法通論》上冊，台北，台大法學院圖書部經銷，1998，頁 213－217）

[47] 在刑法典中，不論是故意或是過失都構成犯罪，同樣得接受刑罰的懲處，所不同的是過失犯
的罪責與懲處較故意犯來得輕。於此提供法界對過失意志的定義：張智輝先生以為，判斷過
失意志當從以下三點著手：(1)不願發生危害結果，即行為人在主觀上既不希望也不放任危害
結果的發生，對危害結果的發生持否定的態度。(2)不願努力認識行為的結果，即行為人在應
當認識並且只要注意就能夠認識的情況下，不願發揮自己的主觀能動性去努力認識自己行為
可能發生的危害結果。這種不願認識本身就是不種意志態度和意志選擇。(3)決意實施違法行

　　構成「根本」的第三條要素即為實際的殺生行為。係指行為人雖然知道其所作出的行為將致行為客體（被害對象）於死地，但仍然明知故犯，予以殺害之行為。

　　若具備上述三者，即構成殺生的「根本」要件。

　　而所謂的「方便」，乃是指在殺生行為的過程中，所採取的方法、手段或工具等輔助殺生行為的週邊條件。由此「方便」可知，殺生行為的目的雖然都是奪取眾生命根，然而其間的方式多元，互有差異。例如上述的引文即舉了三種殺生的途徑：一、以鋒利的刀器斷眾生命根；二、以放置毒餌的方式殺害眾生；三、製作繩索來奪取眾生命根。方法手段不同，但全都犯了殺生禁戒。

　　至於「成已」，則是指在犯下殺生行為後的後續動作及心理狀態。上述的「成已」乃是舉殺害牛、羊、雞、豬等家禽生畜為例，所以文中才會出現「提起稱重」、食噉、用度、施與等行為。然而，值得注意的是，「成已」最主要想標示的重點在於，犯者對自身犯行不知悔改，甚至自鳴得意，且引以為傲的態度。

　　合此上述三者，完整的殺生犯相為：對被害對象生起他想、眾生想，並以方便加行了斷其命，事成後，不但無有慚愧悔過之心，還憍慢自恃。然而，並不是每一樁犯行都具足此三件要素，依於行為構成要素的不同，而有輕重不一的罪責，依於罪責輕重的差異，便有不同的業相與果報。是以接著討論《優婆塞戒經》對殺生罪責的判定。

四、殺生罪責之判定

　　依佛教教義所言，正行能令人快樂，令人心安，令人解脫，然而，希求快樂、心安、解脫的人類卻往往「逆向操作」，遍造諸種令自他痛苦的惡行，並冀望藉此來尋求幸福，這無非是緣木求魚的愚痴行為。

　　探究人類心理的心理學者對此的解釋是：在人深層的想望中，一直都是渴望達到內、外在平衡的境地，然而，如此崇高的目標並非一蹴可幾，因此人總

為，即行為人在沒有認識或者認識錯誤的基礎上有意選擇違法行為。對於過失行為，如果不是行為人有意選擇的結果，而是在不可抗拒作用下迫不得已而為之，或者是無意識行為，就不能追究行為人的刑事責任，因為這種行為在主觀心理上不具有可以譴責的合理根據。（張智輝《刑事責任比較研究》，台北，五南出版社，1996，頁 214）

是不停地在失衡與平衡間擺盪。在擺盪的過程中，因為找不到合適的管道來排解不平衡的情緒，因此，常會藉由不理性的自我防衛機制來滿足或填補自己失衡、不滿或不安的情緒。而當所選擇的自我防衛機制具有強烈的不合法性時，即是犯罪破戒的行為。[48]

其實，這種的心理失衡狀態，即佛教所說的無明生起，正念妄失的情境。在這種沒有足夠的智慧來選擇恰當行為的無明意識下，多會產生愚昧的行為。然而這些一時的愚昧行為往往會對自他造成傷害，這些傷害所帶來的痛苦，有些會隨著時間淡化，有些卻反而與日俱增，然而，不論是哪一種傷痛，都一樣會留下痕跡（業）。因此，行為人（造業者）必需為自己所犯下的罪行負責，而此所應承擔的罪行責任，即是所謂的「罪責」。[49]

對於「罪責」存在的主張，不論是倫理學者或是法界人士都一致予以肯定。此主張源自於黑格爾對道德行為的論述，亦即以為「意志」對「行為」是有責任的；換言之，當意志清楚知道其假定的目的時，即當為該行為負責。[50]法學界人士即是基於此論點，而發展出罪刑相當原則，以為：當人處於自由意志的狀態並自主性地選擇犯罪時，除了需要受到倫理的非難及道義上的譴責外，還

---

48 雖然有不少學者持上述的主張，可是，山根清道卻發現：現實生活中有許多案例，其犯罪者（加害者）並沒有呈現出不安、失衡或不滿的現象，有些人僅是因為一時的衝動，無法克制自己的情緒而犯下罪行。因此，山根先生以為「失衡說」並不能概括所有的罪犯心理，因為犯罪人格或犯罪意識是多元且複雜的，實在很難加以類型化。（請參考陳寶玉譯《犯罪心理學》，台北，五洲出版社，1986，頁37－54。）筆者以為，山根先生所言不無道理，犯罪人格或犯罪意識確實是多元且複雜的。然而，令筆者質疑的是，難道一時的衝動就不算是心理（情緒）失衡的狀況嗎？其實不論是一時衝動或是過失致罪（破戒），都是妄失正念，沒能清楚地掌握自己言行所致，這種「迷失」的狀態，能說不算是失衡嗎？因此，筆者以為，縱使犯罪者（或破戒者）並非長期處於失衡或是不滿、不安狀況下的人，但是在犯下罪行的當下，確實是不安、失衡的情況的。

49 法律上對罪責的定義為：對自己錯誤的行為，擔負起所應承受的責任。此種基於義務所產生的負擔，可以是肉體的、精神的或是財產上的；然而不論是何種形式，由於必需履行所以是種「責任」。根據張智輝的分類，人生的「責任」可略分作積極和消極兩種：積極責任指主動承擔應盡的職責而言，如父母教養子女；而消極責任則指當義務人沒有履行應盡的義務或是違反了禁止性的義務時，外界強加給他的「負擔」，道德責任、法律責任即屬此類。此兩種責任均是基於人的能動性與社會性而產生的，因為只要人生活在社群中，即被要求承擔不危害社會的義務，若能主動遵行，便是負起積極責任，反之若是需要通過各種社會制裁手段或譴責方式才願意遵守社會規範的話，則表現出擔負消極責任的態度。（張智輝《刑事責任比較研究》，台北，五南出版社，1996，頁23－25）

50 黑格爾《法哲學原理》，商務印書館，1928，頁103。

必需對所犯下的罪行負起刑事責任。[51]

　　在佛教的諸種戒律中，只有針對出家二眾所施設的廣律有論及懲罰的部分，其餘的戒律一般都僅是條列戒條而已，其中並沒有提及懲處的方式。[52]《優婆塞戒經》不是為群體的出家眾所設，是以亦沒有載述刑罰的方式。然而，承襲佛教的業報思想，《優婆塞戒經》仍是以為所造作的諸業行，必當依其善惡而受到苦樂的果報。若就惡行而言，必當於現世或來世受到所應得的苦報；然而，怎樣的作為會受報，怎樣的行為不會受報，這便牽涉到佛教對「罪責」認定的問題。

　　依於《優婆塞戒經》，人的業報可歸納為四種型態：時定果報不定、報定時不必定、時定果報亦定及時果二俱不定。其中，果報不定者，只要具善心、智慧、因緣即可以今所當受的果報由重轉輕。然而，若是故意造惡的慣犯，且於犯後不但沒有悔過之心，而且心生喜樂的話，其果報定不可轉。[53]透過此段判讀業報可轉不可轉的經文，其實即可略知《優婆塞戒經》在判定罪責輕重時，極為重視心行意念的善惡、悔過與否、是否故意、是否有立惡誓，若有其罪必重，反之，罪責則較輕。

　　今即舉經中的例子，分為有罪責（當受報者）及無罪責（不必受報者）來討論殺生的罪責問題。

（一）有罪責者

　　有罪責者指當受報者，但不一定全是不可轉的業報，或有重或有輕，或可轉或不可轉，依犯罪情況的差異而各有所別。

1. 隨喜犯

　　當見他人行殺之時，非但沒有上前勸阻，反而加以讚嘆的話，其所受報與殺人者無別。經云：

---

[51] 張智輝《刑事責任比較研究》，台北，五南出版社，1996，頁 52－53。

[52] 其實，若嚴格而論，諸廣律中類似懲戒的規範也不能將之等同於法律上的刑罰，因為廣律中的懲處多以懺悔為主，最重的波羅夷也僅是逐出僧團，褫奪僧格；其方式並不同於法律上的懲處。此外，佛教懲戒的目的在於使僧眾能透過懺悔的儀式而悔過自新，並讓僧團得以和樂地維持下去，這和法律以報復的心態來執行懲戒是有所差異的。

[53] 《優婆塞戒經》：「何因緣故名果報定？常作無悔故，專心作故，樂喜作故，立誓願故，作已歡喜故，是故是業得果報定；除是之外悉名不定。」《優婆塞戒經》卷六，《大正藏》卷二十四，頁 1070 下。

> 若王勅殺，侍臣稱善，是王與臣罪無差別；獵亦如是。[54]

　　經文於此舉出二則例子：一為臣子稱善在上位者的殺生惡行，一為旁人稱善獵人獵殺動物的行為，此二種舉動具是殺生的惡行，當予以斥責才是，若加以讚嘆即有罪責。而且，不論是於該受害者死前或死後加以讚嘆，都要受報。經云：

> 若見人死心生歡喜，當知是人得成已罪。見他殺已，心生歡喜，出財賞之，亦復如是。[55]

　　由此可知，即便是在受害者死後才出聲讚嘆的話，仍是犯了成已罪，而當受報。
　　是故在旁稱善他人殺生者，雖然沒有直接加入殺生的行列，但仍因歡喜讚嘆殺生而觸犯了「成已罪」，是以當受報。

2. 以宗教之名殺生者

　　「宗教」常被有心人士用來當作犯罪的幌子，有鑑於此，《優婆塞戒經》云：

> 或有說言：婆藪仙人說咒殺人、殺羊祀天，不得殺罪。是義不然！何以故？斷他命故，癡因緣故。[56]

　　或有信眾以為，修道的仙人以咒術殺人，或殺羊祭天不能算是觸犯殺戒，因為其所為者，並非為己而是為宗教，為諸天眾神，是以不當以殺生罪定之。《優婆塞戒經》對此看法甚不以為然，因為仙人或祭司殺生祭天可謂起於愚痴、迷信之故，為其所殺的生靈實為枉死的無辜者，其間並沒有任何高尚的利他精神在內，是以當受報。

3. 教唆殺人

　　在教唆殺人的犯行中，不論是教唆之人，或是受託之人具當受報。經云：

54　《優婆塞戒經》卷六，《大正藏》卷二十四，頁 1068 中。
55　《優婆塞戒經》卷六，《大正藏》卷二十四，頁 1068 下。
56　《優婆塞戒經》卷六，《大正藏》卷二十四，頁 1068 下。

　　若遣使殺，使得作罪，口勅之者，得無作罪。若惡口勅，亦得作罪及無作罪。[57]

　　若使他殺，受使之人到已，更以種種苦毒而殺戮之。口勅之者，唯得作罪，受使之人兼得二罪，作以無作。[58]

　　此處將教唆殺人分作三人，一為下令遣使者，一為傳令者，一為受託者；下令遣使者雖沒有親自殺生，但是其乃是促成此殺生犯行的主因，是以得作罪；而傳令者若心無惡念只是傳令的話，得無作罪，若心亦起殺念而以惡口傳令的話，則得作罪與無作罪；至於受託之人則兼得作罪與無作罪。

　　其實，人類相互殺害是件極為悲傷的事。按照動物行為的觀點，各類動物均具有防止殺害同種伙伴的抑制機制，例如狼在相互爭鬥攻擊時，只要有一方認輸，勝利的一方即立刻停止攻擊，以避免死傷的情形產生。身為高等哺乳動物的人，當然也存在著此種抑制機制，可惜的是，此機制在人與人之間並不是每次都會發生效用，同種相殘的情形在人間不但一再上演，更因為軍事武器的發達，而屢屢發生大規模的殺戮。[59]

　　此處所討論到的教唆殺人，雖然是小規模的私人仇殺，但是其殺意堅定，欲置他人死地的動機明確，加上教事前教唆的動作，此行為堪稱為預謀、蓄意的殺人犯行。[60]由於殺意強烈又無悔意，所以必定受報。

4. 殺害父母、尊者

　　在一切的殺人犯行中，《優婆塞戒經》以為以殺害父母及阿羅漢的罪行最重。經云：

---

[57] 《優婆塞戒經》卷六，《大正藏》卷二十四，頁 1068 上－ 中。
[58] 《優婆塞戒經》卷六，《大正藏》卷二十四，頁 1068 下。
[59] 山根清道以為，除了武器的發達造成大規模的殺戮外，語言及抽象觀念的發達亦是不容忽視的幫兇。例如在戰場上，人並不被當作人看待，而是被簡單地符號化成「敵人」兩個字，一個個活生生的生命全化作符號，而促成同類互殘的悲劇。（請參考陳寶玉譯《犯罪心理學》，台北，五洲出版社，1986，頁 262－263。）
[60] 殺人犯行可分作：預謀殺人與普通殺人兩類，其間的區別在於是否出於預謀，如非出於預謀，而僅是於一時衝動或氣憤之下而誤將對方殺害的情形則為普通殺人，反之則為預謀殺人。我國現行的刑法並不沒有特別區分此二者，均是將之視為普通殺人來看待（刑法第二七一條）；不過，對於預謀殺人者，通常都會從重科刑（刑法第五十七條第一款、第二款）。

> 父母、羅漢，其有殺者得無量罪。父母、羅漢及以他人，陰界入等，
> 等無差別，所以得重，以是福田、報恩田故。[61]

　　殺害父母與阿羅漢的罪責較殺其他人來得重，並不是因為父母或阿羅漢的身體構造有別於他人，而是因為前者具養育之深恩，是我等的報恩田，而後者為開悟的修行人，是值得我等供養的福田之故。

　　其實不只佛教視殺害父母最為嚴重的惡業；就連在我國現行的刑法中亦有如是的規範。我國刑法明載：凡是殺害尊親（包括親生父母、祖父母和繼父母），不論理由為何，均處以重刑。例如在我國刑法第六十三條第一項雖有規定：凡未滿十八歲人或滿八十歲人犯罪者，不得處死刑或無期徒刑。但是，若是所犯的罪行為殺害直系血親尊親屬時，則可加重刑罰，而處以死刑或無期徒刑之懲處。[62]

（二）無罪責者

　　此處所言無罪責者，乃是指在佛教的業報論中，不受報的情形。然而其所認定的「無罪責」結果，不一定等同於刑法的裁定，此點當予以注意。

1.加害人與被害人俱死

　　其實，最為常見的殺人事件不是預謀殺人，而是因於一時衝突，臨時起意，憤而行兇的殺人行為。這類的殺人犯行，殺人犯與被害者多為熟識關係，兩者因一時的小衝突而釀成無可挽回的憾事。而最悲慘的狀況是，兩敗俱傷，兩方俱死，若發生如是的情形，《優婆塞戒經》以為殺者並不因之而得根本業果。經云：

> 如其殺者、可殺、俱死，是則不得根本業果。[63]

　　如果在加害人行兇之際，被害人予以反擊，兩相殘害的結果，造成雙亡的局面時，因為加害者也因此死亡了，是以並無罪責，不得根本業果。

61　《優婆塞戒經》卷六，《大正藏》卷二十四，頁 1069 中。
62　對於殺害尊親一律嚴刑以辦的作法，日本法官或有意見，是以在 1973 年，最高法院以 14 比 1 的比例通過，若是加害者（殺父母者）在犯案前曾受到極不合理的待遇，因而犯案的話，若從嚴處理即違反憲法。（請參考陳寶玉譯《犯罪心理學》，台北，五洲出版社，1986，頁 192－197。）
63　《優婆塞戒經》卷六，《大正藏》卷二十四，頁 1068 上－ 中。

2. 誤殺

　　在論及根本、方便、成已的三項破戒行為要素時，已說明佛教認為誤殺，或過失致死，因行為者對被害對象無有殺意的原故，因此不構成殺生罪行。《優婆塞戒經》在談論預謀殺人時，曾順帶論及誤殺一事，經云：

> 若於一人作殺莊嚴，作莊嚴已，有二人死，當知唯於本所為人得作、無作。[64]

　　如果設下圈套或陷井想殺害某人，結果不幸造成另外一名無辜者一同傷亡時，行為者只需負起所欲殺害對象的殺人罪責，對於另一名誤闖死亡陷井的人，並無需擔負任何罪責。

　　不過，值得注意的是，若是以毒藥毒害孕婦，結果造成胎兒不保，此情況下，不論行為人是否想毒害腹中胎兒，都一樣得承擔罪責。經云：

> 若作毒藥與懷姙者，若破歌羅羅，是人則得作無作罪。[65]

　　因為，行為人在行兇時，已然知道婦人懷有身孕，若以毒藥害之，將有可能傷及其腹中胎兒，就此情形，犯者顯然是明知故犯，是以有罪責，得受業報。

3. 行兇之時被害人已往生

　　若在行兇之際，所欲加害對象已呈現彌留狀況，而在下刀殺害時，已然命斷；在這種情況下，由於所殺的對象為沒有生命跡象的屍體，是以不構成殺罪。經云：

> 若有垂終，其命餘殘有一念在，若下刀殺，是得殺罪；若命已盡而下刀者，不得殺罪。[66]
>
> 若先作意規欲摑打，然下手時，彼便命終，不得殺罪。[67]

　　由此可知，要構成殺罪一定要是殺害有生命的眾生才算。

4. 醫療過失

---

[64] 《優婆塞戒經》卷六，《大正藏》卷二十四，頁 1068 中。
[65] 《優婆塞戒經》卷六，《大正藏》卷二十四，頁 1068 中。
[66] 《優婆塞戒經》卷六，《大正藏》卷二十四，頁 1068 中。
[67] 《優婆塞戒經》卷六，《大正藏》卷二十四，頁 1068 中。

在醫療糾紛頻傳的現代，多有家屬指控醫師失職而導致病患傷亡的訴訟案件，對此，《優婆塞戒經》的看法是，醫師因為沒有殺害的心，所以不得殺罪，無需擔負罪責。經云：

> 或有說言：若心在善、不善、無記，悉得殺罪，猶如火毒，雖復善心、不善、無記，觸食之者悉皆死者，是義不然！何以故？世間有人捉火不燒，食毒不死，非惡心殺，亦復如是不得殺罪。如諸醫等。[68]

由此再次顯示佛教在判斷罪責時，以「意念」善惡為判準的特色。

5. 自殺

對於自殺一事，眾經律雖然都持反對的意見，可是或有以為自殺有罪，或有以為自殺無罪，莫衷一是。《優婆塞戒經》贊同後者，以為自殺無罪，經文如是說：

> 若自刑者，不得殺罪。何以故？不起他想故，無瞋恚心故，非他自因緣故。[69]

《優婆塞戒經》所以會以為自我傷害，甚至斷了自己的生命，仍是不犯殺戒的原因在於：殺自己時沒有有生起他人的影像或想法；沒有生起瞋恚的心；也不是因為他人或他力的介入所致，全是因為自己所造成的，是以不得殺罪。其實，《優婆塞戒經》這樣的看法並非首創，在其他經文中亦可見到。關於「自殺」一事，經云：

> 若自刑者，不得殺罪。何以故？不起他想故，無瞋恚心故，非他自因緣故。[70]

按照經文的解釋，自殘或自殺並不構成犯戒，因為：不論是自殘或自殺，其所傷害的對象都是「自己」，不是他人，且又不起瞋心的原故，所以不構成

---

[68] 《優婆塞戒經》卷六，《大正藏》卷二十四，頁 1068 下。
[69] 《優婆塞戒經‧業品》卷六，《大正藏》卷二十四，頁 1068 下。
[70] 《優婆塞戒經‧業品》卷六，《大正藏》卷二十四，頁 1068 下。

殺罪。如是以為要構成殺生犯相，必需是加害於自身以外的其他眾生方可成立的說法，雖然說不只《優婆塞戒經》一例，然而，筆者對此仍舊有所疑惑。[71]因為，「自身」難道就不算是「眾生」嗎？[72]

其實，亦有經典持只要傷害的對象為「眾生」，不一定要是自身之外的眾生，都算構成殺戒犯相。例如《薩婆多毘尼毘婆沙》即以為：「凡三事以成殺罪：一、眾生想；二、殺眾生意，三、斷命。」此處即沒有提到一定得要「他身」或是生起「他想」才構成犯相，只要認知到加害的行為客體為眾生，而又進行殺害的話，即構成殺戒犯相。雖然筆者較認同此看法，然而，由於筆者尚未對此問題作全面的整理，是以不便作出是非的判斷。

五、結論

佛教學者和辻哲郎曾為破戒的「罪行」下過定義，其言：所謂的「罪」乃是指個人從道德的自己，離於常軌的行為。[73] 筆者對於和辻教授的定義甚是認同，因為，當我們攤開一個罪犯（破戒者或是犯罪者）的生命史時，不難發現，其破戒犯罪的行為或發生於一時，或分散於數個生命階段，然而犯行的時間加總起來，絕對少於道德生活的時間總合，是以和辻教授才會說犯罪是離於道德常軌的行為。然而，雖然說破戒者遵守道德（或持戒）的時間超過破戒的時間，但是，由於持戒重在持之以恆，不分日夜，不分寒暑，不分歲月，日日時時，都得謹慎奉行，因此，即便是持戒數載，只要一次毀犯，即算是破戒。[74] 由此可知，持戒實是「任重道遠，死而後矣」的大事，不可不慎。

筆者於本論文雖然僅就《優婆塞戒經》中的「殺戒」來作討論，但由此討論中不難發現，佛教戒律與國家法律在「罪行犯相」（犯罪事實）的認定上大體一致，均是就犯行的動機、傷害對象、行兇方式、及犯後可有悔意來作判斷；

---

[71] 如《正法念處經》也認為：「云何殺生？於他眾生，生眾生想，起殺害心，斷其命根，得成殺生。」所言「於他眾生，生眾生想」即是「他想」的意思（《正法念處經》卷一，《大正藏》卷十七，頁2中）而《梵網經菩薩戒本疏》也同樣認為一定要是「他身」才構成殺生犯相，經云：「一、他身；二、眾生；三、起眾生想；四、殺心；五、加刀杖等；六、有三毒；七、斷正命。」（《梵網經菩薩戒本疏》卷一，《大正藏》卷四十，頁610中）

[72] 《薩婆多毘尼毘婆沙》卷八，《大正藏》卷二十三，頁557上。

[73] 和辻哲郎《仏教倫理思想史》，東京，岩波書店，1985，頁351-352。

[74] 不過，若是所犯的惡行屬於較為輕微的可悔犯行時，破戒者只要誠心懺悔即可恢復戒行清淨的身分。

然而兩者在「罪責」上的判定卻略有差別。

《優婆塞戒經》對於於「罪責」輕重、有無的判定，或可視為佛教業報說的觀點之一。在佛教的業報因果關係中，重的是意業，此與較偏重結果的刑法裁量顯然有所差異。例如，誤殺、過失致死或是醫療糾紛等案件，在刑法典中都是要擔負刑罰，因為刑法以為該行為人的行為造成了被害者喪失寶貴的性命，應當為該行為負起刑責，是以當受刑罰。然而，《優婆塞戒經》卻認為該行為人對於被害者並沒有殺意，所以會造成傷亡實屬意外，是以行為人無需擔負罪責，不必受報。反之，即便僅是口頭教唆，沒有親自動手殺人，但是由於殺意堅定的原故，所以有罪責，且要受報。

雖然我國刑法依行為的被後動機分有故意及過失兩種，[75]但是法官在量刑時，仍是會考量法益的損害程度來量刑。[76]所謂的法益損害程度，乃是指該犯罪行為對於國家、社會或個人所造成的損害程度而言；其內容又可分為精神、身體與物資三方面。然而，這三方面的損害結果，並不一定與犯行動機有絕對性的關聯。例如，某人自殺輕生時，由於一心煩亂，沒有看清楚樓下狀況，結果在墜樓之際，不慎壓死人或破壞他人房舍。在這種情況下，即便自殺者無意

---

[75] 我國刑法第十二條規定：「行為非出於故意或過失者不罰。過失行為之處罰以有特別規定者為限。」所謂故意又可分為直接故意和間接故意：直接故意是指行為人對於構成犯罪之事實，明知並有意使其發生者；而間接故意則是指行為人對於構成犯罪之事實，預見其發生而其發生並不違背其本意者，以故意論，如殺人未遂罪即是。過失同樣可分為兩類，一為無認識的過失，二為有認識的過失。前者乃指行為人雖非故意，但按其情節，應注意並能注意而不注意，如開快車撞傷人。後者則指行為人對於構成犯罪之事實雖預見其發生但確信其不會發生者，如以為能閃過兒童但卻迎面撞上者。其實除了故意過失外，刑法第十六條還規定：「不得因不知法律而免除刑事責任，但按其情節得減輕其刑。如自信其行為為法律所許可而有正當理由者，得免除其刑。」

[76] 我國刑法所保護之法益一般被分為國家法益、社會法益和個人法益三種。刑法從第一章至第十章所規範的內容均為國家法益，其罪行內容如：內亂罪、外患罪、瀆職罪、妨害國交罪、妨害公務罪、妨害投票罪、妨害秩序罪等等，凡關涉到國家存立之安全、政府統治機能之確保、人民行使政權之保障、公共秩序之維持、司法權之不受干擾等犯罪行為均屬之。而侵害社會公益之罪則泛指一切侵害社會共同生活之安全、交易信用、經濟秩序、倫理秩序與善良風俗、婚姻與家庭制度之安全、公共衛生與健康等犯罪行為，諸如偽造貨幣、偽造文書、妨害風化（強姦、輪姦、強姦殺人、強制猥褻等）、妨害婚姻及家庭罪（重婚、詐騙結婚、通姦等）、褻瀆祀典及侵害墳墓屍體、賭博等罪行。最後，關於害個人法益之罪又可依侵害內容而分為五者：侵害生命、侵害身體與健康、侵害個人自由、侵害名譽與信用、侵害財產。其所涉及的罪行如殺人、遺棄、妨害自由、妨害名譽及信用、妨害秘密罪（以上均屬侵害個人生命、身體及人格權之罪行）。而關涉到侵害個人財產的則有：竊盜罪、搶奪強盜及海盜、侵占、詐欺、恐嚇及擄人勒贖等。(陳惠馨《法學概論》，台北，三民書局，2001，頁218–220)

殺人或破壞他人房舍，可是損害已然造成，是以依法自殺者若沒有死的話，則需擔負過失致死的罪責，且需賠償他人房舍之損失。[77]不過，若以佛教業報的觀點來看的話，就此自殺傷人一事，自殺者並無需為路人之死負罪責，因為自殺者沒有他想、眾生想，更沒有殺意的原故，此外亦無有方便或成已的犯相要素，是以殺罪不得成立。

　　由上述的討論可知，佛教對罪行的判定重在動機之善惡，而法律的關注焦點則在法益的損害上，因此兩者對罪責的判定確實有所出入。然而，如是的差異並不影響有心斷殺的人，因為，能持不殺生戒的人，常能保持正念，慈心於眾生，根本就不會讓自己生起毒害眾生的念頭，更遑論讓誤殺或過失殺人的情形發生。因此，筆者以為，能持佛戒，即能當個好國民。

---

[77] 例如，民國九十三年九月四日中午十一點五十分時，一位體重百餘公斤的張姓男子在台南永康市的中華世貿大樓，自二十三樓頂跳樓企圖輕生。然而因為他並沒有看清樓下狀況，結果在躍下時，壓垮了樓下一部轎車。轎車中的女駕駛頓成被飛來的橫禍壓得傷及腦部及頸椎，最後傷重不治。時，這名張姓男子便犯了「不確定的殺人故意」，是要負刑責及損害賠償的。

從《中頌・觀業品》來看龍樹對部派佛教「業」論的辯破

游嵐凱

一、前言

「業」論思想在佛教中，一直是一個重要的議題。楊琇惠指出：「佛教業論可以說是佛教根本教義之一。因為業論不僅僅是關涉到身、口、意三業的造作及其潛在影響力而已，還包括了對死後的輪迴、現世的苦樂業報的解釋，更由之而衍生出佛教的解脫觀，以及佛教的滅苦道諦。由此可知，業論確實是佛教教義中極為重要的一環。」[1]那麼，業究竟是什麼呢？在《大毘婆沙論》中指出「業」有三種意思：「業有何義？答：由三義故，說名為業。一作用故、二持法式故、三分別果故。作用者故，謂即作用，說明為業；持法式者，謂能任持七眾法式；分別果者，謂能分別愛、非愛、果。」[2]業原來所指，只是「作用」之意。[3]再有佛教七眾應當遵守的儀式之意(即所謂的持法式)，後來更引申為會對作者產生影響力的行為，也就是有意志的行為動作會產生的結果(即分別果)──這個意義下的「業論」才是本文所要探討的。

「業」這個觀念並非佛教獨創，早在佛陀之前就已經存在。楊琇惠認為：「業論思想乃是發展於古印度吠陀思想，而成熟於《奧義書》時代。」[4]「業」可以說是佛陀從《奧義書》繼承來的觀念。這就成了一個弔詭的問題：《奧義

---

[1] 見楊琇惠：《阿含經業論研究》(臺北：國立臺灣師範大學國文研究所碩士論文，2001 年)，頁 1。

[2] 見《大正新脩大藏經》第二十七冊 No. 1545《阿毘達磨大毘婆沙論》，頁 587b13-18。

[3] 將作用定為「業」的本義，這是根據語源來說的。楊琇惠：「『業』，梵文為 karman，巴利文為 kamma。若就字源來進行探討的話，此二字皆是由動詞字根√kr 衍生出來。其原意為『行為』、『作』……」見氏著：《阿含經業論研究》，頁 4。

[4] 同前註，頁 64。

書》的「業」論，是作為輪迴主體而論，有一個不變的我。[5]此與佛陀所提的「無我」、「緣起性空」觀念相互矛盾。可是，佛陀對「業論」的說法多存在業力必然感果，對於業力是否有自性的問題，卻沒有著墨太多。[6]呂澂也指出：「他（釋迦）一方面否認自我存在，同時又肯定業力的作用。婆羅門的業力說，是同輪迴結合的，釋迦既否認了輪迴的主體，那麼輪迴還有甚麼意義？這是釋迦學說的內在矛盾。」[7]其後部派佛教為解決問題，多有闡述，卻無定論，各學派之間依舊充斥著不同的歧說。[8]

　　佛的根本思想就是緣起(十二因緣)，用緣起來說「性空」。龍樹《中頌》共有二十七品，四百四十九頌，最開始的兩偈頌可以說是整個《中頌》的主旨：

　　　不生亦不滅，不常亦不斷，不一亦不異，不來亦不出。
　　　能說是因緣，善滅諸戲論，我稽首禮佛，諸說中第一。[9]

「生滅」、「常斷」、「一異」、「來出」都是相對的概念，「不」就是要超越這兩邊相對的概念，而達到「中道」的境界。若可以明白中道義，就可以泯除充斥於當時的種種「戲論」。《中頌・觀業品第十七》就是龍樹用來批駁種種對「業」論思想的錯誤說法。龍樹究竟是如何去說各派的「業」論思想呢？龍樹的「業」論思想又為何？這都是本文所要論述的問題。首先分別討論龍樹如何破化地部與犢子部對於「業」論的說法，接著則探討龍樹如何立「業」論的觀念。

二、龍樹對「化地部」「業」論的批判

5　楊琇惠云：「《奧義書》業論最大的貢獻當是將業論結合輪迴思想來論，以致於使得此二者能成為因與果關係的完整體系，並且還完成了『梵我一如』的思想。」同前註。

6　印順法師：「初期的佛教，因業已普遍的受人信仰，所以多說明業力的必然感果與業用的差別；對於業力的體性與怎樣存在，反而很少解說。」見氏著：《唯識學探源》(新竹：正聞出版社，1992 年)，頁 145。

7　見呂澂：《呂澂佛學論著選集(四)》(中國濟南：齊魯書社，1991 年)，頁 1934。

8　李幸玲對部派佛教的業論(輪迴主體)做了一番闡釋。可見氏著：《六朝神滅不滅論與佛教輪迴主體之研究》(臺北：國立臺灣師範大學國文研究所碩士論文，1994 年)，頁 59-69。

9　此為《中頌・觀因緣品第一》的第一與第二偈頌。本文所引的《中頌》偈頌以及青目的注釋都是出自《大正新脩大藏經》第三十冊 No. 1564《中論》。其後，若在有引文的地方，只標明原典出處。

　　對於龍樹如何辯破「部派佛教」的「業」論思想，據印順法師的《中觀論頌講記》指出此品乃是龍樹要「四破一顯」：破一切有者的諸業說、破經部譬喻者的心相續說、破正量者的不失法說、破有我論者的作者說，以及顯龍樹業論之正義。[10]對於這樣說法，筆者大致同意。然而，根據平川彰《印度佛教史》指出：錫蘭的《島史》、《大史》將說「一切有部」(即印順法師所云的「一切有者」)與「經部」出於化地部；「正量部」(即印順法師所云的「正量者」)則出於犢子部。[11]印順法師所提的第四點：「有我論」，其實，可以說是犢子部的代表思想；而正量部繼承犢子部的觀點，其思想中也蘊含著「有我論」的觀點，承認有一個「補特伽羅」。[12]若將「有我論」立於「正量部」之外，將導致「有我論」與正量部二者居於並列的地位。所以，筆者將印順法師所列出的四破歸結為兩大部分：其一是龍樹對化地部業論的批評；其二是龍樹對犢子部業論的批評。

(一)對「無表業」的批判

　　《中頌》云：

　　　　大聖說二業，思與從思生，是業別相中，種種分別說。(第2偈)
　　　　佛所說思者，所謂意業是，所從思生者，即是身口業。(第3偈)
　　　　身業及口業，作與無作業，如是四事中，亦善亦不善。(第4偈)
　　　　從用生福德，罪生亦如是，及思為七法，能了諸業相。(第5偈)

這是龍樹提出「說一切有部」對業的看法。所謂的「二業」是思與思已業。思業是人內心的種種思慮，就是「意業」；思已業乃從思生業，由思慮的心所發動的行為，就是「身業」、「口業」。《阿毘達磨俱舍論》卷第十三說：「**世別由業生，思及思所作，思即是意業，所作謂身語。**」[13]如此，將「二業」轉為「三

---

[10]　見印順法師：《中觀論頌講記》(新竹：正聞出版社，2002年)，頁277-313。
[11]　見平川彰：《印度佛教史》(臺北：商周出版社，2004年)，頁113-115。印順法師在《印度佛教思想史》一書中也指出：「犢子部分出四部：法上部、賢冑部、正量部、密林山部；正量部非常發達，成為這一系的大宗。」見氏著：《印度佛教史》(新竹：正聞出版社，2003年十五刷)，頁212。
[12]　印順法師指出：「犢子和它的支派——正量、法上、賢冑、密林山，都建立不可說的補特伽羅。補特伽羅，意譯為『數取趣』，即不斷的招受五趣生死輪迴的主體，本是我的異名。」見氏著：《唯識學探源》，頁52。
[13]　《大正新脩大藏經》第二十九冊 No. 1558《阿毘達磨俱舍論》，頁67b7-8。

業」。身業、口業又可各分為「作業」(表業)與「無作業」(無表業)[14]。由此演變為「身作業」、「身無作業」、「口作業」與「口無作業」四業。

在這四種業中，又可區分為善與不善。而善與不善，又可各自可區分兩種：青目釋明白指出：「作時名作業，作已常隨逐生名無作業。」(第 5 偈之注釋)一是造作時所成的業，一是受用時所起的業。前者是從作者來論，後者則是從受者而言。青目接著舉例說明：「如施主施受者：若受者受用，施主得二種福，一從施生，二從用生。如人以箭射人。若箭殺人有二種罪：一者從射生，二者從殺生；若射不殺，射者但得射罪，無殺罪。」(第 5 偈之注釋)所以，「從用生福德，罪生亦如是」都是從受者的角度而論的。如此說來，「業」雖云七，但仍可再細分為：善的七業：意業、身表業、身無表業、口表業、口無表業、作時善、受時善；惡的七業：意業、身表業、身無表業、口表業、口無表業、作時惡、受時惡。由此以了解佛說業的種種面相。

在「說一切有部」的說法，從「二業」、「三業」、「四業」到「七業」。業有種種的相，但表業(不管是身表，還是口表)是剎那滅而間斷的，故其是從「無表業」來說業力的持續以及感果的。[15]《俱舍論》卷十三指出：

> 成就有依七福業事，若行、若住、若寐、若覺，恆時相續，福業漸增，福業續起。[16]

《大毘婆沙論》也說：

> 三世諸法，因性果性，隨其所應，次第安立。體實恆有，無增無減；但依作用，說有說無。[17]

---

[14] 許暖宜在《無表業、無表色與無表戒之研究——以說一切有部的論書為中心》中說明：「一般人對業力的認識，大多僅止於身語意三業造作後所形成未來感受苦樂果報的一股力量；但事實上，若透過殷切的善惡心去推動身語的造作，不僅會存留下招感未來苦樂果報的力量，同時也可能引發一股持續影響有情當前每個身語行為的相續業力，這股尚未滅入過去的相續業力便『無表業』。」(嘉義：南華大學宗教學研究所碩士論文，2006 年)，頁 1。

[15] 平川彰說：「表業是剎那滅而立即消失，所以今果報產生的業的力量，認為是以看不見的型態而持續存在下去，這就是無表業……無表業是因與果的媒介者……」見氏著：《印度佛教史》，頁 170。

[16] 《大正新脩大藏經》第二十九冊 No.1558《阿達達磨俱舍論》，頁 69a10-11。

[17] 《大正新脩大藏經》第二十七冊 No. 1545《阿毘達磨大毘婆沙論》，頁 395c28-396a1。

可以看出三世中，是有一業力在相續。由思心所發動而造成而表現於外的語言、身體動作，雖然剎那生滅，但造作後，當下遺留下來的業力卻依然存在，此無表業，一直到感果之後方滅。

「說一切有部」的「二業」、「三業」以及「七業」說，並不是龍樹要破的論點。龍樹真正要破的是「說一切有部」認為「無表業」之實有，依據有部「三世實有，法體恆存」的觀點而說，「過去」所造作的表業雖然滅了，但仍有一無表業於「現在」依「作用」而顯，並於來世感果。龍樹以為這並非佛說原意，故其云：「業住至受報，是業即為常，若滅即無業，云何生果報？」(第 6 偈)若說業有一恆存的法性常住，那麼何以云「作業」？若說業初生即滅，滅則無，又如何生果報呢？龍樹乃以「性空」的觀點說以破「說一切有部」執著於「業」之有自性，其說乃謬。

(二)對「心相續說」的批判

《中頌》云：

> 如芽等相續，皆從種子生，從是而生果，離種無相續。(第 7 偈)
> 從種有相續，從相續有果，先種後有果，不斷亦不常。(第 8 偈)

這是龍樹提出「經量部」[18]對業力的看法。經量部以種子為喻，認為業力就像種子到芽、莖、葉的相續。因為相續而有生果。如果離開了種子，則無相續。所以青目釋說：「是故從穀子有相續，從相續有果。先種後有果，故不斷亦不常。」(第 10 偈之注釋)從先有業因後有業果來成就其「不斷不常」的論說。所造作的業，剎那即滅去，以此說不常。但是業卻在「相續」中，有感果的力量。《中頌》又云：

> 如是從初心，心法相續生，從是而有果，離心無相續。(第 9 偈)
> 從心有相續，從相續有果，先業後有果，不斷亦不常。(第 10 偈)

---

18 平川彰指出：「(關於部派佛教的枝末分裂)第七次分裂是進入第四個百年開始，由說一切有部分出經量部；經量部重視經勝於論，主張以第一集結時誦出經藏的阿難為師。」見氏著：《印度佛教史》，頁 111。

最初心所起的業，也是剎那滅去，但從心而有相續，因而生出果報。《順正理論》第三十四卷中有一例子可以說明：

> 如燒村火焰相續。謂如有一欲燎他村，持火燒他草室少分火焰相續。乃至總燒舉村屋宇，並成灰燼。村人擒獲捶撻令陪(賠)。彼自雪言：我持少火，燒少舍已。我火即滅，故我但應陪(賠)一握草，彼如是自雪，豈成無過人。智者應知：遍燒村火，皆從初火相續而生。是故彼人，有遍燒過。如是諸蘊相續轉變，所生諸果，應知皆是初蘊為因，展轉而起。是故諸業，與所依蘊。雖久謝滅，而於後蘊。彼果得生，亦無有失。現見因已滅，果法得生故。[19]

持火燒屋的人辯稱自己只是燒了屋的一角，故「應賠一握草」便罷。然而，此人卻忽略相續的力量。初火燒屋之時，同時消滅，然燃燒全部的火勢卻是從此初火「輾轉相續」而來，所以，經文說「是故彼人，有遍燒過。」由此乃說：經量部譬喻者之說「業論」乃著重在「相續」上，但是這相續的根本則是存在種子上，所以印順法師指出：「經部譬喻師的根本思想，是種子熏習說。」[20]種子就是「心之思」，青目釋說：「初心起罪福。猶如谷種。因是心。余心心數法相續生。乃至果報。」(第 10 偈之注釋)心被熏習而成為相續的種子，再依細微「相續」、「轉變差別」而至果。[21]

　　對於經量部譬喻者的「心相續說」，龍樹只提出一偈云：「若如汝分別，其過則甚多，是故汝所說，於義則不然。」(第 12 偈)可以看出，龍樹只說「心相續說」其過甚多，其義不然。然而，過於何處？不然於何處？卻未見龍樹說明白。試從青目釋來解說，其云：

> 汝說谷子喻者，是喻不然。何以故？谷子有觸有形，可見有相續。我思惟是事，尚未受此言。況心及業，無觸無形不可見。生滅不住欲以相續，是事不然。復次從谷子有芽等相續者，為滅已相續，為不滅相

---

[19] 《大正新脩大藏經》第二十九冊 No. 1562《阿毘達磨順正理論》，頁 535b24-c5。
[20] 印順法師：《說一切有部為主的論書與論師之研究》，頁 549。
[21] 《阿毘達磨俱舍論》：「心雖異緣而前緣施思所熏習，微細相續漸漸轉變差別而生，由此當來能感多果。」，頁 69b18-19。

續。若谷子滅已相續者，則為無因；若谷子不滅而相續者，從是谷子常生諸谷。若如是者，一谷子則生一切世間谷。是事不然。是故業果報相續則不然。(第 12 偈之注釋)

青目從兩點去說「心相續說」之過與不然之處。其一：種子是有形可以觸的，所以可見其相續之處。但是心與業卻都是無形，如何見其相續呢？這裡青目乃認為「心相續說」犯了「類比」的過失。其二，「心相續說」云種子到芽是不斷不常，青目則反問從種子到芽，是種滅而生芽呢？還是種不滅而生芽？不管哪一種，都有缺失。以前者而言，會陷入「無因」的結果；以後者而論，則一顆種子便可生出世間一切種子，這也是不可能的。

三、龍樹對「犢子部」「業」論的批評

(一)不失法說

　　平川彰指出「正量部乃是從犢子部所分出」[22]並且說：「四世紀……正量部日漸變得強盛，或許是因為正量部承認補特伽羅(人我)，與印度的傳統學說有共通點。」[23]正量部承繼了犢子部的「補特伽羅說」，同時發展了「業力不失」的觀念。《中頌》云：

　　　　今當復更說，順業果報義，諸佛辟支佛，賢聖所稱歎。(第 13 偈)
　　　　不失法如券，業如負財物，此性則無記，分別有四種。(第 14 偈)

正量部將「不失法」作為業與果之間的聯繫。何以稱為「不失法」呢？《顯識論》說：「若小乘義正量部名為無失。譬如券約。故佛說偈：『諸業不失，無數劫中，至聚集時，與眾生報。』」[24]正量部認為自己所說的「順業力而感果報」是非常正確的，受到「四聖」所贊同。青目釋也解說：「不失法者，當知如券。業者如取物，是不失法。」(第 12 到 19 偈之注釋)不失法就像借據，而業就像所負欠的錢財。要歸還的業力，就由不失法記錄著，往後便依照這不失

---

[22] 平川彰：《印度佛教史》，頁 110-118。
[23] 平川彰：《印度佛教史》，頁 120。
[24] 《大正新脩大藏經》第三十一冊 No. 1618《顯識論》，頁 880c16-18。

法去行果報。這些不失法，本身就是一種紀錄，所以是「無記性」(非善非惡)。不失法可以分為四種，青目釋指為：「欲界繫色界繫無色界繫亦不繫」(第12到19偈之注釋)，也就是欲界繫、色界繫、無色界繫與無漏不繫。三界各有所繫的不失法，以及有無漏的不失法，不為三界所繫。而以「修道位階」來說，不失法是無法在「見道位」而斷的。《中頌》說：

> 見諦所不斷，但思惟所斷，以是不失法，諸業有果報。(第15偈)
> 若見諦所斷，而業至相似，則得破業等，如是之過咎。(第16偈)

正量部所云「見諦」[25]無法斷不失法，很明顯的說明即使已經達到七聖位的位階，雖能夠體會四諦，但不失法依然存在，所以見道後的聖者，依然會應諸業而有種種果報。如果以為不失法能為見諦所斷，便會犯了兩個錯誤：其一，不明不失法屬於「思惑」與不失法之「無記性」。其二，不失法若在見諦而斷，如何建立修道位中的業果？

後者必須連著下面一偈來說：

> 一切諸行業，相似不相似，一界初受身，爾時報獨生。(第17偈)

一切諸行業，有相似、不相似兩種。印順法師說：「凡業力的相同者，和合似一，有一共同的不失法，將來共成一果。我以為此相似不相似業，也可以說是共不共業。」[26]佛教中有所謂「十法界」，當某個生命在某一界生成時，只有該界的業才能生果報。如此，再對照上面其所云，便可知為何其說若在見諦就將不失法斷去，則不能建立修道位中的業果了。所以，其云：「如是二種業，現世受果報」(第18偈)也就是相似、不相似這兩種業，在現世中感業。

但是，從偈頌中，也發現有另一派的說法：

> 或言受報已，而業猶故在。(第18偈)
> 若度果已滅，若死已而滅，於是中分別，有漏及無漏。(第19偈)

---

[25] 見諦乃是「聖智而悟四諦的真理」，見平川彰：《印度佛教史》，頁183。
[26] 印順法師：《中觀論頌講記》，頁298。

顯然，此派並不認為不失法感果後便可滅去。那麼，不失法要如何才能滅？印順法師說：「業的失滅，在兩個時候：一、聖者為中度果的時候，二、異生為中死亡的時候。」[27]前者是就度果境界而論，從預流果(初果)到阿羅漢果(四果)，每進一果，前一果之業便消滅。後者則是從生命結束來論，第一期生死結束，不失法自然消滅，留待下一期生命，再有不失法的影響。這派的正量部以為從「度果滅」跟「死而滅」中可分別有漏與無漏。有漏就是前所提的「三界各有所繫的不失法」，而無漏則是「無漏的不失法」。以凡夫來論，其生死只能消去有漏業，而無漏業，則是度果中才能消除的。

(二)作者說

《中頌》說：

　　無明之所蔽，愛結之所縛，而於本作者，不即亦不異。(第 28 偈)

十二因緣以無明為始，可以說無明就是煩惱的根源。而愛可以說是無明的一種具體表現，人生的執著以愛為表現，「由於愛而有取」。印順法師說：「以無明的闇蔽，愛的貪著，為煩惱根本；由煩惱就造作種種的業，這業不論是善的、惡的，都不離於無明愛的力量所支配。」[28]而「作者論」則將認為有一個「作者」(我)造就了無明與愛，而有一個「受者」接受這無明與愛。

　　青目引《無始經》說：「眾生為無明所覆，愛結所縛。於無始生死中，往來受種種苦樂。今受者於先作者，不即是亦不異。」(第 28 偈之注釋)作者與受者有「不即不異」的關係，又進一步解釋：「若即是人作罪受牛形，則人不作牛，牛不作人。若異則失業果報，墮於無因，無因則斷滅。」(第 28 偈之注釋)若說作者、受者同一，則人因作業而墮入畜生道，成為牛形。但作業當下是人形，不是牛形，人牛各異，何能說一？若說作者、受者相異，如此又失去業的果報之理。所以，受者與作者，非一非異。

(三)龍樹的批判

　　首先是對於「不失法」，其云：

---

[27] 印順法師：《中觀論頌講記》，頁 300。

[28] 印順法師：《中觀論頌講記》，頁 309。

> 雖空亦不斷，雖有亦不常。業果報不失，是名佛所說。(第 20 偈)

龍樹以為從「若度果已滅，若死已而滅」來說，都會讓業失去連續性，這是偏於斷見業。若是說「或言受報已，而業猶故在」業力會一直存在，這又偏於常見。業報、果報因不失法而相續，龍樹承認這的確是佛所說。然而，佛所云的不失法是業的果報不失。以「一切法空」來說，不失法沒有自性，所以說空。但因其有相續作用，所以雖空卻不斷。空並不代表沒有，所以不失法有其作用，由此說「有」。但此「有」並非常住，故云「雖有亦不常」。是以，龍樹從「緣起性空」來說不失法的不斷、不常。

其次是針對「作者說」，有我的思想，乃是從有自性的角度去做論述，龍樹十分反對。在《中論‧觀因緣品第一》中，龍樹指出：

> 諸法不自生，亦不從他生，不共不無因，是故知無生。　(〈觀因緣品第一〉第 2 偈)

青目釋亦云：

> 不自生者，萬物無有從自體生，必待眾因。(〈觀因緣品第一〉第 2 偈之注釋)
>
> 自無故，他亦無。何以故？有自故有他……。共生則有二過，自生他生故。……無因則無果，若無因有果者，布施、持戒等應墮地獄，十惡、五逆應當生天，以無因故。(〈觀因緣品第一〉第 2 偈之注釋)

〈觀因緣品〉其實就是在破除對因緣(因果關係)錯誤的思想。在龍樹的論述中，其就「生」分為兩大類，一有因生，又分為自生、他生與共生。二為無因生。從青目釋中，可以很清楚看到這四種生都不可能實現。在「緣起性空」的架構下來說，任何的生，都必須待緣而起，也因此當涉及有「自性」這樣的角度，都是錯誤謬論。而無因生不只違背「無自性」的原則，同時也違背「因果關係」的法則，更是不能成立。

明白龍樹對因果關係的看法之後，再從〈觀業品十七〉來看，其云：

業不從緣生，不從非緣生，是故則無有，能起於業者。(第 29 偈)

業不是從緣生(有因生)，也不是非緣生(無因生)，所以也沒有能生業的「作者」。這一偈頌前兩句在否定業有自性。而後兩句則說業既是無自性，能生業的作者，亦是無自性。從而否定有一自性的「作者」。又云：

無業無作者，何有業生果，若其無有果，何有受果者。(第 30 偈)

無業、無作者並不表示沒有業、沒有作者，龍樹所要表明的是沒有具自性的業，亦無具自性的作者。既然不能有具自性的業與作者，自然沒有「具自性」業生果，更遑論是「具自性」的果了。這兩偈很明白的說明：在因果關係中，從作者、業、果、受者，都是沒有自性。若要執著於「有自性」說，則不能明白「無生」。

四、《中頌》的「業」論

前言曾云，佛陀對「業論」就是「業必感果」的說法。霍韜晦先生云：

原始佛教區別出兩個概念：一、緣起，二、緣生法。前者是從理法的意義上講，成為一個因果原則；後者是從現象的意義上講，發現每一個現象都是因果關係下的存在，所以說一切法因緣生。[29]

「緣起」就是一個法則，肯定萬法的存在具有因果關係，「業」屬於萬法之一，自然也循著「緣起」的法則。但這因果關係並非就是一因必導致一果，一果有待眾因種種條件具足之後，方成。而部派佛教卻將之執為實有，故其所云的「業」論則失去了佛陀的原意。霍韜晦先生又云：

大乘中觀學派繼起，不再對事物進行因果解析，而發揮「緣起」概念

---

[29] 霍韜晦：〈緣起觀念的開展〉，《現代佛學大系》第 54 卷(臺北：彌勒出版社，1984 年)，頁 432。

> 在存有論方面的涵義，即扣緊緣生法之自身來了解，結果提出「空」
> 的概念來代替。「空」就客觀一面說，事物之存在是永遠處於緣生狀態
> 中，不能有一固定的體性（無自性），因此在主觀上雖有形相生起，但
> 在客觀上根本沒有一個獨立的存在與之相應，這就是空。[30]

從這個角度來看，龍樹所云的「業」之無自性，不僅是遙契佛陀的原意，更是
對佛的「緣起」說法作了轉化。整部《中頌》就是圍繞「空義」來進行，龍樹
從「八不中道」以說佛的「緣起」思想，因為明白這個因緣法，才可以體認到
無自性的空義，也才能更深入去體會到《中頌》的「業論」是沒有自性。
　　〈觀業品十七〉首先總說「業」之無自性：

> 諸業本不生，以無定性故，諸業亦不滅，以其不生故。（第 21 偈）

各種業本來就是「不生」，因為沒有「自性」。既然不生，當然也就無可滅。這
裡的所論業之「不生不滅」就是從沒有自性來說。
　　接著，再從四個層面來說業之無自性，其一：

> 若業有性者，是則名為常，不作亦名業，常則不可作。（第 20 偈）

如果要說業是有自性的，那就是承認業有常住不變的本質，而一個常住的自性
體又如何被造作呢？既然如此，業便不待思、身、口來引發了。
　　其二：

> 若有不作業，不作而有罪，不斷於梵行，而有不淨過。（第 23 偈）

這是從另一個面向來看業有自性所引發的問題。承認業是不待造作、是自性，
則不必為惡仍有罪，那麼也不必有修行法門，因為清淨的修行也是無用。故其
又云：「是則破一切，世間語言法，作罪及作福，亦無有差別。」承認業有自
性，便破壞了因果法則：作福未必招善果，為惡也未必有惡果。如此，作罪作

---

[30] 霍韜晦：〈緣起觀念的開展〉，《現代佛學大系》第 54 卷，頁 436。

福同，世間的一切豈不大亂呢？
其三：

　　若言業決定，而自有性者，受於果報已，而應更復受。(第25偈)

如果說業是有自性，那麼就恆存世間，則此生雖受果報，但來生依然要再受果報。業力就算感了果也不會消失，這樣一來，就會出現無窮果報的問題。
其四：

　　若諸世間業，從於煩惱生，是煩惱非實，業當何有實。(第26偈)

如果說世間的業都是由煩惱構成，煩惱是一種心念，本身就是不實在的。如果各種煩惱都不真實，那麼業怎會有實在性呢？
　　以上五偈頌，對於作者、業、果以及受者有自性，龍樹一一駁斥，更加說明「業」之的無自性、不真與空。然而，對龍樹而言，何者才是「業果」的正說呢？如何解釋親見現今眾生作業並受果報呢？其云：

　　如世尊神通，所作變化人，如是變化人，復變作化人。(第31偈)
　　如初變化人，是名為作者，變化人所作，是則名為業。(第32偈)
　　諸煩惱及業，作者及果報，皆如幻與夢，如炎(焰)亦如向(響)。(第33偈)

　　如來世尊用種種的神通，作出變化人，而變化人再作其他的變化人。將初始的變化人，比喻為作者。而變化人再造作的變化人，比喻為業。不管作者還是作業都如幻、如夢、如炎、如向(響)，[31]都是可見可聞的，就像是「業」的「假名」。《中頌·觀四諦品第二十四》：「眾因緣生法，我說即是空，亦為是假名，亦是中道義。」業是在因緣底下所產生，要待各種條件具足之後而生，所以沒有自性。沒自性並不代表無，而且為了要引導眾生，所以佛只好藉由「假

---

[31] 印順法師解釋：「幻就是魔術所幻現的牛馬等相；夢是夢境；焰是陽焰，就是日光照到潮濕的地方，蒸發熱氣上升時，現出一種水波的假相；響是谷響(回音)。」見《中觀論頌講記》，頁312。

名」而說，顯現出空、假、中三諦。

五、結語

　　佛講「緣起性空」，能正確了解「緣起思想」方能了知「依緣起而立的法」，法法都是體空義，「業」也可以說是萬法的一個相，自然也是循著「緣起性空」的法則。部派佛教時期，佛弟子們提出種種解釋業論的思想，可以歸納如下：

　　(一)「無表業說」：將業論當作實有，並以三世實有來討論業力。

　　(二)「心相續說」：以世間種子為比喻，認為業在「相續」中，有感果的力量。

　　(三)「不失法說」：以債券契約來成立業的不失法。

　　(四)「有我論說」：主張有一實我，以作作者與受者。

　　這些說法看似圓滿，但在理論基礎上，其實都違背了「性空」。《中頌‧觀業品第十七》中，龍樹就是依「無自性」的「空」義──破部派諸說，以彰顯真正的佛說本義。

「法華三昧」觀法與北魏雲岡石窟造像

李幸玲

一、前言

　　「法華三昧」一詞在早期漢譯佛典中，主要出現在《法華經》與《佛說法華三昧經》。前者現存有漢代竺法護 (228?-306?)、姚秦時期鳩摩羅什（334-413，一說 350-409）及隋代未題輯者的添品本等三個主要譯本，後者則是劉宋時期智嚴（350-427）的譯本。「法華三昧」一詞見於《法華經》中〈妙音菩薩品〉與〈妙莊嚴王本事品〉兩品，指依《法華經》修持所得的禪境，經中對於實際的觀法並未有詳細的說明。而在智儼所譯的《佛說法華三昧經》中，則是從般若學的立場詮釋《法華經》，以四事[1]、三十六事[2]說明法華三昧所見之境，說並以四色（地水火風）法空詮釋眾生不應執男女身性別之見，而應觀諸法實相，由此闡述其般若空義的禪觀。由此看來，智儼所譯的這部《佛說法華三昧經》所提到的「法華三昧」也是指禪境，但和《法華經》經文同樣並未述及如何達到此禪境之禪法具體內容，不過，就思想內容而言，《佛說法華三昧經》對應《法華》系列經典的般若學性格，則有其契合的呈顯。

---

[1] 本文為國科會研究計畫「燃燈佛授記」系譜研究 I（計畫編號：101- 2410-H-003-027-MY2）研究成果之一。
　《佛說法華三昧經》卷 1：「佛語女利行：『復有四事，別如行三昧者。何謂為四？一者、行戒，無色想，二者、行檀，無受者，三者、不厭，無亂者，四者、行智，無愚者，是為四。』」大正藏第 9 冊，頁 286 中。

[2] 引書同上註。「佛語女利行：『復有三十六事，是為三昧所見事。何謂三十六事？不見生、不見死、不減、不增、不出、不入、不在外、不在內、無住、無止、無水色、無火色、無風色、無地色、無痛、無痒、無思、無想、無生、無死、無識、無貪、無婬、無瞋、無恚、無愚、無癡、無慳、無施、無惡、無善、無心、無意、無識行、不起上若干事、不滅上若干事，如一無形像，是為三十六事法華所見事。』」大正藏第 9 冊，頁 286 下。

　　姚秦時期，鳩摩羅什在北方接手釋道安所建立的長安逍遙園譯經道場，大量譯出大小乘經論後，在其所作的《思惟略要法》中，曾詳述「法華三昧」的實際觀法，為後世慧思與智顗「法華三昧」觀法的建立，奠定相當的理論基礎。

　　相應於南北朝至隋代法華經本在中亞及中國的廣為傳布，北魏時期[3]開鑿的雲岡石窟，以《法華經》、《阿彌陀經》、《維摩詰經》等大乘經及佛傳、本生等故事集為主要繪塑題材，而其中，《法華經》特有的「二佛並坐」主題，以及大乘經典常見的三世佛、十方佛、千佛等主題，也與常伴隨「二佛並坐」主題而出現在雲岡同一石窟或系列組窟之中。而這些表現主題，除了由純粹的佛教藝術表現角度來看之外，似乎與羅什所說依《法華經》而修持的「法華三昧觀法」，有著密切的關係。

　　以往學者對於「法華三昧」的相關研究，多著墨在禪觀的部分，以賴鵬舉[4]與賴文英[5]的研究而言，偏重在鳩摩羅什的關河般若學對佛教石窟藝術的影響；而于向東[6]則認為佛教石窟藝術不必然單純依禪修目的而興造，有時也作為踐行懺法的所在；此外，塩入良道[7]、韓子峰[8]、釋大睿[9]、尤惠貞[10]、釋性穎[11]則偏重法華三昧與法華懺法的關係的研究，並未討論到法華三昧與佛教石窟藝術的關係。歸納而言，前賢的研究或偏重在前期羅什關河般若學在佛教石窟中表現的影響，或偏重「法華三昧」與天台「懺法」關係的研究，而關於介於

---

[3]　「有關雲岡開窟的年代，過去有兩種說法：一是北魏明元帝神瑞年中（414-416），一是文成帝和平初年(460)。前者文獻的記載較晚，而後者的文獻還要早一些。」間文儒：《雲岡石窟研究》，（桂林：廣西大學出版社，2003年），頁5。由於後者的文獻年代較早，目前普遍認可第二種說法。

[4]　賴鵬舉：〈後秦僧肇的「法華三昧」禪法與隴東南北石窟寺的七佛造像〉，佛學研究中心學報第2期，1997年7月，頁211-231。

[5]　賴文英：〈北傳早期的「法華三昧」禪法與造像〉，圓光佛學學報第6期，2001年12月，頁75-96。

[6]　于向東：〈南北石窟寺的造像思想初探〉，蘭州大學學報（社會科學版），2007年第2期，頁53-60。

[7]　塩入良道〈法華懺法と止觀〉一文，收入於關口真大編的《止觀の研究》（東京：岩波書局，1975年，頁307-335）一書中。文中敘述中國佛教於四、五世紀時，以禮懺作為攘災、祈福的情形。其次提到《法華三昧行法》之組織及內容，並說明法華懺法之坐禪實相正觀與止觀的關係。

[8]　韓子峰：《天台法華三昧之研究》，國立臺灣師範大學：國文研究所博士論文，1998年。

[9]　釋大睿：《天台懺法之研究》，台北市：法鼓文化，初版，2000。

[10]　尤惠貞：〈從《法華三昧懺儀》看人文精神與實踐工夫〉，佛教圖書館館刊，2005年，頁79-88。

[11]　釋性穎：《天台法華三昧之研究──以慧思、智顗為中心》，圓光佛學研究所碩士論文，民國98年。

鳩摩羅什到智顗年代之間，佛教禪窟藝術與「法華三昧」關係的研究[12]，相對是較少受到關注的。特別是北魏時期不少以《法華經》內容為創作題材的雲岡石窟的研究，仍多偏重在經變主題或石窟建築形制及雕刻藝術面向的探研，對於石窟藝術與法華三昧禪法關係的主題仍有許多探究空間。

　　然而，「法華三昧」依經典本身所述既為修行所達的禪境，則必當有相應修習之禪法。除了研究「法華三昧」一詞在經典中的意義，歷代中國祖師的詮釋之外，觀察他們如何結合解、行二者，具體地在生活修行中實踐，相信是很有意義的事。而羅什「法華三昧觀法」所闡述的禪法內容，是一條重要且具體的線索；而稍晚於羅什年代開窟的雲岡石窟中，《法華經》的二佛並坐、三世佛主題更是常見的表現題材，可見當時《法華經》流行的影響，因此，本文擬循此線索，探究羅什「法華三昧」觀法與北魏（386-534）時期，雲岡石窟藝術（460-524）三期發展[13]與法華造像之間的關係。

二、《法華經》的中國詮釋：經典詮釋與石窟圖像

（一）經典與詮釋：《法華經》與鳩摩羅什「法華三昧觀法」的詮釋

　　在現存三種漢譯全譯本《法華經》的敘述中，「法華三昧」主要出現在三處[14]，分別見於兩品：〈妙音菩薩品〉提到「法華三昧」是妙音菩薩久植德本

---

[12] 林保堯：〈東魏武定元年銘石造釋迦五尊立像略考──二佛並坐與二觀世音的圖像構成及其成立基礎〉，東吳大學藝術史集刊，1987 年 2 月，頁 113-156。本篇以考古實物分析，對二佛並坐造像之經典意義基礎有深入的探考。劉慧達：〈北魏石窟與禪〉，考古學報 1978 年第 3 期。本篇是少數關注到佛教石窟藝術的禮拜、懺儀、禪修實用功能與禪法關係的研究，其中也談到北魏石窟中《法華經》題材與禪法間存在密切關係。

[13] 雲岡石窟的分期，一般分為早、中、晚三期，早期是指文成帝至獻文帝時期（460-470），中期是指孝文帝都於平城的時期（471-494），晚期是指孝文帝遷都洛陽後，宣武帝、孝明帝時期（495-524）。此三期分別代表北魏雲岡石窟雕刻藝術發展的三個階段。李治國編：《中國石窟雕塑全集 3．雲岡》，重慶：重慶出版社，2001 年 3 月，頁 8。由於慧思（515-577）與智顗（538-597）年代稍晚於本文所欲採討的雲岡石窟造像年代，其有關法華三昧之論述與本文所欲探討之雲岡石窟藝術較無直接的關涉，故將不單獨論述，僅於相關論題處提及。

[14] 據竺法護《正法華經》譯本，「法華三昧」僅出現一次，見於〈妙吼菩薩品〉，大正藏第 9 冊，頁 127 上-中。依羅什譯本，「法華三昧」共出現三次，第二十四品〈妙音菩薩品〉兩次，大正藏第 9 冊，頁 55 上、56 中，分別談到妙音菩薩久殖德本，得多種三昧；華德普薩聞法華經「妙音菩薩來往品」得法華三昧，第二十七品〈妙莊嚴王本事品〉出現一次，言淨眼菩薩久已通達法華三昧，頁 60 中。依添品本「法華三昧」出現三次，也都相應於羅什譯本各品出現位置，並無不同，大正藏第 9 冊，頁 190 上、頁 191 中、頁 193 下。

所得諸三昧之一，而華德普薩也因聽聞《法華經·妙音菩薩來往品》而得「法華三昧」，〈妙莊嚴王本事品〉則談到淨眼菩薩久已通達「法華三昧」，依此三處語脈觀之，「法華三昧」皆被視為三位菩薩所得之禪境，然而，對於禪境內容及如何依具體禪法修習而得此禪境，經文中並未有說明。此時，若僅觀經中所言，「法華三昧」並未如後世將「法華三昧」與懺法進行密切的連結，在經文脈絡中，但為菩薩修習禪法所得禪境。

　　鳩摩羅什在譯出《妙法蓮華經》之後，在其所作禪籍《思惟略要法》中，我們可以看到有關「四無量心觀法」至「法華三昧觀法」等十種大小乘禪觀法的具體描述。羅什在《思惟略要法》的序文當中，首先談到禪修對身心的調伏功能，認為或可先修習四無量觀、不淨觀、念佛三昧、及數息觀等，以除五蓋而得初禪[15]。序文所言，偏重在說禪修對身心病痛的對治，但對於法身觀法以下等五種大乘禪法在序文中並未有闡釋，是較令人疑惑之處。筆者推測後五種大乘禪法或有可能是在序文書寫完之後才添入的。然而，雖然如此，在正文的部分，對於各種大乘禪法的說明也仍算詳盡，至於被安排在本書最末的「法華三昧觀法」，則是現存有關「法華三昧觀法」的最早文獻，甚至有學者[16]認為此《法華經》特有觀法是由羅什所建立起來的，其闡述極有助於後人具體了解到「法華三昧觀法」的內容及次第。羅什寫道：

> 三七日一心精進，如說修行正憶念法華經者，當念釋迦牟尼佛於耆闍崛山與多寶佛在七寶塔共坐，十方分身化佛遍滿所移眾生國土之中。一切諸佛各有一生補處菩薩一人為侍，如釋迦牟尼佛以彌勒為侍。一切諸佛現神通力，光明遍照無量國土。欲證實法，出其舌相，音聲滿於十方世界。所說法華經者，所謂十方三世眾生若大若小，乃至一稱南無佛者，皆當作佛。惟一大乘，無二無三。一切諸法，一相一門，所謂無生無滅，畢竟空相，唯有此大乘，無有二也。
> 習如是觀者，五欲自斷，五蓋自除，五根增長，即得禪定。住此定中，深愛於佛。又當入是甚深微妙一相一門清淨之法，當恭敬普賢、藥王、大樂說、觀世音、得大勢、文殊、彌勒等大菩薩眾，是名一心精進，

---

[15] 大正藏第 15 冊，頁 297 下-298 上。
[16] 同註 4。賴鵬舉：〈後秦僧肇的「法華三昧」禪法與隴東南北石窟寺的七佛造像〉，佛學研究中心學報第 2 期，1997 年 7 月，頁 211-231。

如說修行正憶念法花經也，此謂與禪定和合，令心堅固。如是三七日中，則普賢菩薩乘六牙白象來至其所，如經中說。[17]

根據上述羅什的敘述，其「法華三昧觀法」實際內容可別為五項分述如下：

1・禪修期間／三七為期的精進修行

　　三七日為一期，乃依〈普賢菩薩勸發品〉普賢菩薩之語而來：「欲修習是《法華經》，於三七日中，應一心精進。滿三七日已，我當乘六牙白象，與無量菩薩而自圍繞，以一切眾生所憙見身，現其人前而為說法，示教利喜，亦復與其陀羅尼呪。」[18]即以二十一天為一禪修期間。此以三七日為度的修行期間，在後來天台智顗所制立的《法華三昧懺儀》修行法門當中，有明三七日行法華懺法勸修、明三七日行法前方便、明正入道場三七日修行一心精進方法[19]，即可以看到自本段經文延伸闡釋的痕跡。然而，有關天台所重視的懺悔法與「法華三昧」產生繫聯，卻不是由《法華經》本身而來，而是根據劉宋・曇無蜜多的《佛說觀普賢菩薩行法經》所說的「懺悔六根」而來的，此點將敘於下文。

2・觀想對象／依見寶塔品而來的禪修內容

　　首先羅什在此提出的是「觀像念佛」，憶念的對象是依於經文〈見寶塔品〉情節而來。〈見寶塔品〉的內容主要敘述久遠實成的多寶佛往昔曾發願，若有人於十方國土宣說《法華經》，必將使七寶塔從地湧現，多寶佛親自臨現，音聲讚歎，以證明法華一乘教法的真實不虛。而此品中多寶佛的親身臨現，分座與釋迦佛於寶塔，不僅在證明釋迦佛所說法華教真實不虛而來，也側重表現不同於小乘佛教一世只有一佛住世的思想，而在強調大乘佛法中「多佛同時住世」的思想，是眾生皆能成佛的具體形象化表現。而依前述羅什《思惟略要法》上述觀法，法華三昧之觀想的內容應包括三個部分：

(1)十方分身化佛遍滿國土／多佛並世與十方佛造像

　　《法華經・見寶塔品》經文提到：「佛告大樂說菩薩摩訶薩：『是多寶佛，有深重願：『若我寶塔，為聽法華經故，出於諸佛前時，其有欲以我身示四眾

---

[17] 大正藏第15冊，頁300中-下。羅什此禪籍介紹十種觀法，依序分別是：四無量觀法、不淨觀法、白骨觀法、觀佛三昧法、生身觀法、法身觀法、十方諸佛觀法、觀無量壽佛法、諸法實相觀法、以及法華三昧觀法。

[18] 以下引用漢譯《法華經》皆以羅什譯本為本。大正藏第9冊，頁61中。

[19] 大正藏第46冊，頁949中-954下。

者，彼佛分身諸佛——在於十方世界說法，盡還集一處，然後我身乃出現耳。』」[20]十方分身來集，是因為欲見七寶佛塔涌現，須以十方化佛來集方能見到。經典中以十方化佛來集欲見七寶佛所現之七寶塔佛身，此處以十方分身化佛遍滿國土表示「十方佛」之概念，也是《法華經》一乘思想的具體表現，通過多佛久遠實成的思想，來表現眾生悉可成佛的觀念。

(2)一切諸佛各有一生補處菩薩一人為侍，如釋迦以彌勒為侍／一佛一菩薩

　　〈見寶塔品〉經文中提到：「是時，諸佛各將一大菩薩以為侍者，至娑婆世界，各到寶樹下。」[21]頁 33 上。在經文中，對於諸佛脅侍菩薩身份並未有「一生補處」菩薩之規定，但羅什此處則明確指出諸佛之協侍必須是一位一生補處菩薩，此種說法乃羅什所詮釋。另外，此種「一佛一菩薩」之造像形式，也是雲岡各窟常見的表現形式，應是依於〈見寶塔品〉此處經文所說而雕塑的。

(3)釋迦、多寶二佛並坐

　　〈見寶塔品〉對於「二佛並坐」的描寫如下：「爾時多寶佛，於寶塔中分半座與釋迦牟尼佛，而作是言：『釋迦牟尼佛！可就此座。』即時釋迦牟尼佛入其塔中，坐其半座，結跏趺坐。」[22]這部分同樣是通過「二佛並世」的方式表現多佛同住一世的大乘思想，而《法華經》則通過多佛表達其特別的「一乘」究竟思想。其造像表現，則有二佛並坐一龕（圖一、圖二），或二佛坐於並列之二龕的表現形式（圖三、圖四），前者可謂依經文中多寶佛分半座予釋迦佛而來，後者則偏離經文原意而將二佛所同坐之七寶塔分而為二龕，已是變形後的造像。

　　在「法華三昧觀法」中，是以〈見寶塔品〉情節中的代表人物為觀想對象，包括：二佛並坐、十方佛（分身來集）、一佛一菩薩等情節及形象描述，而這些內容正是工匠得以具體呈現於石窟雕刻繪塑中的藝術創造。其中，「二佛並坐」的高度辨識性更是被視為《法華經》最具代表性的情節之一。

3・神通示現／出凡入聖的莊嚴世界

　　羅什談到法華三昧觀法中，觀想的內容還有佛以威神力所現的各種神通，如釋迦佛眉間放白毫一光，光明遍照四方上下無量國土，三變土田，出廣長舌

---

[20] 大正藏第 9 冊，頁 32 下。
[21] 大正藏第 9 冊，頁 33 上。
[22] 大正藏第 9 冊，頁 33 下。

相，音聲滿十方世界[23]，如此種種呈現不同於凡俗之境的神聖異相、莊嚴世界，將有助於修行者對比於煩惱穢垢的五濁世間，而引生其超脫出離之心。

4‧般若空觀／觀像念佛為方便

最後的般若空觀部分，則是通過聽聞《法華經》要義，了知無生無滅畢竟空相，眾生皆當作佛，無有二乘三乘，唯有一乘的思想，以大乘空觀攝收禪行。依此可知，羅什敘述的「法華三昧觀法」，是以〈見寶塔品〉所述的情節「觀像念佛」為方便，以觀佛像如親見佛的臨現，再通過觀諸佛實相以回歸到其般若空觀的真實體證。

5‧普賢決疑／法華三昧特有造像

此觀法中乃依〈普賢菩薩勸發品〉內容[24]而來：若能於一期的修行中日夜精進，斷五欲，除五蓋，五根增而得禪定。住於此定中，入於甚深微妙清淨之法，恭敬普賢、藥王、大樂說、觀世音、大勢至、文殊、彌勒等大菩薩眾，與禪定和合，令心堅固。如此精進不懈，禮敬諸菩薩，則將三七日的法華三昧禪定中，見到普賢菩薩乘六牙白象與無量菩薩現前，並為之說法，授陀羅尼咒。在此，《法華》本身的經文，筆者認為「普賢決疑」在法華三昧定境中現前說法決疑，要比「彌勒決疑」觀點更符合經典的原旨。普賢菩薩於法華三昧定中前來，為修行者說法決疑，應可視為「法華三昧觀法」特有的禪定境界，筆者認為此有別於以往據《法華經》中彌勒菩薩為眾生疑而發問的「彌勒決疑」[25]的圖像解讀觀點，或許可以據此更細節地將「法華三昧」特有的造像從大範圍的法華圖像上區分出來的線索。

以上《法華經》中所言諸事，僅說到行者將法華三昧禪定中，見普賢菩薩乘六牙白象來至其所說法及授陀羅尼咒，並未言及後世天台所重視的懺悔法；但在劉宋‧曇無蜜多譯出的《佛說觀普賢菩薩行法經》卷一，則將「懺悔六根」視為普賢菩薩的觀法之一：「佛告阿難，汝今持是懺悔六根觀普賢菩薩法，普為十方諸天世人，廣分別說，佛滅度後，佛諸弟子，若有受持、讀誦、解說方等經典，應於靜處，若在塚間，若

---

[23] 大正藏第 9 冊，頁 32 下-33 中。

[24] 「世尊！若後世後五百歲、濁惡世中，比丘、比丘尼、優婆塞、優婆夷，求索者、受持者、讀誦者、書寫者，欲修習是法華經，於三七日中，應一心精進。滿三七日已，我當乘六牙白象，與無量菩薩而自圍繞，以一切眾生所喜見身，現其人前，而為說法，示教利喜，亦復與其陀羅尼咒。」大正藏第 9 冊，頁 61 上-中。

[25] 于向東：〈五世紀二佛並坐像在敦煌與雲岡石窟的表現〉，圓光佛學學報第 11 期，頁 10。

林樹下，阿練若處誦讀方等，思大乘義，念力強故，得見我身及多寶佛塔。」[26]顯示原來《法華經》「法華三昧」的相關內容，以及羅什的「法華三昧觀法」皆無「懺悔六根」的闡述，「法華三昧」之與懺悔法產生繫聯，是源自《佛說觀普賢菩薩行法經》中的說法，並不是來自《法華經》本身或羅什「法華三昧觀法」的詮釋。

(二)智顗的「法華三昧」詮釋

本節的提出，是為對照出智顗的詮釋溢出羅什之處，以作為法華造像判讀的參考。智顗（538-597）在《摩訶止觀》裏，依禪法或行或坐，區分出：常坐、常行、半行半坐及非行非坐等「四種三昧」。其中，將「法華三昧」視為「半行半坐三昧」：

> 《法華》云：其人若行若立，讀誦是經，若坐思惟是經，我乘六牙白象現其人前，故知俱用半行半坐為方法也。……方法者，身開遮，口說默，意止觀。身開為十：一嚴淨道場，二淨身，三三業供養，四請佛，五禮佛，六六根懺悔，七遶旋，八誦經，九坐禪，十證相。別有一卷名《法華三昧》，是天台師所著流傳於世，行者宗之；此則兼於說默，不復別論也；意止觀者，《普賢觀》云：專誦大乘不入三昧，日夜六時懺六根罪。[27]

依智顗，「半行半坐三昧」是指行坐各半的禪修活動。「法華三昧」以二十一日的禪修為一期間，包含身、口、意三方面的修行。身的修行方法有十種，包含：嚴淨道場、淨身、三業供養、請佛、禮佛、六根懺悔、遶旋、誦經、坐禪、及證相等十個次第。口的修行包含：說與默兩方面，依因緣而說法，依理而示靜默。意的止觀修行則依於《佛說觀普賢菩薩行法經》修六根懺悔法。其中，智顗談到修行法門之一和經行有關的「遶旋」部分，尤其與石窟形制有關，便於經行的中心塔柱式結構的傳統石窟形制，應該較適合於此種觀修法。若依智顗所云天臺《法華》三昧的禪修活動有遶旋經行，或可推測早期雲岡石窟中因襲於羅什「法華三昧」禪法而來的石窟中的修行活動，可能主要是在雲岡早期常見的中心柱窟中進行的。

---

[26] 大正藏第 9 冊，頁 393 中。

[27] 《摩訶止觀》卷二上，大正藏第 46 冊，頁 13 上-14 上。

三、羅什「法華三昧觀法」與雲岡石窟

　　根據于向東的研究指出[28]，自西元五世紀起，中國的石窟造像受到法華思想強烈的影響，尤其以雲岡模式對北魏境內產生的影響，最為廣泛。涼州義學僧團在北魏滅北涼後，隨之遷移至平城，來自涼州的曇曜等義學僧受到文成帝的重視，進而在皇室的支持下開鑿雲岡石窟。從以法華造像成為雲岡石窟中隨處可見的題材，可見法華信仰在北魏的佛教所產生的深刻影響。而羅什領導的長安僧團在五世紀下半葉所提倡的法華義學及其禪法，也持續影響著雲岡石窟的法華造像。

　　于文的研究重點在雲岡與敦煌石窟受法華義學影響，以及兩地義學與造像之異同，在大方向上掌握法華義學對石窟形制及造像主題的影響。受法華思想影響的雲岡模式造像，一般分為三期，依于向東區判的法華造像特徵，包括：

　　第一期（460-469）的二佛並坐、千佛（第 19 窟）。

　　第二期（470-494）的二佛並坐、三世佛、千佛（四組雙窟：第 1、2 窟－彌勒、釋迦，三世佛，二佛並坐，中心塔柱，5、6 窟－三世佛，二佛並坐，交腳彌勒，中心塔柱，7、8 窟－三世佛，二佛並坐，佛傳本生，9、10 窟－釋迦，彌勒，二佛並坐，騎象普賢，蓮生菩薩，和一組三窟：第 11、12 中心、13 窟，二佛並佛，彌勒，千佛）。

　　第三期（495-524）二佛、彌勒、千佛(第 15－千佛，彌勒，二佛、38－三世、39 窟－千佛，二佛)[29]。

　　綜觀上述于向東的整理來看，雲岡石窟中常見的法華造像，以「二佛並坐」、「三世佛」及「千佛」等造像為重點主題。而筆者認為，在雲岡石窟中廣大的法華造像的範圍中，仍可以主題收攝範圍，整理出以「法華三昧」禪法為主題的石窟造像特色。依筆者的整理，約可歸納為以下四點：

（一）二佛並坐

　　「二佛並坐」一般被視為法華造像的代表性圖像，如前述此圖像來自《法華經・見寶塔品》的典故，也是《法華經》所特有，不共於其他經典的故事情節，因此常用來區判法華圖像與否，可謂極具辨識度，也是修習「法華三昧」

---

[28] 于向東：〈五世紀二佛並坐像在敦煌與雲岡石窟的表現〉，圓光佛學學報第 11 期，頁 1-23。
[29] 同上註，頁 7-17。

觀法不可缺的方便觀像對象。

「二佛並坐」像於雲岡各窟中極為常見，茲略舉數窟為例。如第 5 窟西壁第二層南側，第 5 窟後室門拱西壁，第 6 窟後室中心塔柱北面下層，第 8 窟後室西壁第 3 層，第 9 窟前室北壁第二層西側，第 9 窟前室北壁第三層東側，第 11 窟南壁第三層西側，第 12 窟後室南壁門拱上方，第 13 窟東壁第四層中間，第 13 窟東壁第三層北壁下側，第 16 窟東南壁上層，第 17 窟南壁門拱上端，第 18 窟南壁上層東側，第 19 窟前壁上層等，詳細圖版可參李治國所編輯的《中國石窟雕塑全集 3．雲岡》。

(二)三世佛／千佛

佛教抽象的三世時間觀的呈現，必然須通過具象的空間藝術來表達。在石窟造像中通常透過：過去七佛、多寶佛（過去佛）、釋迦佛（現在佛）、彌勒菩薩（未來佛）等形象來呈現（圖五），而這三世佛的圖像，往往也可以用來表現出「概念式千佛」的功能。千佛除了可以用無數並列格狀小化佛來表現，也可以用以上並列三世佛的方式來表現過去、現在、未來十方無量佛的概念，而這也十分符合《法華經》極力闡釋眾生悉可成佛的一佛乘思想。

而「法華三昧」觀法所以與千佛產生繫聯，乃由於經文中提到多寶佛的示現，須諸佛「分身來集」之故，因此，在前行的觀像念佛的方便法門中，也須憶念千佛來集。以雲岡石窟而言，除了以無數化佛表示千佛思想外，也可以用前述並列三世佛的方式來表現過去、現在、未來十方無量佛的概念，在雲岡第 5 窟北魏中期主佛及西壁，兩側壁各三層，每層並列三種造像：二佛並坐、彌勒、說法圖[30]，用以表示三世千佛，用過去、現在、未來等三世佛的複數積累，而呈現一種不同於格狀千佛的千佛造像。格狀千佛的圖像在以量之多示千佛；筆者認為，三世佛三層累疊，則是以三世概念加上多佛思想的倍乘，形成另一種概念式的千佛圖像，這一種不同於前者的新的藝術表現形式，是極具突破性的抽象思考。

賴鵬舉在其研究中曾指出，由羅什所引領的關河義學，其「法華三昧」禪法表現於石窟藝術中的三世佛、千佛之旨，在於表現三世不遷，無有生滅的諸法實相觀[31]。羅什的「法華三昧觀法」，自然是以其般若實相觀為依歸，賴文

---

[30] 李治國主編《中國石窟雕塑全集》第 3 卷雲岡，重慶：重慶出版社，2001 年，頁 13。

[31] 賴鵬舉：〈後秦僧肇的「法華三昧」禪法與隴東南北石窟寺的七佛造像〉，佛學研究中心學報第 2 期，1997 年 7 月，頁 211-231。

依此所述至為合理。

(三)一佛一菩薩

有關「法華三昧觀法」所提到：「一切諸佛各有一生補處菩薩一人為侍，如釋迦牟尼佛以彌勒為侍。」諸佛各有一生補處的大菩薩脇侍的說法，在雲岡石窟中也相當常見此種「一佛一菩薩」的造像，而羅什甚至以「如釋迦牟尼佛以彌勒為侍」為例來說明這種「一佛一菩薩」的觀念，在雲岡一些雙窟結構的主尊造像上，我們也可以看這樣的安排，如第9窟與第10窟，主尊即分別為釋迦與彌勒。基本上，此種造像也是屬於前述千佛思想「分身來集」的一種變化形式。不過，古正美教授曾提出一種特殊看法：以雲岡第17窟明窗東側造像及銘文「大代太和十三年(北魏孝文帝489年)比丘尼惠定自遇重患，發願建造釋迦、多寶、彌勒像三區」為例，認為：交腳彌勒與釋迦佛為「一佛一轉輪王」模式。是依於《悲華經‧大施品》而來的造像，亦可視二佛並坐造像的變形，認為二佛並坐不一定是釋迦與多寶佛。[32]古正美教授獨特的觀點在於她認為：雲岡的雙窟開鑿，即是一佛一轉輪王。例如第7、8窟，第9、10皆雙窟模式。依宿白〈涼州模式〉，認為北涼的造像受到克孜爾的影響，也有佛裝的造像成交腳狀，此種造像也進入敦煌。而這種佛裝呈交腳狀而造於塔中的轉輪相（結合一佛一轉輪王於一身者），也是彌勒下生觀念。

不過，如此一再迂迴地將《法華》圖像與彌勒下生觀結合在一起解讀雲岡石窟中彌勒圖像的判斷，或有商榷的餘地。北魏帝王的佛教信仰、政治生態或與彌勒下生的信仰有關，但是否必須將此彌勒下生信仰與《法華經》結合進行判讀，筆者認為須有更審慎的證據方宜作此判斷。首先，關於古正美認為雲岡的雙窟造成是一佛一轉輪勝王，宿白認為北涼造像受克孜爾影響而有佛裝交腳彌勒的問題：涼州的曇無讖是來自罽賓的僧人，罽賓的佛教造像是受到來自犍陀羅的大乘佛影響的，但曇無讖的造像觀念雖來自犍陀羅，但其造像觀念卻不盡然只有一種，曇無讖也在鄯善待過，也看過克孜爾的造像，其造像觀念來源複雜，不宜作單一可能的判讀。其次，北涼時期的曇曜，僧傳中雖未言及籍貫及生卒，云其在涼州修習禪業，並以禪業見稱，在北魏文成帝時期(460A.D.-465A.D.)主持興造的雲岡北魏五窟（現編號第十六窟至第二十窟），並成為北

---

[32] 《從天王傳統到佛王傳統》第三章北涼佛教與北魏太武帝的佛教識形態發展歷程，頁105-153。台北：商周出版社，2003年初版。

魏時期重要的僧正，對雲岡石窟的監造，極有影響。曇曜既以禪業見稱於世，而雲岡石窟以《法華》為表現重點，以「法華三昧」觀法表現的石窟藝術表現，或不可謂完全沒有影響。其三，彌勒像的部分，如第5、6窟，尤其6窟的四壁，有很大尊的彌勒佛下生像，而中心柱卻是交腳的轉輪王像，古正美認為須與同窟其他圖像合成組圖來看，不可單看其造像形式。古正美的分析精細而極有創見，但在解讀上迂曲地借用《悲華經》而不直接以《法華經》來解讀，似乎較不合乎同一窟室同用法華來詮釋的原則。且，《賢愚經》〈波婆離品〉第五十[33]，雖有提到彌勒佛下生為輪轉王之事，但古正美據以論述的《彌勒下生經》[34]本身，卻並未明白提到一佛一轉輪王之說法。因此，為說明雲岡造像中的雙窟造像為一佛一轉輪王，必須迂迴曲折地引述其他經典來解讀。筆者本文的研究，擬將法華圖像的範圍縮小到僅限定在「法華三昧觀法」圖像的解讀，縮小範圍，單純由《法華經》本身來找線索，或許可以提供部分雲岡造像一個新的解讀視角。

(四)騎象普賢

在前述法華三昧觀中，不但要觀二佛並坐、十方化佛來集、諸神通力所現放光、廣長舌、清淨國土等相，還必須「**恭敬普賢、藥王、大樂說、觀世音、得大勢、文殊、彌勒等大菩薩眾，是名一心精進**」。並且，能於一心精進的禪定中見到普賢菩薩。因此，在「法華三昧」中，仍須恭敬禮拜普賢、藥王、大樂說、觀世音、大勢至、文殊、彌勒等大菩薩，故在雲岡石窟的法華藝術表現中，同時也能見到這些菩薩的造像。

值得注意的是在雲岡第9、10窟的雙窟，主尊分別是釋迦、彌勒，雙窟的壁面有較多的二佛並坐像。其中，第9窟後室北壁釋迦主尊後有甬道可供遶旋經行，壁前正中有十米高的善跏趺坐佛像和脅侍二菩薩[35]，第9窟後室北壁主尊是釋迦佛倚坐像，東西壁各刻有脅侍菩薩，構成三尊像，南壁上部開明窗，下部鑿窟門，窟門東西各唯有雕有三層的本生因緣故事浮雕[36]，第9窟明窗東

---

[33] 大正藏第4冊，頁435下-436上。

[34] 大正藏第14冊。

[35] 閻文儒：《雲岡石窟研究》，桂林：廣西師範大學出版社，2003年6月，頁59-60。

[36] 胡文和：〈雲岡石窟題材內容和造型風格的源流探索——以佛傳因緣本生故事為例〉，中華佛學學報第19期，2006年，頁366。這些本生因緣故事包括：天女本以華散佛化成華蓋緣、兄弟二人俱出家緣、尼乾子投火聚為佛所度緣、八天次第問法緣、鬼子母失子緣及須達長者婦供養佛獲報緣等，可見於《雜寶藏經》。

西壁有蓮花化生菩薩（東壁，圖六）和騎象普賢（西壁，圖七）的造像，應是與法華三昧觀法有關，可以看到騎象普賢與法華三昧的禪修的密切關係，騎象普賢也是雲岡石窟中期出現的新題材[37]。而歷來學者解讀東壁造像，多視為文殊菩薩至靈鷲山禮佛[38]，但此部分若依《法華經・提婆達多品》解讀即可發現，是佛在宣說聞《法華》的妙樂功能：「**佛告諸比丘，未來世界中若有善男子、善女人聞《妙法蓮華經・提婆達多品》，淨心信敬，不生疑惑者，不墮地獄。餓鬼畜生生十方佛前，所生之處，常聞此經。若生人天中，受勝妙樂。若在佛前，蓮花化生。**」[39]若準合此處《法華》經文所述，造像上由蓮花化生的菩薩，將不必然是文殊菩薩，亦可是生於人天中的眾生。而雲岡石窟中所表現這些由蓮花化生的眾生，所反映的可能是當時依以作為造像指導的淨土化生信仰。第 9 窟在空間形制上，雖然不是傳統的中心塔柱式，以釋迦大像取代中心塔柱的繞行中心位置，仍保留有經行、禪坐的空間，並雕有騎象普賢的說法圖，此窟用以禪修的的功能性不言而喻，而禪修的觀行法也可能與「法華三昧」的關係密切。

　　吉村憐在《天人誕生圖》一書中，整理了雲岡石窟最早始自太和七年（483）至正光年間（520 - 524）的石刻銘文，部分記載了造像由來，可能是依於當時的淨土信仰。筆者進而更發現，其中雲岡第 11 窟東壁〈邑義信士女等造像記〉銘文中即提到「神棲高境，安養光接，托育寶華」的化生天界的描述，說明這些蓮花化生造像的表現，可能是依於銘文中提到信仰者「**若生人天，百味天衣，隨意服食**」、「**長辭八難，永與苦別**」的願望而來。銘文中「若生人天」一段，即與上引《法華經・提婆達多品》經文相吻合。

　　吉村憐認為，水野清一所稱這些雲岡石窟常見的「蓮上化生像」，「**這些造像可以說是在當時流行願生淨土的熱烈信仰的指導下產生的。那些正在淨土出生的蓮華化生的形象，正是北魏的佛教徒們期待於來世的理想的形象。**」[40]然而，佛教作為宗教信仰，在常民的信仰實踐裏，即此世修行成佛的理想雖難以亟及，然期求化生淨土繼續修行的願望，即常見於庶民百姓的造像抄經布施的

---

[37] 李治國編：《中國石窟雕塑全集 3・雲岡》，重慶：重慶出版社，2001 年 3 月，版圖說明 104，頁 36。

[38] 同上，版圖說明 103，頁 36。

[39] 大正藏第 9 冊，頁 35 上。

[40] 〔日〕吉村憐著，卞立強譯：《天人誕生圖──東亞佛教美術史論文集》（上海：上海古籍出版社，2009 年 12 月第 1 版），頁 33。

功德文中,可見淨土信仰的普遍。而此處所謂的淨土信仰,並不是指後來在中國流行並開展成宗派的淨土宗的彌陀信仰而言。淨土信仰本是佛教各宗派信仰的共法,並不為某宗派所獨有。淨土信仰雖不是《法華經》的思想核心,但亦言及天人福報。故在雲岡石窟中以《法華》為主題的造像中,亦可見到庶眾祈求往生天界,得天人福報的「蓮上化生像」。

四、結語

　　綜合上述,謹提出以下幾點看法:原來在《法華經》經文脈絡中,「法華三昧」但指菩薩修習禪法所得禪境,及至及鳩摩羅什作「法華三昧觀法」,才提出具體觀行內容及步驟,以觀像念佛為前行方便,再以般若實相念佛統攝。並奠定「法華三昧觀法」的基本架構,其對觀像念佛內容如:十方佛、二佛並坐、神通示現、騎象普賢來至等的描述,都成為判斷雲岡石窟中「法華三昧」造像的重要參考指標。此後,天台智顗更在羅什的基礎上有所添補,提出「法華三昧」在身口意各方面的修行分項與步驟,並將「法華三昧」與據《佛說觀普賢菩薩行法經》而來的「六根懺悔」法進行密切的連結,提出影響後世懺法深遠的法華懺儀。

　　雲岡石窟中常見的法華造像,以「二佛並坐」、「三世佛」及「千佛」等造像為重點主題。但若將主題收攝範圍,整理出以「法華三昧」禪法為主題的石窟造像特色,則可歸納為四點:法華圖像共有的圖式「二佛並坐」、表現分身來集及眾生悉能成佛的「概念式千佛」、分身來集的變形──釋迦與彌勒的組合「一佛一菩薩」,以及一心精進修行能在定中見到的「騎象普賢」等,共有四個解讀的重點。

【附錄】

圖一：二佛並坐（北魏中期・雲岡石窟第 13 窟，東壁第三層北壁下側。原圖版《中國石窟雕塑全集 3・雲岡》，圖版 163）下左圖

圖二：二佛並坐（北魏・雲岡石窟第 17 窟，南壁門拱上端。原圖版《中國石窟雕塑全集 3・雲岡》，圖版 202）上右圖

圖三：二佛並坐（北魏中期・雲岡石窟第 9 窟，前室北壁第三層東側。原圖版《中國石窟雕塑全集 3・雲岡》，圖版 90）下左圖

圖四：二佛並坐（北魏中期・雲岡石窟第 8 窟，後室西壁第二層。原圖版《中國石窟雕塑全集 3・雲岡》，圖版 90）上右圖

圖五：三世佛（北魏中期・雲岡石窟第 11 窟，東壁上部。原圖版《中國石窟雕塑全集 3・雲岡》，圖版 140 局部）

圖六：蓮花化生菩薩（北魏中期・雲岡石窟第 9 窟，後室明窗東壁。原圖版《中
國石窟雕塑全集 3・雲岡》，圖版 103）下左圖

圖七：騎象普賢菩薩（北魏中期・雲岡石窟第 9 窟，後室明窗西壁。原圖版《中
國石窟雕塑全集 3・雲岡》，圖版 104）上右圖

北宗菩薩戒研究──以神秀為中心

高毓婷

一、前言

　　菩薩戒為南北朝以來，僧俗四眾所注重的以大乘菩薩道利他精神的戒法，以相對於小乘戒，道信之前的禪宗祖師，對於當時傳法的時代環境，雖然行頭陀行，但是應該也曾面對到菩薩戒的議題。

　　依《楞伽師資記》說四祖道信禪師(580~651)有《菩薩戒法》一本，但已不傳，印順法師以為四祖道信是「戒禪合一」的關鍵人物[1]，而認為道信以後的門風，都是禪與菩薩戒相合，相對於菩提達摩、慧可及其弟子著重於精苦的頭陀行，道信的禪風使教法更容易弘通於世。

　　禪宗初祖達摩至三祖有無戒律的教相？唐代安然（841-884）《普通授菩薩戒儀廣釋》列出十種菩薩戒本：梵網本、地持本、高昌本、瓔珞本、新撰本、制旨本、達摩本、明曠本、妙樂本、和國本[2]。其中出現「達摩本」的菩薩戒儀，但是作者是誰仍沒有定論[3]。而敦煌出土的《達摩禪師論》中以「心戒」為菩薩行，引《佛垂般涅槃略說教誡經》(《佛遺教經》)強調戒行，請八萬四千律儀，行慈悲行給予眾生安樂等的說法，中川孝以為和達摩思想不合，推斷此論是五祖的門人將四祖、五祖的思想作一綜合性的說明[4]。

　　因此，早期禪宗強調教外別傳，雖藉教悟宗，但並未強調戒律。戒律的重視與否奠基於對「罪」的看法，以及滅罪的懺法之施設，但從早期禪

---

[1] 參見印順法師《中國禪宗史》(台北：正聞，1994)，頁53~54。
[2] 《大正》卷74，頁757b。
[3] 參見關口真大〈授菩薩戒儀「達摩本」について〉(《印度學佛教學研究》第9卷第2號，頁465~470)。
[4] 參見中川孝〈燉煌出土達摩禪師論に就いて〉(《印度學佛教學研究》第8卷第1號，頁264~267)。

宗的文獻,《二入四行論》[5]裡,認為罪性本空,以心為戒的思想,以為「斷一切惡,修一切善,得成佛」之念頭只是「妄想」[6],這與達摩稱法行中以性淨之理行六度的理念相合,著重不取相、自利利他的實踐,因此,雖不重視戒律的儀式,仍是屬於菩薩道之範疇,所以聖嚴法師在《菩薩戒指要》說:「中國禪宗一開始便不是依律而住,依律而行,倒是掌握了佛法的命脈,心淨即是持戒。」[7]

考察東山法門的流佈,都有傳戒或禮懺的方式,非單單只有禪坐而已,對此,印順法師說:「各宗開法的戒禪並舉,當然是上承道信的法門。淨眾與宣什的開法,都採取當時的傳戒儀式,但以方等懺法,代替了受菩薩戒。方等懺法的內容,包含了禮佛、歸依、發願、懺悔等部分;宣什宗還保留了受戒的傳香,但到底多少變了。」[8]印順法師以為弘忍以後,禪宗對於戒儀有所更改,而取懺法取代受菩薩戒。然而,同為弘忍門下的神秀卻有受戒儀式,其風貌為何?又呈現怎樣的戒律觀,其與禪的關係為何?又,學者們多從惠能無相戒的角度來對神秀菩薩戒有所定位,以漸修的禪法來論神秀的「持心戒」未達無相的高度,本文在漸修的禪法基礎上,試著從整個神秀宗門的思想面貌來對菩薩戒作一立體的解釋。

關於學者對於初期禪宗菩薩戒的研究,多集中在惠能的無相戒的探討

---

[5] 鈴木大拙《禪思想史第二》分成三部分,共一○一段。第一部分,一至十一段為「達摩大師二入四行論及略序等」,前八段與《續高僧傳・達摩傳》、《景德傳燈錄》卷三十的《略辨大乘入道四行,弟子曇林序》、及《楞伽師資記》所引的《四行論》有些詳略不同之處。第十一段為《續高僧傳》卷十六《僧可傳》向居士的信。第二部分,十二至六十七段為「雜錄第一」,第三部分,六十八至一○一段為「雜錄第二」。作者方面,則有多種說法。鈴木大拙以為前六十七段為達摩所述,後一部分為慧可所述;宇井伯壽《禪宗史研究》以為只有前八段是達摩所述,其餘有些是慧可述;柳田聖山《語錄的歷史》以為不是一人的記錄,第一、二部分與《禪門撮要》一致,為曇林所傳,第三部分是達摩、慧可禪系師徒間的問答。然而,無論是達摩或慧可所述,都屬於禪宗初期的思想。

[6] 第四十六段云:「無事無因,無有樂厭,體性如如,究竟無罪,其誰求是,是非不起,即戒體清淨,名為尸波羅蜜。」五十九段云:「又言:與弟子懺悔。答:將你罪來,與汝懺悔。又言:罪無形相可得,知將何物來?答:我與汝懺悔竟,向舍去。意謂有罪須懺悔,既不見罪,不須懺悔。又言:教我斷煩惱。答:煩惱在何處而欲斷之?又言:實不知處。答:若不知處,譬如虛空。知似何物,而言斷虛空。又(言):經云斷一切惡,修一切善,得成佛。答:此是妄想自心現。」引自柳田聖山《達摩的語錄:二入四行論》(東京都:筑摩書房,昭和44年),頁180、220。第五十九段學者們以為是慧可與僧璨的對答,頁221。

[7] 見其書(台北:法鼓文化事業,1997),頁28。

[8] 印順法師《中國禪宗史》(台北:正聞,1994),頁156。

，如王月清〈禪宗戒律思想初探，以「無相戒法」和《百丈清規》為中心〉[9]、湛如〈簡論六祖壇經的無相懺悔——兼談唐代禪宗懺法體系的形成〉、游祥洲〈論中國佛教懺悔倫理的形成及其理念蘊涵〉，對於北宗的菩薩戒則較少關注。

　　日本學者在北宗禪的研究則十分可觀，也都留心於敦煌出土的禪籍資料。田中良昭曾對初期禪宗的受菩薩戒儀作一察考，文中雖提及北宗系的《大乘無生方便門》、普寂弟子道璿《註菩薩戒經》三卷、敦煌出土的《授菩薩戒儀》（S一〇七三）；南宗系敦煌本《六祖壇經》、荷澤神會《南陽和上頓教解脫禪門直了性壇語》，但是其論述的主題仍是以《大乘無生方便門》、《六祖壇經》及神會的《壇語》為主[10]。而佐藤達玄《戒律在中國佛教的發展》（下冊）一書對初期禪宗的菩薩戒亦是以此三本為論述焦點。

　　日本學者對北宗的菩薩戒研究只局限在《大乘無生方便門》一文，以與南宗作一比較[11]。因此若要對北宗的菩薩戒的思想與戒儀作一全面的考察，在文獻上必須有幅度的增廣，而敦煌出土的資料中，《秀禪師勸善文》、《秀禪師七禮文》中有神秀的懺悔思想，《大乘五方便》裡，有許多可以補充說明神秀對戒、罪業的思想態度，甚至有許多觀點與北宗給人的漸修印象不合，這是值得探討的。

二、北宗禪門菩薩戒儀

（一）以心戒總攝一切戒

　　梁武帝所撰的《制旨本》是參考當時流傳的菩薩戒本，到了智者大師《菩薩戒義疏》之記錄，當時有六種受菩薩戒本，而主要流傳的菩薩戒本有兩個系統，一是瑜伽菩薩戒本，一是鳩摩羅什所譯的《梵網經》戒本[12]

---

[9]　《佛學研究中心學報》第四期，1999.7，頁131~146。

[10]　田中良昭《敦煌禪宗文獻の研究》（東京都：大東出版社，昭和58年），頁462~465。

[11]　田中良昭《敦煌禪宗文獻の研究》（東京都：大東出版社，昭和58年）。及佐藤達玄《戒律在中國佛教的發展》（下冊，嘉義市：香光書鄉，1997）。

[12]　據聖嚴法師在《戒律學綱要》一書中提到，其第一條主流是鳩摩羅什的梵網菩薩戒，當時即有沙門慧融、道祥等八百餘人請羅什法師授菩薩戒。可惜此經誦出後，尚未及修訂潤色與弘揚，羅什三藏就去世了，當時授菩薩戒儀軌時的全貌，早已散佚不傳，故也很難詳考。第二條主流則是由曇無讖三藏所傳譯的菩薩戒本經，這一支流，後來曾在中國流行很廣，並且在

。

　　道信禪師所傳授的菩薩戒內容，已經無從查考，從神秀《大乘無生方便門》來看，其第一總彰佛體中就提及受戒儀式，儀式的順序為：發四弘誓願、請諸佛菩薩、受三歸、問五能、懺悔身口意業十惡罪、結跏趺坐（禪坐淨心）[13]。若試將神秀的戒儀和智者大師所記菩薩戒本作一比較，列表如下[14]：

梵網本	地持本	高昌本	瓔珞本	新撰本	神秀本
受三皈	（請師）	請師	禮三寶	師入道場	發四弘誓願
悔十不善業	禮十方諸佛	乞戒	受四不壞信	弟子入道場	請諸佛菩薩
讚歎受約敕諦	生念	問遮法凡十問	懺悔十惡五逆	師請三寶	受三歸
聽		（戒師啟請）	十重戒	令起心念三寶	問五能
直說十重相	（三聚淨戒）	（三聚淨戒）	結撮三皈	懺悔十不善業	懺悔十惡罪
結撮	（羯磨）	（羯磨）	重騰前十重戒	請聖作師	結跏趺坐
讚歎	（證明）	（證明）	讚歎	請現前師	
發願	結撮	十重相	發願	師讚弟子發心	
	讚歎	結撮		正乞是戒	
		讚歎		教發菩提心	
				問遮法十五問	
				想念得戒	
				發戒時立誓	
				受菩薩三皈	
				羯磨發戒	
				結竟	
				師還坐勸學	
				說十重結撮	
				讚歎	

梁高僧傳及法藏大師菩薩戒疏卷一中都列有關這方面故事的記載，曇無讖曾為漢土沙門受菩薩戒者作為證師。見其書(台北：東初，1996)，頁289~291。

瑜伽菩薩戒本系，有曇無讖譯的《菩薩地持經》、《菩薩戒經》，求那跋摩譯的《菩薩善戒經》、《優婆塞五戒威儀經》，玄奘譯的《菩薩戒本》、《菩薩戒羯磨文》等。參見遠藤祐純〈瑜伽師地論菩薩戒品における〉，《智山學報》第18輯，頁1。至於《梵網經》戒本，則與《菩薩瓔珞本業經》為姐妹戒經，但是這兩部經，據大野法道、佐藤達玄的推定，是成立於中國本土的經典。見大野法道《大乘戒經の研究》(東京：理想社)，頁252，佐藤達玄《戒律在中國佛教的發展》下冊(嘉義：香光書鄉，1997)，頁457~458。

[13]　《大正》卷48，頁1273b、c。

[14]　因梁武帝《制旨本》是參照其他諸本，所以此處不列入比較。至於其他五本的內容，俱見《大正》卷40，頁568a~569b。

　　菩薩戒的經典是以《梵網經》與《地持經》兩種為主流。《梵網本》特色為說十重相[15]，即十善戒，而《地持本》則為三聚淨戒，至於《高昌本》言十重相又言三聚淨戒，是融合梵網及地持的系統，《新撰本》在戒本末尾有提及「十重」，可見亦為梵網系統的戒本。

　　從上表諸本的對照，神秀的戒儀，沒有地持本系的三聚淨戒，在授三歸、誨十惡業、發願上，與《梵網本》、《瓔珞本》相近，「四弘誓願」的出處，主要出自《菩薩瓔珞本業經》，教導一切學佛的人，要發心成為菩薩[16]。神秀的菩薩戒所採用的經典，應是受到《梵網經》一系菩薩戒本的影響，並且也以「心戒」總提一切戒。但是戒儀中，卻沒有授受十重戒的部分，為什麼不取十善之戒相呢？在目前所見的資料中沒有神秀討論十善戒的言詞，但是對戒相的看法，《觀心論》中曾有一段話討論到《地持本》的三聚淨戒：

> 又問：如經所說，三聚淨戒者：誓斷一切惡，誓修一切善，誓度一切眾生，今言制三毒心，豈不文義有所乖也？答曰：佛所說經是真實語，應無謬也。菩薩於過去因中修苦行時，對於三毒誓斷一切惡常修戒；對於瞋毒誓修一切善故常修定；對於癡戒誓度一切眾生故常修惠。由持如是戒定惠等三種淨法故，能超彼三毒惡業即成佛也。以制三毒則諸惡消滅，故名之為斷；以能持三戒則諸善具足，名之為佛；以修能斷則萬行成就，自他利己普濟群生，故名為度。既知所修戒行不離於心，若自清淨故一切功德悉皆清淨。又云：欲得淨佛云當淨其心，隨其心淨則佛土淨，若能制得三種毒心，三聚淨戒自然成就。[17]

　　神秀以為「所修戒行不離於心，若自清淨故一切功德悉皆清淨」，將一切戒行收歸自心，而以心為首要，因此神秀的戒儀沒有三聚淨戒，也沒有十善戒，更遑論四十八輕戒，或四十一輕戒了，那是因為只要證得自性清淨則所有戒相均可一切現成，無需枝枝節節地予以羅列。

---

[15] 即殺生、偷盜、婬慾、妄語、酤酒、說在家出家菩薩罪過、慳貪、瞋恚、自讚毀他、毀謗三寶。

[16] 見聖嚴法師《四弘誓願》（台北：法鼓文化），〈前言〉部分。

[17] 《大正》卷85，1271b。

不重視戒條細則，可以從另一方面來說明禪宗的立場，即是神秀十分重視「四弘誓願」，戒儀一開始便是發四弘誓願，此與其他諸本均不相同，而與惠能的戒本順序是相同的，這表示出禪宗對於菩薩戒獨重發心，發悲願的菩提心，禪宗是大乘佛教，其戒本亦不曾落失初心，而單指向出離一路；若此心通透圓明，那麼此心便含攝一切戒，也就無須再從戒相的層面來授受了。

《大乘無生方便門》裡受戒、懺悔之後，便是趺跏趺坐，並在念佛後以淨心觀看虛空無邊際。從戒儀的最後「結跏趺坐」部份出發，「戒」在北宗禪的修行架構中是修行的基礎也是最後的結果，從順向來說，參禪之前需懺悔身口意業十種罪行，那麼持戒清淨是修習禪觀的基礎；從逆向來說，禪觀證得心性清淨無礙是使戒行得以圓滿的互攝。在順向與逆向的過程裡，卻沒有必須要受「十善戒」或「三聚淨戒」的要求，神秀的菩薩戒並不重視這些戒相，而直指「心戒」。

神秀的心戒，「以佛性為戒性」的思想，受到《梵網經》的影響，這在天台、華嚴二宗皆然，但是不重視戒儀教條的則目，應是禪宗特有的。

(二)與天台學的交涉

禪門並非完全以戒律來作為修持的重心，如此的修持方法，與天台宗有極相似之處，而神秀對戒體的看法，也與天台極為相近，所以印順法師以為惠能、神秀的戒法，以自性清淨佛性為菩薩戒體而論，為梵網戒本，受到天台學的影響[18]。神秀的戒法與天台宗有何關係？又為何與天台宗有關？

查考禪師的生平，知道神秀於唐高宗鳳儀初年（677）由荊楚高僧數十人推薦，受到朝廷允許出家，指派到湖北當陽的玉泉寺擔任住持。玉泉寺是隋智顗所開創的寺院[19]，智者大師晚年曾在此寺宣講《法華玄義》、《摩訶

---

[18] 見《中國禪宗史》(台北：正聞，1994)，頁54。在頁156、157又云：「北宗直說菩薩戒『以佛性為戒』，而接著說：『一念淨心，頓超佛地』。這正如《梵網經‧盧舍那佛說菩薩心地戒品》說：『金剛寶戒，是一切佛本源，一切菩薩本源，佛性種子。一切眾生皆有佛性，一切意識、色心，是情是心，皆入佛性中。』『眾中受佛戒，即入諸佛位，位同大覺已，真是諸佛子。』」

[19] 見《續高僧傳》卷十七，智顗傳：「遂於當陽縣玉泉山，立精舍，敕給寺額。」《大正》卷50，頁566c。

《止觀》[20]，與神秀同時的弘景（634~712，或作恆景）亦曾到此寺修持天台止觀[21]，神秀或許在此寺亦對天台宗教理有所涉獵。若追溯到四祖道信，曾於盧山大林寺止住十年[22]，大林寺是智者大師的弟子智鎧（~610）的住持道場，道信的禪法，多少也受到天台的影響[23]，或許道信所著的《菩薩戒法》一本就是在此背景之下所寫的。

　　若神秀的菩薩戒與天台宗密切相關，而這層關係從道信始，則受天台宗誰的影響呢？佐藤達玄以為神秀的戒相，是智者大師及安然所傳的戒本，沿襲小乘的受戒儀軌[24]，安然的年代太晚，智者大師的《菩薩戒義疏》又有作者的真偽問題。若將年代再向前推，將神秀的戒儀與天台宗南岳慧思（515~577）的《受菩薩戒儀》互相比照[25]，可以發現兩者的相似處：

神　秀　本	慧　思　本
1.各各胡跪合掌，當教令發四弘誓願：眾生無邊誓願度，煩惱無邊誓願斷，法門無盡誓願學，無上佛道誓願證。 2.請十方諸佛為和尚等，請三世諸佛菩薩等 3.教受三歸 4.問五能： 一者汝從今日乃至菩提能捨一切惡知識不？能 二者親近善知識不？能 三能坐持禁戒乃至命終不犯戒不？能 四能讀誦大乘經問甚深義不？能 五能見苦眾生隨力能救護不？能 5.次各稱已名，懺悔罪言過去未來及現	1.發信心求受戒法 2.觀五法：觀一切眾生如聖人想、如父母想、如師長想、如國王想、如奉大家想 3.興三願：願己之功德與眾生同共；願己與眾生早度生死煩惱；願己與眾生通達十二部經文義。 4.發四弘誓願 5.請戒師 　（1）五奉請：釋迦牟尼佛、文殊師利菩薩、彌勒菩薩、現在諸佛、十方大菩薩 　（2）一心奉請（諸佛、護法天龍八部等共五句） 　（3）一心敬禮（三世諸佛等共十一句）

20　參見硲慈弘《天台宗史概說》（東京都：大藏，昭和59），頁13~14。年代標定為隋開皇十三年（593）開講《法華玄義》，隔年則是《摩訶止觀》。

21　見《宋高僧傳》卷五，恆景傳。《大正》卷50，頁732b。

22　見《續高僧傳》卷二十一，《大正》卷50，頁606b。

23　參見印順法師《淨土與禪》（台北：正聞，1992），頁212。

24　《戒律在中國佛教的發展》下冊（嘉義：香光書鄉，1997），頁559。

25　惠思本收於《卍續藏》冊105，頁1~5。關口真大在〈授菩薩戒儀「達摩本」について〉中，曾論證神秀的戒儀與天台宗的十二門戒儀中的六門只有順序上的不同，並與天台宗南岳慧思密切相關。但只對慧思本的問難法與神秀的問五能加以比照。見《印度學佛教學研究》第9卷第2號，頁58~60。

神　秀　本	慧　思　本
在身口意業十惡罪。我今至心盡懺悔。願罪除滅，永不起五逆罪障重罪(准前)。譬如明珠沒濁水中，以珠力故水即澄，清佛性威德亦復如是，煩惱濁水皆得清淨。汝等懺悔竟三業清淨，如淨琉璃內外明徹，堪受淨戒菩薩戒，是持心戒，以佛性為戒性。心瞥起，即違佛性，是破菩薩戒。護持心不起，即順佛性，是持菩薩戒(三說) 6.次各令結跏趺坐	6.受三歸依 7.問難法 　(1) 汝從今已去能捨離一切惡知識否(答能，下依此) 　(2) 汝從今已去能常念佛親近善知識否 　(3) 汝從今已去乃至失命因緣能不犯戒否 　(4) 汝從今已去能讀大乘經問甚深義否 　(5) 汝從今已去若見一切苦惱眾生能隨力救護否 　(6) 汝從今已去能於無上菩提生深信否 　(7) 汝從今已去能盡形壽隨力供養三寶否 　(8) 汝從今已去能捨諸懈怠發精進勤求佛道否 　(9) 汝從今已去能捨一切所有難捨能捨否 　(10) 汝從今已去於五塵煩惱生時能制伏心否 8.懺悔 9.受戒 　(1) 戒相：攝律儀戒、攝善法戒、饒益有情戒 　(2) 三羯磨 　(3) 十重戒(十無盡戒) 10.禮謝諸佛菩薩 11.發願與眾生同趣菩提 12.勸持無上菩提之心

　　從表上對列的儀式上看，神秀的戒儀與慧思有許多相似甚至相同的地方，在教受三歸、四弘誓願方面，兩者只是順序上的不同，受戒前亦請諸佛菩薩作證明，只是慧思本較為詳盡，不僅奉請釋迦牟尼佛、文殊師利菩薩、彌勒菩薩等諸佛菩薩，還奉請梵天護法大士、天龍鬼神。最值得注意的是問遮難的部份，神秀問五難，慧思本問十難，神秀的問難與慧思本的前五問可以說是相同的。

　　在戒體的思想上，亦以持守佛性以為菩薩戒之戒體，如神秀說：

> 如淨琉璃，內外明徹，堪受淨戒菩薩戒，是持心戒，以佛性為戒；性
> 心瞥起，即違佛性，是破菩薩戒；護持心不起，即順佛性，是持菩薩
> 戒。[26]

可見持戒是以持守心念為要旨，其以佛性為戒，神秀以佛性為戒體，將戒律由外向的戒儀轉向內心的防護，以內心清淨不起染淨二緣為有無犯戒的標準。這種強調貪瞋癡的起心動念作為菩薩戒持犯與否的標準，吾以為是禪門對戒律新的詮釋，大乘菩薩道的精神並不局限與拘泥在外在行為的表相上，如同儒家之「仁」，道家之「真」，所有外在的儀式與規範都需與內在本質呼應方能透顯其意義，如果外在禮法已與現實人生不相應，那麼便會反過來成了嵌制善巧的枷鎖，戒律亦是如此。正如百丈懷海開墾草木，創制清規，鼓勵僧人生產勞動，百丈禪師的作法從表相看似乎違背了傳統戒律，但他卻說：「有罪無罪事在當人。若貪染一切有無等法，有取捨心在，透三句不過，此人定言有罪。若透三句外，心如虛空，亦莫作虛空想，此人定言無罪。」[27]判定有罪無罪的標準在於「心如虛空，亦莫作虛空想」，只要還有「心」可用，就還是世間的空有對立，如此取、捨戒法都不是佛性的現成，而與煩惱心相應，反之，若人已能解脫清淨，那麼戒相的成毀與否，就不是評判的根據。

　　質言之，菩薩戒並不只在戒相的意行約束而已，菩薩在一生一生不斷地止惡、行善、利益一切眾生裡，一切戒儀也當在不同的時空背景下，有著不同的開展，因為，戒的本質之性是佛性，悟解佛性才是持戒的重心。故神秀在《大乘無生方便門》沒有採用《梵網》、《瓔珞》所有的十重戒相，而只是拿來作為懺悔時的內容，並取其戒體思想，這樣的戒體思想亦是慧思所主張的[28]，蓋所承者均是同一系的菩薩戒經，而禪門所使用的戒本與天台宗有極深的淵源，《續高僧傳》說慧思之教理「南北禪宗，罕不承緒」

---

[26] 《大正》卷85，1273b。
[27] 《古尊宿語錄》卷一，《卍續藏》冊118＊＊＊。
[28] 慧思本亦有此思想，戒本中引《梵網經》云：「全心是戒，全戒是心，離心無戒，離戒無心。」《瓔珞經》亦云：「一切聖凡戒，盡以心為體。」《卍續藏》冊105，頁1、4。但是，這些句子均不見於今本的《梵網經》與《瓔珞經》。

[29]，從此處可以見其端倪。

北宗禪與天台宗關係密切，北宗後學亦與天台宗僧人有往來，例如普寂曾向恆景學律[30]，恆景如前文所說與天台宗有關，一行研究律藏，也曾向宏景學天台宗律學[31]，而天台宗湛然曾與張延賞、獨孤及，上狀請為三祖僧璨加塔封諡號[32]，並且誦經於僧璨靈塔之下[33]，獨孤及、張延賞均是北宗禪的擁護者。北宗禪與天台兩宗這樣的關係[34]，應奠定於兩宗對教觀並重的修行法門與戒律有相近的思想使然。

從上述研究可知，北宗所採的戒本及思想，應是《梵網》、《瓔珞》的系統，李華〈故中岳越禪師塔記〉中，言常超禪師「以梵網心地，還其本源；楞伽法門，照彼真性。」[35]常超為普寂的弟子，文中明白標示了《梵網經》，而普寂的另一位弟子恆月著有《禪戒》[36]，則以梵網十重戒為戒相，較神秀的《大乘無生方便門》更進一步收取十重戒成為菩薩戒的戒相，這或許便是新的發展了。

三、神秀戒禪合一的層次

從四祖道信開啟「戒禪合一」的宗風以來，南北兩宗亦各有菩薩戒儀，學者討論到惠能的無相戒，以為無相戒是禪門獨創的弘戒法門，結合了《金剛經》的中道思想，與《維摩詰經》的戒律觀，認為外在的坐禪持戒、拘守律儀都是白費功夫，主張人歸依自性三身佛，自性自度，以及「念

---

[29] 見《續高僧傳》卷十七，《大正》卷50，頁564a。

[30] 李邕〈大照禪師塔銘〉，《全唐文》卷262。

[31] 李華〈荊州南泉大雲寺故蘭若和尚碑〉，《全唐文》卷319。

[32] 獨孤及〈舒州山谷寺上方禪門第三璨大師塔銘〉，《全唐文》卷392。

[33] 獨孤及〈舒州山谷寺覺寂塔隋故鏡智禪師碑銘〉，《全唐文》卷390。

[34] 賴永海在《湛然》（台北：東大，1993）一書中，言湛然批判禪宗「暗證」如「單輪隻翼」、「盲者之行」，認為禪宗的禪法很難達到止觀雙運的境地，而他歸納湛然批判禪宗的原因是因為禪宗勢力太大，擠掉了天台宗，而且禪宗思想與天台有許多相悖之處，所以湛然把矛頭指向了禪宗。見其書頁130~131。實際上，湛然的時代正值禪宗南北宗對抗的時候，湛然對禪門的批判是針對南宗禪而發，此在簡宗修〈《白居易集》中的北宗文獻與北宗禪師〉（《佛學研究中心學報》第六期），頁232之註40有詳細說明。

[35] 見《全唐文》卷316。

[36] 收入曹洞宗全書刊行會編《曹洞宗全書：禪戒》（第16冊），昭和47年。

念不被愚迷染」的自性懺。[37]

　　神秀與惠能戒法不同之處，學者的意見可歸納為以下幾點：

　　1.神秀的菩薩戒以「守心看淨」、「住心觀淨」為特徵，雖有內在化和實踐觀心的傾向，但還沒有到自性戒的高度。北宗禪師多以律扶禪，並沒有特別暗示從自性上來瞭解。

　　2.神秀戒法執行一系列外在儀規，而惠能反對這種形式主義，把戒法銷歸到自性上來強調本性清淨，無須外鑠。[38]

　　換個角度說，神秀的佛性戒（持心戒）既然導源於《梵網經》的思想，這與惠能的無相戒的思想來源是相同的，均以自性清淨為戒的心地法門。但是神秀的持戒卻沒有超越戒相，有執著於戒相的傾向，以持戒而行禪，以戒止三毒之惡，而以為有罪可滅。兩者分別的關鍵處在：惠能的「心」、「自性」均是無向、無住、無念，似有體而非體，似有相而不執於一切相；而神秀的教法給人的印象則是，其「佛性」之義尚無不取不捨的般若空慧，而有對治的工夫相。因此，似乎可以說，神秀的戒不是從自心等流而出，與惠能的無相戒有所區別。

　　天台智者大師將戒分成「理戒」及「事戒」兩種，依此分判，則惠能的無相戒似乎屬於理戒的範疇，神秀的持心戒則有事戒的特徵。但是，惠能無相戒的成立，必須建立在已頓悟自性三身佛的本質上，亦即：能否悟得空性，是「戒」可否發揮自利利他的功能又能「自淨其意」的核心力量，雖度眾生而不以為有眾生可度的菩薩萬行。因此《壇經》在無相戒後，便是「定慧等」教法的宣說，其意義在此。然而，神秀戒禪的層次，只是世間的有相法嗎？只是單純地為了防止三毒之起，而興打坐禪定、授受戒律乃至禮懺之施設嗎？

　　從資料上看，北宗在弘揚的過程中，的確與戒律的關係頗為密切，神秀除了菩薩戒儀之外，並且精通四分律[39]，北宗後學亦重視戒律，神秀弟子普寂住持嵩山，寺中有禮懺念誦的道場[40]，他曾教誨門人說道：「尸波羅密

---

[37] 如王月清〈禪宗戒律思想初探—以「無相戒法」和百丈清規為中心〉，《佛學研究中心學報》第四期，1999.7，頁131~146。

[38] 參照前註王氏論文，及龔雋《禪學發微—以問題為中心的禪思想史研究》（台北：新文豐，2002），頁108、112。

[39] 張說〈唐玉泉寺大通禪師碑銘並序〉，《全唐文》卷231。

[40] 李邕〈嵩岳寺碑〉：「後有無量壽殿者，諸師禮懺誦念之場。」《全唐文》卷263。

是汝之師，奢摩他門是汝依處。當真說實行，自證潛通。」[41]強調戒、定的行持。王維的母親向普寂學佛三十多年，其修行的風貌為「褐衣素食，持戒安禪，樂住山林，志求寂靜。」[42]士大夫常東名為思恆（普寂弟子）作墓誌銘，以「律師」來稱之，而思恆亦受命為菩薩戒師[43]。凡此種種，北宗禪似乎以「持戒安禪」作為教法宣揚的面目。

再者，從思想上看，神秀對罪業的看法，在《大乘無生方便門》中，以罪為可除去的對象，其云：「罪除滅，永不起五逆罪障重罪。」罪滅之後而持淨戒，《觀心論》中亦言「以制三毒則諸惡消滅，故名之為斷。……以修能斷則萬行成就。」罪業的內容上，由貪嗔癡三毒搭配身口意三業，而有的十惡罪，神秀對罪業的立場是當「斷」的態度，修行是使自己脫離染污的煩惱濁水，而能使清淨的明珠現前。如此，罪業是一個可消除的對治對象，就必須透過種種方法使罪業清淨。

從這些討論出發，北宗的確與惠能有著迥然不同的教法與修行態度。探討神秀戒禪合一的層次，端視其持戒的「工夫」與「境界」是否合一，學者們一致認為惠能的無相戒已達此高度。若要釐清神秀對戒的看法是否能到達無相戒的「高度」，必須處理神秀的「佛性」義有無超越義，以及神秀的「菩薩」呈現何種風貌；若要處理神秀的戒本是否落於外在儀規的事相上，必須檢思神秀對「戒」與「修行」的關係，修行的最高層次是無修之修，於一切相均不執著，而又不捨不離，此亦是大乘菩薩的積極精神，在這個面向上，神秀對戒儀以及有關修行實踐的拜佛、念佛、參禪有什麼樣的看法。以下從這個角度進行思考。

(一)次第修行不是究竟

就目前資料所知，神秀宗門開設有念佛、拜佛禮懺、受菩薩戒、禪觀打坐等。其中拜佛禮懺的部分在敦煌《秀禪師勸善文》、《秀禪師七禮》可以窺見其樣貌。

禪門中頗有禪師實施禮懺、懺摩等，有個人在修行時的懺悔，也有眾生共修時的懺悔儀式[44]。以懺悔對象言，有在佛菩薩面前懺悔，也有在德行

---

[41] 李邕〈大照禪師塔銘〉，《全唐文》卷262。
[42] 王維〈請施莊為寺表〉，《王摩詰全集》卷十七。
[43] 常東〈唐思恆律師誌銘〉，《全唐文》卷396。
[44] 禮懺文，有個人修行念誦的短文，篇幅較短小，《廣弘明集》、《全上古三代秦漢六朝文》中

兼備的和尚面前懺悔，也有另一種悟了罪業本無的無生懺。從《秀禪師勸善文》目前所剩的殘卷中[45]，神秀以為人因六賊干擾，使煩惱生起永無停息，八識所形成的種種波浪無邊無際，若不能以智慧超拔，則應「向寺求師懺悔」，這是屬於向老師求懺的方法，而《秀禪師七禮》[46]是大眾共修時所用的懺悔儀式，七禮中只剩五禮，其儀節以拜佛為主，每一禮以禮拜「釋伽（迦）牟尼佛」為開始，下接十句七言偈，最後再發願與諸眾生「往生無勝國」[47]。

儀式上是有相的禮拜，但在內容卻有值得注意的地方，茲舉文如：

> 一切眾生皆是佛，好惡長短不須論。
>
> 只為眾生不識體，賈（假）立經像遺思官。未識法時經上覓，未識佛時像上覓。識佛識法成真行，泥堪經卷不相干。

所收多屬於這一類；另一是高僧編制的長篇禮懺文，智者大師《法華三昧懺》、善導的《往生禮讚偈》屬之；另一種則是群體共修的本子，敦煌出土的多屬於此類。參見汪娟《敦煌禮懺文研究》（台北：東初，1998），頁2~3。

[45] 此文尚無學者研究，也沒有考訂其原文，本文從黃永武的《敦煌寶藏》S五七〇二的卷子來參考，因文字辨識不夠清晰，只能就其中文義來作判斷。

[46] 為敦煌P二九一一之卷子，汪娟曾與S一四九四之本子相對校，並收錄於《敦煌禮懺文研究》（台北：法鼓文化，1998），頁374~376。

[47] 無勝國，無勝是哪一位佛菩薩名號？《大乘百法明門論開宗義記序釋》：「梵語云彌帝隸迦，此略呼為彌勒，彌勒是姓，此翻為慈氏，阿逸多者是名。此云無勝，無人過勝，此菩薩故號曰無勝。」（卷一，《大正》卷 85，1066c。）可知無勝國是彌勒菩薩現所居住的兜率內院，神秀此禮佛文，還有上生淨土的思想。神秀的宗門，為何與彌勒淨土信仰有關？唐代的彌勒信仰遍及各宗，是因為唯識宗的玄奘（602~664）、窺基（632~682）等人的大力提倡，而天台宗因誦持《法華經》，慧思、智顗都與彌勒信仰有關。唐代的帝王太宗、武則天是彌勒信仰的大力推動者，武則天利用自己是彌勒下生之觀念得帝位，在龍門佛窟中亦廣造彌勒菩薩經像。神秀值武則天時期，也是彌勒信仰最盛行之時，但是神秀的上生淨土思想與皇室的提倡是有意為之相應的，還是禪門中本來就有彌勒上生思想？值得再深入探討。參見汪娟〈唐代彌勒信仰與佛教諸宗派的關係〉（《中華佛學學報》第五期，1992），頁 212~218；以及汪氏〈唐代彌勒信仰與政治關係的一側面——唐朝皇室對彌勒信仰的態度——〉（《中華佛學學報》第四期，1991），頁 289~292。
汪娟在〈唐代彌勒信仰與佛教諸宗派的關係〉中曾以為禪宗裡有彌勒思想，是因為釋迦付囑迦葉傳衣予彌勒，這與禪宗重視付法傳衣的傳統大有關係。（《中華佛學學報》第五期，1992，頁 212~218。）汪娟的研究是從禪宗的思想傳統上看，但是禪宗的付衣傳統，或許並不是早期就有的，所以還值得再研究。禪宗與淨土的關係，與地域有很大的關連，兜率往生的信仰在西域已盛行，於五世紀以後在北地與禪法結合，於北涼、北魏時期盛行於北方。從西域來中國的達摩，或許與此有極大淵源。關於北涼的佛教，參見賴鵬舉〈北涼的彌勒淨土思想及其禪窟造像〉一文。（《圓光佛學學報》第四期，1999）。

> 除色除聲不肯學，逐名逐相結為輔。若作此心求藉滅，與諸聖教不相
> 應。

　　文中明白表示眾生在未見自性前，必須依附經教文字、莊嚴佛像等聲
色現象，但是若能識得本有佛性，那麼一切眾生都是佛，心裡面沒有好惡
、長短、名利的影像，也沒有求「藉滅」的念頭。神秀亦曾說：「煩惱本自
空，芥子元無障。」[48]煩惱亦無自性，不需要「滅」什麼惡，也不需要「求
」什麼善，這個說法，與「制三毒」的說法是不同的。

　　究之，神秀所開示的佛性義，並不是落於善惡兩邊，而有著超越層次
的說明，是不需用任何有相的方法來尋覓。張說〈唐玉泉寺大通禪師碑銘
〉說神秀宏揚「一念而頓授佛身」之要道[49]，可知悟理必頓的立場在北宗也
是貫徹的。

　　因此神秀宗門雖有禮拜之儀式，但內容上則指出一條不要執著任何名
相的道路。這會與「制三毒」思想相違嗎？儀式、方法是對機使用的，初
修行的人需使用事相懺悔，但是神秀並沒有說就是這樣而已，受戒、拜佛
就夠了。《觀心論》中學人引佛語問神秀：

> 佛言：「眾生修伽藍、鑄形像、燒香、散花、然長明燈。晝夜六時遶
> 塔行道，持齋禮拜，種種功德皆成佛道。」若唯觀心總攝諸行，如是
> 事應妄也？[50]

　　神秀回答道：「佛所說無量方便。一切眾生鈍根狹劣甚深，所以假有為
喻無為。若不內行唯只外求，希望獲福，無有是處。」[51]也就是說如果人將
一切佛事視作「有為」，那麼佛事是佛事，自己的心態沒有改變，修十善者
貪於幫助人的快樂，修持五戒者執著「善惡」，就容易生起瞋心怒氣，忿怒
別人為什麼造作不善[52]，種種這些執著一切佛事來求福報與佛果，都是不明

---

[48]　《大乘五方便》，為敦煌寫本，第六十三段，原文引自宇井伯壽《禪宗史研究》（東京都：岩
　　　波書局，昭和41年），頁507。
[49]　見《全唐文》卷231。
[50]　《大正》卷85，頁1271c。
[51]　同上。
[52]　《觀心論》的原文為：「悉修十善妄求快樂，未免貪界，生於六趣；悉持五戒妄起愛憎，未

如來說法的苦心，佛說之法都是方便法，所有的佛事都指著實相無相，我們修學，手指若沒有指向月亮，那是永遠都看不到月亮的。因此，神秀雖說：「戒香，所謂諸惡能斷，能修諸善。」[53]但是善行不應以「有相」來成全，神秀云：

> 愚癡眾生不會如來方便之說，專行虛妄，執著有為，遂然世間蘇油之燈以照一室，乃稱依教，豈不謬乎？[54]

許多人以為拜佛、念佛，乃至布施、持戒等，都是佛事。其實，若人不能以無我的精神來實踐佛所說的一切法門，那麼都只是人天善法而已，都是在經驗層次所立的善事善行。神秀所立，亦是「方便」，是到達「大乘無生」的方便法門，這方便是一個過程，神秀將最後無執的境界不斷地提撕學人，其所立者亦有向上超拔之一路。

我們看《楞伽師資記》中記載神秀的語錄，他不斷在提點學人，提撕學人的疑情，例如：

> 此心有心否？心是何心？
> 見色有色否？色是何色？
> 汝聞打鐘聲，打時有？未打時有？聲是何聲？
> 打鐘聲只在寺內有，十方世界亦有鐘聲不？
> 未見時見，見時見更見？
> 又見鳥飛過，問云：「是何物？」[55]

這些語句，都是在根本上切問，直指學人的思維八識，神秀是一個禪師，直接抓住學人的意識分別，給予當頭的一問，未悟者當場就被考倒了，若起思維，就不是禪。故神秀的「心」是不落意識的心，不是止惡修善的心，其「持心戒」亦當從這角度來理解。

免瞋界，生於人趣；迷執有為，信邪求福，未免癡界，生阿修羅。」同上，頁1271a。
[53] 同上，頁1272a。
[54] 同上。
[55] 《大正》卷八五，頁1290b~c。

(二)菩薩的精神

　　神秀的禪法有「不動」的特徵，以為「離念是不動，此不動從定惠發方便，開惠門。」[56] 由此神秀的「不動」是止於一念的禪定境[57]，尚未有自在不著的智慧力度，但神秀亦云：

> 若見有動亦是動，若見不動亦是動。不見有動，不見不動，是真不動。……二乘之人，心外見不動，起念執不動，攝五根六識不行，是小乘敗壞不動。菩薩知六根本來不動，內照分明，外用自在，是大乘真常不動。[58]

　　神秀的菩薩義是內外體用均可發顯的不動，這裡的「不動」便不是禪定境的不動、止念，而是在貪欲瞋恚邪見諸煩惱中，不住不著，是「不以愛見心莊嚴佛土，成就眾生。於空無相無作法中，以自調伏，而不疲倦，見空不取空為證，不厭生死，不取涅槃」[59]，神秀認為菩薩於一切法應有不取不著的智慧知見，雖嚴土熟生，而不以嚴土熟生為真有，這正是般若思想不取不捨的空義。神秀並非以禪定的不動為究竟，他所認為的菩薩行並非只在坐禪上修得，而是在「大悲任運」的精神裡，無能無所的救度眾生[60]。以這個基礎來修六度萬行，神秀云：

> 不見自身布施，亦不見他不布施，二相平等。[61]
> 不見自持戒，不見他毀戒，二相平等。[62]

---

[56] 《大乘五方便》，為敦煌寫本，第八段，原文引自宇井伯壽《禪宗史研究》（東京都：岩波書局，昭和 41 年），頁 471。

[57] 聖嚴法師曾對「不動」的兩層意義作說明：「『不動』有兩層意思：一種是不動情緒的智慧心，另一種則是心止於一念的禪定境。《金剛經》的『應無所住，而生其心』不是祝於禪定的不動心，而是不動情緒、執著的智慧心。入了一般的次第禪定後，身不動、心不動――身不動是坐姿，心不動是住於靜境。」《聖嚴法師教默照禪》（台北：法鼓文化，2004.1），頁 50。

[58] 《大乘五方便》，為敦煌寫本，第十三段，頁 473。

[59] 同上，第十五段，頁 475。

[60] 同上，第三十九段：「大定無為故能不礙所，大惠無作故所不礙能，大悲任運故無能無所。」頁 490。

[61] 同上，第二十六段，頁 478。

[62] 同上，第五十二段，頁 502。

雖布施而不以為布施，雖持戒而無有持戒者，無能無所卻有能所的功用，神秀的菩薩戒實已無相無作，這也才是大乘菩薩道的終極意義。

因此我們可以說，神秀雖有禮懺文及禮拜儀式，但卻無意讓人膠著於儀式上，更進一步指出煩惱、貪嗔癡的本質為空，神秀不以漸修之種種方便為究竟實相。而神秀的持戒，亦非僅僅對治諸毒，或是持戒、懺悔而使罪業消除的功夫層次，藉由「菩薩」一詞來考察，更可以知道菩薩不是只在表相上的持戒，菩薩不落於次第禪定，也不住於種種戒相。

四、結語

本文從幾個方向來探討神秀及北宗的菩薩戒，從戒儀方面的考察得知，神秀的菩薩戒本應是《梵網經》系的戒本，雖沒有明白標示受十重戒，但是以十重來懺悔自身之罪，亦是梵網本特有的戒相。其戒體思想，以佛性為戒，及其戒儀，以及作為禪定的前方便，與天台宗關係密切，與南岳慧思的菩薩戒本多有雷同處。

神秀的禪法雖是次第階漸來表徵，但不代表神秀以次第為究竟，雖有拜佛、念佛、受戒的儀式，但神秀都在這儀式中透顯出勿執著的宗義，其菩薩戒受戒儀式雖以「有」來展現，但其菩薩精神卻以「無作無相」來做為最後的標的，這是神秀戒儀上不立十重戒、三聚淨戒的戒相，獲得的映證。因此，菩薩戒可深可淺，可方便可圓頓，開頓漸之法門，或施設戒律，都是為了眾生的根器不同而給予得度的方便。對神秀來說，其戒律有世俗諦的一面，也有勝義諦的境界。

也許就是因為神秀宗門多樣，才能使當時參學的人景仰備至，《宋高僧傳》中弘忍曾對神秀說：「吾度人多矣，至如玄解圓照，無先汝者。」[63]順應眾生的根器，給予得度的方便[64]，神秀實際上是一個善用方法的禪師。

如果我們將戒律、念佛、拜懺等等佛教儀式，當作一對象物，即作為修行的方法，然此實踐工夫應有一自性不凡不聖、無淨無染的預設目標，

---

63 《大正》冊 50，頁 756a。
64 無論是「漸法」還是「頓法」，都還只是方便。

若無此修行的預設，則對象物則始終只是對象物，不僅易使修行著相，人也容易在修行過程中物交物引之而已。然而人若能在一步步的橫攝之間，能有一向上提升的自淨動源，能知曉所有的修行只是方法，能通徹雖行六度而不以六度為六度，那麼，在每一個漸修之間必指向般若無相的力度，而此漸修必因此而不至落於外相森羅、神秘經驗的陷阱，也不至因過於強調頓悟、不立文字，而落得空禪的後果。神秀的思想，或可從這個角度上說。

　　菩薩戒與小乘戒最主要的區別，在加重意業的清淨，及菩提心的發心，關於此，神秀在戒儀中的發四弘誓願，並願隨力救拔罪苦眾生的遮難中，發揮大乘菩薩戒的精神，而神秀更進一步說明菩薩救護眾生無有終止，不急於涅槃，不厭離生死，不以自己的解脫為要，雖度眾生而不執著，這與達摩「雖行六度而無所行」之宗風相契，為大乘佛法的自利利他精神的顯現。

　　神秀本的順序以發四弘誓願為首，直接表明菩薩戒的重心是菩提發心，值得注意的是，惠能的受戒亦以「四弘誓願」為先，就此而論，禪門並未脫離大乘菩薩道的濟世精神，禪師們不是坐禪為求解脫的自了漢，相反地，以出離心來修入世菩薩行，才是真菩薩應有的作為。

《楞伽師資記》之史料來源及其改寫的意義

黃青萍

一、前言

　　源於菩提達摩的禪宗，因早期禪師修行遊化四方的頭陀苦行，因而缺乏詳細的生平與傳法記載。迨道信、弘忍寓於黃梅雙峰後，東山法門方日益昌盛。但自神秀以降，繁華於兩京的北宗，曾因文獻的亡佚而失去歷史的發言權，因此關於早期禪史的論述，在敦煌禪籍出土前，多是以宋代的南宗燈錄為主。

　　出土於西元 1900 年的敦煌寫卷，保存了南北朝至北宋初期的珍貴史料，[1]而其中之禪宗文書，更為早期禪史與禪法的重建提供了新的資料。本文之研究對象：敦煌出土禪籍《楞伽師資記》（以下簡稱《師資記》），便是淨覺以其師玄賾（弘忍弟子）之《楞伽人法志》（以下簡稱《人法志》）為基礎，所編纂的早期禪宗燈史。書中記載了求那跋陀羅傳達摩，達摩傳惠可，惠可傳僧粲，僧粲傳道信，道信傳弘忍，弘忍傳神秀、玄賾、老安等十一大弟子，神秀傳普寂、敬賢、義福、惠福等四人。《師資記》的作者雖非北宗傳人，但因此書以神秀系的發展為敘事主軸，故仍可納為北宗燈史。

　　而關於《師資記》之成書年代，據柳田聖山與楊曾文的分析可知：因文中記載神秀、玄賾、慧安「此三大師，是則天大聖皇后、應天神龍皇帝、太上皇，前後為三主國師也。」其「太上皇」乃李旦（唐睿宗）的稱號，因李旦於延和元年（712）讓位於李隆基（唐玄宗）自稱「太上皇」，直至開元四年（716）駕崩，廟號「睿宗」。因此，《師資記》當成書於李旦退居太上皇的西元 712－716 間。[2]

1　目前可知最早的寫本為西涼建初元年（406）的英藏 S.797《十誦比丘戒本》，最晚者乃北宋咸平五年（1002）俄藏 Φ32〈施入記〉。見榮新江：《敦煌學十八講》（北京市：北京大學出版社，2003 年 12 月三刷），頁 91、247。

2　柳田聖山：《初期の禪史Ⅰ》（東京市：筑摩書房，1971 年 1 刷），頁 29–30；楊曾文：《唐五代禪宗史》（北京市：中國社會科學出版社，1999 年 5 月），頁 136。

自藏經洞文獻出土以來,《師資記》陸續辨識出兩件藏文寫本:S.t.710(2)、S.t. 704;以及八件漢文寫本:S.2054、P.3436、S.4272、P.3294、P.3537、P.3703、P.4564、Дx.1728(M.2686)。但根據榮新江的研究顯示,其中的 Дx.1728、P.3537、S.4272 可綴合為一份鈔本,故漢文寫本實有六個鈔本。[3]其寫本之發現與校定,本文整理如下表所示:

時間	寫本	發現者	出處
1922	S.2054	矢吹慶輝	《鳴沙餘韻》1930 年。
1926	S.2054	胡適	1933 年金九經《薑園叢書》以三本合校。
	P.3436		
	S.4272		
1932	S.2054		《大正藏》第 85 冊。
1954	篠原壽雄以 S.2054、P.3436、S.4272、《薑園叢書》作《楞伽師資記校注》。		
1962	P.3294	田中良昭	〈關於敦煌新出ペリオ本楞伽師資記二種について–特に淨覺序の首次を補う〉,《宗學研究》(4),1962/03。
	P.3537		
1962	P.3703	王重民	《敦煌遺書總目索引》。
1962	P.4564	王重民	《敦煌遺書總目索引》。
1966	P.329、S.2054、P.3436 合校	柳田聖山	〈楞伽師資記自序〉校本《初期禪宗史書の研究》。
1968	S.t.710（2）	上山大峻	〈チベット譯《楞伽師資記》について〉《仏教文獻の研究》,1968 年 5 月。
1972	柳田聖山《初期の禪史Ⅰ》S.2054、 P.3436、S.4272、P.3294、P.3537、P.3703、P.4564 七本合校。		
1982	S.t. 704	西岡祖秀	〈チベット譯《楞伽師資記》の新出斷片チベット〉,《印度學仏教學研究》31(1),1982。
1991	Дx.1728（M.2686）	榮新江	判定 Дx.1728 與 P.3537、S.4272 為一同寫本。

表 1 《楞伽師資記》寫本發現與校定簡表

---

[3] 榮新江:〈敦煌本禪宗燈史殘卷〉,《鳴沙集–敦煌學學術史和方法論》(臺北市:新文豐出版股份有限公司,1999 年 9 月),頁 179–204。

　　然而敦煌文獻雖可作為重建早期禪史與禪法的新資料，但研究者亦須明白，禪宗燈史作為歷史文本而言，並非純粹客觀的史料，而是如史蒂夫‧海因(Steven Heine)所言，為介於「事實和杜撰，神話和歷史，護教和懷疑」之間的宗教文獻。[4]龔雋更進一步分析，燈史將歷史事件書寫為文本時，是根據其禪學理想去選擇人物、組織史料，典範化其理想禪師形象，建立自宗傳承的正統性與禪學傳統。[5]所以不論是燈史或語錄，都隱藏著宗派對自身正統性的訴求。

　　除已佚之《人法志》外，《師資記》可謂為第一部禪宗燈史，[6]但《師資記》的敘事卻隱藏著許多問題。首先，淨覺另立四卷《楞伽經》譯者求那跋陀羅為初祖，似為依附《續高僧傳》之楞伽印心說，以建立自《楞伽經》譯者以降的楞伽傳統；其次，《師資記》之傳記結構與《人法志》不同，相較於《人法志》的嚴謹，比對僧傳後可知，《師資記》不但增補大量語錄，還刪改禪師生平事蹟。最後，《人法志》於〈弘忍〉傳中，除強化《楞伽經》的傳授外，更以弘忍遺命暗示自身傳法的正統性。因此，對於《師資記》的研究，除作為資料之運用以重構禪史與禪法外，更須仔細查證《師資記》的史料來源及其改寫，進而深究其作為宗教文本的敘事手法。

　　而從宗教文本的視域對《師資記》做批判性的研究者，首見於胡適〈楞伽師資記序〉、〈楞伽宗考〉兩文。在〈楞伽師資記序〉中，胡適先肯定玄賾著史之嚴謹，再質疑《師資記》於〈求那跋陀羅〉、〈惠可〉、〈道信〉傳中所述語錄的可信度。[7]繼之以《續高僧傳》為基礎，於〈楞伽宗考〉一文詳細比對，除篩檢出《續高僧傳》中論及禪宗師祖之傳文外，更點出道宣在世時，禪宗系譜的斷裂，因為《續高僧傳》於僧粲與道信之間，沒有任何傳法的記載。

　　爾後，柳田聖山進一步於《初期の禪史Ⅰ》中提出正統性訴求之議題，以為初唐以來《續高僧傳》所記敘之楞伽傳統，是初期禪宗面對佛教各宗之質疑

4　史蒂夫‧海因 (Steven Heine)，呂凱文譯：〈禪話傳統中的敘事與修辭結構〉，《中印佛學泛論－傳偉勳教授六十大壽祝壽論文集》1993 年，頁 179–202。

5　龔雋：〈唐宋佛教史傳中的禪師想像－比較僧傳與燈錄有關禪師傳的書寫〉，《佛學研究中心學報》第 10 期，2005 年，頁 153–183。

6　因《傳法寶紀》中使用「睿宗」之廟號，且神會於開元二十年的《菩提達摩南宗定是非論》中論及「今普寂禪師在嵩山豎碑銘，立七祖堂，修法寶紀。」故出土自敦煌的北宗燈史《傳法寶紀》當成書於李旦逝世後的開元四年（716）至開元二十年（732）間。詳見楊曾文：《唐五代禪宗史》，頁 141–142。

7　胡適：〈楞伽師資記序〉，《胡適文存》第 4 集第 2 卷（臺北市：遠東出版圖書公司，1971 年）頁 236–244。

所建立的道統，並於盛唐之際成為禪宗內部正統性訴求之依據。[8]至於親炙柳田門下的 Bernard Faure，則於 *The Will to Orthodoxy-A Critical Genealogy of Northern Chan Buddhism* 書中剖析北宗燈史的「正統意志」（The Will to Orthodoxy），透視玄賾、淨覺如何利用創作燈史，積極創造自我宗派的正統性。[9] 因此，本文以淨覺《楞伽師資記》為研究對象，將從宗教文本的研究視域，運用文獻學的方法，進行文獻比對與敘事分析的工作。首先自《楞伽人法志》與《楞伽師資記》的結構差異，比對出《楞伽師資記》增補的部份；繼之查考《師資記》之史料來源，及其對前四祖傳記的改寫；最後再據以分析其改寫目的，具體說明《師資記》作為宗教文本，作者意欲建立的禪學傳統與正統性訴求。

二、《楞伽師資記》與《楞伽人法志》的傳記結構

淨覺撰寫《師資記》時參考了其他文獻，但明確地記載史料出處者，僅玄賾《人法志》之〈弘忍〉、〈神秀〉兩傳。若以《人法志》內容為標準，可以發現：引述《人法志》者，事蹟多、語錄少，內容井然有序；未引述《人法志》者，事蹟少、語錄多，內容紛亂無序。因此，本單元將具體比對、分析其傳記結構的差異，分離出淨覺增補的部份，以便查證其史料來源與改寫。

（一）《楞伽人法志》的〈弘忍傳〉與〈神秀傳〉

《楞伽人法志》是一部已佚禪宗燈史，由唐朝玄賾禪師編撰，目前僅於敦煌出土之《楞伽師資記》（712－716）中保留〈弘忍〉、〈神秀〉兩傳，淨覺記載曰：

> 第六、唐朝蘄州雙峰山幽居寺大師諱弘忍……**按安州壽山和上，諱賾，撰《楞伽人法志》云**：大師俗姓周，其先尋陽人，貫黃梅縣也。……第七、唐朝荊州玉泉寺大師諱秀。……**按安州壽山和上撰《楞伽人法志》云**：其秀禪師俗姓李，汴州尉氏人。……[10]

---

[8] 柳田聖山：「前言」，《初期の禪史 I》，頁 3–24。

[9] Bernard Faure："introduction"，*The Will to Orthodoxy-A Critical Genealogy of Northern Chan Buddhism*（California：Stanford University Press，1997），pp.1-2，10。

[10] 柳田聖山：《初期の禪史 I》，頁 273、298。

　　因此《師資記》中凡「按安州壽山和上撰《楞伽人法志》云」以下內容，當為玄賾所著。而據其記載神秀於「神龍二年二月二十八日，不疾宴坐，遺囑三字云：屈曲直。便終於東都天宮寺。」可以推知，《人法志》約成書於神秀歿後（706），至淨覺《楞伽師資記》（712–716）的西元706至712年左右。

　　關於玄賾的資料不多，目前僅有唐朝的四份史料，分別為玄賾《楞伽人法志·弘忍傳》、淨覺〈楞伽師資記自序〉、李知非〈注般若波羅蜜多心經略序〉、王維〈大安國寺故大德淨覺禪師塔銘〉等。彙整資料可知：玄賾，俗姓王，太原祁縣人。唐高宗咸亨元年（670）往雙峰山師事弘忍，神秀於中宗神龍二年（706）圓寂後，玄賾便在景龍二年（708）受召入西京長安，後居東都洛陽傳法。而淨覺雖於大足元年（701）隨神秀習禪，但始終未能開悟，直遇玄賾後，「始知方寸之內具足真如，昔所未聞今乃知耳！」是以，淨覺並非神秀弟子。

　　而玄賾之《人法志》體例嚴謹，融合了僧傳、墓誌銘、語錄等三種體裁。首先，依循僧傳體裁，記載傳主背景，如法名、俗姓、籍貫、家世、幼年經歷等，然後詳述傳主的習禪經歷，如出家契機、修行歷程、涅槃入滅；其次，《人法志》仿效墓誌銘的寫法，於化滅後增加了「門人讚曰」之偈頌；第三，《人法志》於文末綴以「大師云⋯⋯」之語錄。其傳記結構如下表所示：

	《楞伽人法志·弘忍傳》	《楞伽人法志·神秀傳》
背景	大師俗姓周，其先尋陽人，貫黃梅縣也。父早棄背，養母孝彰。	其秀禪師俗姓李，汴州尉氏人。遠涉江上，尋思慕道。
經歷	七歲奉事道信禪師，自出家處幽居寺，住度弘愍，懷抱貞純，緘口於是非之場，融心於色空之境。⋯⋯	行至蘄州雙峰山忍禪師所，受得禪法⋯⋯後居荊州玉泉寺，大足元年，召入東都⋯⋯
化滅	咸亨五年（674）二月，命玄賾等起塔⋯⋯面南宴坐，閉目便終。春秋七十四，禮葬于馮茂山⋯⋯	以神龍二年（706）二月二十八日，不疾宴坐，遺囑三字云：「屈曲直。」便終東都天宮寺。⋯⋯
讚語	前兵部尚書隴西李迴秀為讚曰：猗歟上人，冥契道真。攝心絕智，高悟通神。無生證果，現滅同塵。今茲變易，何歲有鄰。	門人讚曰：至矣我師！道窮真諦。清淨解脫，圓明實際。演無上道，開無上惠。迹泯一心，心忘三世。假言顯理，順理而契。長為法舟，濟何所濟。
語	**大師云**：有一口屋，滿中總是糞穢	**大師云**：《涅槃經》說，「善解一

| 錄 | 草土，是何物？又云：掃除卻糞穢草土，併當盡一物亦無。是何物？…… | 字，名曰律師」。文出經中，證在心內。又云：此心有心不？心是何心？…… |

表 2　《楞伽人法志》的傳記結構

　　從上表的比對可以發現，玄賾在撰寫〈弘忍〉與〈神秀〉兩傳時，不但敘事完整，體例統一，且筆法嚴謹，與《師資記》其他傳記之結構不同。

（二）《楞伽師資記》的前五祖傳記

　　相較於其他禪宗典籍，《師資記》最重要的改寫便是於菩提達摩前，增加了四卷《楞伽經》譯者「求那跋陀羅」為第一祖。中國禪宗的師資傳承，雖可上溯北魏提達摩，但具體的、念珠式的系譜，則成型於唐永昌元年（698）的〈唐中岳沙門釋法如禪師行狀〉（以下簡稱〈法如行狀〉）。於此之前，唐朝道宣（596－667）的《續高僧傳》中僅有斷裂的傳承。

　　關於初期禪宗的發展，最早的資料莫如《續高僧傳》之〈菩提達摩〉與〈釋惠可〉兩傳，但傳文僅記載達摩傳道育、惠可二人，惠可傳那禪師，那禪師傳慧滿禪師。爾後，道宣於續增之〈釋道信傳〉云，有舒州皖公山某二僧傳道信，道信傳弘忍、法顯、玄爽、善伏等人。最後，在道宣逝世的前兩年，以新獲得之〈釋法沖傳〉（664－665）補述了惠可傳僧粲的記載。至於僧粲與道信之間的傳承，則是空白的、斷裂的。[11]因此目前可知的文獻中，以〈法如行狀〉（698）為首度出現「達摩－惠可－僧粲－道信－弘忍－法如」之傳承系譜者。[12]

　　成書西元 712 至 716 的《師資記》，其傳承系譜異於《續高僧傳》、〈法如行狀〉之記載，不但新增求那跋陀羅為第一祖，且自初祖至道信，淨覺於傳主生平著墨不多，在簡略的事蹟後，〈求那跋陀羅傳〉與〈道信傳〉摘錄了大量而來源不明的禪訓、法要；〈菩提達摩傳〉與〈僧粲傳〉分別抄錄了《二入四行論》與《詳玄傳》；至於〈惠可傳〉的內容，則改編自《續高僧傳》與《修心要論》。

　　若據此傳記結構與《人法志》比較，則可以發現兩者的差異：一、傳主生

---

[11] 黃青萍：「敦煌北宗文本的價值及其禪法–禪籍的歷史性與文本性」，國立臺灣師範大學國文學系博士論文，2008 年，頁 140–147。

[12] 唐・佚名：〈唐中岳沙門釋法如禪師行狀〉，《唐文拾遺》（《全唐文及拾遺》第四冊，臺北市：大化書局，1987 年）卷 67，頁 4995－4996；黃青萍：「敦煌北宗文本的價值及其禪法–禪籍的歷史性與文本性」，國立臺灣師範大學國文學系博士論文，2008 年，頁 149–153。

平部份,《人法志》詳細而《師資記》簡略;二、《師資記》無「化滅」與「讚語」等内容,保留「大師云……」之語錄;三、《師資記》新增内容不一的雜錄,或為語錄,或為論著。本文據之整理表格如下:

燈史	《人法志》	《師資記》					
傳主	弘忍、神秀	求那跋陀羅	達摩	惠可	僧粲	道信	八代
背景	詳	簡	簡	簡	簡	簡	簡
經歷	詳	簡	簡	簡	簡	簡	✕
化滅	詳	✕	✕	✕	✕	✕	✕
讚語	詳	✕	✕	✕	✕	✕	✕
雜錄	✕	三藏云….諸經云…	二入四行論	修心要論等	✕	入道安心要方便法門	✕
語錄	大法師云	大法師云	大師…	大師云	大師云	大師云	✕
雜錄	✕	✕	✕	經云	詳玄傳	諸經云	✕

表 3　《人法志》與《師資記》傳記結構之比較

　　淨覺雖然繼承《人法志》續寫燈史,但減少了傳主生平之敘述,卻新增大量雜錄。除〈道信傳〉外,多數傳文内容可查考出明確之史料來源,因此後文將針對前四祖之傳文,逐一比對其出處與改寫。

三、《楞伽師資記》的史料來源及其改寫

　　由前文之分析可知,《師資記》除〈弘忍〉、〈神秀〉兩傳外,前五祖之傳記當為淨覺所著。但因〈道信傳〉的生平敘事極為簡略,且輯錄之「入道安心要方便法門」未收錄於其他文獻中,故無法進行史料來源比對之研究。因此本單元將以《師資記》之〈求那跋陀羅傳〉、〈菩提達摩傳〉、〈惠可傳〉、〈僧粲傳〉為研究對象,進行資料比對與分析的工作。

(一)〈求那跋陀羅傳〉對《高僧傳》的改編

《師資記》初祖〈第一、宋朝求那跋陀羅三藏〉傳文約一千七百餘字，但傳主生平卻只有簡略的介紹：

> 宋朝求那跋陀羅三藏，**南天竺國人。以大乘學，時號摩訶衍。**元嘉年，隨船至廣州。宋太祖迎於丹陽郡，譯出《楞伽經》。王公道俗，請開禪訓。跋陀未善宋言，有愧，即夕夢人以劍易首。於是就開禪訓。三藏云……[13]

而此段生平之敘事，是參考自梁朝慧皎之《高僧傳》（497-554）：

> 求那跋陀羅，此云功德賢，**中天竺人，以大乘學，故世號摩訶衍。……元嘉十二年至廣州，**刺史車朗表聞，**宋太祖遣信迎接。……**頃之眾僧共請出經於祇洹寺，集義學諸僧譯出《雜阿含經》……**後於丹陽郡譯出《勝鬘》、《楞伽經》。……**後譙王鎮荊州，請與俱行安止辛寺，更創房殿，即於辛寺出無憂王過去現在因果及一卷……**譙王欲請講《華嚴》等經，而跋陀自忖未善宋言，有懷愧歎。即旦夕禮懺，請觀世音，乞求冥應，遂夢有人白服持劍，**擎一人首來至其前曰：何故憂耶？跋陀具以事對。答曰：無所多憂。**即以劍易首，更安新頭。**語令迴轉曰：得無痛耶？答曰：不痛。豁然便覺心神悅懌，旦起道義皆備領宋言，**於是就講……**。[14]

根據慧皎的記載可知，求那跋陀羅由宋太祖遣使迎至京城後，先於祇洹寺譯出《雜阿含經》、東安寺譯出《法鼓經》，後至丹陽郡譯出《勝鬘》、《楞伽》二經。因「譙王鎮荊州，請與俱行」，便又前往止辛寺，譯出《無憂王過去現在因果經》……諸經。當時「譙王欲請講**《華嚴》**等經」，而跋陀因不善漢語，故向觀世音菩薩禮懺、乞求，是夜夢白衣者攜一頭顱而來，持劍為之易首，翌日便覺神清氣爽，漢語能通，於是開講。

---

[13] 柳田聖山：《初期の禪史 I》，頁 93。
[14] 梁：慧皎，《高僧傳》，《大正藏》第 50 冊，頁 344 a–345 a。

　　比對兩文後發現《師資記》有三處改寫：一、將求那跋陀羅之國籍，從「中天竺人」改為「南天竺國人」，使之與達摩同；二、求那跋陀羅雖於丹陽郡譯出《勝鬘》、《楞伽》兩經，但講授經典是受邀至荊州之事，淨覺卻予以簡化；三、求那跋陀羅本因開講《華嚴》而夢魘易首，淨覺改為因開講《楞伽》而夢魘易首。

　　至於「就開禪訓，三藏云……」以下語錄，並無其他出處，但若《高僧傳》等早期文獻俱無此段「於是就講」的內容，而百餘年後之《師資記》何能如實抄出？且《師資記》言：此「禪訓」為「祕不傳簡」之心要，不書於文字，但「有緣根熟者，路逢良賢，途中受與，若不逢良賢，父子不傳。」若只傳門人，何以未見其他禪籍之記載？且淨覺所輯語錄，抄寫了一段與《修心要論》相近的敘述：

> 如似浮雲底日光，雲霧滅盡，日光自現。何用更多廣學知見，涉歷文字語言，覆歸生死道。用口說文，傳為道者，**此人貪求名利，自壞壞他**。亦如磨銅鏡，鏡面上塵落盡，鏡自明淨。（《楞伽師資記》）

> 既體知眾生佛性本來清淨，**如雲底日**。但了然守真心，**妄念雲盡，惠日即現**。何須更多學知見，歸生死苦。一切義理及三世之事，譬如磨鏡，塵盡自然見性。（《修心要論》）

　　淨覺於〈弘忍傳〉曾曰：「其忍大師蕭然淨坐，不出文記。口說玄理，默授與人。在人間有禪法一本，云是忍禪師說者，謬言也。」柳田聖山以為此即《修心要論》，但為何淨覺既否定《修心要論》為弘忍說法，卻又寫入〈求那跋陀羅傳〉中？

(二)〈達摩傳〉對《續高僧傳》的引用與《二入四行論》之增補

　　關於菩提達摩的生平事蹟，唐朝道宣於《續高僧傳》的〈達摩〉、〈惠可〉傳中有詳細的記載，而淨覺於《師資記》中卻只做了簡略地介紹：

> 第二、魏朝三藏法師菩提達摩，承求那跋陀羅三藏後。其達摩禪師，志闡大乘，泛海吳越，遊洛至鄴。沙門道育、惠可，**奉事五年**，方誨

四行。謂可曰：「有《楞伽經》四卷，仁者依行，自然度脫。」[15]

　　這段以道宣《續高僧傳》為基礎的內容雖然簡短，除了改「從學六載」為「奉事五年」外，還可以發現其敘事的隱喻：淨覺先肯定譯經者求那跋陀羅的地位，再利用《續高僧傳‧釋惠可傳》於「時有林法師」以下增補的「初達摩禪師以四卷楞伽授可曰：我觀漢地惟有此經，仁者依行，自得度世。」呼應〈求那跋陀羅傳〉「祕不傳簡」的楞伽心法，藉此強化其楞伽傳統。

　　至於《師資記》中之「略辨大乘入道四行　弟子曇林序」，則可分為〈曇林略序〉與《二入四行論》正文兩部份，其內容與《續高僧傳》所記及敦煌出土編號宿99號（即北8374）之《二入四行論》同，內容並無可議之處。而敦煌出土之《二入四行論》鈔本，日本學界另名為「《二入四行論》長卷子」，因寫卷中除〈曇林略序〉、《二入四行論》外，並輯有十四位禪師的語錄。目前共有宿99、S.2715、S.3375、P.2923、P.3081、P.4634、P.4795等七份寫卷及朝鮮天順八年（1464）《菩提達摩四行論》（收入《禪門撮要》，1907）刊本。[16]

（三）〈惠可傳〉對《續高僧傳》的改寫與《修心要論》之引述

　　而《師資記》的〈惠可傳〉亦是參考自《續高僧傳》之〈釋惠可傳〉，只是淨覺於記敘惠可生平時，將《續高僧傳》之「年登四十，遇天竺沙門菩提達摩遊化嵩洛，……從學六載，精究一乘。」寫為「年十四，遇達摩禪遊化嵩洛，奉事六載，精究一乘。附於玄理，略說修道，明心要法，真登佛果。」[17]

　　其「年登四十」與「年十四」或為傳鈔之誤，而宜注意處乃惠可「附於玄理，略說修道，明心要法」以下的語錄，因部分內容亦與《修心要論》同：

《楞伽師資記‧惠可傳》	《修心要論》
十方諸佛，若有一人，不因坐禪而成佛者，無有是處。	三世諸佛，無量無邊。若有一人，不守真心得成佛者，無有是處。
《十地經》云：「眾生身中，有金剛佛性。猶如日輪，體明圓滿，廣大無	問曰：「何知自心本來清淨」？答曰：「《十地論》云：『眾生身中，有金

[15] 柳田聖山：《初期の禪史Ⅰ》，頁127－128。
[16] 田中良昭：〈『二入四行論』文獻研究史〉，《聖嚴博士古稀記念論集－東アジア佛教の諸問題》（東京：山喜房佛書林，2001年），頁129-152；椎名宏雄：〈天順本《菩提達摩四行論》〉，《中國禪學》第二卷（2003年），頁12-37。
[17] 柳田聖山：《初期の禪史Ⅰ》，頁143。

邊。只為五陰重雲覆障，眾生不見。……亦如瓶內燈光，不能照外；亦如世間雲霧八方俱起，天下陰暗，日光豈得明淨？日光不壞，只為雲霧障。一切眾生清淨之性，亦復如是。只為攀緣妄念，諸見煩惱重雲覆障，聖道不能顯了。若妄念不生，默然淨坐，大涅槃日，自然明淨。	剛佛性，猶如日輪，體明圓滿，廣大無邊。只為五陰重雲所覆，如瓶內燈，光不能照。』又以即日為喻，譬如世間雲霧八方俱起，天下陰暗，日豈爛也？」（問曰）「何故無光？」答曰：「日光不壞，只為雲霧所映。一切眾生清淨之心，亦復如是。只為攀緣妄念，諸見重雲所覆。但能顯然守心，妄念不生，涅槃法日，自然顯現。故知『自心本來清淨』」。
妄起於真，而妄迷真。……若了心源清淨，一切願足、一切行滿、一切皆辦、不受後有。得此法身者，恒沙眾中，莫過有一行。億億劫中，時有一人，與此相應耳！	若了心源者，一切心義無窮，一切願足、一切行滿、一切皆辦，不受後有。會是妄念不生，我所心滅，……恒沙眾中，莫過有一。行而能到者，億億劫中，稀有一人。
若精誠不內發，三世中縱值恒沙諸佛，無所為。是知眾生識心自度，佛不度眾生。佛若能度眾生，過去逢無量恒沙諸佛，何故我等不成佛？只是精誠不內發，口說得心不得，終不免逐業受形故。	努力！《經》云：「眾生若不精誠，不內發者，於三世中，縱值恒沙諸佛，無所能為。」《經》云：「眾生識心自度，佛不能度眾生。」若佛能度眾生者，過去諸佛，恒沙無量，何故我等不成佛也？只是精誠不內發，是故沉沒苦海。

表 4　《楞伽師資記》〈惠可傳〉與《修心要論》內容對照表

　　淨覺雖云《修心要論》非弘忍所述，卻分別摘錄於〈求那跋陀羅〉與〈惠可〉兩傳中，若融會地說：此乃弘忍所轉述的師祖法要，則何以《修心要論》未保留僧粲與道信之禪要？而淨覺於〈惠可傳〉後半部，還改寫了道宣續補的「時有林法師」與「有慧滿者」之段落，《續高僧傳》原為：

　　　　時有林法師在鄴盛講勝鬘……及周滅法，與可同學共護經像……可專附玄理，如前所陳。**遭賊砍臂，以法御心，不覺痛苦。火燒砍處，血斷帛裹，乞食如故，曾不告人。**……有慧滿者，榮陽人，姓張。舊住相州隆化寺，遇那說法……貞觀十六年，於洛州南會善寺側宿栢墓中，

遇雪深三尺，其旦入寺見曇曠，法師怪其所來。滿曰：法友來耶！遣
尋坐處，四邊五尺許雪，自積聚不可測也。[18]

《師資記》卻將道宣所記「遭賊砍臂」，改為惠可「發心時截一臂」，又把
惠可再傳弟子慧滿的故事，敷衍為惠可斷臂、立雪求法的傳奇，云：「吾本發
心時截一臂，從初夜雪中立，直至三更。不覺雪過於膝，以求無上道。」[19]自
此以後，《續高僧傳》的惠可「遭賊砍臂」，便為《師資記》之「斷臂立雪」說
取代。

（四）〈僧粲傳〉對《續高僧傳》的增廣與《詳玄傳》之輯錄

僧粲是禪宗師祖中資料最匱乏者，《續高僧傳》僅於〈法沖傳〉記載「可
禪師後粲禪師」七字，而淨覺則結合《續高僧傳》〈釋道信傳〉中姓名不詳的
「舒州皖公山二僧」：

> 釋道信，姓司馬，未詳何人。初七歲時經事一師，戒行不純。信每陳
> 諫，以不見從密懷齋檢，經於五載而師不知。**又有二僧莫知何來，入**
> **舒州皖公山靜修禪業**，聞而往赴，便蒙授法。隨逐依學，遂經十年……[20]

以為此「**又有二僧莫知何來，入舒州皖公山靜修禪業**」，即僧粲其人，並
增廣為：

> 第四，隋朝舒州思空山粲禪師，承可禪師後。其粲禪師，罔知姓位，
> 不測所生。**按《續高僧傳》曰：「可後粲禪師。」**隱思空山，蕭然淨坐，
> 不出文記，祕不傳法。唯僧道信，奉事粲十二年。[21]

胡適曾加以考證，以為思空山即司空山（今安徽省岳西縣西南），與皖公
山（今安徽省潛山縣西）相連，可能是僧粲修行處所。[22]但淨覺於〈僧粲傳〉

---

[18] 唐・道宣：《續高僧傳・釋惠可傳》，《大正藏》第 50 冊，頁 551c–552c。

[19] 柳田聖山：《初期の禪史 I》，頁 162。

[20] 唐・道宣：《續高僧傳・釋惠可傳》，頁 552b–c、606 中。

[21] 柳田聖山：《初期の禪史 I》，頁 143。

[22] 胡適：〈楞伽宗考〉，《胡適文存》第 4 冊第 2 卷，頁 194–235。

後半部所輯錄的《詳玄傳》則不知所由。《詳玄傳》是以慧命（531-568）《詳玄賦》[23]為主，節錄三段文字並加以註解。慧命為天臺二祖慧思的徒弟，關口真大以為《楞伽師資記》錄《詳玄傳》於〈僧粲傳〉中，或許暗示《詳玄傳》為僧粲所著，又或者與僧粲思想有密切關係，可以作為天台宗與禪宗交涉的證據。[24]

四、《楞伽師資記》改寫史料的意義

比對《師資記》的史料來源及其改寫可以發現，淨覺與玄賾撰寫燈史時，正是基於其禪學理想而選擇人物、組織史料。一步步建立其楞伽傳統後，即於《人法志》之〈弘忍傳〉中依附神秀之權威，肯定自宗傳承的正統性。而其對《修心要論》既否定又參酌的立場，據柳田聖山所考，亦與禪宗正統性之訴求有關。

(一)楞伽傳統的訴求

禪宗之楞伽傳統最早見於《續高僧傳》〈釋惠可傳〉之記載，意指由菩提達摩所傳，依四卷《楞伽經》修行的禪法心要。而根據胡適、伊吹敦的研究可知，道宣（596－667）在貞觀十九年（645）完成《續高僧傳》初稿後，又於貞觀二十三年（649）、麟德元年（664）分別增補了兩次。[25]胡適推測，〈釋惠可傳〉中的三段《楞伽》印心說：「初達摩禪師以四卷楞伽授可曰：『我觀漢地，惟有此經。仁者依行，自得度世。』……每可說法竟，曰：『此經四世之後，變成名相，一何可悲！』……那、滿等師常齎四卷《楞伽》以為心要，隨說隨行，不爽遺委。」可能本是原稿上的一段補充，被抄寫者依添注所在而分開抄寫。[26]至於〈釋法沖傳〉中有關楞伽師的記載，則是道宣晚年（約麟德元年，664）所獲得的新資料。

---

[23] 《詳玄賦》收錄在道宣《廣弘明集》。

[24] 關口真大著、通妙譯：〈禪宗與天台宗之關係〉，《佛教各宗比較研究》（臺北市：大乘文化出版社，1979 年 5 月），頁 259-267。

[25] 伊吹敦：〈『緒高僧傳』達摩＝慧可傳の形成過程について〉，《印度學佛教學研究》第 53 卷第 1 號，2004（平成 16）年 12 月，頁 124-130；伊吹敦：〈『續高僧傳』に見る達摩系習禪者の諸相－道宣の認識の變化が意味するもの－〉，《東洋學論叢》第 58 集，2005（平成 17）年 3 月，頁 106-136。

[26] 胡適：〈楞伽宗考〉，《胡適文存》第 4 冊第 2 卷，頁 194－235。

　　雖然楞伽傳統以求那跋陀羅所譯之四卷《楞伽》印心，但自《續高僧傳》、〈法如行狀〉（689）以來，乃至張說〈唐玉泉寺大通禪師碑銘并序〉（706）之「自菩提達摩天竺東來，以法傳惠可，惠可傳僧璨，僧璨傳道信，道信傳弘忍。」[27]禪宗所建立之傳承系譜，均是以菩提達摩為初祖。

　　而《師資記》卻另立初祖「第一、宋朝求那跋陀羅三藏」，並以為「第二、魏朝三藏法師菩提達摩，承求那跋陀羅三藏後。」印順雖言，求那跋陀羅約於元嘉十二年（435）抵達宋境，或曾與「初達宋境南越，末又北度至魏」的達摩相遇。[28]但除《師資記》外，並無其他文獻可供佐證。

　　尤其淨覺除立另初祖外，又將求那跋陀羅之國籍自「中天竺人」，改寫為達摩之「南天竺人」，如此更呼應《續高僧傳》〈釋法沖傳〉中「又遇可師親傳授者，依**南天竺**一乘宗講之。」[29]以及〈法如行狀〉「**南天竺三藏法師菩提達摩**，紹隆此宗，步武東鄰之國，傳曰神化幽蹟。」[30]等標榜「南天竺」之記載。是以，淨覺立足於《續高僧傳》所建立的新系譜，是從《楞伽經》的傳承與求那跋陀羅國籍改寫，強化了《楞伽師資記》的楞伽傳統。

（二）楞伽正統的肯定

　　淨覺非北宗傳人，但《師資記》之傳承卻以神秀系為主，在第八代記載北宗弟子四人。據此可知，玄賾、淨覺在世時，神秀系地位之權威性外，玄賾更依附其下，藉由弘忍遺命，肯定自身傳法的正統性。

　　神龍二年（706）神秀於洛陽遷化後，中宗雖敕令普寂統領眾徒，但普寂仍宴居嵩岳寺，未至京城。[31]而隨侍神秀十年的義福，也長期宴坐於終南山感化寺。[32]在兩京禪門群龍無首之際，中宗於景龍二年（708）敕玄賾入西京（長安）傳法。玄賾與淨覺則於神龍二年（706）至開元四年（716）間，先後完成了《楞伽人法志》與《楞伽師資記》兩部燈史。

---

[27] 唐・張說：〈唐玉泉寺大通禪師碑銘并序〉，《全唐文》（《全唐文及拾遺》第二冊）卷231，頁1045-1046。

[28] 印順：《中國禪宗史》（臺北市：正聞出版社，1994年8版），頁17。

[29] 唐・道宣：《續高僧傳》卷25，《大正藏》第50冊，頁666b。

[30] 唐・佚名：〈唐中岳沙門釋法如禪師行狀〉，《唐文拾遺》（《全唐文及拾遺》第二冊）卷67，頁4995-4996。

[31] 唐・李邕：〈大照禪師塔銘〉：「神龍中孝和皇帝（中宗）詔……和上猶逡巡辭避。」《全唐文》（《全唐文及拾遺》第二冊）卷262，頁1190-1191。

[32] 唐・嚴挺之：〈大智禪師碑銘並序〉：「神龍歲，自嵩山嶽寺，為韋公所請，邀至京師。遊於終南感化寺……宴居寥廓廿年所。《全唐文》（《全唐文及拾遺》第二冊）卷280，頁1272-1273。

　　而玄賾於〈弘忍傳〉中先肯定神秀傳法的正統性，云「時荊州神秀禪師，伏膺高軌，**親受付囑**。……後傳吾道者（弘忍），只可十耳：**我與神秀論楞伽經**，玄理通快，必多利益。……」但繼之則自陳己事，追溯己身於咸亨元年（670）至雙峰山師事弘忍，咸亨五年（674）二月，弘忍「命玄賾等起塔」，雖然遺囑之十大弟子[33]中無「安州玄賾」，但弘忍臨終遺命玄賾曰：**吾涅槃後，汝與神秀，當以佛日再暉，心燈重照。**」因此，玄賾是弘忍臨終密授，可與神秀「心燈重照」的繼承者之一。

　　除此之外，淨覺又於〈第八代〉中云：「自宋朝以來，大德禪師，代代相承。起自宋求那跋陀羅三藏，歷代傳燈，至于唐朝，**總當八代，得道獲果，有二十四人也。**」所謂「得道獲果」的「二十四人」，若據《師資記》所記載之禪師依序推算，正是求那跋陀羅以降至淨覺之二十四人：

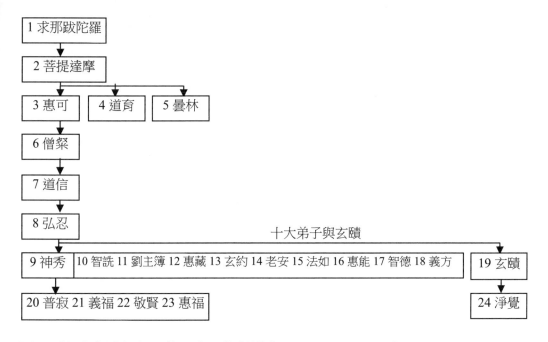

圖1　《楞伽師資記》八代二十四位得道者

---

[33] 分別為神秀、資州智詵、白松山劉主簿、華州惠藏、隨州玄約、嵩山老安、潞州法如、韶州惠能、揚州高麗僧智德、越州義方。

因此，從弘忍臨終密授，使玄賾與神秀「心燈重照」，至「得道獲果」之「二十四人」，其最重要的訊息，便是「玄賾－淨覺」為「得道獲果者」之傳法正統。

（三）《修心要論》的否定

《修心要論》是份流傳甚廣的禪宗文獻，在敦煌文獻出土前，已保留於朝鮮《禪門撮要》之古刊本中，名為《最上乘論》。而敦煌寫卷共有宇 004（北8391）、P.3434、P.3559、P.3777、S.2669V、S.3558、S.4064、龍谷 122 等八件，其篇名與作者題為「導凡聖悟解脫宗修心要論　蘄州忍和上」。然而這份被公認為弘忍說法的文書，淨覺卻以為：「其忍大師蕭然淨坐，不出文記。口說玄理，默授與人。**在人間有禪法一本，云是忍禪師說者，謬言也。**」

於此，鈴木大拙以為：《修心要論》是弘忍弟子整理的記錄，與弘忍「不出文記」的說法不衝突。[34]不過貌似合理的答案其實暗藏玄機，因為淨覺批評「云是忍禪師**說**者」，而不是「云是忍禪師**撰**者」，正是否定《修心要論》為弘忍之說法記錄。然而矛盾的是《師資記》雖否定《修心要論》為弘忍所說，卻又摘錄於〈惠可傳〉中。因此，關口真大與印順則解釋為：此乃弘忍繼承惠可禪法的證據，故而擴充、記錄為《修心要論》。[35]

但柳田聖山於《初期禪宗史書の研究》（1966）中則提出新論點，[36]他認為《修心要論》是由法如系流傳的弘忍說法記錄，因為 P.3559 號共抄寫了首缺的《圓明論》[37]、〈阿摩羅識〉、《修心要論》、〈秀和上傳〉、〈導凡趣聖心決〉、〈夜坐號〉與《傳法寶紀並序》……等早期禪宗文獻。而其中的〈導凡趣聖心決〉有著與《傳法寶紀》相似的傳法系譜：

> 初菩提達磨以**此**傳慧可，慧可傳僧璨，僧璨傳道信，道信傳大師弘忍，**弘忍傳法如，法如傳弟子道秀等**……此文忍師弟子，承所聞傳……[38]

---

[34] 關口真大：《禪宗思想史》（東京市：山喜房佛書林，1966 年第三版），頁 53－57。

[35] 鈴木大拙：《禪思想史研究第二》（東京市：岩波書局，2000 年 7 月），頁 269；印順：《中國禪宗史》，頁 76－79。

[36] 柳田聖山：《初期禪宗史書の研究》，頁 33–97。

[37] P.3664 與 P.3559 原本為同一份寫卷，P.3664 尾殘的《圓明論》即是 P.3559 首缺《圓明論》的部分，但柳田聖山撰寫《初期禪宗史書の研究》時，兩份文獻尚未綴合。

[38] 本文參考自冉雲華：〈敦煌卷子中的兩份北宗禪書〉，《敦煌學》第 8 輯，1984 年 7 月，頁 1–9。但冉雲華校定本文時，誤將「此文**忍**師弟子，承所聞傳」，寫為「此文弘忍弟子，承前所聞傳。」今依 P.3559 改正。

而《傳法寶紀》之〈目次〉依序為：

> 東魏嵩山少林寺釋菩提達摩/北齊嵩山少林寺釋惠可/隋皖公山釋僧璨/唐雙峰山東山寺釋道信/唐雙峰山東山寺釋弘忍/**唐嵩山少林寺釋法如**/唐當陽玉泉寺釋神秀

　　雖然〈導凡趣聖心決〉之傳承誤寫為「達摩－惠可－僧粲－道信－弘忍－法如－神秀（道秀）」，但仍可確定 P.3559 號中的〈導凡趣聖心決〉與《傳法寶紀》，在弘忍與神秀之間特別推崇法如的地位。法如（637－689）俗姓王，上黨人，即前文所云之〈法如行狀〉傳主。幼事青布明（釋惠明）為師，十九歲出家，兩年後入弘忍門下，「至咸亨五年（674），祖師（弘忍）滅度，始終奉侍，經十六載。」後居少林寺，於垂拱二年（686）始開禪訓，卒於唐睿宗永昌元年（689）。[39]

　　杜朏於《傳法寶紀》〈法如傳〉曾言，法如在坐化前付囑門人：「而今以後，當往荊州玉泉寺秀禪師下諮稟。」因此眾弟子「不遠萬里，歸我（神秀）法壇」。[40]而神秀的兩大弟子－義福與普寂，於師事神秀前，即欲往法如處求法：

> （義福）又於都福先寺，師事杜朏法師，廣習大乘經論……時嵩嶽大師法如，演不思議要用，特生信重，夕惕不遑。既至而如公遷謝。悵然悲憤，追踐經行者久之。[41]
> （普寂）尋少林法如禪師，未臻止居，已承往化……遠詣玉泉大通和上，膜拜披露，涕祈咨稟。[42]

　　因此，柳田聖山以為，《修心要論》可能為法如系所傳，再輾轉由北宗奉持，故而淨覺之否認《修心要論》為弘忍說法記錄，似乎隱藏著「玄賾－淨覺」系對「弘忍－法如」系傳法正統的否定。

39　唐‧佚名：〈唐中岳沙門釋法如禪師行狀〉，《唐文拾遺》（《全唐文及拾遺》第四冊）卷 67，頁 4995－4996；黃青萍：「敦煌北宗文本的價值及其禪法–禪籍的歷史性與文本性」，國立臺灣師範大學國文學系博士論文，2008 年，頁 149–153。

40　唐‧杜朏：《傳法寶紀》，本文參考自柳田聖山《初期の禪史 I》，頁 396。

41　唐‧嚴挺之：〈大智禪師碑銘並序〉，《全唐文》（《全唐文及拾遺》第二冊）卷 280，頁 1272–1273。

42　唐‧李邕：〈大照禪師塔銘〉，《全唐文》（《全唐文及拾遺》第二冊）卷 262，頁 1190–1191。

五、結論

禪宗燈史並非純粹客觀的史料,而是兼具文學性的創作與宗教性的護教之宗教文本。因作者將歷史事件書寫為文本時,會據其禪學理想去選擇人物、組織史料,進而建立自宗傳承的正統性與禪學傳統。故研究者在運用燈史及語錄等資料時,除視為史料以重構禪史與禪法外,更應探究其作為宗教文本於敘事中的隱喻。

因此本文以宗教文本之研究視域,重新檢視《楞伽師資記》對史料的運用與改寫。經比對《楞伽師資記》與《楞伽人法志》〈弘忍〉、〈神秀〉兩傳後發現,淨覺於書寫傳記時,不僅刪減禪師生平事蹟,還改寫僧傳史料、增補大量語錄,除藉此建立其傳承系譜與禪學傳統外,還強化了自宗傳法之正統性。

首先,淨覺另立《楞伽經》譯者求那跋陀羅為初祖,並將其國籍自「中天竺人」改為達摩之「南天竺人」。繼之於〈達摩傳〉中引述《續高僧傳》楞伽印心說,藉此強化其楞伽禪統。而玄賾之《人法志》則於〈弘忍傳〉中先肯定神秀的傳承地位,再依附其下,藉由弘忍遺命,肯定自身傳法的正統性。最後,淨覺則於〈第八代〉總述「得道獲果」有「二十四人」,其中自然包括玄賾與淨覺。

而淨覺之否認《修心要論》為弘忍說法,則疑似暗藏對法如系的排擠。因為根據敦煌寫卷 P.3559 號之文書分析,由於〈導凡趣聖心決〉與《傳法寶紀》十分重視法如在弘忍門下的地位,因此柳田聖山以為《修心要論》可能是由法如系流傳的弘忍說法記錄,故為淨覺所否定。

至於《楞伽師資記》中最重要的資料-道信「入道安心要方便法門」是否真為道信禪要呢?根據《楞伽師資記》所云,道信雖然「有菩薩戒法一本」,但其「入道安心要方便法門」並未輯錄為文書,因此乃「為有緣根熟者說」、「必須擇人,不得造次輒說」的「祕法」。這似乎暗示著:只有「玄賾-淨覺」為「有緣根熟者」的傳人,故而得此口傳祕法。但若「入道安心要方便法」為「道信-弘忍」之親授,何以法如、神秀、惠能都未能傳誦?因此筆者認同胡適之主張,對「入道安心要方便法門」之可信度持保留態度,並以為研究者宜審慎思考淨覺於《楞伽師資記》中對於史料的改寫,正視其作為宗教文獻之歷史的文本性。

貫休禪師邊塞詩研究

王鳳珠

一、前言

　　貫休禪師，俗姓姜氏，字德隱，為金華蘭溪登高人。年僅七歲時出家為僧，投入家鄉和安寺的圓貞禪師門下，他幼時就愛好詩藝，曾與僧楚默「論詩」，後來還以詩名「聳動於時」[1]，其作品為《禪月集》。在晚唐的詩僧群中，他所留下的詩作頗多，《全唐詩》中所收錄的詩歌作品計有七百三十五首，而《四庫全書提要》中曾提到：「唐釋能詩者眾，其最著者莫過皎然、齊己、貫休」[2]，可見其作品已受到後世的肯定。

　　貫休禪師雖然身為出家人，卻有強烈的大乘入世思想，他在詩中描述了許多不平的社會現實，王秀林即指他：「總是注視著那兵戈紛擾的社會，關心人民的苦難，…像〈富貴曲〉、〈公子行〉、〈少年行〉、〈洛陽塵〉、〈行路難〉、〈陽春曲〉、〈酷吏詞〉等詩作都是這樣」[3]。

　　貫休禪師所寫作的邊塞詩，也有其時代戰亂苦難的印記，刻劃出晚唐民眾的不幸命運。若就邊塞詩的發展而言，這一類描述邊塞的詩本有其特殊的歷史及文化背景[4]，盛唐時邊塞詩中所具有的「清新自然之美」、「雄奇瑰麗之美」、「悲壯慷慨之美」等[5]，到了晚唐已經產生極大的變化，那些身處在唐朝國力

---

[1] 贊寧：《宋高僧傳》，《大正藏》第 50 冊，卷三十〈梁成都府東禪院貫休傳〉（臺北：新文豐出版社，1996 年 9 月），頁 897：「隔籬論詩，互吟尋偶對，僧有見之，皆驚異焉，受具之後詩名聳動於時」。

[2] 李龏編：《唐僧弘秀集》《武英殿本四庫全書總目提要》第五冊（台北：台灣商務印書館，1983 年），頁 36。

[3] 王秀林：《晚唐五代詩僧群體研究》（北京：中華書局，2008 年 12 月），頁 321。

[4] 胡大浚：〈邊塞詩之涵義與唐代邊塞詩的繁榮〉，《西北學院學報》第二期（1986 年），頁 47：「邊塞詩是中國文學史上，產生於特定歷史條件下的文學現象。…產生於隋季唐初，極盛於開、天年間，流響於唐之中晚葉。」

[5] 蘇珊玉：《盛唐邊塞詩的審美特質》（台北：文津出版社，2000 年 11 月），頁 497。

已衰時代的詩人，常藉由書寫邊塞詩來對在上位的君主提出抨擊，董乃斌於＜論中晚唐的邊塞詩＞即指出邊塞詩人的作品：

> 能夠緊緊地追隨時代的變遷，真實地反映唐朝因國力漸衰，邊疆虛弱而造成的領土喪失，邊民淪為異族奴隸的社會現況。…從而尖銳地抨擊朝廷政治，對昏庸腐朽的統治者施以當頭棒喝，這乃是中晚唐邊塞詩在思想內容上最根本的特點。[6]

而貫休禪師的邊塞詩也有其對戰爭不幸的揭露，從其邊塞詩的研究可以看到他對戰爭的深層思考，尤其是對戰爭目的和忠君愛國思想所進行的反思。

本論文以他的邊塞詩為論述範圍，從其詩可以看到貫休禪師在邊塞的見聞，充滿了異地的風情，而且他的邊塞詩呈現出唐末充滿戰亂的時代氛圍，讓人感受到戰地的荒涼鬼魅氣氛，還有將帥兵士的思鄉之情。文中亦將述及儒家的德治思想，以及佛教的苦空思想，對他寫作邊塞詩的影響，裨益讀者透過其詩作更加認識貫休禪師及其思想。

二、戰磧鴈相悲－邊塞見聞

有關邊塞詩的書寫內容，古遠清認為這一類詩的特色在於具有地域性及戰略性，詩中描述了詩人們對於邊地大自然景觀、風土人情和戰爭生活、防衛功能性等所作的觀察[7]。秦少培、劉藝也指出邊塞詩包含兩方面內容：「第一方面，是寫那些邊塞征戍有關涉的詩，邊塞戰爭生活、士卒思鄉之情、思婦幽怨之情都包含在內。第二方面，是那些關於邊塞遼闊壯麗的自然風光及風迷人情之詩」[8]。綜合二人之說可知邊塞詩所寫作的內容，即自然方面的山川原野和四季變化，以及人文方面的戰爭勝敗和人事悲歡二者。

---

[6] 董乃斌〈論中晚唐的邊塞詩〉，《唐代邊塞詩研究論文選粹》（蘭州：甘肅教育出版社，1988年），頁256。

[7] 古遠清：《詩歌分類學》（高雄：復文書局，1991年9月），頁316：「邊塞詩的概念…地域性，是指這類詩體所表現的均是邊塞大自然的奇采壯觀和西部絢麗多姿的風土人情。戰略性，是指邊塞的「塞」，使人聯想到守衛祖國要塞的含意。」

[8] 秦少培、劉藝：〈論唐代邊塞詩及其繁榮原因〉，《新疆大學學報‧哲學社會科學版》第二十卷第一期（1992年），頁81。

　　胡大浚將貫休禪師的邊塞詩分為二類，一類是紀行紀實的寫實之作，如〈邊上作〉三首、〈邊上行〉、〈薊北寒月作〉等；另一類是採用樂府詩題的寄意之作，如〈古塞下曲〉、〈古塞上曲〉、〈出塞曲〉、〈古塞曲〉等[9]。本節論述的是貫休禪師的邊塞見聞，也就是胡氏所說的第一類寫實之作。

　　貫休禪師約於大順元年59歲時到達隴右邊塞[10]，〈邊上行〉及〈邊上作〉三首組詩就是當時寫下的紀行之作，他在〈邊上行〉描繪了邊城樹榆為塞，秋意肅殺的異域景觀[11]。詩人詩人敏銳地呈顯出六種感官對於邊地的感受，例如「眼」中所見是天上的寒月（人上月邊烽）、地上的白榆林（白榆林外路）、戰亂後的荒堡破敗貧困（秋塵滿病容）[12]、豺狼挖掘沙底的白骨（豺捨沙底骨）。耳朵所「聞」是淒涼狂暴的風聲（風角遠噌噌）[13]，另如貫休禪師於〈古塞下曲〉四首其二：「陰風吼大漠」，〈古塞下曲〉七首組詩之其一：「風吹旗焰荒」和其七：「風落崑崙石」[14]，也曾描述到邊塞的狂暴風勢。身體所「觸」是酷寒難忍的冰冷朔氣，這些覺受的組合即是貫休禪師對邊塞的體認，他書寫「病容」、「沙底骨」讓全詩充斥著戰地死亡的氛圍，而邊塞是一個不吉的「凶」地[15]。就人情而論，人類都是趨吉避凶的，因此誰會主動地來邊地呢？貫休禪師雖未明表其意，但透過「休作西行計，西行地漸凶」觀察，可知他認為許多來到邊塞之軍士，其「西行」的內情必有不得已的苦衷。

　　另外，貫休禪師在〈邊上作〉三首組詩中寫道：

　　山無綠兮水無清，風既毒兮沙亦腥。胡兒走馬疾飛鳥，聯翩射落雲中聲。
　　陣雲忽向沙中起，探得胡兵過遼水。堪嗟護塞征戍兒，未戰已疑身是鬼。
　　見說青塚穴，中有白野狐。時時出沙磧，向東而號呼。　號呼復號呼，

---

[9] 胡大浚：〈貫休的邊塞詩作與晚唐邊塞詩〉，《河西學院學報》第 23 卷第 6 期（2007 年），頁 3－4。

[10] 胡大浚：《貫休詩歌繫年箋注》（北京：中華書局，2011 年 6 月），頁 725：「本篇當作於大順元年（890），貫休五十九歲。是年夏，詩人自長安西行出塞，其邊塞詩中寫隴右諸作，均當作於此時，本篇則為紀行，言『西行地漸凶』是也。」

[11] 貫休：《禪月集》（臺北：台灣學生書局，1975 年 5 月），頁 366。

[12] 同前註 10，頁 726 胡大浚注「病容」：「此『城』之『病』即謂破敗貧困也。」

[13] 同前註 10，頁 726 胡大浚注「風角，謂風聲淒涼如號角」。

[14] 〈古塞下曲〉四首組詩見前註 11，頁 149；〈古塞下曲〉七首組詩其一見前註 11，頁 283、其七見前註 11，頁 287。

[15] 〈古塞下曲〉七首組詩見前註 10，頁 286：「戰後覺人凶」。

畫師圖得無？ [16]

綜合〈邊上作〉三首組詩，筆者以為：

第一，　詩中所描述的「堪嗟護塞征戍兒」，可視為貫休禪師此行最深的感觸，「護」字可見邊地的消極防禦性，「征戍」可見邊地的積極進攻性，透過文字他強調了這些軍士們抵擋異族、保衛國土的重要性。而兵士們的心情卻是恐懼戰死，因此貫休禪師以「堪嗟」表示他對兵士們西行命運的慨嘆。

第二，　詩中所述的「征戍兒」，貫休禪師在〈古塞下曲〉四首其三稱為「塞上望鄉人」，這些人在邊地所面對的是與故鄉大不相同的邊塞自然環境，例如詩中所述「山無綠兮水無清，風既毒兮沙亦腥」，可知貫休禪師認為邊塞的生活環境是凶惡的，因為土山、濁水、毒風、腥沙等並不適宜人類居住。相反的，軍士們所想望的南方故鄉，在貫休禪師的詩作中卻是美好的。山，是青綠的[17]；水，是清淨的[18]；風，是芳香的[19]。貫休禪師寫出邊地環境的凶惡，顯示出戰地生存的艱苦，與故鄉的好山好水的對比，強調出「征戍兒」強烈的望鄉之情。

第三，　由「胡兒走馬」顯示出敵方的迅疾戰力，而射落的飛鳥所落下的身形，和飛鳥受傷從雲中墜落時發出的悲鳴聲，也引起讀者感受到貫休禪師在邊行時所體會到的緊張氣氛。

第四，　綜合詩中「病」、「骨」、「凶」、「鬼」、「塚穴」等所表達的負面意象，可見貫休禪師在邊上的見聞，充滿了死亡的氣氛，也呈現出他對生命的無常觀照與悲憫之情。

　　胡大浚考證大順二年冬天，貫休禪師自隴西東歸，復北行出塞，在薊門寫下了〈薊北寒月作〉和〈擬苦寒行〉二首詩，他在〈薊北寒月作〉說：

　　　薊門寒到骨，戰磧鴈相悲。古屋不勝雪，嚴風欲斷髭。清吟得冷句，

---

[16] 同前註11，頁153、154。

[17] 〈閒居擬齊梁〉四首其一，見前註11，頁125：「迢迢遠山綠」；〈山居詩〉二十四首其二十，見前註11，頁488：「靜衲禪袍坐綠崖」。

[18] 〈書陳處士屋壁〉二首其一見前註11，頁135：「種蘭清溪東」；〈泊秋江〉，見前註11，頁144：「船漾清溪涼勝簟」。

[19] 〈晚泊湘江作〉，見前註11，頁208：「風香禱廟頻」。

遠念失佳期。寂寞誰相問，迢迢天一涯。[20]

　　貫休禪師於詩中提到他在酷寒中「清吟」的情景，邊地的大雪中嚴風狂吹，幾乎吹斷他的鬍髭。戰地只能聽聞到空中的飛鴈悲鳴聲，卻看不見有其他的人影，因此他特別寫下寂寞的詩句，想寄給遠方所懷念的友人。由於邊塞的特殊異域景色，總會令人對時空生起敏銳的感受，柯慶明在〈略論唐人絕句裡的異域情調：山林詩與邊塞詩〉就曾指出：「這種人際關係的敵對、切割所導致的孤獨，以及經由這種孤獨充分地意識到人作為生命存在的最大而且必然的孤獨：人的必須孤獨地死去，揉和著歷史的悲劇性的意識」[21]，所以貫休禪師在薊北也感受到了時空變異的悲情，透過「寂寞誰相問」顯示出他在戰場上，意識到的生命的無常感以及孤獨感。

　　此外，他在〈擬苦寒行〉也提到：

　　北風北風，職何嚴毒。摧壯士心，縮金烏足。凍雲矗矗，凝雪一片下不得。聲繞枯桑，根在沙塞。黃河徹底，頑直到海。一氣摶束，萬物無態。唯有吾庭前杉松樹枝，枝枝健在。[22]

　　貫休禪師描述了邊地的風勢嚴毒，連用「摧」、「縮」、「凍」、「凝」等字形容北風的威力，非常具有擬人的動態感。詩中書寫受到寒氣的束縛，萬物都失去其本然的樣子，只有杉樹和松樹能在北風中挺立，是貫休禪師鼓舞邊地軍士要正面地接受酷寒環境的考驗。

三、因思無戰日－邊塞省思

　　貫休禪師邊塞詩除了描述到邊地與內地不同的自然景物、氣候狀況等以外，他也表達出對邊地成為殺戮戰場、邊民飽受戰爭苦難的悲憫之情，張敏在研究貫休征戍詩中的人性思想時指出，貫休禪師的邊塞詩作有「眾生平等和慈

---

[20]〈薊北寒月作〉，見前註10，頁785：「大順二年，西元891年，貫休禪師自隴西東歸，復北行出塞，冬在薊門。本篇為此行紀實之作。」

[21] 柯慶明：《境界的探求》（台北：聯經出版社，1984年3月），頁187。

[22]〈擬苦寒行〉，見前註11，頁520。

悲為懷的佛性思想」，並認為他的這種人性思想：「是佛教慈悲為懷精神和仁義惻隱思想的異質同構」[23]。筆者也認同張氏的這種觀點，並在本節的探討中論述，貫休禪師受到儒家及佛教的影響，呈現在邊塞詩中的思想特色。

(一)德治思想

　　本節首先探討貫休禪師邊塞詩中的德治思想，以〈胡無人〉、〈塞上曲〉及〈古塞下曲〉來說明他省思人禍後的反戰立場。

　　〈胡無人〉為樂府相和歌辭瑟調曲名，收錄在《樂府詩集》中的作品共有徐摛、吳均以及唐人李白等的作品共六篇，吳大逡指出：「諸篇大意在揚威邊疆、『胡』滅『漢』昌，唯貫休之作主題殊異」[24]，以吳均〈胡無人行〉為例：

　　　劍頭利如芒，恒持照眼光。鐵騎追驍虜，金羈討黠羌。高秋八九月，
　　　胡地早風霜。男兒不惜死，破膽與君嘗[25]。

　　吳均描述到漢軍的壯士們擁利劍，騎快馬，追殺胡兵，揚威邊地，歌頌其不怕死的勇猛精神，詩中強調了漢軍的威武攻勢，對比胡兵的失敗破膽，這是站在漢人的立場所寫的詩。貫休禪師的〈胡無人〉卻說：

　　　霍嫖姚，趙充國，天子將之平朔漢。肉胡之肉，爐胡帳幄。千里萬里，
　　　唯留胡之空殼。邊風蕭蕭，榆葉初落。殺氣畫赤，枯骨夜哭。將軍既
　　　立殊勳，遂有胡無人曲。我聞之，天子富有四海，德被無垠。但令一
　　　物得所，八表來賓，亦何必令彼胡無人。[26]

　　從漢代開始治邊的策略，就以發動戰爭為主（霍嫖姚、趙充國都是漢代的征西大將），將軍們建立戰功是以「胡之空殼」、「胡無人」為代價，由「肉胡之肉，爐胡帳幄」、「殺氣畫赤，枯骨夜哭」的描述，可見出戰爭的慘烈，兵士的暴戾，而且他認為軍方下達殺盡敵人的肉體，燒光敵人的屋室，更是非

---

[23] 張敏：〈法眼慧心話人性－略論貫休征戍詩中的人性思想〉，《唐代文學研究》第 10 輯（2004年），頁 574。

[24] 同前註 10，頁 13。

[25] 逯欽立：《先秦漢魏晉南北朝詩》，（臺北：學海出版社，1984 年 5 月），頁 1721。

[26] 同前註 11，頁 86。

常殘忍的策略。但貫休禪師以為要平定邊地，也可以運用德治收服四面八方的外族。

這與吳均在詩中讚頌兵士們「不惜死」、「追驍虜」、「討黠羌」，勇於殺敵的意旨完全不同。貫休禪師的詩呈現出戰爭的雙方，不論勝敗都必須承受非死即傷的悲苦，他提出君主的使命是「一物得所」，當然「人」也包含在內，既然雙方軍士都是「得所」考量的對象，那麼「胡無人」所展現的胡滅漢昌思想就過於傷害君主的明德了。

〈塞上曲〉二首中其二：「塞草萋萋兵士苦，胡虜如今勿胡虜」[27]，貫休禪師也強調了雙方的戰爭意識造成兵士們的最大痛苦，而改善之道就是「勿胡虜」－勿與胡人為敵的思想。因此他認為管理邊疆的最好方針應以德治為主，唯有德治才可以讓四海八表之其他外族和漢族，能夠發展出和諧的關係，這些詩都是站在超越漢人和異族的立場所寫的詩。

這種德治的思想也表現在〈古塞下曲〉七首其五中：

> 不是將軍勇，胡兵豈易當。雨曾淋火陣，箭又中金瘡。鐵嶺全無土，豺群亦有狼。因思無戰日，天子是陶唐。 [28]

貫休禪師讚嘆漢軍的將領有勇有謀，擅用陣勢抵擋住胡兵的侵略，但是戰爭中再怎麼勇猛的軍人也可能會受到刀劍之傷，所以貫休禪師指出兵士們都期望沒有戰爭的日子，天子能夠像唐堯一般，以仁德而非武力的方式統治邊地，詩中的「無戰」間接透露出貫休禪師擁護和平的反戰思想[29]。

上述三首詩所表達的德治思想，都顯現出貫休禪師受到儒家思想的影響，他曾自言：「我本是蓑笠，幼知天子尊。　學為毛氏詩，亦多直致言。」[30]可見他幼時就接受了《詩經》的教育，秉持著儒家的詩教精神，其弟子曇域也指出：「先師…家傳儒素，代繼簪裾」[31]，所以他會運用詩歌的方式傳達出他的思想理念，裨益教化人心。贊寧在《宋高僧傳》指出貫休禪師「歌吟諷刺微隱，

---

[27] 同前註 11，頁 128。
[28] 同前註 11，頁 285。
[29] 同前註 9，頁 7 也認為：「在這些詩中人們看到的是前代戰爭的深層思考，而有別於晚唐許多邊塞詩一味暴露戰爭的殘酷和痛苦，唯見淒厲的反戰呼聲。」
[30] 〈古意九首〉之〈陽烏爍萬物〉，同前註 11，頁 100。
[31] 同前註 10，頁 1294。

存於教化」[32]，吳融於〈禪月集序〉亦提到他謫官南行時和貫休禪師「商搉二雅，酬唱循環」[33]，可見他們也都視貫休禪師的詩作具備了詩教的功能。

(二)苦空思想

貫休禪師七歲就出家為僧，並且「日念法華一千字，數月之內念畢茲經」[34]；之後他對於《法華經》、《起信論》等佛教經典曾精勤研究及講述[35]，他時常在詩中表達佛法上的領悟，如《法華經》：「見諸眾生為生老病死、憂悲苦惱之所燒煮…」[36]，將三界視為火宅，人世間充滿各種苦難的思想，對他詩歌的寫作影響極深，在詩中他也寫到人世間種種的眾苦，包含了〈陽春曲〉的命運之苦：「何不卻辭上帝下下土，忍見蒼生苦苦苦」[37]、〈苦熱寄赤松道者〉的氣候之苦：「天雲如燒人如炙，天地爐中更何適」[38]、〈樵叟〉的貧病之苦：「樵父貌饑帶塵土，自言一生苦寒苦」[39]；還有人常常一生努力最終卻徒然成空留的悲哀，包含了〈山居詩二十四首〉其十八的富貴成空：「陸氏稱龍終妄矣，漢家得鹿更空焉」[40]、〈行路難〉四首其三的功名成空：「行路難，行路難，日暮途遠空悲歎」[41]、〈秋夜懷嵩少因寄洛中舊知〉理想成空：「如今憔悴頭成雪，空想嵯峨羨故人」[42]。

這樣的苦空思想在他的邊塞詩中也有描述，如〈古塞曲三首〉其三的疑懼害怕之苦：「遠樹深疑賊，驚蓬迴似鵰」[43]，〈戰城南二首〉其一的衰老無成之苦：「將軍貌憔悴，撫劍悲年長」[44]，〈古塞下曲七首〉其一的兵士望鄉之苦：「唯有南飛鴈，聲聲斷客腸」[45]，〈古塞下曲四首〉其二的征人戰死之苦：「戰

---

[32] 同前註 1，頁 897。。

[33] 同前註 10，頁 1293。

[34] 同前註 11，頁 537。

[35] 同前註 1，頁 897：「受具之後，…乃往豫章傳法華經、起信論，皆精奧義，講訓且勤。」

[36] 鳩摩羅什譯：《妙法蓮華經》，《大正藏》第 9 冊，頁 13。

[37] 同前註 11，頁 85。

[38] 同前註 11，頁 111。

[39] 同前註 11，頁 204。

[40] 同前註 11，頁 487。

[41] 同前註 11，頁 143。

[42] 同前註 11，頁 469。

[43] 同前註 11，頁 469。

[44] 同前註 11，頁 91。

[45] 同前註 11，頁 284。

骨踐成塵，飛入征人目」[46]。〈戰城南二首〉其二的求取功名成空：「十載不封侯，茫茫向誰說」[47]，〈古塞下曲七首〉其二的歸鄉之期成空：「歸去是何年，山連邐迤川」[48]，〈古塞曲三首〉其一的生還希望成空：「相逢惟死鬥，豈易得生還」[49]等。貫休禪師在上述這些詩句中，描述出各種邊地兵士的苦空境遇，表達出他深刻的悲憫之情。而劉京臣則認為貫休禪師在邊塞詩中所寫的鬼：「實際上是『將軍』的反意象－『將軍』雖歷征戰但生入玉門關，而他們卻戰死了異地」[50]。

　　此外他在〈灞陵戰叟〉中也透露出在邊塞付出一生努力，老來卻徒然傷悲的軍人對於戰爭的無奈控訴：

> 劍刊秋水鬢梳霜，回首胡天與恨長。官竟不封右校尉，鬥曾生挾左賢王。尋班超傳空垂淚，讀李陵書更斷腸。今日灞陵陵畔見，春風花霧共茫茫。[51]

　　貫休禪師在灞陵遇見一位退役的老戰士，年輕時曾經想學習班超威震西域的故事，雖然建立了生擒敵人的勳功，卻沒有得到應得的獎勵，當年華老去鬢髮斑白，悵恨越來越深長，卻只能徒嘆奈何。「官竟不封右校尉」表達出的是「求不得苦」，而由「不封十萬戶，此事亦應閑」[52]、「如何忠為主，至竟不封侯」[53]等詩句，更可以讀到貫休禪師對於戰爭目的和忠君愛國思想，所提出的質疑和反詰。

　　貫休禪師揭露了將帥兵士們的「求不得苦」，令人感到悲傷無奈，但即使求得了功名富貴，如他在〈山居詩〉中所說：「陸氏稱龍終妄矣，漢家得鹿更空焉」，他也藉機提示出他佛教思想式的反省，亦即就算是如漢代君王成功地得到天下，並將帝位傳續了多少世代，也必會被其他王朝所取代，最終也只是

---

[46] 同前註 11，頁 149。
[47] 同前註 11，頁 92。
[48] 同前註 11，頁 92。
[49] 同前註 11，頁 290。
[50] 同前註 59，頁 57。
[51] 同前註 11，頁 452。
[52] 同前註 11，〈古出塞曲〉三首其一，頁 291。
[53] 同前註 11，頁 527「摘句」，本首詩是後人所輯貫休禪師所作的殘句。

如夢幻泡影的虛妄假象而已。這些詩明顯可以看出他詩僧的身分，呈現在作品中特具的佛教情懷[54]。

所以，筆者以為劉炳辰所說：「他期待建功立業，輔佐聖君」[55]，指出貫休禪師對功業有所追求的看法可以再加斟酌，因為從他的苦空思想來分析，世間的功業對貫休禪師而言應該並不值得期待，而他期待輔佐聖君的理由，則應該與他關懷天下眾生的福祉有關。

四、戰鬼作陣哭－邊塞苦吟

貫休禪師為了追求詩藝的提升，對於詩句常斟酌良久，他讚嘆李白的詩：「仙筆驅造化」[56]，也稱道杜甫的詩「造化拾無遺」[57]，所以他也希望自己的詩能像李杜一樣具有奪天地造化的境界。他在〈苦吟〉中曾說到自己想寫出好詩句，常因為「心極神勞」而失去靈感的情境[58]，可知他為了研發創新詩句，不惜勞累其心神，所以有時候他的詩句與一般所常見的不同，他也慨嘆自己「高奇章句無人愛」[59]，苦吟的詩句並不得人賞愛。

有關貫休禪師詩歌中藝術特色的探索，已經有不少學者提出了研究成果，例如高于婷在論述貫休禪師詩歌作品的藝術手法時曾經指出，〈灞陵戰叟〉中「尋班超傳空垂淚」的句法，不同於七言詩通常使用的四三或三四的句法，而是「尋／班超傳／空垂淚」的一、三、三句法，高氏認為：「句法變奏是貫休近體詩的主要特色，詩人以各式的組合可能，自由的進行創作…，使得貫休的句法顯得多元活潑，也更加接近白話口語」[60]。此外，劉京臣也提出貫休禪師

---

[54] 彭雅玲：《唐代詩僧的創作論研究－詩歌與佛教的綜合分析》（政治大學中國文學系博士論文），（1998 年），頁 57：「『詩僧』指兼有宗教與文學表現的僧侶，也就是說文學與宗教為詩僧不可或缺的兩個成分，當然這兩成分在詩僧身上必然有著比重不同的差別」。

[55] 劉炳辰：〈貫休詩的世俗化特徵〉，《南都學壇（人文社會科學學報）》第 27 卷第 3 期（2007年 5 月），頁 78。

[56] 同前註 11，頁 103〈古意〉九首之〈常思李太白〉。

[57] 同前註 11，頁 208〈讀杜工部集〉二首其一。

[58] 同前註 11，頁 474：「河薄星疏雪月孤，松枝清氣入肌膚。因知好句勝金玉，心極神勞特地無。」

[59] 同前註 11，頁 480〈山居詩二十四首〉其五。

[60] 高于婷：《貫休及其禪月集研究》，（中興大學中國文學系研究碩士論文），（2010 年），頁 161。

在〈胡無人〉中用「我」的觀點敘述：「以第一人稱的抒懷和議論來表達主觀感受，打破了傳統樂府用賦法敘事的寫法」[61]。而黃艷紅則針對他詩中將帥的形象，分析出：「不像盛唐一樣英勇善戰，鬥志昂揚，相對而言質樸、平實。…詩中的將軍並不是不圖上進，相反他們非常認真『看兵經』、『撫劍』悲嘆，他們似乎也預料到大勢已去，無力回天。」[62]

本節則將觀察貫休禪師詩歌中的其他藝術手法，從他的邊塞詩作中解析他對於鍛鍊字句的用心，並用以展示他的苦吟精神。

貫休禪師的邊塞詩多為組詩，王秀林曾指出：

> 其以樂府舊題反映廣大戍邊士卒的艱辛生活和哀怨情懷的《古塞上曲七首》、古塞下曲七首》、《古出塞曲三首》、《古塞下曲四首》、《古塞曲三首》、《塞上曲二首》等等，更是以組詩的形式出現，深刻生動，獨特冠時，不僅為同時代詩人筆下所無，就是在盛唐詩人邊塞詩中也不多見。[63]

組詩的特點在於能夠以數首詩呈現整體的氛圍，具有聚少成多和互補詩意的作用，因此可以達到敘述內容「深刻生動」的要求，以〈古塞曲〉三首為例來說：

> 單于烽火動，都護去天涯。別賜黃金甲，親臨白玉除。塞垣須靜謐，師旅審安危。定遠條支寵，如今勝古時。
> 方見將軍貴，分明對晃旒。聖恩如遠被，狂虜不難收。臣節唯期死，功勳敢望侯。終辭修里第，從此出皇州。
> 百萬精兵動，參差便渡遼。如何好白日，亦照此天驕。遠樹深疑賊，驚蓬迥似鵰。凱歌何日唱，磧路共天遙。[64]

---

[61] 劉京臣：〈貫休樂府詩探微〉，《濰縣教育學院學報》第 18 卷第 4 期（2005 年 12 月），頁 56。

[62] 黃艷紅：《貫休詩歌研究》，（陝西師範大學中國古代文學研究碩士論文），（2005 年），頁 20。

[63] 同前註 3，頁 327。

[64] 同前註 11，頁 282。

其一開門見山從「單于烽火動」寫起，指出邊地戰爭初起，下令徵召兵士，在出兵之前，「別賜黃金甲，親臨白玉除」，敘述了皇帝親臨授旗的壯盛情景。其二承接上意就從「方見將軍貴」和「聖恩如遠被」寫起，刻劃了兵士們受聖恩激勵，抱著視死如歸、盡忠殺敵的期望，離開故土前往邊地：「終辭修里第，從此出皇州」。其三再從百萬精兵離開漢地度過遼水寫起，並描寫兵士們初到戰地驚恐疑懼的心裡，最後以何時能夠戰勝凱旋，回鄉之路無盡遙遠作結。三首詩分開時可各自獨立欣賞，合讀時也具有連續並且綜合時空、情節、感受等的審美效果。

貫休禪師在描述邊塞的親身經歷時，運用了寫下「移步換景」的技巧[65]，如〈邊上行〉他將所見呈現在讀者眼前，使人有親身到達塞外的感覺：

> 白榆林外路，風角遠噌噌。朔氣生荒堡，秋塵滿病容。
> 豺掊沙底骨，人上月邊烽。休作西行計，西行地漸凶。[66]

貫休禪師將眼中所見特異的塞外景物，如白榆林、荒堡、豺狼、枯骨、蒼涼月色等形象，耳中所聽是秋日的蕭蕭風聲，和豺狼挖沙尋骨的窸窣聲，寫成生動的詩行，順著他行進的步履，有俯視（豺掊沙底骨）、平視（白榆林外路）、仰視（人上月邊烽），將經歷見聞及心中所感化成文字，到達讀者的心裡時，讀者又將文字轉化聯想，形成一幅塞外風情的意象畫。

此外，貫休禪師也善用修辭技巧，如譬喻法有〈戰城南〉二首其二：「風吹色如鐵　如龍馬不肥」[67]、轉品法有〈胡無人〉：「肉胡之肉，爐胡帳幄」[68]、誇飾：有〈戰城南〉二首其一「雪片大如掌」[69]、對仗有〈古塞上曲〉七首其

---

[65] 楊士瑩〈南朝到初唐邊塞詩中時空結構之研究〉（國立政治大學中國文學研究所碩士論文，2005年），頁139：「『移步換景』就是以作者的位置作為觀察點，隨作者位置的移動，觀察點也在移動，把沿途所見到的景物描寫出來，如此可以令讀者產生如伴隨作者同遊的感覺，作者觀察點的改變，描寫的事物也會跟著改變。」

[66] 同前註11，頁366。
[67] 同前註11，頁92。
[68] 同前註11，頁86。
[69] 同前註11，頁91。

一：「月明風拔帳，磧暗鬼騎狐」[70]等，變化其詩句，對於膚色黝黑的胡人、火燒胡人帳篷、大雪紛飛的冬季、沙漠鬼影的傳說等的描寫，使讀者原本對邊塞異域的陌生感，易於產生心理的連結。

　　從上述修辭技巧可見貫休禪師用盡苦心琢磨詩句，詩句的各種變化展現出他「奇詭」的風格，吳雙雙即指出他的詩歌：「在題材的選擇上有很多寫奇人、奇景、奇物的作品」[71]，他的邊塞詩也常表現「奇詭」的藝術特色，如具有魅異氣氛的〈古塞上曲〉七首其一「月明風拔帳，磧暗鬼騎狐」[72]，和〈古塞下曲〉四首其二「黃雲忽變黑，戰鬼作陣哭」，以及〈古塞上曲〉七首其二「朔雲含凍雨，枯骨放妖光」[73]，這些詩透過沙漠裡哭泣的戰死鬼魂，和冷雨中放射怪異光芒的枯骨，呈現一種逼臨死亡的恐怖氣氛。透過將帥兵士等對於死亡意象（戰鬼、枯骨）的心理揣摩（哭、妖），也表達出他對戰爭的深刻感觸及反思。

五、結語

　　蘇珊玉在其《盛唐邊塞詩的審美特質》中，曾比較了盛唐及晚唐邊塞詩的不同，他指出晚唐詩人由於「缺乏剛健審美氛圍的激勵，加上詩人缺少親歷塞垣的磨鍊，和安邊的韜略」，所以邊塞詩的創作成就不高[74]。不過從上述幾節的討論，筆者以為貫休禪師的邊塞詩卻有其突出於晚唐邊塞詩的特色：
(1)貫休禪師身在國力不振的晚唐時代，他卻曾到達邊塞親自見聞當地的風物人情，寫下他邊塞之行的記錄，透過「奇」景和「奇」事的藝術描寫，敘述出邊地異域的戰略地位及特殊景色。
(2)貫休禪師身為禪師，受到儒家思想的影響，在他的邊塞詩中提出德治韜略，　希望君主以仁德策略統理邊疆，替代歷來的軍事武力衝突。
(3)貫休禪師根據了佛教的苦空思想，在他的邊塞詩中表達不殺生及眾生平等　　的本懷，並且對於想透過戰爭求取建功立業的妄想，提出質疑並點破迷思。

---

[70] 同前註 11，頁 287。
[71] 吳雙雙：《貫休思想及其文學創作初探》（廈門大學中國古代文學研究碩士論文），（2007年），頁 48。
[72] 同前註 11，頁 149。
[73] 同前註 11，頁 149。
[74] 蘇珊玉：《盛唐邊塞詩的審美特質》（台北：文津出版社，2000 年 11 月），頁 474。

(4)貫休禪師沿襲傳統的樂府詩題來創作許多組詩，透過將帥兵士等心理的揣摩，以表達他對戰爭的深刻感觸及反思。

法眼文益〈牡丹詩〉探析

黃慧禎

一、前言

　　〈牡丹詩〉的作者法眼文益禪師是漳州羅漢院桂琛禪師的法嗣。羅漢桂琛的嗣法弟子據《景德傳燈錄》所載，共有七人，其中，以法眼文益禪師為上首。[1]文益禪師（西元 885-958 年）俗姓魯，杭州人，七歲落髮出家，[2]剛出家時習律，並且，研讀儒家經典，於詩文頗有所得。在遇到羅漢桂琛禪師之前，尚未開悟；遇到羅漢桂琛禪師之時，憑琛禪師一句「若論佛法，一切現成」，言下大悟。[3]此後，開始傳法。

　　大約在西元 937 年左右，南唐中主李昇迎法眼文益禪師至金陵報恩院。[4]後來，文益禪師再遷金陵清涼寺，當時，金陵清涼寺是禪宗極重要道場之一，禪師升堂開講後，欣慕其法而遠道而來的人很多。由此可推知，法眼文益禪師和南唐諸主之所以關係密切，來自南唐諸主大都信奉佛教及護持佛教的因緣——特別禮遇僧人乃因尊敬「僧寶」，故特別禮遇僧人。南唐顯德年間，政治已經非常混亂，但中主李璟對此情勢並不全然放在心上。有一天，法眼文益禪師與中主一同在花園觀賞牡丹花，中主命其作詩，法眼文益禪師即作〈牡丹詩〉以諷：

> 擁毳對芳叢，由來趣不同；
> 髮從今日白，花是去年紅。
> 艷冶隨朝露，馨香逐晚風；

---

[1] 參見《大正藏》第五十一冊，頁三九七上。
[2] 參見《大正藏》第五十冊，頁七八八上。
[3] 參見《大正藏》第四十七冊，頁五八八上。
[4] 參見《大正藏》第四十七冊，頁五八八下。

　　　　　　　何須待零落，然後始知空。

　　在宋代語風圓信和郭凝之所編的《金陵清涼院文益禪師語錄》中，記載中主聽了這首詩後「頓悟其意」[5]，但在明代惠洪《冷齋夜話》的記載，卻是「不悟其意」[6]，由這兩條文獻的記載，引發筆者進行了下列問題的思考：兩則記載皆是以〈牡丹詩〉諷，諷喻內容相同，但卻有「悟」與「不悟」兩種截然不同的結果。上述兩則記載中，法眼文益禪師皆透過「詩」這種體裁對中主進行諷喻，那麼，使用「詩體」進行諷喻時，是否會造成被諷者對於諷喻內容的理解有困難？得悟與否除了涉及諷喻者是否為悟道之人與被諷者資質外，諷喻內容是否準確傳達，自然也是影響結果的一大因素。因此形式值得注意。換句話說，諷諭者選擇「詩」這種文體擔任諷喻的工作，是否恰當？作詩在中國傳統上向來是中國文人的專利，法眼文益以一介禪師的身分使用「詩」這種文體進行諷喻，是否有其背景因素？另外，在〈牡丹詩〉中，法眼文益禪師欲諷喻中主的內容到底為何？以上數個問題，是筆者在本篇文章中想要探究的。

二、〈牡丹詩〉用以傳道之可能

　　法眼文益禪師這首〈牡丹詩〉是為諷喻後主而作，若從諷喻的內容去探究，則會發現法眼文益禪師帶有「傳道」的目的。法眼文益禪師既然是一位禪師，顧名思義，他所傳的「道」就是「禪法」。也就是說，法眼文益禪師透過了「詩」的形式，將自己所要傳達的道理──「禪法」寄寓其中，用以點撥有情，轉化其生命，於是有了〈牡丹詩〉的產生。那麼，為何禪師選擇透過「詩」這種文學形式來傳道呢？詩和禪之間是否有某種關連？另外，如果詩和禪之間真有某種關連，那麼，透過「詩」這種文學形式來傳道，真的可以完全達到傳道的效果嗎？換句話說，「詩」肩負著傳道的目的，其結果是否能夠盡如人意？針對上述問題，以下分為兩點討論，希望能夠整理出一條脈絡。

（一）「偈頌」的印度文化背景

---

[5] 參見線上《佛光大藏經》中之《禪藏・五家語錄》，頁五二一。網址如下：http://etext.fgs.org.tw/Sutra/Search.aspx?index=2 依經文記載，此處只敘述中主和法眼文益禪師去「觀牡丹」，並未點名此詩之名。筆者將此詩取名為〈牡丹詩〉。

[6] 參見《殷禮在思堂叢書》，《冷齋夜話》卷一，頁六，東方學會。出版年月不詳。

　　詩屬文學，禪屬宗教，二者看似毫不相干，但其實詩和禪在中國的漢晉階段已有最初期的「交涉」。[7]撰詩者的身份使得詩禪在交涉過程中更饒富興味，因而產生以禪入詩或以詩明禪兩種作詩形態。「以禪入詩」指的是中國傳統詩人在寫詩時，在詩歌中加入了禪的思想或意境，而佛教僧人借詩歌的形式，表達禪的思想或意境，則是所謂的「以詩明禪」，如法眼文益禪師的這首〈牡丹詩〉，就是一個以詩明禪的例子。

　　以詩明禪這類的詩作帶有濃厚的宗教氣味，就連為何使用「詩」這種文學形式來傳道，也有著宗教傳統上的依據。在梵語或巴利語佛典中，出現了一種形式上近於中國詩歌形式的文學體裁，稱為「偈頌」。「偈頌」是巴利語 gāthā 的意譯。[8]不過，gāthā 不獨出現在佛經中，在印度文學中早見其蹤跡。

　　從佛教產生於印度的地緣性來看，往上溯源 gāthā 在印度文學中的意義，就可以發現，印度文學中的「詩」即稱為 gāthā。《出三藏記集・鳩摩羅什傳》有這麼一段記載：

　　　　天竺國俗，甚重文藻……凡覲國王，必有讚德；見佛之儀，以歌歎為
　　　　尊。經中偈頌，皆其式也。[9]

　　gāthā 具有讚頌的特質，所以當印度人在覲見國王或佛這樣值得敬重的人物的時，就會使用 gāthā。因此從 gāthā 在印度文化中意義可以推知，佛典中 gāthā 之產生與運用，有其背景因素。王晴慧在其〈淺析六朝漢譯佛典偈頌之文學特色——以經藏偈頌為主〉一文中提到：「在印度，『詩』稱為『伽陀』，因長音、短音、排列法之不同而有各種分類。大致上來說，詩依據韻律法則而形成，詩中或蘊含對於人生的醒覺、警誡，或描寫內心的狀態。例如《長老偈》及《長老尼偈》中，頗多描述長老僧與長老尼求道初衷產生的經過、修道的過程、外在自然景物與內在心靈的交感之美，以及修道心境等等。」[10]佛教東傳

7　參見蕭麗華〈論詩禪交涉——以唐詩為考察重心〉，《中華佛學學報》，第一期，頁一八七，一
　　九九六年 。
8　參見線上 *Concise Pali-English Dictionary*,p.250. 網址如下：
　　http : // buddhistinformatics.ddbc.edu.tw/glossaries/files/pali-chin.ddbc.pdf
9　參見《大正藏》第五十五冊，頁一○一下。
10　參見王晴慧〈淺析六朝漢譯佛典偈頌之文學特色——以經藏偈頌為主〉，《佛學研究中心學
　　報》，第六期，頁二九，二○○一年。

中國之後，中國佛教的僧人循上述傳統，也利用「偈頌」這種文學體裁，表達一己之心境或哲理上的抒發。

（二）以詩明禪的可能

　　這問題的討論放到佛教本身的脈絡來看，可分小乘佛教觀點與大乘佛教觀點來討論。汪娟在其〈傳統佛教的文學觀〉一文中主張小乘佛教因認知到語言在述說宗教體驗時的限制，認為語言根本不能用來傳道，因此，它對於文學其實是排斥的；其文學觀是：凡是志求解脫的修道者，便不應徒費虛功於學習世典文辭[11]。《雜阿含》第一二五七經所說：

> 當來比丘不修身、不修戒、不修心、不修慧，聞如來所說修多羅，甚深、明照、空相應、隨順緣起法，彼不頓受持，不至到受，聞彼說者不歡喜崇習，而於世間眾雜異論、文辭綺飾、世俗雜句，專心頂受，聞彼說者歡喜崇習，不得出離饒益。[12]

　　《雜阿含經》為原始佛教的聖典，重視出世間法的修習而得解脫，因此對於不務修道而喜崇習「世間眾雜異論、文辭綺飾、世俗雜句」的比丘有所排斥。[13]大乘佛教的文學觀，便和小乘佛教截然不同。如《大般若波羅蜜多經》第五〇九卷中即說到：

> 若住大乘善男子等，書寫般若波羅蜜多甚深經時，作如是念，我以文字書寫般若波羅蜜多，彼依文字執著般若波羅蜜多，當知是為菩薩魔事。何以故？於此般若波羅蜜多甚深經中，一切般若乃至佈施波羅蜜多皆無文字，色乃至識亦無文字，廣說乃至一切相智亦無文字，是故不應執有文字能書般若波羅蜜多。[14]

　　此段經文說明了以文字書寫佛經時，不應執著於文字。因為文字只能藉以

---

[11] 參見汪娟〈傳統佛教的文學觀〉。網址如下：
　　http：//www.jcedu.org/fjwh/wenxue/18.htm
[12] 參見《大正藏》第二冊，頁三四五中。
[13] 同注11。
[14] 參見《大正藏》第七冊，頁五九七下。

表現佛理，卻不應視文字即為佛理。譬如標月之指，不得視指為月。[15] 此外，《大方廣佛華嚴經》中也有段討論大乘佛教文學觀的經文，其第三十七卷即說到：

> 佛子，此菩薩摩訶薩為利益眾生故，世間技藝靡不該習。所謂文字算數，圖書印璽，地水火風，種種諸論，咸所通達。又善方藥，療治諸病，顛狂乾消，鬼魅蠱毒，悉能除斷。文筆讚詠，歌舞妓樂，戲笑談說，悉善其事。[16]

　　此段經文站在菩薩為利益眾生的角度，認為菩薩也應學習和文學相關的一切技巧。世間眾生有多種樣貌，有某類眾生深受優雅的語言、文字吸引，菩薩在接引眾生之時，若能善巧地行此方便之法，就能成就其事。綜合上述兩段經文所言，可以歸結出大乘佛教的文學觀即是：儘管語言、文字不等於佛理本身，故不應取著，但是離開言說則無法詮解佛法。因此，從另一角度來看，大乘佛教的文學觀贊成以語言、文字作為解說佛法的方便法門，而這樣的立場也間接承認語言、文字的實用性質。所以，大乘佛教對文學其實抱持著肯定的態度。換句話說，到最後使不使用文字傳法不再成為爭議的焦點，而是執不執著文字才是能否契合佛理之重點所在。簡光明在〈《五燈會元》的文學及其價值〉這篇文章中提到：

> 語言文字作為傳教說法的工具，無法將佛性傳達出來，因而禪宗認為若要認識真如、佛性便要脫離文字，只是，如果沒有語言文字作為表情達意的工具，不但人與人無法溝通，一般人難以證悟自性，傳教行為無法運作，就連禪宗的教派恐怕也難以生存和延續，因此，在立了文字之後還要透過種種方式去提醒學生，語言文字只是表達的形式而不是真理本身，真實的絕對本體存在於思惟和語言之外，乃是不可稱道、不可言說、不可思議的。[17]

---

[15] 同注 11。

[16] 參見《大正藏》第十冊，頁一九二中。

[17] 參見簡光明〈《五燈會元》的文學及其價值〉，《文學與佛學的關係》，頁一〇八，台灣學生書局，一九九四年。

　　沒有語言、文字，佛教師長和弟子之間便無法溝通，但語言、文字卻不同於「真實」，絕對的真實存在於思惟、語言和文字之外。中國道家亦說「道可道，非常道」。如此弔詭的邏輯如何解套？在此困境中，中國古代的禪師找到了「詩」作為表達禪思想或意境的方式。他們之所以選擇了「詩」這種文學形式，有其道理。杜松柏在其《禪宗與唐宋詩學》一書中提到：

> 因為具有象徵性而用比興方法所作之詩，非以言詮及涉及理路之法，以釋說及描述此一不能釋說不能描述之自性，故係『不觸』或『不黏』，透過比興之法，而象徵其對自性之悟境，使其他人可以體認，而不可以理知，是謂『不背』或『不脫』，禪家以詩寓禪，非無因也。[18]

　　用以論斷、表述的概念性文字，雖然有清晰明白的功能，但卻缺乏想像的空間，容易令人心生執著，因此，禪師依意取象、藉象含意，使讀者可以透過意象、比喻和暗示而契悟佛理。由於詩有「不觸」、「不黏」、「不背」及「不脫」的特性，因此可「言有盡而意無窮」。禪宗的語錄或公案中，多有禪師以詩明禪，讓人開悟的紀錄。蕭麗華在〈論詩禪交涉──以唐詩為考察重心〉一文中也提出與杜松柏類似的看法。她以為：

> 禪是心性體悟上實修的功夫，不是言語現實可以表達的。特別是禪宗，號稱「不立文字」，實因其超越語言概念和理性邏輯之故。所謂「說似一物則不中」、「直是開口不得」（《古尊宿語錄》卷四），就是因為實相真諦之不可言說性。因此，世尊靈山會上拈花示眾，摩訶迦葉可以會心，後世宗徒借教悟宗，只好透過象徵、譬喻、暗示的直觀方法來提撕。詩的表達也需注意「含蓄不露」的特質。司空圖《詩品》所謂「不著一字，盡得風流」（卷二「含蓄」品）、嚴羽《滄浪詩話》所謂「不涉理路，不落言詮」（卷三）、姜白石《白石詩說》所謂「語貴含蓄」、東坡云：「言有盡而意無窮者，天下之至言也」（卷三）、楊仲弘《詩法家數》所謂「詩有內外意，內意欲盡其理，

---

[18] 參見杜松柏《禪學與唐宋詩學》，頁二〇六，黎明文化事業股份有限公司，一九七六年。

外意欲盡其象，內外意含蓄方妙」（卷十三）凡此可以看出詩與語言
文字之間不即不離的特性與禪相似。這是禪悟與詩法起了匯通作用的
基礎。[19]

　　禪師所使用的語言文字，必須具有多義性、不確定性和含混性才能符合需
要，因此象徵、譬喻、暗示等法便常為禪師們使用。加上詩與語言、文字之間
不即不離的特性與禪相似，就替禪悟與詩法奠下匯通的基礎。禪師藉具體表示
抽象、以有限指涉無限、由現象呈現主體，形塑出某種意境，去顯現言語道斷
的禪法。[20]禪宗之所以否定人們對世間事物的正常認識，其目的是為了打破人
們對世間事物的邪知邪見及習慣性執著，而，作為人們認知世間事物的媒介
物——語言，也因此更被否定。但是，就如上所說，事實上佛教在傳播教義方
面，離不開文字，所以，以文字說法，是一種不得已的權宜方便。孫昌武在其
《佛教與中國文學》一書中認為對於語言必須從兩個層次上來看。他說：在常
識的層次上，語言傳達思想；而從更高的教理層次上，語言又是無力的，真理
在語言之外。[21]孫昌武在此處所言之教理層次乃指佛教的教理層次而言，因佛
教教義的體會必須經過實證實修、真實觀察，所以，以語言來說明佛教教義，
並不能完全且如實地將教義表達出來，這是他所說的「語言無力」之意；這和
魏晉玄學中關於言盡不盡意問題的討論，情況有相類似之處。[22]只不過言意問
題討論的層次僅在於語言和思惟或語言和本體上，屬於哲學上的思辯，而佛教
是一個實證的宗教，非單單哲學上的思辯可滿足，在訴諸宗教體驗時，修行者
自證得來的修行心得，更是無法透過語言完全呈現。但是，在大乘佛教中，其
問題最後也以類似「得意忘象」的觀點作為結論，但二者層次相當不同。

三、〈牡丹詩〉之章法結構分析

　　〈牡丹詩〉是法眼文益禪師為傳道而作，筆者想要透過分析章法結構的方

---

[19] 參見蕭麗華〈論詩禪交涉——以唐詩為考察重心〉，《中華佛學學報》，第一期，頁一九二，
　　一九九六年。
[20] 在禪宗公案中常見禪師們用詩來表達日常生活中對具體事物的感知。
[21] 參見孫昌武《佛教與中國文學》，頁一〇九，東華書局，一九八九年。
[22] 從魏晉玄學本體論的角度切入，本體是絕對而非相對的，所以，它也是一種抽象的存在，而，
　　既然是種抽象的存在，那麼便不等同於任何事物，因此，也不能使用有其限制的語言來表達。

式對〈牡丹詩〉的諷喻內容進行探析，揭示〈牡丹詩〉一詩之旨趣，使蘊藏於其中的深厚哲理更為闡明。以下先列出〈牡丹詩〉的章法結構分析表，接著再對〈牡丹詩〉進行章法結構的分析。

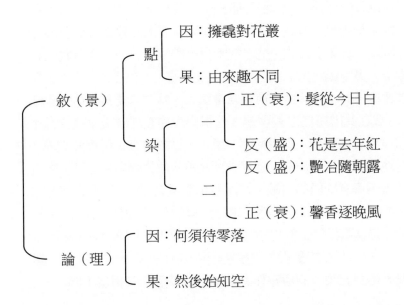

　　陳滿銘在《章法學綜論》中說「論敘法」就是：「將抽象的道理與具體的事件結合起來，使之相輔相成的一種章法。……作者依據其特殊需要，去揀擇適合的事件來表達主觀的情意，然後體現在篇章，因此，『敘』與『論』必然是可以相適應的；而且從具體的事物中提煉出抽象的理論，揭示了客觀真理，這個過程本身即會產生美感。」[23]〈牡丹詩〉一詩即使用了「論敘法」，全詩主要在述說佛教「空」的思想。「空」是大乘般若學的主要思想，其主張世間的

---

[23] 參見陳滿銘《章法學綜論》，頁二十四，萬卷樓圖書股份有限公司，二〇〇三年。

一切皆是因緣和合而產生的，所以，當因緣存在時，是「有」，當因緣消失了，又回復為「空」。因緣聚散無常是諸法的本質，因此，當因緣存在時，就已經能預見因緣的消失──「空」。吳言生在其《經典禪詩》一書中以為〈牡丹詩〉是「形象地表達了文益的體空觀。體空觀是不待析破色、心諸法，而直接體達『因緣所生法，當體即空』之觀法。」[24]〈牡丹詩〉的前六句屬「敘」，最後兩句則屬「論」。杜松柏對此詩的解釋是：「『毳』謂毳袍，文益謂己乃穿毳袍之僧人，對此芳叢，所見所感，其旨趣不同於世俗人。『髮從今日白』，『花是去年紅』：髮從今日而始顯其白，已非今日之事，猶花如去年之紅，而時間已非去年矣。艷冶之牡丹，現隨朝露盛開，馨香逐晚風而飄盪，然花落已由花開之時而註定，花香必有香歇之時，不須待其零落，而後知此乃現象界之『空』也。」[25]白髮和紅花、艷冶和馨香即是作者所揀則的「適合的事件」，而「空」則是作者所欲表達的「主觀的情意」，如此，整首詩的內容正符合了陳滿銘所說「從具體的事物中提煉出抽象的理論，揭示了客觀真理」的過程。若更進一步仔細地分析，其中，第一句──「擁毳對花叢」為「因」，第二句──「由來趣不同」為「果」，因為只有有修行的僧人，所見所感，才會和一般世俗人不同。這樣的開頭，為「點染法」中的「點」，接下來第三句至第六句的部份，以眼前之物說明僧人所見所感之內容，為「染」，且其中的第三及第四句分別使用了「正反法」中的「正」及「反」；陳滿銘在《章法學綜論》中說「正反法」是「將極度不同的兩種（或兩種以上）的材料並列起來，作成強烈對比，藉反面的材料襯托出正面的意思，以增強主旨的說服力與感染力的一種章法。」[26]白髮（衰）和紅花（盛）一正一反，形成對比。而且，再詳細探究的話，「紅花」的「盛」，若根據大乘般若學中的「空」觀，其中還暗含著「衰」。相似的情形亦出現第五及第六句中；第五及第六句分別使用了「反」和「正」，艷冶（盛）和馨香（衰），一反一正，亦互為對照。最後的第七及第八句，則分別為「因」和「果」因：因為已經知道花開必有花落的一天，所以，不待花落，在照見花朵盛開的當下，同時也見其零落凋謝的樣子。總的來說，〈牡丹詩〉中的「髮從今日白，花是去年紅」及「艷冶隨朝露，馨香逐晚風」是屬於「景」

---

[24] 參見吳言生《經典禪詩》，頁一三八至一三九，東大圖書股份有限公司，二〇〇二年十一月。
[25] 同注18，頁二二二至二二三；杜松柏《禪詩三百首》，頁一四三，黎明文化事業股份有限公司，一九八一年。
[26] 同注23，頁二十八。

的描寫,而「何須待零落,然後始知空」則是屬於「理」的說明。

四、結論

　　從佛教文獻可知:「詩偈」自佛陀時代就被用來述說法義、描述求道與修道之過程以及證道時心境之抒發。佛教東傳中國,中國禪師循上述傳統並承襲了大乘佛教的文學觀——儘管語言文字不等於佛理本身,不應取著於文字,但是離開言說文字則無法詮解佛法。因此,選擇了具有「言有盡而意無窮」與「言在此,意在彼」功能的「詩」,用來顯現言語道斷的禪法。

　　如法眼文益禪師的〈牡丹詩〉就是一則「以詩明禪」的例子。詩人將賞花者之心融入當下的景物——艷冶的紅花中,觀照花即將隨時間之流逝,呈現由盛開而衰殘的樣貌,這是以「當下鮮美艷冶之紅花」與「即將香消玉殞於晚風當中之紅花」其實不二的意象,來說明佛教中的「空」觀。透過章法結構的分析,可見其由「敘」點出「論」,由「景」帶出「理」的創作手法,而這樣的手法有種「若論佛法,一切現成」的哲理意味在其中。葛兆光在《禪宗與中國文化》中以為「『詩』對創作者來說,它是形象、情感、哲理與審美理想的凝聚與表現,對於欣賞者來說,它是聯想、體驗的啟迪和引導。」[27]透過詩的引導,讀者也能如同詩的撰作者般,如理觀察、思惟與體驗。

---

[27] 參見葛兆光《禪宗與中國文化》,頁一八九,上海人民出版社,一九九八年。

圓悟克勤《碧巖錄》的公案詮釋及其中心思想
黃連忠

一、前言

　　圓悟（圜悟）克勤禪師（1063-1135）《碧巖錄》（又稱《碧巖集》）一書，[1]在中國禪宗史上，有「禪門第一書」之譽，影響深遠，也是中國禪宗典籍中具有關鍵樞紐位置的代表著作之一，深具著錄形式的創意與公案思想詮釋的雙重意義。從中國禪宗史的發展歷程而言，禪宗語錄公案的形式興起於唐而盛行於宋，除了在禪宗典籍中記載禪師言行的被稱「語錄」之外，佛教以外的典籍，也往往以「語錄」名之。[2]在中國禪宗史上第一次大規模蒐集禪師語

---

[1] 《碧巖錄》此書，歷來版本與疏解之書眾多，相關鈔釋、註解、講義與海峽兩岸日韓等地之近代校註、白話翻譯、研究專書等相關著作，已逾百種。本文所選版本以目前收錄於日本駒澤大學電子圖書館貴重書之掃描本為主，元刊之《碧巖錄》10 卷（4 冊），書題為《圜悟老人碧巖集》，序文為「建炎戊申暮春晦日參學嗣祖比丘普照」。電子檔案則是參照中華電子佛典協會之CBETA（http://www.cbeta.org/），引文頁數則參照《大正藏》。

[2] 宋明理學家議論講學，也時常以「語錄」的名稱題之，例如《上蔡語錄》、《張子語錄》等等。因此，在《郡齋讀書後志》中就特立了「語錄類」書目，專門著錄宋明理學家的語錄。請參見張伯偉著：《禪與詩學》，台北：揚智文化事業股份有限公司，1995 年 1 月初版，頁 50-51。另，張伯偉也指出：「宋代筆記的發展也遠過於前代，其中有一個很明顯的特點，就是許多筆記皆以『錄』名。……其中最值得注意的是，有的筆記直接以『語錄』為名，如馬之卿的《元城語錄》；有的筆記則有『語錄』的異名，如釋曉瑩的《羅湖野錄》，一名《羅湖禪師語錄》。以『錄』為名的筆記在宋代的大量出現，這與語錄體的盛行恐怕是不無關係的。」在歷史上被稱為「語錄」的文類或文體，在中國的起源甚早，向來也有廣狹兩種意義。若就狹義的立場而言，即是指禪宗的機緣語錄；若就廣義而言，在《漢書‧藝文志》有「左史記言，右史記事」的記言體，即是指記錄言論的《尚書》。在《漢書‧藝文志》中說：「古之王者世有史官，君舉必書，所以慎言行，昭法式也。『左史』記言，『右史』記事，事為《春秋》，言為《尚書》，帝王靡不同之。」可見記言體的史籍是由專職的史官所記錄的官方紀錄，依廣義的角度來說，應該也是語錄的文體之一。有關於「禪宗語錄」的形成與發展，筆者已有專文發表，請參閱拙作：《禪宗公案體相用思想之研究》，台北：台灣學生書局，2002 年 09 月初版，第二章：「禪宗公案的形成、演變、影響與價值」。

錄，甚至加以詳細註釋與評判高低的，最早是出自於中晚唐的圭峰宗密
（780-841）所著的《禪源諸詮集》，雖然此部著作未能流傳後世，僅留下
《禪源諸詮集都序》一篇序文，但可看出成書背景、內容大要、編排次第
與撰述旨趣。宗密在此序文中說：「故集諸家之善記，其宗徒有不安者，
亦不改易。但遺闕意義者，注而圓之；文字繁重者，注而辨之。仍於每一
家之首，注評大意。」[3]這段紀錄，筆者以為是後世《碧巖錄》一書體例的
先聲，亦可看出禪師註解語錄公案的用意。

　　在宗密《禪源諸詮集》之後，北宋道原所撰而於真宗景德元年（1004）
頒行的《景德傳燈錄》一書，象徵著禪宗語錄公案進入了另一個階段，此書
雖以「傳燈錄」為書名，實際內涵卻是從唐五代以來迄於北宋的禪師語錄總集。
[4]《景德傳燈錄》的內容記敘禪宗史實的錯謬甚多，而且主要性質還是一種集
成語錄的典籍，而此語錄記載的實際內容是「公案」，同時這些公案保留了較
為原始的型態，記錄了從唐初到北宋的禪師言行，雖然也經過楊億等文人以官
修的方式加以修飾，但是整體上仍然保有公案素樸的形式，較能反映禪宗思想
的原貌。雖說如此，由於諸多公案在特定時空之下所形成的文字記載，過於簡
略，後人實在無法從隻字片語中，管窺禪師開示的心要，所以後代禪師如雪竇
重顯（980-1052）、宏智正覺（1091-1157）、無門慧開（1183-1260）等人，
又在諸多公案中選輯精要者，以簡潔的偈頌詮解之，謂之「頌古」，其本意原
是期待後世禪者吟詠諷誦詩詞韻語之間，能夠契會古則公案的深刻涵意，這
也是中國禪宗走向「文字禪」的開端，其中權輿之關鍵人物為汾陽善昭
（947-1024）的「頌古百則」。[5]自從汾陽善昭提倡了頌古與公案代別之後，

---

[3] 見宗密：《禪源諸詮集都序》，《大正藏》第48冊，頁412中至下。
[4] 此書收錄了印度、中國禪宗及禪宗以外的禪師並有語錄者達976位，未輯錄語錄而敘其法系
　　者達743位，合計載有禪師共1719位。
[5] 「頌古」有另外一個名稱「代別」，因此「頌古百則」亦稱「公案代別百則」，何謂「代
　　別」呢？據汾陽善昭在《汾陽善昭禪師語錄》卷中說：「詰問一百則，從頭道理全；古
　　今如目睹，有口不能詮。室中請益古人公案，未盡善者，請以代之；語不格者，請以別
　　之，故目之為代別。」此外，麻天祥對「頌古」有精要的定義：「頌古，即舉古則以為韻語，
　　發明其意者。通俗地說，就是禪師以公案為例，用詩詞韻語給與解釋與評議，是對閃爍其詞
　　的公案所進行的語言文字說明。」見麻天祥著：《中國禪宗思想發展史》，湖南：湖南教育出
　　版社，1997年3月1日第1版，頁81。另，魏道儒對頌古的定義也值得參考：「頌古是以韻
　　文對公案進行讚譽性解釋的語錄體裁，它不僅是研究公案的方法，而且是教禪學禪、表達明
　　心見性的手段。」見杜繼文、魏道儒著：《中國禪宗通史》，江蘇：江蘇古籍出版社，1995年
　　2月第1版第2次印刷，頁391。

不僅改變了從《景德傳燈錄》以來公案的表達形式，同時也將禪宗公案的深意成功的轉化，成為日後以文學詩詞的禪境為主的新走向，也為日漸衰頹的臨濟宗一門，開闢了嶄新的發展路徑，更為日後禪宗的興盛提供了新的動力與活水。在此之後，雪竇重顯受到汾陽善昭的影響，從《景德傳燈錄》等相關語錄著作中，選擇了具有代表性的百則公案，後面附上頌文而成為《頌古百則》。[6]在雪竇重顯《頌古百則》的基礎之上，圓悟克勤再加以垂示、評唱、著語，終於在宋徽宗宣和七年（1125）完成了《碧巖錄》一書。

　　本文試從《碧巖錄》一書之中，探討其公案詮釋的形式與意義，同時也為圓悟克勤的中心思想加以抉擇與評議，期能發明其底蘊，勘探其奧義。

二、圓悟克勤《碧巖錄》公案詮釋的形式與意義

　　雪竇重顯受到汾陽善昭「頌古百則」的影響，本身又富有文學藝術的素養，因此特別重視辭藻修飾的華美。之後，圓悟克勤又對雪竇重顯至為推崇，他說：「雪竇頌百則公案，一則則拈香舉來，所以大行於世。他更會文章，透得公案，盤礴得熟，方可下筆。」[7]因為圓悟克勤對雪竇重顯的推崇，所以對《頌古百則》作了十分詳細的評論分析，他在每一則公案和偈頌的前面作了一段提綱說明，稱之為「垂示」，在每一則公案和偈頌下面又加上短小精要的「著語」，類似夾註的功能，最後對公案和偈頌加以詮釋，稱為「評唱」。有關《碧巖錄》每一則公案的結構，筆者整理於下：

　　其一，「垂示」（示眾云），這個部分並非每一則公案皆具備此種形式，但大抵上是勸請參禪學人用心參禪，給予勉勵與針砭之道，例如第 1 則的：「垂示云：隔山見煙，早知是火，隔牆見角，便知是牛。」第 2 則的：

---

[6]　雪竇重顯《頌古百則》這項創作，將北宋初年的頌古之風潮推向高峰，並且席捲整個禪宗，幾乎能夠提筆著作的禪僧都有頌古的作品或發表頌古的評論，參禪的學人也都要研究頌古。因此，頌古的著作如雨後春筍的出現，形成了禪宗文獻典籍中的最重要的主流成分。

[7]　圓悟克勤曾在《碧巖錄》第 4 則中說：「雪竇頌一百則公案，一則則焚香拈出，所以大行於世。他更會文章，透得公案，盤礴得熟，方可下筆，何故如此？龍蛇易辨，衲子難瞞。」這是對雪竇重顯的讚揚，以為其「透得公案，盤礴得熟」，而且他言下之意，也自認為自己是能辨龍蛇的衲子，於是以紹隆佛種為己任，以評唱之。

「後學初機,直須究取。」第 24 則的:「到這裡合作麼生,試舉看!」

　　其二,「舉」(公案),就是古則公案的實錄或大意介紹。如第 12 則的「舉」是:「僧問洞山:『如何是佛?』山云:『麻三斤。』」

　　其三,「著語」(夾註),就是每一則古則公案或偈頌的每一句下面加上的短註或評註。如第 12 則的「如何是佛」下註云:「鈍躗蔾(鐵橛子),天下衲僧跳不出。」

　　其四,「評唱」,即是對雪竇重顯的頌古公案進一步解釋分析與說明。

　　其五,「頌古」(頌),即是將雪竇重顯的「頌古」錄出。

　　其六,「著語」(又註),即是在雪竇重顯的頌古的每一句下面,加上一段評註語。

　　其七,「評唱」(又評),再針對雪竇禪師的頌古做更進一步的分析與說明。

　　以上七個部分,五種體式,在《碧巖錄》中形成首尾一貫的體裁,更是禪宗公案文學的一項重大發展,其豐富的內容與超格的手眼,因此被譽之為「宗門第一書」。劉方以為圓悟克勤的《碧巖錄》,是相當於經學之註疏,他說:「克勤的碧岩錄,在體例上借鑒中國傳統經學闡釋學的範式是很明顯的。如果說雪竇重顯的頌,相當於經學之注,則克勤的碧岩錄,則相當於經學之疏,既對經典文獻經注作出解釋,有訓詁、有注典、公案前因後果的背景、因緣的介紹。」[8]此外,有關於「著語」的解釋,魏建中指出其特點與點評的性質:「著語是克勤給公案本則和重顯頌文所作的夾註,也稱下語。其特點是,文字簡短,多則十餘字,少則三五字,有時只有一個字;並且形式多樣,有書面語,也有口語、俗語、諺語;其內容大多具有點評性質,或稱譽,或嘲諷,或肯定,或批判。」[9]

　　值得注意的是,禪宗本來反對文字的葛藤,重視隨機點撥的生活教育,也正是由於不拘一格,立破自在,變化萬千,出人意表,才能收解粘去縛與抽釘拔楔的奇效。再者,祖師公案必在石破天驚的當下之時、地、機、境、心,下一轉語,當下大悟,其悟豈在文字之間?況且,以指見月之指、磚敲牆門之磚,重點在月在牆門之後,又豈在「指」與「磚」?筆者以為,

---

[8] 見劉方:〈圓悟克勤的禪學與美學思想〉,《宗教學研究》,2005 年第 2 期,頁 84。

[9] 見魏建中:〈克勤「文字禪」的理論與實踐及其對後世的影響〉,《理論月刊》2009 年第 5 期,頁 41。

語錄公案的文字記載並無實意，後代禪師卻「以虛為實」或「將錯就錯」，將祖師公案條列為教學的教材，真實的心意並非真的以為教化學人的資料，而是追摹古德為法忘軀的風範，以為激勵學人效法前賢而認真修行。或者，垂示說明公案中的機關，更引一個疑情，收攝心念，以待時機成熟，方能啐啄同時，這也是禪師慣用的手段之一。因此，筆者以為雪竇重顯的「頌古百則」，以韻語巧立新目，可謂公案唱於前，頌古和於後。至於圓悟克勤《碧巖錄》，則是「有計畫性」的評唱議論與解說禪宗公案與雪竇重顯的頌古韻語，所以「規矩式」的以上列七項結構鋪排教學的教材，以為註解古則公案與頌古的進路。這一點，筆者以為也是各有利害，因為禪宗本來的精神是「不落言詮次第」，如今卻倣效教門一系，追摹隋唐「義疏之學」的學風，以註疏解說的固定形式詮解公案，卻形成一種僵化的模式，反而框架住禪宗活活潑潑的精神，更離公案「摸不著邊際」的原始特色背道而馳。相對的是，框架住禪宗頌古與詮釋公案的評論模式，一註一評，一唱一和，只要不被此「工具」挷住，也不失為一種使用工具的方便。此外，以現代學術眼光觀察，這也是中國禪宗詮釋學或方法論中可以討論的一項主題，確實具有時代創意及其思想內涵的一項特色。

　　除此之外，圓悟克勤在《圓悟佛果禪師語錄》中，有所謂的「上堂」、「小參」、「普說」、「法語」、「拈古」等內容分類，亦可視為公案文學的一種延伸。[10]在圓悟克勤《碧巖錄》風行之後，後代受其影響甚為深遠，特別是元代倡行「評唱」之風，其中曹洞宗禪僧萬松行秀（1166-1246）對宏智正覺的頌古與拈古加以評唱，集成《從容庵錄》（《從容錄》）及《請益錄》。之後，萬松行秀的弟子從倫又分別針對投子義青與丹霞子淳的頌古一百則加以「評唱」與「著語」，彙編集成《空谷集》與《虛堂集》。後人將《碧巖錄》、《從容庵集》、《空谷集》與《虛堂集》合稱為「四

---

10 有關善昭的「頌古」與當時流行的另一種「拈古」的定義及比較，誠如魏道儒所說：「與善昭『頌古』文體同時，還有一種『拈古』流行，也是從文字上解禪的，不過採用散文體，與『頌古』之採用韻文體不同。至圓悟克勤寫《碧巖集》時，始認為二者還有深層的區別：『大凡頌古，只是繞路說禪；拈古大綱，據款結案而已。』這話被認為是『頌古』與『拈古』的經典定義。意思是說，頌古與拈古相比，前者不是照直把古聖的意旨敘述出來，而是繞著彎表自己的禪理。因此即使平直的語言，也不能單從文字面上去理解，這也是禪宗常講的『不點破』原則。但事實上，善昭的頌古特點遠非如此，他總是從公案的事實出發，推論出古聖的意旨來，倒是與『拈古』的『據款結案』相同。」見杜繼文、魏道儒著：《中國禪宗通史》，江蘇：江蘇古籍出版社，1995 年 2 月第 1 版第 2 次印刷，頁 392。

家評唱」，也代表了禪宗公案文類中典型的模範與終極的高峰。雖然如此，可是因為禪宗重視心性的直觀與當下的契悟，所以展現為素樸簡潔的文字紀錄，這也是早期公案的特色，但是自從文字禪的興起之後，所謂的「評唱」、「頌古」等輔助性說明的文體傳遍天下，反而造成許多文字的葛藤及障礙，截斷了直觀與當下契證的通路，形成以文字解禪或興起的意象解禪，使得後人更難一窺禪境的奧妙。[11]

　　禪宗公案發展到宋代時期，禪師結合了大量的詩詞韻語唱頌，進而闡發其禪學思想，除了《景德傳燈錄》著錄許多禪師以偈頌的方式回答學人的問題之外，在《碧巖錄》等相關典籍中，可以發現如曹洞宗的「五位君臣」、臨濟宗的「四料簡」，乃至於公案中的「評唱」、「拈頌」與「唱」等體裁，都是以偈頌體為主的公案。然而，祖師以公案做為禪宗教學的教材，圓悟克勤以為其主要功能為「敲門瓦子」，這是直截了當的一語道破祖師舉示公案以為教學教材的玄機，他說：「初機晚學，乍爾要參無捫摸處。先德垂慈，令看古人公案，蓋設法繫住其狂思橫計，令沉識慮到專一之地，驀然發明，心非外得。向來公案，乃敲門瓦子矣。」[12]圓悟克勤說向來公案，只是敲門磚而已，的確道出禪宗公案最主要的特質。此外，《碧巖錄》的〈三教老人序〉曾經更進一步的指禪宗公案的功用有三種，[13]分別是其一，已證悟的禪師利用公案「具眼為之勘辨」，透過「一呵一喝」的動作，能夠看出

---

[11] 對於文字禪或是《碧巖錄》等興起，歷來有許多負面的評價，如麻天祥指出：「自當時至今，對《碧岩錄》一類文字說禪作品多有責難。從禪家來說，怪其舞文弄墨，有背祖教；學術界也多認為宋代禪風以文字說禪而失去了禪宗早期簡潔明快的風格，流風所及，使禪風與禪背道而馳。這種批評，不能說沒有道理，但從思想發展的角度來看，由所謂的不立文字到倡導和實踐文字禪則是禪學發展的必由之路。禪學的衰變，原因不在文字禪的興起，而恰恰在於它的反面──以不立文字為口實，以『任性』為遁辭，故作機鋒，欺人盜世；為所欲為，習其狂狷。」見麻天祥著：《中國禪宗思想發展史》，湖南：湖南教育出版社，1997 年 3 月 1 日第 1 版，頁 97。

[12] 見《佛果圜悟真覺禪師心要》卷下，《禪宗全書》第 41 冊，頁 644。

[13] 《碧巖錄．三教老人序》中說：「（公案）二字乃世間法中吏牘語。其用有三：面壁功成，行腳事了，定槃之星難明，野狐之趣易墮。具眼為之勘辨，一呵一喝，要見實詣。如老吏據獄讞罪，底裏悉見，情欵不遺一也。其次，則嶺南初來，西江未吸，亡羊之岐易泣，指海之針必南，悲心為之接引，一棒一痕要令證悟。如廷尉執法平反，出人於死二也。又其次，則犯稼憂深，繫大善知識為之付囑，俾一心死蒲團，一動一參，如官府頒示條令，令人讀律知法，惡念才生，旋即寢滅三也。具方冊，作案底，陳機境，為格令，與世間所謂金科玉條，清明對越諸書。初何以異，祖師所以立為公案，留示叢林者，意或取此。」見《大正藏》第 48 冊，頁 139 中至下。

學人程度的深淺；其二，禪師慈悲的利用公案「悲心為之接引」後學，「一棒一痕」希望學人能夠證悟；其三，禪師若遇到業深障重的眾生，就利用公案使其「心死蒲團」而攝心專注一念，如同「官府頒示條令」，使其不生妄念，為將來證悟打下基礎。以上三種功用，與世間的金科玉律有相同的意旨，所以檢具方冊圖書，作為判案的案例參考，陳述禪機的妙境，三教老人以為這就是祖師所以立意為公案留示叢林的原因。但是三教老人又憂心掛慮，末法時代禪宗行者執著「瘡紙」與「口談」，對於解脫生死大事，毫無干涉，命終之時，無以助益，實在是點出文字公案可能帶來的弊端。[14]

　　在晚唐五代以後，禪宗公案的教學方法起了重大的變化，主要是汾陽善昭的「頌古百則」引發了以韻文形式表達禪機的文字禪興起，後續雪竇重顯《頌古百則》與圓悟克勤《碧巖錄》等評註公案的盛行，這對禪宗的發展而言，一則以喜，一則以憂。喜的是禪宗從此注入新的生命與活水，在符號學或語言學中，可以視為記號的再生或新生，也避免「記號的死亡」；憂的是，全部在古人公案中「尋死句」與「參死句」，反而更加執著其文字，例如圓悟克勤在評唱雪竇重顯《頌古百則》時，引來當時許多反對的意見，其同門師弟太平佛鑑惠懃曾寫信勸止其評唱公案：「近有禪客至此，傳聞夾山禪師邇來為兄弟請益雪竇，其洪機捷辨出沒淵奧，頗異諸方，自古今未有也。某聞之不覺洒涕，自謂高蹈之士何至此矣！……然高明遠識者，有以見諒必無外也，第恐晚學後崑，疑其言句尖新，以為佛法只如此矣，遂坐守化城，不能進至寶所，為害非淺。」[15]但圓悟克勤並未因此而停止評唱的過程，後來許多禪者也因此沈溺於文字的葛藤之中而不能自拔。例如在心聞賁和尚〈與張子韶書〉一文，即指出「宗風一變」與「心術壞矣」的缺失：「心聞曰：教外別傳之道，至簡至要，初無它說，前輩行之不疑，守之不易。天禧間，雪竇以辯博之才，美意變弄，求新琢巧，繼汾陽為頌古，籠絡當世學者。宗風由此一變矣，逮宣政間，圓悟又出己意，離之為碧巖集。彼時邁古淳全之士，如寧道者死心，靈源佛鑒諸老，皆莫能迴其說。於是新進後生。珍重其語。朝誦暮習，

---

[14] 《碧巖錄・三教老人序》中說：「祖師所以立為公案，留示叢林者，意或取此。耐何末法以來，求妙心於瘡紙，付正法於口談。點盡鬼神，猶不離簿。傍人門戶，任喚作郎。劍去矣而舟猶刻，兔逸矣而株不移，滿肚葛藤，能問千轉。其於生死大事，初無干涉，鐘鳴漏盡，將焉用之？」見《大正藏》第48冊，頁139下。

[15] 見《緇門警訓》卷8，《大正藏》第48冊，頁1085下至1086上。

謂之至學。莫有悟其非者。痛哉！學者之心術壞矣。紹興初，佛日入閩，見學者牽之不返，日馳月騖，浸漬成弊。即碎其板，闢其說，以至袪迷援溺，剔繁撥劇，摧邪顯正，特然而振之。衲子稍知其非，而不復慕。然非佛日高明遠見，乘悲願力，救末法之弊，則叢林大有可畏者矣。」[16]至於圓悟克勤弟子佛日（大慧宗杲）焚燬《碧巖錄》的印板，雖然僅具「紹興初」的年代，其精確的出處與時間，目前仍待詳考，[17]但亦可看出大慧宗杲反對其書的立場。[18]此外，近代學者亦頗多站在負面評價的立場上，然而時空環境畢竟不同，筆者以為並不是十分適合以今日之情而發非古之議，況且祖師手眼，必有超越俗情的過人之處，宜深心體會之。

　　此外，圓悟克勤對於自己註解公案，在《碧巖錄》第 74 則中曾自我辯明其用心之所在，他說：「今人殊不知，古人意在言外。何不且看祖師當時初來的題目道什麼？分明說道教外別傳，單傳心印。古人方道：也只教爾直截承當去。後來人妄自卜度，便道那裏有許多事，寒則向火，熱則乘涼，饑則吃飯，困則打眠。若恁麼以常情義解詮注，達摩一宗，掃土而盡。不知古人，向二六時中，念念不捨，要明此事。」[19]因為「古人意在言外」，必須經由真參實悟的「明眼人」才能「檀郎認得聲」，若無實際開悟經驗的人，是無法明白言外之意的。圓悟克勤應是自許「具隻眼」，希望禪宗行者能夠「且看祖師當時初來的題目道什麼」，回到公案的原始點，也為了避免後人「妄自卜度」，所以不得不枉入風塵，度與金針。他也反對「以常情義解詮注」，因為俗情卜測，便會使「達摩一宗，掃土而盡」，其目的也是要勸解學人於二六時中，要明此大事因緣，攝心摒於諸緣，安心辦道，以待時節因緣，自然大悟。

---

[16] 見心聞賁和尚：〈與張子韶書〉，《禪林寶訓》卷 4，《大正藏》第 48 冊，頁 1036 中至下。

[17] 在《碧巖錄・三教老人序》中說：「圓悟大師之所述也。其大弟子大慧禪師，乃焚棄其書。世間種種法皆忌執著，釋子所歸敬莫如佛，猶有時而罵之。」見《大正藏》第 48 冊，頁 139 上至中。

[18] 後來毀版之後，又重行刻版，三教老人在序文中以為：「圓悟顧子念孫之心多，故重拈雪竇頌。大慧救焚拯溺之心多，故立毀碧嚴集。釋氏說一大藏經，末後乃謂：不曾說一字，豈欺我哉？圓悟之心，釋氏說經之心也。大慧之心，釋氏諱說之心也。」其意有調和與化解其矛盾對立之意。見《碧巖錄・三教老人序》，見《大正藏》第 48 冊，頁 139 下。有關於圓悟克勤對大慧宗杲禪學的影響，可以參看方新蓉的論文，見方新蓉：〈論圓悟克勤對大慧宗杲士大夫禪學的影響〉，《西華大學學報(哲學社會科學版)》，2009 年 8 月。

[19] 《碧巖錄》第 74 則，見《大正藏》第 48 冊，頁 202 上。

三、圓悟克勤《碧巖錄》公案詮釋的中心思想

筆者以為圓悟克勤《碧巖錄》公案詮釋的中心思想，可以略為三項，分別是：其一，繞路說禪，評點關鍵；其二，老婆心切，指示進路；其三，顯體明用，妙解權實。

其一，繞路說禪，評點關鍵，如鑑照影，正法眼目。

圓悟克勤在《碧巖錄》第 1 則「垂示云」中，說：「隔山見煙，早知是火，隔牆見角，便知是牛。舉一明三，目機銖兩，是衲僧家尋常茶飯。至於截斷眾流，東湧西沒，逆順縱橫，與奪自在。」[20]這是從雲門宗的雲門文偃（864-949）接化學人的「函蓋乾坤、目機銖兩、不涉萬緣」的三句之一，這是圓悟克勤表示開悟的大禪師，秉持其真實的生命體驗，真參實悟的見地與證量，一眼即可看出學人的境界與結纏之處，或者是說清清楚楚明明白白自己修持的境界為何，這是「衲僧家尋常茶飯」，至於「截斷眾流」，乃是雲門文偃的法嗣德山緣密，取其三句之義，又別拈出「函蓋乾坤、截斷眾流、隨波逐浪」三句，以為德山三句，或稱雲門三句之一。圓悟克勤於第 1 則就拈出雲門法義為大綱，其中「函蓋乾坤」可謂萬法之「本體」，「與奪自在」是修持之悟境與手段，至於「目機銖兩」則是用以勘驗境界與細心計較的「專業素養」。圓悟克勤在此點明禪師的本份，就是要為天下人驗證禪悟的真偽邪正。

圓悟克勤在《碧巖錄》第 1 則中又說：「參得一句透，千句萬句一時透，自然坐得斷，把得定。古人道：粉骨碎身未足酬，一句了然超百億。」[21]所謂「參得一句透」，就是參透生死的玄關，打破無明的漆桶，一切皆明，所以「千句萬句一時透」，便不會被天下老和尚的舌頭攪亂受瞞，從此明眼觀照世間，所有禪宗公案因此一句而心中了然無滯，頓銷疑惑，無心坦然。對於修行所歷諸境，如明鑑映照水中之影，堪為人天眼目。

圓悟克勤在《碧巖錄》第 1 則中又說：「且據雪竇頌此公案，一似善舞太阿劍相似，向虛空中盤礴，自然不犯鋒芒。若是無這般手段，才拈著便見傷鋒犯手。若是具眼者，看他一拈一掇，一褒一貶，只用四句，楷定一則公案。大凡頌古只是繞路說禪，拈古大綱據款結案而已。」[22]其中，圓悟克勤說「向虛

---

[20]　《碧巖錄》第 1 則，見《大正藏》第 48 冊，頁 140 上。

[21]　《碧巖錄》第 1 則，見《大正藏》第 48 冊，頁 140 中。

[22]　《碧巖錄》第 1 則，見《大正藏》第 48 冊，頁 141 上。

空中盤礡」，這是虛晃一招，引蛇出洞，具此「手段」，又是「具眼」的明眼人，善用「一拈一掇，一褒一貶」的扣其兩端，殺活只用四句，就能楷定真偽邪正大小偏圓，這裡圓悟克勤是委婉的說明自己是「人天眼目」，出世只為世人「證明」真邪而已。因此，圓悟克勤說「頌古只是繞路說禪」，雖則繞路，實亦說禪，只是藉文字詩偈韻語，點撩禪師悟道之風月，評點古人參悟之關鍵，所以「拈古大綱據款結案」，結案的是楷定公案之死句或活句，進退破立之間，點出其間奧妙深蘊處，為後人舉示正路而已。筆者以為圓悟克勤效法追躡達摩祖師的「與人解粘去縛，抽釘拔楔，剗除荊棘」的用心，可見一斑。

　　除此之外，圓悟克勤還點評了歷代祖師的垂教風範，如在第 2 則中評議趙州從諗（778-897）是：「此是大手宗師，不與爾論玄論妙，論機論境，一向以本分事接人。」[23]所謂的「本分事」，就是本地風光，不落言詮。在評唱第 3 則頌古「馬大師不安」公案時，圓悟克勤說：「祖師若不以本分事相見，如何得此道光輝？此箇公案，若知落處，便獨步丹霄；若不知落處，往往枯木巖前，岔路去在。」[24]其實「落」與「不落」皆是兩頭語，「本分事」才是緊要，[25]工夫落堂，實心體證，自然可以「獨步丹霄」，否則在「枯木巖前」，坐穿蒲團，仍是歧路重重。圓悟克勤在第 6 則點評了雲門文偃的禪法：「雲門尋常接人，多用睦州手段，只是難為湊泊，有抽釘拔楔底鉗錘。」[26]圓悟克勤說雲門文偃是「難為湊泊」，意思是難以親近，卻是有「抽釘拔楔」的手段，能夠讓人開悟。圓悟克勤另外在第 7 則，點評法眼文益（885-958）是：「法眼禪師，有啐啄同時底機，具啐啄同時底用，方能如此答話。」[27]其中「啐啄同時」的前提是禪師心眼明亮，必須是一個明眼人，如同在《碧巖錄》第 16 則中說：「大凡行腳人，須具啐啄同時眼，有啐啄同時用，方稱衲僧。如母欲啄，而子不得不啐。子欲啐，而母不得不啄。……所以啐啄之機，皆是古佛家風。」[28]其中明眼觀照，啐啄同時，方顯禪宗心法的大機大用。再者，眼明觀照，亦須

23　《碧巖錄》第 2 則，見《大正藏》第 48 冊，頁 141 下。

24　《碧巖錄》第 2 則，見《大正藏》第 48 冊，頁 142 下。

25　在《碧巖錄》第 17 則中說：「斬釘截鐵，始可為本分宗師；避箭畏刀，焉能為通方作者？針劄不入處，則且置，白浪滔天時如何？」見《大正藏》第 48 冊，頁 157 上。

26　《碧巖錄》第 6 則，見《大正藏》第 48 冊，頁 146 上。此處的「睦州」，是指黃檗希運的法嗣睦州道明（780-877），曾經接引遊方參學的雲門文偃。

27　《碧巖錄》第 7 則，見《大正藏》第 48 冊，頁 147 上。

28　《碧巖錄》第 16 則，見《大正藏》第 48 冊，頁 156 上。

知言句深淺，在《碧巖錄》第 23 則中說：「金將石試，劍將毛試，水將杖試。至於衲僧門下，一言一句，一機一境，一出一入，一挨一拶，要見深淺，要見向背，且道將什麼？」[29]圓悟克勤苦口婆心的一再說明，明眼善知識對於任何言句、機境、出入、挨拶，皆心眼洞明，如觀指掌，淺深向背，毫無纖纖細微之惑。

　　除此之外，圓悟克勤對禪師用功辦道的精神也多加著墨，以為勸進後世學人為法忘軀，例如在《碧巖錄》第 34 則中說：「懶瓚和尚，隱居衡山石室中。唐德宗聞其名，遣使召之，使者至其室宣言：天子有詔，尊者當起謝恩。瓚方撥牛糞火，尋煨芋而食，寒涕垂頤未嘗答。使者笑曰：且勸尊者拭涕。瓚曰：我豈有工夫為俗人拭涕耶？竟不起。使回奏，德宗甚欽歎之。」[30]其中的懶瓚禪師，為唐代禪僧，生卒年不詳，又稱明瓚，別號懶殘，初參謁嵩山普寂，有南嶽懶瓚和尚歌行世，[31]筆者以為這是一種「典型」，但未必是一種「典範」。所謂的「典型」是指特殊的修持型態，或是超脫凡俗的行為表現，懶瓚禪師或許真的是「無拭涕之工」，但也有可能是「悖逆常情之矯」，誰能知之？所謂的「典範」，是指真修實鍊，真參實悟，一言一行，不偏不執，脫落身心，坐斷十方，離三毒而證三明，所作已辦，是為修行的模範。然而，不論是「典型」或是「典範」，其實很難以外在形相勘驗之。

　　其二，老婆心切，指示進路，大用現前，不涉諸緣。

　　圓悟克勤在《碧巖錄》第 1 則中說：「垂示云：一機一境，一言一句，且圖有箇入處。好肉上剜瘡，成窠成窟；大用現前，不存軌則。且圖知有向上事，蓋天蓋地又摸索不著。恁麼也得，不恁麼也得，太廉纖生；恁麼也不得，不恁麼也不得，太孤危生。不涉二途，如何即是？」[32]圓悟克勤以為後人在禪宗公案中尋言摘句，就是在「一機一境，一言一句」之間，希望「且圖有箇入處」，正好比在「好肉上剜瘡」，自毀前程。其實禪宗「入處」，就在「大用現前，不存軌則」，一心直挺挺，直心是道場，大用現前時，言語道斷，心行處滅，一念心花怒放而成就無上正等正覺，何來軌則？此為最上而且是唯一的進路，捨此無門，去此無路，無門而門門自通達，無路卻是坦然平野，萬里千疇眼豁

29　《碧巖錄》第 23 則，見《大正藏》第 48 冊，頁 164 上。
30　《碧巖錄》第 34 則，見《大正藏》第 48 冊，頁 173 中。
31　請參閱周瑤：〈唐代禪僧懶殘事蹟考辨〉稿，筆者所見此文於「佛教線上」網站。
32　《碧巖錄》第 2 則，見《大正藏》第 48 冊，頁 142 下。

開，當下即是，本地風光現前。同時，在《碧巖錄》第 8 則中亦說：「若也世諦流布，具一隻眼，可以坐斷十方，壁立千仞。所以道：大用現前，不存軌則。」[33]具隻法眼，坐斷十方，不容擬議，又何生軌則呢？其中「會則途中受用，如龍得水」，更說明大用現前，不涉諸緣的妙境。

圓悟克勤在《碧巖錄》第 7 則中說：「看他古人恁麼悟去，是什麼道理？不可只教山僧說，須是自己二六時中，打辦精神。似恁麼與他承當，他日向十字街頭，垂手為人，也不為難事。」[34]圓悟克勤認為古德能於一言半句之間，當下大悟，其關鍵不是聆聽或「只教山僧說」，而是必須「自己二六時中，打辦精神」，身心專一，方能入道，筆者以為這裡不僅要深入禪定，更要能了常明於日常生活中的片片刻刻。至於悟後於「十字街頭，垂手為人」，也就不是困難的事了。此外，在《碧巖錄》第 20 則中說：「棒頭有眼明如日，要識真金火裏看。大凡激揚要妙，提唱宗乘，向第一機下明得，可以坐斷天下人舌頭，倘或躊躇，落在第二。」[35]禪宗祖師用「棒」，實則棒頭上「眼明如日」，用心深切，只為「激揚要妙」，目的是「提唱宗乘」，在當下的「第一機」下可以證入，錯失良機，便成二三，失卻悟道因緣。

圓悟克勤提舉「一鏃破三關」公案，原是指唐代澧洲欽山文邃禪師與巨良禪客的問答語句，也作「欽山一鏃破三關」，在《碧巖錄》第 56 則載有：「良禪客問欽山：一鏃射三關時如何？山謂：放出關中主看。良云：恁麼則知過必改。山云：更待何時？良云：好箭放不著所在。便出。山云：且來，闍黎！良回首，山把住云：一鏃破三關即且止，試與欽山發箭看！良擬議，山打七棒云：且聽這漢疑三十年。」[36]意思是說以一箭射破三道關門，用以比喻一念頓時超越三大阿僧祇劫、以當下的一心貫澈三觀，或是以一

---

[33] 《碧巖錄》第 8 則，見《大正藏》第 48 冊，頁 148 上。前文為：「垂示云：會則途中受用，如龍得水，似虎靠山；不會則世諦流布，羝羊觸藩，守株待兔。有時一句，如踞地獅子；有時一句，如金剛王寶劍；有時一句，坐斷天下人舌頭；有時一句，隨波逐浪。若也途中受用，遇知音別機宜，識休咎相共證明。」

[34] 《碧巖錄》第 7 則，見《大正藏》第 48 冊，頁 147 下。

[35] 《碧巖錄》第 20 則，見《大正藏》第 48 冊，頁 160 中。鄧克銘對此有精彩的解說：「蓋一位證悟的禪師為道之體現者，其所使用之語言文字動作等可視為道之指標，對於生命之解脫具有非凡之效力，因此禪師在說法示法之際，必須以道之引導者的身份做最精確的判斷。」見鄧克銘：〈禪宗公案之經典化的解釋──以《碧巖錄》為中心〉，《台大佛學研究中心學報》，第八期（2003 年 7 月），頁 156。

[36] 《碧巖錄》第 56 則，《大正藏》第 48 冊，頁 190 上。

棒打殺了對三世諸佛的執著，沒有經過任何階段或次第而直接悟入本來面目的情形。

　　在《碧巖錄》第 42 則載有一則耐人尋味的公案，圓悟克勤也特別為之詳細的解說，原文是先「舉」古則公案：「龐居士辭藥山，山命十禪客相送至門首。（是時值雪下）居士指空中雪云：好雪片片，不落別處。」[37]此處在「著語」的夾註為：「無風起浪，指頭有眼，這老漢言中有響。」圓悟克勤像是導引的解說員，點出其中關鍵，在下一句：「時有全禪客云：落在什麼處？」夾註為：「中也！相隨來也，果然上鉤來。」之後龐居士打了禪客兩掌，圓悟克勤引出雪竇重顯說：「雪竇別云：初問處但握雪團便打。」在「著語」的夾註說：「是則是，賊過後張弓，也漏逗不少。雖然如是，要見箭鋒相拄，爭奈落在鬼窟裏了也！」[38]圓悟克勤不敢直評雪竇重顯頌評是對是錯，但也略帶酸醋的味道點出「賊過後張弓」，表示「漏逗不少」，這意思是說事後諸葛，當下未必一言中的，其中有些疏漏，恐怕也可以大做文章。相對的，若真做文章，如「箭鋒相拄」，又落入了二元對立的輪迴鬼窟，這卻是本末倒置的。後面圓悟克勤針對雪竇重顯的「頌古」的「雪團打雪團打」，在「著語」的夾註說：「爭奈落在第二機，不勞拈出，頭上漫漫，腳下漫漫。」此處圓悟克勤是質疑雪竇重顯在「第二機」上做文章，何必費心拈出，又點出：「雪團打雪團打，龐老機關沒可把。雪竇要在居士頭上行。古人以雪明一色邊事，雪竇意道，當時若握雪團打時，居士縱有如何機關，亦難搆得。雪竇自誇他打處，殊不知有落節處。」圓悟克勤以為雪竇重顯沒有恰到好處的把握龐居士的「機關」，有「頭上安頭」之嫌，既然好雪片片，已然當下不落別處，又何必手握雪團要打呢？圓悟克勤以為雪竇重顯自誇的「打」，其實有「落節」，有所失落環節的意思。筆者卻以為，「雪團打雪團打」是畫餅充飢，老古錐戲耍小把戲，正如同南泉斬貓公案，載有「趙州乃脫履安頭上而出」一句，後世許多附會解說象徵何意，筆者以為皆無實義，也不必在文字上費心計較，強解自圓，若是執著字句之間，反而真的是「漏逗」與「落節」。正如同在《碧巖錄》第 46 則圓悟克勤「垂示云」中說：「一槌便成，超凡越聖。片言可折，去縛解粘。」[39]因此，「雪團」無義，「打」

---

[37] 《碧巖錄》第 42 則，《大正藏》第 48 冊，頁 179 中。
[38] 《碧巖錄》第 42 則，《大正藏》第 48 冊，頁 179 中。
[39] 《碧巖錄》第 46 則，《大正藏》第 48 冊，頁 182 中。

也無義，「漏逗」也好，「落節」也罷，公案只是人間遊戲，切勿當真才好。

其三，顯體明用，妙解權實，扶豎宗教，照用同時。

圓悟克勤在《碧巖錄》第 5 則中說：「垂示云，大凡扶豎宗教，須是英靈底漢，有殺人不眨眼底手腳，方可立地成佛。所以照用同時，卷舒齊唱，理事不二，權實並行。放過一著，建立第二義門。直下截斷葛藤，後學初機難為湊泊。昨日恁麼，事不獲已，今日又恁麼，罪過彌天。若是明眼漢，一點謾他不得。其或未然，虎口裡橫身，不免喪身失命。」[40]這個「殺人不眨眼底手腳」的「英靈底漢」，就是「明眼漢」，臨機決斷，葛藤不束，權照用實，當下即是。

有關於圓悟克勤提到的「殺人刀活人劍」，實則為禪法的機權妙用，他在《碧巖錄》第 12 則中說：「殺人刀活人劍，乃上古之風規，亦今時之樞要。若論殺也，不傷一毫；若論活也，喪身失命。所以道：向上一路，千聖不傳，學者勞形，如猿捉影。已道既是不傳，為什麼卻有許多葛藤公案？具眼者，試說看！」[41]被稱為上古風規與今時樞要的是「殺活」之間的妙用，論「殺」則截斷葛藤，但「不傷一毫」，續佛慧命；論「活」則絕處舉生，卻「喪身失命」，不著痕跡。此為禪師之手眼，啟悟後學之方法，此為「向上一路」，由凡轉聖，天地懸隔，千聖之所以不傳，乃是唯佛唯佛乃能究竟諸法實相，以心傳心，豈是文字糟粕所能傳述？但是，圓悟克勤本身提舉一個問題：「已道既是不傳，為什麼卻有許多葛藤公案？」筆者以為，這是「頻呼小玉原無事，只為檀郎認得聲」的模式。

圓悟克勤在《碧巖錄》第 14 則中說：「禪家流，欲知佛性義，當觀時節因緣，謂之教外別傳，單傳心印，直指人心，見性成佛。釋迦老子，四十九年住世，三百六十會，開談頓漸權實，謂之一代時教。」[42]圓悟克勤以為在時節因緣成熟之下，才能得知「佛性義」，以為釋迦牟尼佛住世弘化，也是開設頓漸權實的一代時教。此外，在《碧巖錄》第 25 則中說：「古人既得道之後，

---

[40] 《碧巖錄》第 5 則，《大正藏》第 48 冊，頁 144 下。

[41] 《碧巖錄》第 12 則，《大正藏》第 48 冊，頁 152 下。

[42] 《碧巖錄》第 14 則，《大正藏》第 48 冊，頁 154 下。高毓婷對圓悟克勤的「一代時教」有以下看法：「對克勤而言，一切之問答言語，及一代時教，均是載道之器，是教化上的方便法。他對待公案的態度，亦是如此。」見高毓婷：〈圓悟克勤禪學思想〉，《中華佛學研究》第三期，1999 年 3 月出版，頁 343。

茅茨石室中，折腳鐺兒內，煮野菜根吃過日，且不求名利，放曠隨緣。垂一轉語，且要報佛祖恩，傳佛心印，才見僧來，便拈拄杖云：古人到這裡為什麼不肯住？前後二十餘年，終無一人答得。只這一問，也有權有實，有照有用。若也知他圈繢，不消一捏，爾且道因什麼二十年如此問？既是宗師所為，何故只守一橛？」[43]所謂權實照用，其實就是生活中的大機大用，煮野菜根吃過日是隨緣底放曠，自在逍遙，其中「垂一轉語」，名為報佛深恩，一句轉語，門前草深埋徑，又有誰識其中機權照用？圓悟克勤自許為眾生撥草尋牛，落花紛紛，流水茫茫，在閃電之機中，荒蕪徑裡權示正路之行，亦可謂老婆心切，垂範千古後世。

四、結論

　　有關於圓悟克勤以五項形式七個步驟詮解公案，筆者以為，如此「規範化詮釋」禪宗公案的模式，利弊互見，古來諸家批評者多，讚揚者少。但以今日現代眼光觀察，圓悟克勤或許憫察後世眾生，難以得窺禪宗參悟公案的進路與方法，不得已勉施手腕，巧做金針，婆心深切的度與後代眾生，成就一段宗門心法的大事因緣。不幸的是，後世卻以「文字禪」視之，更加執著文字的表相，陷於泥淖之中。筆者以為，非祖師有過，而是以後世禪者，死於文字句意，以凡心測度聖者悟意，私意揣測而已。

　　再者，禪宗本來以「不立文字」為宗旨，以為文字為葛藤，但是隨機點撥的生活教育之中，仍然是無法離開文字的詮解與表達，也正是因為如此，祖師點化學人的當下言句與情境，卻自然成為後世心懷古賢而追摹效法的蹤跡。或許，公案中的祖師垂示機用，其目的是「化實為虛」，手法是「抽釘拔楔」，但事實卻成為「尋言摘句」與「卜測妄解」，反而「以虛為實」，將文字意義的虛幻相貌轉化成為對實體的執著。因此，行者不在心地上用功夫，卻在嘴皮上耍弄風月，對於戒定慧全無實際修持的用功與體會，這已不是第二義或第三義了，而是落於世間知識的層面，去聖之遙，離悟之遠，千差而萬別矣。

---

[43]　《碧巖錄》第 25 則，《大正藏》第 48 冊，頁 165 下。

八指頭陀及其詠梅詩

黃敬家

一、前言

　　清末詩壇中，無論詩作的質或量，八指頭陀（1851-1912）都是無法忽略的一位傑出詩僧。這樣一位質量俱優的詩僧，長期以來不曾受到學界關注，以致至今未見較為深入的研究成果。本文以「詠梅詩」作為探究八指頭陀詩歌禪境的核心，是基於其對梅花的賞識共感非同尋常。八指頭陀三十一歲刊刻第一本詩集名《嚼梅吟》，五十四歲刊印最後一本詩集名《白梅詩》，詩友雅稱其「白梅和尚」，瘞骨處題名「冷香塔」，可說已將梅之神韻與其性靈焚化為一。計其一生詠梅或與梅相關詩作約有一百五十餘首，約佔其全部作品的十分之一，卻是其創作成果的精華。因此，本文結合禪宗美感思維在詩歌中的運用，與其相關傳記所呈現的生命歷程，來解釋八指頭陀詠梅詩所呈現的生命情境。首先，從八指頭陀的生平及其苦吟精神，掌握其創作機制的心靈背景。其次，從梅花意象與禪宗歷史的關連，探究其詠梅詩所體現的空靈禪境和所開發的意涵層次，挖掘八指頭陀詠梅詩所開展的不同於前人的禪境特質和心靈境界，並為八指頭陀詠梅禪詩的突出表現，在詩史上給予適當的定位。

二、八指頭陀及其苦吟精神

　　根據八指頭陀《詩集》之「自述」，其法名敬安，字寄禪。因曾於明州阿育王寺發心燃二指供佛，而自號「八指頭陀」。[1]他俗姓黃，名讀山，出生於湖

---

[1]　參考八指頭陀，〈《詩集》自述〉，梅季點輯，《八指頭陀詩文集》（長沙：嶽麓書社，1990年），頁452-455。本文所標八指頭陀詩的頁碼，皆以此版本為主，若與《續修四庫全書》第1575冊中的《八指頭陀詩集》、《八指頭陀詩集續集》、《八指頭陀雜文》（上海：上海古籍出版社，2003年）有異文，則於附註說明。

南湘潭縣的貧農之家。自言其先世是宋代黃庭堅之裔孫，因家道中落，而從洪
州徙居湘潭，世代以務農為業。頭陀早歲孤苦，七歲喪母，年十一始學《論語》，
未竟而喪父，諸姐皆已他嫁，親弟由宗親代撫，貧無所依，只好暫以牧牛維生，
並自修不輟。一日，避雨村塾簷下，聞師吟「少孤為客早」而潸然淚下，可見
他因身世早熟而又敏銳易感的心性。塾師周雲帆異之，因留為燒茶煮飯，閒時
教其識字。不久因周師病故而再失依怙，經轉介為富家子伴讀，卻常遭使役斥
罵；轉學手藝，動輒毒打，命與運違，蒼茫無依。

　　頭陀自幼喜聞佛道之理，其出家先有早歲的孤苦，對人世無常的深刻體
驗，在人世茫然，無路可走時，「一日，見籬間白桃花忽為風雪摧敗，不覺失
聲大哭。因慨然動出塵想，遂投湘陰法華寺出家。」[2]白桃花零落於風雨的意
象，成為少年頭陀頓悟生命無常，決然斷捨塵世流轉的關鍵。這是何等純念的
心性。何懷碩先生曾於短文〈說悲憫〉中，談到他對頭陀因見白桃花摧敗痛哭
而棄絕塵念的看法：

> 最激烈的愛居然以大捨棄來了斷，這種心靈的大願力，豈你我輩所能
> 有？白桃花的際遇值得有情者哭，而這十八歲少年的悲憫之情竟願棄
> 絕塵念，以代贖天地人間無盡的大苦，更教人驚佩讚歎。[3]

　　誠如所言，生命的美，人生的無常，命運的殘酷，天地的無情，激起了他
心中最強烈的情感動力和心靈感發，遂而祝髮為僧。

　　八指頭陀的一生，除去苦難的童年時代，從出家到往生，共四十五年僧臘
歲月，筆者將之分成三個人生階段來說明。[4]

　　從十八歲出家到三十四歲為苦行自學階段。頭陀十八歲為苦行僧，二十五
歲起行腳江浙，二十七歲時到浙江四明阿育王寺擔任雜役，那年秋天，他在佛
舍利塔前燃二指，並剜臂肉燃燈供佛，從此自號八指頭陀。[5]三十一歲在浙江

---

[2] 八指頭陀，〈《詩集》自述〉，梅季點輯，《八指頭陀詩文集》，頁 453。

[3] 何懷碩，〈說悲憫〉，《孤獨的滋味》（臺北：立緒出版社，1998 年），頁 210。

[4] 參考梅季點輯《八指頭陀詩文集》之前言。參見梅季點輯，《八指頭陀詩文集》，頁 1-14。

[5] 頭陀，苦行之一。又作杜茶、杜多、投多、偷多、塵吼多，意譯為抖擻、斗藪、修治、棄除、
沙汰、浣洗、紛彈、搖振。意即對衣、食、住等棄其貪著，以修鍊身心。亦稱頭陀行、頭陀
事、頭陀功德。如十二頭陀行，為修治身心，除淨煩惱塵垢之十二種梵行。參見《佛光大辭
典》（高雄：佛光出版社，1989 年），「頭陀」條，頁 6362。

寧波刊刻其第一本詩集《嚼梅吟》。其創作以律詩居多，此時南嶽叢林敦請為住持，詩名亦立，各方邀約唱和漸至。三十四歲回到湖南長沙，共雲遊九年，行遍江南。

　　從三十四歲住錫南嶽到五十一歲，修行和詩作均進入成熟階段。頭陀三十四歲起住南嶽，該處尚遺唐代懶殘明瓚遺跡，頭陀亦時以懶殘自況，不少詩作運用懶殘典故。[6]直到五十一歲之間，陸續擔任六座叢林住持，積極改革，復興佛教；同時，經常與王闓運（1833-1916）等碧湖詩社詩人唱和往來，詩名遠播，湖南曾刊刻其《詩集》十卷。此時期的創作頗多應酬之作，受湖湘詩派影響，詩風多擬漢魏六朝古詩，而以往創作較多的律詩體製銳減。

　　五十二歲到六十二歲圓寂止，任浙江天童寺住持。頭陀因見其時佛教衰微，根本原因在於僧才缺乏，起而興設杭州僧學堂，然因故未成，後於寧波創立僧教育會，致力於僧伽教育的紮根，極具前瞻眼光。五十四歲時，於浙江刊行《白梅詩》。一九一二年辛亥革命成功，全國佛教徒成立「中華佛教總會」，公推其為第一任會長。此時各地傳來毀寺奪僧之事，頭陀遂與虛雲（1840-1959）奔走北京，要求新政府嚴加禁止，不但未得善意回應，且當場受辱，當晚返回法源寺，胸膈作痛，中夜即悄然示寂。世壽六十二歲，僧臘四十五年[7]，葬於生前預建於天童寺的冷香塔。頭陀護教未竟其功而突然謝世，隔年，臨時政府即頒行「中華佛教會章程」，這可說是他以生命為佛教界換來的一點短暫的安定。太虛對其甚為折服推崇，以戒弟子身份撰文悼念，並承續其中興佛教之遺志。[8]

6　筆者初步估計，約有五十餘首。例如〈梅癡子將入都，余作送別詩經半月矣。臨解纜復贈此詩，仍次前韻〉：「欲持煨芋贈，恥近懶殘名。」梅季點輯，《八指頭陀詩文集》，頁219。

7　八指頭陀在民國元年，為其冷香塔作〈自題小像〉，詩云：「六十二年夢幻身」（頁442），他在那年往生。又，〈冷香塔自序銘〉云：「余既剃染之四十二年，為宣統己酉（元年），主天童九載矣。」（頁501）推算其僧臘四十五年。由此逆推其十七歲出家，《嚼梅吟》自敘〉亦謂：「十七出家于湘陰法華寺。」（頁449）然〈述懷〉詩云：「十六辭家事世尊」（頁109），〈《詩集》自述〉云其出家「時同治七年」。（頁452）同治七年，頭陀是十七歲或十八歲的差距，是由於中國人算歲方式，年初、年末出生，會產生歲數誤差。大醒、梅季所編之年譜，均作十八歲出家。

8　參見馮毓孳，〈中華佛教總會會長天童寺方丈寄禪和尚行述〉，原載於《海潮音》（紀念八指頭陀專號）第13卷第12期（1932.12），頁683-686。收入梅季點輯，《八指頭陀詩文集》，頁521-525。虛雲並為八指頭陀辦喪，扶柩至滬，在靜安寺開佛教會成立大會，及頭陀的追悼會。參見岑學呂編，《虛雲和尚年譜》（臺北：天華出版社，2001年），宣統三年，歲冬，頁76。

　　八指頭陀一生好詩，今所見詩作數量可說超越歷代詩僧。民國八年，楊度整理其遺稿，在北京法源寺重新刊刻，包括《八指頭陀詩集》十卷，前五卷由光緒二十四年（1898）陳伯嚴等刊刻的《詩集》重印，並增補佚詩，後五卷收錄其光緒十五年（1889）至二十四年的作品，光緒二十四年由葉德輝在湖南刊刻行世。《續集》八卷，收錄其光緒二十五年（1899）至民國元年（1912）作品。以及《文集》一卷。日本曾將其詩集編入《續藏》，使其聲名卓播海外。一九八四年大陸長沙嶽麓書社出版了由梅季整理點輯的《八指頭陀詩文集》，除了彙整頭陀出版過的所有詩文集，還包括其文章碑銘、開示法語、信札書函，以及他人所做的序、跋、傳記、遺事和弔祭文等，按照寫作時間先後重新編排，讓讀者更能清楚掌握八指頭陀不同階段的創作轉折，文後並附其生平年表，是目前為止最完整的八指頭陀作品集。

　　八指頭陀早歲因身世飄零，未受完整的啟蒙教育，十八歲因感人世無常而出家之後，日以了生死為念，精勤苦修，不作他想。其寫詩的因緣，是少年時因緣際會受到身邊兩位愛詩人的啟發而開啟，一位是岐山精一律師，另一位是郭菊蓀先生。頭陀受戒後前往岐山仁瑞寺隨恆志和尚參禪時，在該寺認識好吟詩詞的精一律師。頭陀原對精一將時間耗費在無關生死的詩詞吟作頗為不解，還被精一笑其畢生恐怕無法理解文字般若之妙處。那時的頭陀文化素養有限，一心只想修行解脫，於人間諸事概無心過問，而精一的作風，讓頭陀見識到不同的修行觀念和態度。其次，八指頭陀在岐山參禪期間，曾至巴陵省視親舅，路經岳陽樓，面對洞庭湖萬頃碧波，偶吟「洞庭波送一僧來」，郭菊蓀贊其「語有神助」，授以《唐詩三百首》，從此開啟了他寫詩的夙慧。[9]

　　八指頭陀性格不畏異俗，自言「生來傲骨不低眉」[10]，頗與雪梅傲霜相呼應。其行事作風裡透著一股不畏人言的擇善固執，自云：「半肩行李孤雲影，一領袈裟萬淚痕。讚毀從來沒嗔喜，曰魔曰佛任公言。」[11]思想上亦不拘於佛門一法，喜以《楞嚴經》、《圓覺經》，雜以《莊子》、《離騷》混合為歌，因而被視為狂僧。[12]可見其獨具一格之創造性。因此，自從投入詩歌創作，便是以

[9] 兩造因緣，參見八指頭陀，〈《詩集》自述〉，梅季點輯，《八指頭陀詩文集》，頁453。

[10] 〈感懷二首〉之一，梅季點輯，《八指頭陀詩文集》，頁63。

[11] 〈十一疊韻，呈葉吏部〉，梅季點輯，《八指頭陀詩文集》，頁245。

[12] 參見八指頭陀，〈《詩集》自述〉，梅季點輯，《八指頭陀詩文集》，頁454。亦見於喻昧庵輯，《新續高僧傳四集》（臺北：廣文書局，1977年），第65卷〈四明天童寺沙門釋敬安傳〉，頁1638。

全副之生命精神為之。青年時期充滿作詩的熱情，二十六歲時作〈詩興〉云：「我欲吟成佛，推敲夜不眠。狂歌對明月，得句問青天。」[13] 又云：「五字吟難穩，詩魂夜不安。」[14] 可見其為詩，是在反覆推敲琢磨後才完成。

　　八指頭陀因體豐而多病，天生口吃又不善書，曾作詩贈友人，云：「花下一壺酒」，因不會寫「壺」字，而直接畫一壺酒形於紙上。郡中頗工書法的徐酡仙見了，大為欣賞，謂其字筆力天成，樸實遒勁，自有一番風韻。故其於〈冷香塔自序銘〉自陳：「余口多期艾，手拙拈毫猶倒薤。惟於文字，至老不輟。」[15] 楊度曾強欲頭陀自錄其詩，結果他「十字九誤，點畫不備，窘極大汗。書未及半，言願作詩，以求赦免。」楊度因大笑許之。[16] 許是學詩、寫詩起步較晚而著力甚殷，其性格中天然自成一種認真專注的魄力，無論做任何事都全幅生命投入，曾自言「讀書少，用力尤苦。或一字未愜，如負重累，至忘寢食。有一詩至數年始成者。」因而自慚「余平日於文字障深，禪定力淺，然好善嫉惡，觸境而生。」[17]

　　頭陀無論學詩、寫詩，均用功甚力，常因作詩而陷於苦吟，並因僧人身份又無法克制好詩習性而陷於矛盾掙扎。〈感懷二首〉之一：

　　　　生來傲骨不低眉，每到求人為寫詩。
　　　　畢竟苦吟成底事？十年博得鬢如絲。[18]

〈書懷，兼呈梁孝廉〉：

　　　　結習惟餘文字存，每憑定力攝詩魂。
　　　　鬚從撚斷吟逾苦，一字吟成一淚痕。[19]

　　他常請王湘綺為其改詩，《湘綺樓日記》曾記云：「寄禪來改詩，云衡州無

13　梅季點輯，《八指頭陀詩文集》，頁 24。
14　〈送周卜苣茂才還長沙，即次寄其舅氏徐侍御原韻〉，梅季點輯，《八指頭陀詩文集》，頁 192。
15　梅季點輯，《八指頭陀詩文集》，頁 502。
16　楊度，〈《八指頭陀詩集》序〉，《續修四庫全書》第 1575 冊，頁 351 上。
17　以上兩段引文，引自八指頭陀，〈《詩集》自述〉，梅季點輯，《八指頭陀詩文集》，頁 453-4。
18　梅季點輯，《八指頭陀詩文集》，頁 63。
19　梅季點輯，《八指頭陀詩文集》，頁 261。

人商量，此僧定詩魔矣。」[20]可見其於創作用功之勤。〈不寐〉：

> 幽興老難遣，詩魔病益侵。移床就明月，得句抵黃金。[21]

〈自題擊鉢苦吟圖三首〉之一：

> 青年白髮小頭陀，嘯月吟風寄興多。
> 料得梅花應笑我，不能降服一詩魔。[22]

　　詩中充滿自嘲的況味。理性上他認為參禪悟道與世諦文字是兩回事，〈答智清上人，次見贈原韻〉：

> 無影枝頭花正開，箇中消息費疑猜。維摩不語原非默，慶喜多聞未是才。
> 海底泥牛銜月走，巖邊石馬帶雲回。莫將文字參真諦，無縫天衣不假裁。[23]

　　又言：「恒沙劫骨盡燒燃，猶有文人未了緣。靈運多才後成佛，孟公無慧早生天。」[24]但是實際上仍屈從了情感上寫詩熱情的召喚。〈次韻酬盧吟秋茂才二首〉之一：

> 老去猶求一字師，敢云得失寸心知？
> 不貪成佛生天果，但願人間有好詩。[25]

---

[20] 參見王闓運，《湘綺樓日記》（臺北：臺灣學生書局，1964 年），光緒 18 年 12 月 29 日，頁 559。又，光緒 19 年 2 月 25 日，記云：「寄禪談詩入魔。」（頁 563）光緒 26 年 6 月 11 日，記云：「寄禪來，荒唐似有狂疾。」（頁 711）由此可見當時頭陀對寫詩的狂熱。

[21] 梅季點輯，《八指頭陀詩文集》，頁 325。

[22] 梅季點輯，《八指頭陀詩文集》，頁 59。

[23] 梅季點輯，《八指頭陀詩文集》，頁 208。

[24] 〈秋日病中漫興，次洪純伯明經見贈原韻二首〉之一，梅季點輯，《八指頭陀詩文集》，頁 288。

[25] 梅季點輯，《八指頭陀詩文集》，頁 299。

　　可見頭陀一方面在理性上認為吟詩寫作等俗諦文字有妨禪業，一方面情感上又無法割捨詩賦創作對他的吸引力，兩方在他心理上一直存在矛盾衝突的拉鋸，使他對於耽溺苦吟這件事，既滿懷慚愧，又夾雜陶然自苦之樂。〈《嚼梅吟》自敘〉：「噫！余為如來末法弟子，不能于三界中度眾生離火宅，徒以區區雕蟲見稱於世，不亦悲乎！」[26]另一方面，對自己的詩慧又有幾分自負，「不許盧仝為茗友，卻呼賈島是詩僧。」[27]掙扎的結果是，即使「未能成佛果，且自作詩仙。」[28]由此看來，頭陀多數時候是屈從了內心寫詩熱情的召喚。所以，〈暮秋書懷〉云：「佳句每從愁裡得，故人多在客中逢。自嗟未了頭陀願，辜負青山幾萬重。」[29]頗有認了無法割捨詩興的懺悔意味。

　　以「苦吟」方式來達到詩人自我追求的藝術水平，起自初唐，經杜甫（712-770）、韓愈（768-842）發揚，至晚唐而出現多位刻苦成詩的苦吟型詩人，包括賈島（779-843）、孟郊（751-814）等。中晚唐諸位詩人之苦吟，有來自外在時代社會環境影響詩人仕途遭際的不遇，而將精神轉向藝術創作；有來自詩人內在性格的敏銳和執著，透過苦吟方式體現其對藝術生命境界追求的強烈主體自覺和認真實踐的創作態度，藉此展現其生命價值。詩人關照的對象，往往從外在世界轉向內在心靈，形成一種獨特自苦的創作精神特質。[30]中晚唐已有多名詩僧因性好苦吟而聞名，像清塞、棲白、尚顏等，不過，詩僧苦吟不若世俗詩人往往因為現實經歷的困頓而將生命精力轉向詩歌創作，不自覺地表現出簡素、清空的苦澀美感。相反的，詩僧的身份使他們擺脫世俗出處窮達的起落，獲得另一種生命的安頓，也就是僧人並不需要為生活、為仕途而經營奔走，所以他們的苦吟，可說是純就創作過程身心歷程的煎熬，而不是所表現出的內容苦澀。從這點而言，詩僧的苦吟，更具有純粹藝術創作時，熱情投入的專注苦思，這和參禪求悟的歷程頗有異曲同工之處。[31]八指頭陀繼承了

---

[26] 梅季點輯，《八指頭陀詩文集》，頁449。

[27] 〈秋日病中漫興，次洪純伯明經見贈原韻二首〉之二，梅季點輯，《八指頭陀詩文集》，頁288。

[28] 〈夜吟〉，梅季點輯，《八指頭陀詩文集》，頁395

[29] 引自《八指頭陀詩集》卷1，《續修四庫全書》第1575冊，頁354。

[30] 王曉音對「苦吟」的內涵作了新的界定。謂苦在美學上是展現一種生命的況味，它是生命之苦，創作之苦，苦吟詩人追求的就是苦所帶來的美，所以苦不僅是一種生存狀態，更具有審美意味。參見氏著，《唐代詩歌創作苦吟現象研究》（西安：陝西師範大學碩士論文，2001年），頁5。

[31] 皎然〈取境〉云：「夫不入虎穴，焉得虎子？取境之時，須至難至險，始見奇句。」〔唐〕皎

前代苦吟詩僧的創作精神，全身心都投入到創作狀態，可說將創作精神提高到如同參禪一般的精勤專一。所以，其「苦吟」，是一種對於創作無法自已的熱情，以及酌字煉句的苦思。從其性耽苦吟，以及無法克服或割捨創作嗜好的矛盾心理，正可以擺落其作為僧人的宗教規範下公領域的一面，而窺見其個人私密的性格情感的一面。他艱困的身世，對生命無常的痛惜，口吃無法恣意表述己見的情緒，都可以通過創作得到慰藉的出口。在詩歌創作的天地，完足地只要面對造境或者煉字之苦，這苦對詩人而言，反而是一種全然為詩而存在的樂。〈偶吟〉：

> 山僧好詩如好禪，興來長夜不能眠。
> 擊缽狂吟山月墮，鳴鐘得句意欣然。[32]

因為他常自陷苦吟，以致成詩之後，心情上既欣喜又感慨。他由原本識字不多，到刻苦自學，以至於以詩聞名，其中可見其性格之專注勤苦，以及從寫詩獲得真正的快樂。

頭陀〈余以近作效孟郊詩數首錄寄李梅痴，并題一詩于後〉云：

> 戲效孟郊體，寄與李梅痴。撐腸無別物，吃語以療飢。
> 瘦月黃生魄，肥雲冷作肌。夜吟燈焰綠，窺窗鬼聽詩。[33]

由熱愛創作以致竟能以詩語療飢，其風格除有晚清孟郊的清苦，更添有如李賀的意象奇詭風貌，可見其於文字刻苦用功之勤，性情上對於詩意感受之強烈。

八指頭陀早年學詩因起步晚而苦吟甚篤，詩風近似晚唐賈、孟一派，風格趨向幽冷清寂。中年主持湖湘六寺，家國憂思更甚於身世之感，又受碧湖詩社王闓運等湖湘詩人風氣影響，亦擬漢魏古詩之風，頗多感時傷事的抒發之作，

然著，李壯鷹校注，《詩式校注》（濟南：齊魯書社，1987 年），卷 1，頁 30。又，其〈寄鄭谷郎中〉云：「詩心何以傳？所證自同禪。覓句如探虎，逢知似得仙。」《全唐詩》（北京：中華書局，1990 年），卷 839，頁 9457。強調創作須經一番苦思經營的過程。

[32] 梅季點輯，《八指頭陀詩文集》，頁 15。

[33] 梅季點輯，《八指頭陀詩文集》，頁 396。

文辭精整，風格沈鬱，頗效老杜之神。他的性格能轉益多師，多方嘗試各種風格體製，融會成自家風格。他曾語太虛其學詩淵源：「傳杜之神，取陶之意，得賈孟之體氣，此吾為詩之宗法焉。」[34]葉德輝在〈《八指頭陀詩集》序〉評曰：「其詩宗法六朝，卑者亦似中晚唐人之作。中年以後，所交多海內聞人，詩格駘宕，不主故常，駸駸乎有與鄧（白香）王（湘綺）犄角之意。湘中固多詩僧，以余所知，未有勝于寄師者也。」[35]整體而論，頭陀從少年開始學詩，中年詩名已成，無論士林、禪林均共推之。直到人生晚期的十來年，參與社會活動，領導佛教改革，推動僧伽教育，生命歷練豐富，而仍創作不輟，詩作情感自然流露而語意深致，其創作精神值得肯定，而創作內涵更有待深入挖掘。

三、梅花意象與禪悟的關係

八指頭陀與佛教的夙緣，源於其母禱白衣大士，夢蘭而懷胎，這何嘗不是他與花所結深緣之始。頭陀十八歲因見籬間白桃花忽為風雪摧敗，不覺失聲大哭，遂投湘陰法華寺出家。出家之後，因性之所好而賞梅、寫梅，可說一生與花結下不解之緣。

詠梅意象和意蘊主要經過宋代詩人的經營，使梅花具有遺世獨立、孤芳雅淡的氣質，形態或為疏影、橫枝；香味或為暗香、寒香，具有耐寒不屈的骨氣，從外在的形象到內蘊的風骨，賦予梅花豐富而穩定的象徵意義。八指頭陀的生命歷程曲折，性格孤介刻苦，其詩作經常運用自然景象表現當下心境，尤喜運用各種花卉意象入詩，其於諸花之中，又獨鍾梅花。

在八指頭陀的詠梅詩中，常可見林逋隱士的身影，如〈詠梅〉：

誤識林和靖，而今恨未忘。誰知風雪裡，冷淡自生香。[36]

〈次邱雲章茂才韻二首〉之一：

---

34 太虛，〈中興佛教寄禪安和尚傳〉，《海潮音》第 2 卷第 4 期（1921.04），第六章詩文，頁 492。王闓運《八指頭陀詩集》序〉評曰：「五律絕似賈島、姚合，比之寒山為工。」《續修四庫全書》，第 1575 冊，頁 349。

35 葉德輝，〈《八指頭陀詩集》序〉，《續修四庫全書》，第 1575 冊，頁 350。

36 梅季點輯，《八指頭陀詩文集》，頁 55。

> 杖履飄然世外游，滿江風雪一漁舟。
> 寄言處士林和靖，人本梅花不用修。[37]

〈月下對梅〉：

> 高冷不宜人，蕭然自絕鄰。四山殘月夜，孤驛小橋春。
> 暫時翻疑雪，清香不是塵。逋仙猶認影，誰復識其真？[38]

　　在〈詠梅〉中，「林和靖」已經轉化成詩人所鍾愛的梅花的借代詞，而風雪中的寒梅，不論愛憎，兀自冷淡生香。這也許是梅花特別吸引詩人的特質之一。〈次邱雲章茂才韻二首〉之一，頭陀芒鞋漁舟雲遊於滿江風雪中，如同梅花之飄然世外，主體與梅因生存意境疊合而為一。以上二詩出自頭陀青年時期詩集《嚼梅吟》，有其對梅花獨特的審美觀照，和年輕心靈的浪漫想像。〈月下對梅〉出自晚期詩集《白梅詩》，將梅所處環境元素都運用進去，包括高冷、絕鄰、殘月，孤山中的驛橋，暗暗清香絕不染塵。林逋處士猶言梅之「疏影橫斜」，頭陀卻更將影跡轉化為嗅覺上的絕塵之香。遣詞上可見其接受林逋詠梅意象的組合，但又能在意境上自出創意，營造自己眼中獨賞的梅花氛圍。由此可知，在頭陀詩作中，林逋與孤潔雪梅已經成為互用的文化符號和精神象徵，〈孤山〉云：「波光雲影上袈裟，一路行吟興自賒。才到孤山如舊住，前生多半是梅花。」[39]他可說是和靖的異代知己，孤山的舊精魂。

　　花本身有開謝榮枯，正與生命死生盛衰的循環相呼應，既可作為一種隱喻，從禪宗傳法歷史而言，亦可看到花作為傳示悟境的媒介，如世尊拈花，迦葉微笑。其後更有禪師因睹飛花落葉而悟道，[40]可見花與禪的深厚淵源。在禪宗的發展史裡，梅與禪師的修證歷程、禪悟內涵一直存在密切的歷史關連和指涉關係。從四祖道信（580-651）經歷多年遊方回到蘄州，住破頭山（即蘄州

37　梅季點輯，《八指頭陀詩文集》，頁 72。
38　梅季點輯，《八指頭陀詩文集》，頁 296。
39　梅季點輯，《八指頭陀詩文集》，頁 19。
40　如唐代靈雲志勤因桃花悟道，而有偈曰：「三十年來尋劍客，幾回落葉又抽枝；自從一見桃花後，直至如今更不疑。」《景德傳燈錄》卷 11「福州靈雲志勤禪師」，收入《大正藏》第 51 冊，頁 285 上。

黃梅縣雙峰山），五祖弘忍（601-674）繼其法席，於雙峰另建東山寺而禪法大盛。黃梅一地一方面在地理上成為舉國禪席盛筵之所在，另一方面也轉化為禪子追求悟道的心理座標的指引。

其次，梅花在禪宗公案中，成為悟境的標月指。《鶴林玉露》記有尼悟道後賦詩云：

> 盡日尋春不見春，芒鞋踏遍隴頭雲；歸來笑撚梅花嗅，春在枝頭已十分。[41]

「尋春」比喻禪人求悟的歷程，往往需經歷一番徹骨風霜的淬勵和修證考驗，才能嗅出梅花撲鼻的自性之香。也就是歷經由外向內尋無可尋時，方能迴入自性，安住生命的實相。

大梅法常（752-839）於馬祖道一（709-788）處得悟之後，便居於大梅山南梅子真舊隱處，一住四十年。一旦有人請法，便向深山更深處隱去，並留偈云：「摧殘枯木倚寒林，幾度逢春不變心。樵客遇之猶不顧，郢人那得苦追尋。」馬祖曾派人試探其悟境進境如何：

> 大寂聞師（法常）住山，乃令一僧到問云：「和尚見馬師得箇什麼便住此山？」師云：「馬師向我道即心是佛，我便向遮裏住。」僧云：「馬師近日佛法又別。」師云：「作麼生別。」僧云：「近日又道非心非佛。」師云：「遮老漢惑亂人未有了日。任汝非心非佛，我只管即心即佛。」其僧迴，舉似馬祖。祖云：「大眾，梅子熟也。」[42]

此處「梅子熟也」，藉由梅實成熟，作為修行悟境穩固的象徵。這個意義在禪宗發展史上，便形成禪門內部以梅暗示悟境的隱喻系統，成為後來公案、禪詩中悟境成熟的一種象徵。此種意義連結，與文人視梅為傲骨人格的象徵有所不同。黃檗希運（？-850）亦曾有詩云：

---

41 〔南宋〕羅大經，《鶴林玉露》（臺北：臺灣開明書局，1975 年），卷 6，頁 16。
42 以上兩段引文，引自《景德傳燈錄》卷 7「明州大梅山法常禪師」，收入《大正藏》第 51 冊，頁 254 下。

> 塵勞迴脫事非常，緊把繩頭做一場。不是一番寒徹骨，爭得梅花撲鼻
> 香。[43]

以梅花耐寒的性格品質，象徵禪人悟道必須經歷一番堅毅刻苦的磨練歷程，才能迴脫塵勞，嗅出自性的芬芳。由此皆可見梅花因其凌霜傲骨和卓然淡香，被禪門用來作為表彰禪人修道歷程的象喻。以梅花之香作為澈悟自性本源的指涉意象，在宋代禪宗語錄中已相當常見。南宋天童如淨禪師（1163-1228）曾上堂云：

> 雪裏梅花只一枝，而今到處成荊棘，卻笑春風繚亂吹。諸方說禪，清
> 涼念詩，還當得麼？[44]

他以雪裡梅花作為自性清淨的表徵，卻為如漫生荊棘的障垢、分別、成見所掩覆，禪人不知返聞自性，反笑春風亂舞。此處將說禪與念詩並舉，可見禪門以詩明禪已成風尚。

元代中峰明本禪師（1263-1323），嗣法於高峰原妙，為臨濟宗楊岐一系的禪僧。曾作《梅花詩百詠》與馮子振（1251-1348）相唱和。天然函昰（1608-1685）是明末清初嶺南佛教的領導人物，嶺南因多朱明遺臣潛隱其中，故而當地文人酷愛梅花，實是一種對故國鄉愁的轉移。[45]天然禪師著有《天然和尚梅花詩》，共一百二十首詠梅組詩，包含五、七言律、絕各三十首，以韻相系，可說是沿襲百詠詩的體製而來。王庭〈詠梅詩序言〉：

> 夫詩之一道，本非禪家所貴，然而古德多為之，其詠梅未嘗沾沾于梅
> 也。原風人之意，如河鳩淇竹，非為比，即為興，大都偶感于物，以
> 寄其懷云耳。若必詠物之體求之，將曲肖其形質，微寫其性情，博徵

---

[43] 〔唐〕裴休集，《黃檗斷際禪師宛陵錄》，收入《大正藏》第48冊，頁387中。

[44] 〔宋〕文素編，《如淨和尚語錄》，卷上，《大正藏》第48冊，頁123上。

[45] 梅花意象在明清鼎革的過程，淬礪出另一種深沈的貞烈意象和意義。或許是因為南明弘光朝兵部尚書大學士史可法在揚州殉難之後，當地人在梅花嶺為他修築了一處衣冠塚，遂形成梅花與朱明貞烈遺民的意義關連。

其事實，非切而能工，不以名執此。評諸詠梅者，林逋暗香、疏影二語而外，可稱者寧有幾哉？然而昔人詠梅往往多百篇，今老人之作亦百有二十篇。嗟乎！吾知老人之托意深矣。夫佛之妙法取之蓮，老人之微旨取之梅，以例之柏子草頭。老人之詠梅，未嘗非說禪，豈可以詩觀之耶？[46]

　　王庭認為，天然禪師之詠梅，「未嘗非說禪，豈可以詩觀之耶？」因此，不能僅視為一般的詠物詩，既抒發內在之身世感慨，又深蘊禪理。

　　八指頭陀身為禪僧，有相當的禪修體驗，個人氣性又偏愛作詩與梅花，因此，這三種元素結合的成果，便是其質量具豐的詠梅詩。頭陀往往以梅花作為自我生命之影射，〈為見聞禪友題枯梅〉：

甘心冷淡住林泉，歷盡冰霜節更堅。
莫道枯枝生意少，開來還在百花前。[47]

〈答夏公子二絕句〉之二：

紅梅太豔綠梅嬌，斗韻爭妍寄興遙。
應笑白梅甘冷淡，獨吟微月向溪橋。[48]

　　前詩自言梅花甘心冷淡生於林泉野地，忍受霜寒之苦而心性堅貞，並於嚴冬過後，在百花之前盛開，捎來春信。頭陀特別偏好白梅，後詩以白梅自況，言白梅雖不如嬌豔的紅梅、綠梅顯眼，但他本質即甘心冷淡獨吟。頭陀謂梅「生就冰霜雪月姿」[49]，這種對梅花品格特質的描述，均帶有主體色彩於其中。

　　頭陀青年時期所寫詠梅詩，以承襲前人孤潔傲霜的詠梅意象居多，加上個人身世感憤，借梅之耐寒堅貞以自我抒發。在書寫內涵上，尚屬承襲中加上個人風格變化。中年之後所寫詠梅詩，則由於生命體驗和禪修體悟的養分，而使

---

[46] 《盧山天然禪師語錄》卷 12，收入《嘉興藏》第 38 冊，頁 200 上。
[47] 梅季點輯，《八指頭陀詩文集》，頁 62。
[48] 梅季點輯，《八指頭陀詩文集》，頁 407。
[49] 〈梅〉，梅季點輯，《八指頭陀詩文集》，頁 75。

得梅枝化身為其生命悟境的最佳展現，在意境上可說已超越林逋等前人詠梅之作。

四、八指頭陀詠梅詩的禪境特質

清季湖湘一帶詩風頗盛，亦頗多詩僧參與文壇唱和酬作，而八指頭陀是其中最受湘潭詩壇盟主王闓運稱許者。頭陀不由識字，自然能文，且由於用功甚勤，進步神速，在其時諸多詩僧中，「得慧而能兼文理以為詩，可謂希有。」[50]

八指頭陀性喜僻靜山居，周遊名山古剎，中年住錫南嶽十多年，曾多次赴懶殘岩拜謁明瓚遺跡，並自比懶殘云：「懶殘為感平生遇，替守青山與白雲。」[51]楊靈荃於〈《嚼梅吟》跋〉云：

> 吾友寄禪子，性愛山，每躋攀必凌絕頂，務得奇觀。逢岩洞幽邃處，便吟詠其間，竟日忘歸。飢渴時，但飲寒泉、啖古柏而已。若隆冬，即於澗底敲冰和梅花嚼之，故其詩帶雲霞色，無煙火氣，蓋有得乎山川之助云。[52]

所以，頭陀詠梅意象，多以雲、月襯托之，造意新俊，常有令人耳目覺醒的佳句。如：「江寒水不流，魚嚼梅花影。」[53]「冷豔欺梅白，清光借月寒。」[54]「明月去借梅花影，清風來翻貝葉書。」[55]「一片禪心明杲日，十分詩思入新梅。」[56]「黃昏獨坐誰為伴？月借梅花瘦影來。」[57]這些早期詠梅之作，饒富雅趣，絲毫不見刻意雕琢的匠心，而富有觀察自然環境偶然遇目會心的情致。故而胡飛鵬以「滿山梅雪，清磬一聲」[58]的意境，讚其《嚼梅吟》的空靈

---

50 王闓運，〈《八指頭陀詩集》序〉，《續修四庫全書》，第 1575 冊，頁 350 上。
51 〈贈陳六笙觀察并序〉，梅季點輯，《八指頭陀詩文集》，頁 248。
52 梅季點輯，《八指頭陀詩文集》，頁 533-4。
53 〈題寒江釣雪圖〉，梅季點輯，《八指頭陀詩文集》，頁 95。
54 〈日暮望驃騎山雪，有懷徐配仙社友〉，梅季點輯，《八指頭陀詩文集》，頁 47。
55 〈冬日薄暮即事〉，梅季點輯，《八指頭陀詩文集》，頁 67。
56 〈和天童秋林老宿見寄原韻〉，梅季點輯，《八指頭陀詩文集》，頁 43。
57 〈薄暮吟〉，梅季點輯，《八指頭陀詩文集》，頁 54。
58 〈題頭陀嚼梅吟稿跋〉，梅季點輯，《八指頭陀詩文集》，頁 531-2。

美感。

　　八指頭陀因獨鍾梅花孤寒清雅的丰姿,其詠梅詩往往以梅花意象作為超脫俗世的象徵,或圓滿人格特質的理想投射,傳達一己的佛教思想或對禪境的體悟。以下為討論方便,將其詠梅詩所呈現的禪境特質分為三個面向論述之。

(一)捕捉現量即境之禪機

　　「現量」是佛教因明學三量之一,「量」者度量義,即認識作用,指知識來源、認識形式,及判斷知識真偽的標準。「現量」即直觀,指尚未加入任何概念活動、分別思維、籌度推求等作用,僅以直覺去量知色等外境諸法的自相。[59]這個觀念運用到詩學上,即有王夫之(1619-1692)提出「現量」說:

> 「僧敲月下門」,只是妄想揣摩,如說他人夢,縱令形容酷似,何嘗毫髮關心?知然者,以其沉吟「推敲」二字,就他作想也。若即景會心,則或「推」或「敲」,必居其一,因景因情,自然靈妙,何勞擬議哉?「長河落日圓」,初無定景;「隔水問樵夫」,初非想得,則禪家所謂「現量」也。[60]

　　現量是不依第二念的思量推論,純然以當下第一念去覺知色等外境諸法之相狀而不加任何分別判斷。禪人往往在歷經種種磨練、熟參之後,在思慮分別刮垢除光之際,或由老師、或由眼前飛花落葉之即景,當下獲得悟境。所以,詩人若果然寫當下直心所見之境,就不致有「推敲」的擬議空間。王氏認為真正的詩人,必是寫「即景會心」之所得,絕非意識分別所能拼湊,這和禪家之現量直觀有相同的心靈機制。

　　頭陀的禪詩有時並非運用一般常用的以象喻理的方式來表達,而直接以所體解之佛教哲理為詩,但又不致流於宣教,而有深邃的理思。四十八歲時所寫〈梅痴子乞陳師曾為白梅寫影,屬贊三首〉之三:

> 寒雪一以霽,浮塵了不生。偶從溪上過,忽見竹邊明。

59　參見《佛光大辭典》,「現量」條,頁 4729。《因明入正理論》:「現量謂無分別,若有正智於色等義,離名種等所有分別,現現別轉,故名現量。」收入《大正藏》第 32 冊,頁 12 中。

60　《薑齋詩話》卷下,收入丁福保編,《清詩話》(臺北:明倫出版社,1971 年),頁 9。

> 花冷方能潔，香多不損清。誰堪宣淨理，應感道人情。[61]

　　白梅世界裡全無人間煙塵，從溪上竹邊的冷香側寫梅影，更添靜境。誠如孫海洋先生所言，頭陀詠梅是將自己的心性與梅的質性融為一體，並注入禪意。[62]白梅在眾多梅花品種中，特別受到歷代文人青睞，八指頭陀尤其鍾愛白梅，其冷香逸韻，寒骨冰清，透露一股冷淡自若的精神特質。

　　四十九歲作〈對梅有悟〉：

> 林園澄夕霽，靜對穆余襟。自寫清溪影，如聞白雪吟。
> 三冬無暖氣，一悟見春心。寂寂欲誰語？微雲淡遠岑。[63]

　　禪人參禪，在未悟之前，必得經歷「枯木倚寒巖，三冬無暖氣」的考驗，這是借用禪門有名的婆子燒庵的公案。[64]八指頭陀曾在詩中自喻為「寒巖枯木」[65]，他將前人成句「三冬無暖氣」化為頸聯上句，另對上「一悟見春心」，非常工整而有新意，一方面替當年那位槁木死灰的禪和子找到出口的台階，一方面展現其經歷一般寒澈骨的淬煉之後，頓悟黃花翠竹所展現的盎然生機之悟境。最後以所見淡遠微雲作結，留下廣闊的空間無限延伸。在其詩集中，隨處可見他擅於捕捉當下心識所眼見之即景，展現無限禪意，如：「到此禪心无住著，海天一色碧琉璃。」[66]又如〈冬夜漫興二首〉之一：

> 人間無夢到山家，睡醒爐煙一縷斜。
> 夜半溪聲疑是雨，起看明月在梅花。[67]

---

[61] 梅季點輯，《八指頭陀詩文集》，頁219。

[62] 參見氏著，〈八指頭陀詩風初探〉，《船山學刊》1998年第1期，頁33。

[63] 梅季點輯，《八指頭陀詩文集》，頁240。

[64] 「昔有婆子供養一庵主，經二十年，常令一二八女子送飯給侍。一日，令女子抱定，曰：『正恁麼時如何？』主曰：『枯木倚寒巖，三冬無暖氣。』女子舉似婆。婆曰：『我二十年只供養得箇俗漢！』遂遣出，燒卻庵。」〔宋〕普濟集，《五燈會元》（臺北：文津出版社，1986年），卷6「亡名道婆」，頁366。

[65] 〈自笑〉：「寒巖枯木一頭陀，結習無如文字何？自笑強書塵世字，卻嗔倉頡誤人多。」梅季點輯，《八指頭陀詩文集》，頁241。

[66] 〈航海三首〉，梅季點輯，《八指頭陀詩文集》，頁54。

[67] 梅季點輯，《八指頭陀詩文集》，頁334。

這是頭陀五十五歲所作，天童寺經其改革振興，禪子參學風氣復盛，這年他全年留在天童，夏天為寺僧開講《禪林寶訓》。山寺蟄居，靜觀講學，度過難得踏實的一年。眠則無夢，醒則禪坐，思慮盡空，靜夜溪聲疑為雨，起看卻是「明月在梅花」。這完全是頭陀無思無慮眼下所見之即景，自然展現其當時了了清明的心境。如果夜半溪聲是禪悟過程，六根作用的雜念之幻化誤導，那麼，起看明月在梅花，便是擺落六根雜念後，朗然所見之悟境消息。

(二)渾化色空有無之一境

佛教對形質世界的認識，是色空互即映現的，《般若波羅蜜多心經》云：「色不異空，空不異色；色即是空，空即是色。」[68]一切有為法本質如夢幻泡影，並無實質之存在意義，也就是一切色相本質是空，因為它是沒有自性的，反之，由於一切萬法本質是空，而能含容一切的色相存在。對於當體之空性，不待於分析，而須有內在的禪觀體證當體把握。八指頭陀詩中即體現了他所觀見色空一如之境。

頭陀欣賞梅花高枝超俗的瘦影，孤潔耐寒的性情，藉由寒梅意象，寄託一己的精神信仰和人格趨向。其詠梅未必黏著於物象本身，而另從虛處經營其清空、超逸的興味，作法便是將內蘊把握之「空」觀以移諸對象，所以表面上的清冷之境，實為空靈禪境之展現。如四十七歲所寫〈詠白梅〉：

> 了與人境絕，寒山也自榮。孤煙淡將夕，微月照還明。
> 空際若無影，香中如有情。素心正宜此，聊用慰平生。[69]

白梅素淨無塵，迥絕人跡，在黃昏的煙嵐中已略見月影，這種日夕明昧不甚絕然的時刻，若無影而似有跡，若空明而淡然冷香透露著消息。此詩中「空際無影，香中有情」，不從正面寫梅之形象，而寫梅影似有若無，看來隱約而非真；然而，嗅覺上暗香微微蘊染，非真而又似有，使梅之影跡烘托出空有真幻的感知，令人咀嚼再三。宛如五蘊與空性，互即互用，詩境如嚴羽所言「羚羊掛角，無跡可尋。」[70]已將一己心性空明與梅之窅然冷香融為一體。此詩可

---

[68] 《大正藏》第 8 冊，頁 848 下。
[69] 梅季點輯，《八指頭陀詩文集》，頁 208。
[70] 〔宋〕嚴羽著，郭紹虞校釋，《滄浪詩話校釋》(臺北：里仁出版社，1985 年)，頁 26。

見其修行進境，且老於詩法，顯得意境清明空靈。

　　四十八歲時，作〈梅痴子為豁然道人寫梅，錄余《白梅詩》五首于其上，因有餘紙，復作此詩〉：

　　　　人間春似海，寂寞愛山家。孤嶼淡相倚，高枝寒更花。
　　　　本來無色相，何處著橫斜？不識東風意，尋春路轉差。[71]

　　首聯和頷聯營造出白梅在乍暖還寒的春山中，高枝雅淡地盛開的情境，從「愛山家」、「淡相倚」、「寒更花」，充分展現白梅孤寒高枝而又內斂淡泊的品格。頸聯和末聯則就眼下之白梅景象，更上提一層，從白梅的色相悟出諸法之空相，並運用唐代某尼尋春的故事作為尋求悟道的比喻。俗人終日心外求法，以六根隨逐六塵，不能悟得色空有無均不出此一心之作用，很難就路還家。若能把握當下一念而不為境轉，就路還家，當下便識得色空不二的本來面目。

　　頭陀亦常以梅花香潔而遺世的雪中孤枝，來表現其靜坐參禪所悟的心境，如四十八歲作〈梅痴子乞陳師曾為白梅寫影，屬贊三首〉之一：

　　　　一覺繁華夢，惟留澹泊身。意中微有雪，花外欲無春。
　　　　冷入孤禪境，清如遺世人。卻從烟水際，獨自養其真。[72]

　　梅影藏身雪中，因為雪的非固態實存特質而消去其實質之重，寒冽的初春，除卻白梅，也無可證為實存之春意，一身淡泊遺世的孤影，在現象界中似真還假，似有若虛地存養其真。頭陀此詩以擬人手法，雖言為白梅寫影，卻全然不從有形的物象描寫，而將梅之形象放在似有若無的意境中，空靈絕塵。所以，鄭文焯讚曰：「讀梅詩，益服骨力奇高，神旨孤潔，是能為梅花別開一徑，絕不墮宋人詩禪惡趣。」[73]誠哉斯言。

　　頭陀六十歲那年，在他駐錫九年的天童寺附近，預先建造寂滅後之瘞骨塔，在四周植以白梅，題名「冷香」，並作詩紀事，冥冥之中似為他兩年後的離世預作了準備：

---

[71] 梅季點輯，《八指頭陀詩文集》，頁238。
[72] 梅季點輯，《八指頭陀詩文集》，頁219。
[73] 鄭文焯，〈《白梅詩》跋〉，梅季點輯，《八指頭陀詩文集》，頁538。

佛壽本無量，吾生詎有涯。傳心一明月，埋骨萬梅花。
丹嶂棲靈窟，青山過客家。未來留此塔，長與伴烟霞。[74]

　　禪宗因為不願將悟境說破，乃透過指月傳心，以超越語言文字的限制，達
到以心傳心的目的。有形的骸骨埋在眾梅之中，無形的心性如同那一輪明月一
般，將其無言之境，透過明月梅花流傳下來，無限禪思。

(三)蘊含有情天地之生意

　　八指頭陀在前人所創發的詠梅意象或意境的基礎之上，透過個人生命和禪
修的體悟，創造了自己眼中所見的詠梅新意。其梅枝不僅僅是傲霜孤影的冷
香，和瘦硬橫斜的疏枝，更進而從梅花孤潔的自我品質中，體悟天地有情之美，
使其存在不再是孤芳自賞，而能與當下一切有情共構盎然清淨、和諧無染的宇
宙。這種觀待梅花的方式，在前人的詠梅詩中似乎不曾見過。例如頭陀四十八
歲時所作〈梅痴子乞陳師曾為白梅寫影，屬贊三首〉之二：

而我賞真趣，孤芳只自持。淡然于冷處，卓爾見高枝。
能使諸塵淨，都緣一白奇。含情笑松柏，但保後凋姿。[75]

　　這一年頭陀大病初癒，又逢本師東林和尚圓寂，甲午戰敗，光緒帝推行維
新變法旋即宣告失敗，身心內外，復加國是變局，實為動盪的一年。唯有在他
最鍾愛的白梅天地裡，能保有生命的真醇和自在。高枝淡然的冷香，醞釀成一
個絕不染塵的大地，在最不勝寒的高處，以一種了然的姿態迴入人間，泰然隨
緣開落於天地，而非如松柏堅持在霜雪中保持不凋的美姿。這是一種自在淡
然、寬心透明的心境，但能淨諸天地，何須計較有形生命的延續與否。其「含
情笑松柏」，已經超脫比較的心態，更有的是一種對萬物自以為的生存價值的
包容和理解，這未嘗不是頭陀歷經人世滄桑變故，又通過種種自我修持和刻苦
禪寂，加上個人於所處之社會時境和佛教處境，有更多的感同身受的不捨，和

---

[74] 〈自題冷香塔二首并序〉云：「庚戌孟秋，余卜天童青龍岡營造堵波，為將來大寂滅場。松
竹之隙，補種梅花，額曰冷香，書白梅舊作于壁，題二詩紀事。」梅季點輯，《八指頭陀詩
文集》，頁412。
[75] 梅季點輯，《八指頭陀詩文集》，頁219。

不忍眾苦的承擔勇氣，因而提煉出梅花含情的丰姿。又如〈雪後尋梅〉：

> 積雪浩初晴，探尋策杖行。寒依古岸發，靜覺暗香生。
> 瘦影扶烟立，清光背月明。無人契孤潔，一笑自含情。[76]

　　這是頭陀五十三歲時的詩作，時初任天童寺住持，一方面開始擘劃改革以重振禪林，一方面仍與文友酬唱往來，創作量相當豐富。此詩表現了詩人雪後策杖尋梅，在黑暗的靜夜中，靠著敏銳的嗅覺，找到暗香之所在。在微弱的月色下，瘦影背對月光。此時的梅姿多麼黯淡蕭索，然而詩人卻看到即使梅枝瘦影孤芳自存，無人契會，卻並不孤絕，亦不拒人千里，而是淡然一笑中脈脈含情。這個梅姿意象打破前人塑造的孤絕形象，而呈現更淡定自在，從容自處，與物共存的生命意境。詩人將個人精神移轉到梅，其清光下含情盈盈的瘦影，成為詩人內在生命的投射對象。末聯「無人契孤潔，一笑自含情。」可以指詩人眼中的梅枝，也可以是詩人自身的投射，無論如何，都不自外於有情萬物，而更開啟一種孤獨生命內在對生命品質的堅持，和孤獨背後對有情萬物的深情厚意。

　　從禪宗的觀點，自然萬象都是佛性存在的一個面向，所謂：「青青翠竹，盡是真如；鬱鬱黃花，無非般若。」[77]所以，宇宙萬法都是自性的顯現，都可以是悟道成佛的標月指，但看主體心態能悟與否。佛教所言情與無情同證無上菩提，同得一切種智亦同此義。在凡情階段，但須捨離一切根、境作用之情識造作，看似無情，一旦能超越分別相，則無須捨離一切相，而即一切相，入廛垂手，廣度有情，內在充滿對有情眾生的同情共感。此時之深情，已非世俗凡情，而是悲智雙運的一種自在自如。

　　可見頭陀藉由梅姿瘦影表達其於天地有情的多情關照，使梅花意象除卻孤高冷淡的距離感，而迴入世間微塵中，與有情眾生榮枯與共。這是一種大乘菩薩的發心，因為對有情眾生的繫念，為利一切有情故，而決心證得正覺。大乘菩薩的其中一種特質便是同體大悲，能全然感同身受一切有情的生命情境，但這不代表菩薩為情所牽，相反地，菩薩既能微細體解眾生心念，又不會隨眾生

---

[76] 梅季點輯，《八指頭陀詩文集》，頁297。
[77] 〔宋〕普濟集，《五燈會元》，卷15「薦福承古禪師」，頁945。

之情念而流轉分別。故如前述所引〈詠白梅〉云:「空際若無影,香中如有情。素心正宜此,聊用慰平生。」[78]這應是頭陀從其禪悟中所得的體證,能於凡聖二境,一切有無諸法,不產生分別取捨之心,除卻對外境之情繫束縛,卻有著迴入娑婆,等視群生中,所升起的無分別的慈悲之情。這份對於梅花「香中有情」的體認,可說是獨具慧眼,挖掘前人詠梅詩所未見之特質,使梅花重新有了人間的溫度,這也許是得自於八指頭陀禪修體悟與社會參與雙向投入後的生命體會。

五、結語

通過以上對八指頭陀創作態度和詠梅禪詩的意蘊解讀,可見其苦吟心志,而詠梅意境不僅僅是孤枝瘦影,更進而成為誘發禪機,表達悟境的象徵。程頌萬(1865-1932)於〈《白梅詩》跋〉,讚歎八指頭陀詠梅成就獨擅千古,其云:

> 寄公出示《白梅詩》卷,予評其「意中微有雪,花外欲无春。」為梅之神;「澹然于冷處,卓爾見高枝。」為梅之骨;「偶從林際過,忽見竹邊明。」為梅之格;「孤煙淡將夕,微月照還明。」為梅之韻;「爭姿寧遜雪,冷抱尚嫌花。」為梅之理;「三冬无暖氣,一悟見春心。」為梅之解脫。寄公大喜,囑余志之。予又以「人間春似海」一首為諸詩之冠,不可摘句贊之。詠梅至此,可謂獨擅千古。[79]

可見八指頭陀詠梅禪境在近代詩史上,獨標一格;在歷代詩僧群中,也是格調上乘者。雖然其早年學詩苦吟甚篤,詩風如賈、孟般趨向於清寒幽寂,這是多數僧詩的共通特質。然而中年之後,詩法已然成熟,個人修行和人生閱歷深湛而豐富,使其詩作意境超逸絕塵,風格新俊多樣,可說是晚清詩僧最高的文學成就,詩僧發展史的壓軸代表。

八指頭陀愛梅、詠梅,或藉寫梅之情境表達其禪思,或藉梅花意象來託喻

---

[78] 梅季點輯,《八指頭陀詩文集》,頁208。

[79] 梅季點輯,《八指頭陀詩文集》,頁537。俞明震〈《白梅詩》跋〉亦云:「讀至『意中微有雪,花外欲無春。』二語,將梅花全神寫足,驚為絕唱。」梅季點輯,《八指頭陀詩文集》,頁539。

其內在禪境，或從定境中以之作為所見之自然萬象之現身說法，梅花意象或作為悟境的象徵，或作為其悟境的標月指，或作為色境之總目，或作為有情天地的代指，與傳統詠物詩將所詠之物視為客觀對象，在觀照方式和思維態度上有根本的差異。就此而言，八指頭陀對於梅花意象的意蘊開發有別於前人，擴大梅與主體心性的連類層次，從而使梅從霜雪傲骨中，平添更空靈的妙境。這一方面是詩人生命體驗的累積，一方面是其主體修養悟境的深化，其藉梅詠境，足成近代文學史的一株奇葩。

　　從八指頭陀詠梅詩的禪境來看，他擅以梅花特有的丰姿，展現其獨特的人格特質和佛教思惟，藉以呈現一己體道的精神內涵。其詠梅詩作的風格意象，有承繼前人，亦有個人透過獨特的禪定修持和美感覺照所開發的有情生機，開拓詠梅意境的視野，賦予盎然的禪機。主體生命境界從孤寂禪定，到迴入人間，含容萬有，以之入詩，而充滿對有情天地的深情共感，豐富詠梅文學傳統在晚清的發展意蘊。因此，無論詩僧史或中國詩史對於八指頭陀詠梅詩歌成就，都該給予應有的重視和肯定。

《老子》宇宙論之探討──兼論其境界說

鄭燦山

一、

　　關於《老子》的研究，可謂汗牛充棟，筆者無意作一全面性或考據性的討論，而只針對其中的形上學部分進行探究。就形上學部分而言，最近幾位重要學者，如唐君毅、牟宗三、徐復觀、方東美等人皆有所論述，近人袁保新先生則檢視前輩學者的成果而作過綜合性的剖析，其中所討論的幾個主題頗具現代意義，值得我們注意。袁氏的結論贊成牟宗三的說法，認為《老子》的形上學是「境界型態」的而非「實有型態」的，袁氏對於「實有型態」的觀點提出三點質疑，[1]袁氏持論甚有所據，然而筆者卻有不同的意見，試先歸納出其觀點再作解析如下：

(一)袁氏認為「實有型態」的觀點忽略了老子思想歷史文化的背景，而且遺忘了中國哲學以實踐修養而非認識論之批判來保證形上思考合法性的特徵，亦即老子是針對禮樂崩壞周文疲弊之歷史文化背景出發，所以實踐修養乃老子的課題所在而非認識論。

(二)「實有型態」的詮釋無法為老子政治人生方面的主張提供內在關連性的意義說明，導致老子的形上學與其人生實踐的思想可以各自分立，分裂為不相繫屬的兩部分。

(三)如果將「道」的基本性格納入「客觀實有」的形態來了解，勢必要詭譎地表示一切「不道」、「非道」均是合於「常道」的表現，如此便造成老子思想的自我矛盾了！

《老子》第一章開宗明義便談及道的特性以及本體論，其言曰：

---

[1] 袁氏對於「實有型態」之三點質疑，參氏著《老子哲學之詮釋與重建》（台北：文津出版社，1991），p138─140。

道可道，非常道；名可名，非常名。無名天地之始，有名萬物之母。
故常無欲以觀其妙，常有欲以觀其徼。此兩者，同出而異名，同謂之
玄，玄之又玄，眾妙之門。

　　《老子》首章攸關義理，學者對其斷句每有不同看法，在進行其義理之探
討前，實應先解決文字句讀的問題。首章的斷句較具爭議性者有兩處，一為「無
名天地之始，有名萬物之母」，另一為「故常無欲以觀其妙，常有欲以觀其徼」。
就前者而言，大抵有兩種斷句法，一種為「名」字下斷句，而成「無名」、「有
名」；另一種為「無」、「有」下斷句而提煉出「無」、「有」兩觀念。這兩
種斷句皆持之有據，持前一觀點者以為《老子》三十二章：「道常無名……始
制有名，名亦既有……。」三十七章：「吾將鎮之以無名之樸。」四十一章：
「道隱無名。」等篇章，皆可證明當「無名」、「有名」斷句較妥，這種以老
解老的方法似乎令人不得不信服；然而另一種說法也同樣具有很強的說服力。
《老子》四十章：「天下萬物生於有，有生於無。」十一章：「故有之以為利，
無之以為用。」同樣運用以老證老的方法，更甚且引用到同為道家的《莊子》。
《莊子‧天下》篇：「古之道術有在於是者，關尹、老聃聞其風而說之，建之
以常、無、有，主之以大一。以濡弱謙下為表，以空虛不毀萬物為實。」如此
言之鑿鑿，頗能打動人。二者皆證諸《老子》原文，我們如何定其是非？文字
的斷句每每關係義理內容，而義理之型態亦每可決定句讀之是非。但是當義理
猶有爭議時，基本上即需先解決句讀的問題了！不可強以義理規定句讀，否則
易失之主觀，難有公論。我們且先擱下義理問題不管而直就文獻之句讀來談。
首先，我們也仿效前哲以老證老的方法查看看《老子》中「名」字的用法。歸
納的結果可以發現，《老子》「名」之用法有以下兩種：一作為名詞，如二十
一章：「吾不知其名，字之曰道。」四十四章：「名與身孰親？」另一作為動
詞，如一章：「名可名，非常名」十四章：「視之不見名曰夷。聽之不聞名曰
希。搏之不得名曰微。」二十五章：「吾不知其名，字之曰道，強為之名曰大。」
三十四章：「常無欲可名於小，萬物歸焉而不為主，可名為大。」《老子》中
之「名」只有作名詞、動詞兩種用法，而首章之「無名天地之始，有名萬物之
母。」之「名」若作名詞，則「無名」、「有名」斷句；若作動詞，則原文
當作「無，名天地之始，有，名萬物之母。」如此用法與《老子》之用字例不

合,其次我們覈諸先秦典籍,亦未見有「名」作為動詞而有如此之用例者。所以,筆者贊成「無名」、「有名」斷句似較妥貼些。

接著我們討論另一較具爭議性之文句──「故常無欲以觀其妙,常有欲以觀其徼。」雖然《老子》相當強調「有」、「無」概念,如前所引證者,但是,三章:「常使民無知無欲。」三十四章:「常無欲,可名於小。」其他如三十七、五十七兩章,亦皆有「無欲」之用詞,此其一也。

再者,「常無,欲以觀其妙;常有,欲以觀其徼。」如此斷句,「欲」字之用法太嫌瞥扭二也。最重要的是民國六十二年湖南長沙馬王堆出土的帛書《老子》,不論以小篆本或隸書本,皆作「恆無欲也,以觀其妙;恆有欲也,以觀其所噭。」帛書《老子》乃今日所見之最古本,此書一出,概可使《老子》斷句之爭議頓成定讞。所以,這段文字當作「常無欲,以觀其妙;常有欲,以觀其徼。」

句讀問題既已解決,我們即可順著原文進行義理上的分析。

首章一開始便說「道可道,非常道;名可名,非常名」從這段文字中透露出「常道」、「非常道」、「常名」、「非常名」四個概念,而與之對應者分別為「不可道」、「可道」、「不可名」、「可名」,這四組概念代表著老子的名實觀,其他如二十五章:「可以為天下母,吾不知其名,字之曰道,強為之名曰大。」也討論到名實問題,在先秦諸子學說中,名實問題是很重要一環,但是此處我們只就其宇宙論來探討,故名實論且先擱下不談,後面會稍加討論。

「無名,天地之始;有名,萬物之母」這段話也有一個爭論處,即有學者主張「無名,天地之始」[2],另有學者贊成改正為「無名,萬物之始」[3]。然而不管做「天地之始」或「萬物之始」,皆對整個義理架構無影響,但是並不可因此以為筆者贊成「天地」與「萬物」是同義詞的說法,此後當論及。

此處標出的「無名」、「有名」二詞,其實只是虛詞,即未有任何明確的指涉,不是一個定義詞,所以我們實無法掌握「無名」、「有名」的真正內涵。「無名」、「有名」又是「此兩者同出而異名,同謂之玄,玄之又玄,眾妙之門。」所以,「無名」、「有名」同出於「不可道」、「不可名」的「道」了。「道」之生成天下萬物是非常深奧難明的,因此,「無名」、「有名」這兩個

---

[2] 如朱謙之,《老子校釋》(附於里仁書局出版之《老子釋譯》)、王淮,《老子探義》主此說。

[3] 如馬敍倫,《老子校詁》、蔣錫昌,《老子校詁》、周次吉,《老子考述》。

「道」生成萬物的過程，便顯得十分玄奧，故曰「同謂之玄」，而「玄之又玄，眾妙之門」便是對「道」之微妙玄通、深不可識之狀詞了。但是，我們畢竟還是無法了解「無名」、「有名」的意義，這有待與老子其他宇宙論之文字比觀，則其中真義自必顯露。

《老子》原典中尚有幾章是典型的宇宙生成論，必須加以分析討論，整個宇宙論才會朗現出來。四十章言：

> 反者，道之動；弱者，道之用。天下萬物生於有，有生於無。

「萬物」生自於「有」，「有」又生自於「無」，若此，則「無」是最頂層的概念，亦即指涉「道」體。「有」乃是玄妙之存在，我們先不論其內容。「無」這概念我們切不可認之為絕對的虛無，空無一物；「無」只是一狀詞，正因為「道」體乃是一超時空的、無限的存有，所以，老子以「無」形容「道」體，《老子》一書屢屢談及「道」之恍惚難明、深不可識的特性，我們從以下數章可見一斑：

> 視之不見名曰夷，聽之不聞名曰希，搏之不得名曰微，此三者不可致詰，故混而為一。其上不皦，其下不昧，繩繩不可名，復歸於無物，是謂無狀之狀，無物之象，是謂惚恍。（十四章）

> 孔德之容，惟道是從。道之為物，惟恍惟惚。惚兮恍兮，其中有物；恍兮惚兮，其中有象。窈兮冥兮，其中有精，其精甚真，其中有信。（二十一章）

其他多處不能一一備舉。談至此，我們有必要進一步將三十八章與首章做一比觀。首章言「無名，萬物之始；有名，萬物之母。」學者每以為「無名」即「無」，「有名」即「有」，但是首章已明言「無名」、「有名」同出於「道」體，亦即同出於「無」，所以我們可以說「有」這一層次包含「無名」、「有名」兩者。「有名」固然是「有」，「無名」也是「有」，只是不可名狀而已。漢代老學大家嚴君平便以為：

有名，非道也；無名，非道也；有為，非道也；無為，非道也。無名
而無所不名，無為而無所不為。[4]

　　嚴氏這段文字非常精闢，真一針見血之談。「無名」、「有名」皆非道，
然而，何者為「道」？道者，「無名而無所不名，無為而無所不為」也。道常
無名，但是又可為「夷」、「希」、「微」、「大」、「小」，此非無所不名
乎？所以，「無名」、「有名」非「道」，唯「無」指涉「道」，狀其超時空，
恍惚無限的特性，而「無名」，「有名」皆屬於「有」的層次。也許有人會反
駁，三十二章：「道常無名。」四十一章：「道隱無名。」此非明言「道」即
是「無名」？此實仍可作他解也。試分析如下。首先，上舉兩章文字，皆未明
言，「道」即是「無名」。其次，我們可以說，「無名」乃高於「有名」之另
一宇宙生成層次，就好比我們在未發現分子、原子、電子、夸子之前，這些「東
西」也是「無名」的存有者，但它們並不等於「道」，所以，我們可以列出以
下的對等關係：

　　　　道　──→無名→有名→萬物
　　　　道（無）→　　　有　　→萬物

　　釐清上述宇宙概念之後，我們進一步將這些生成概念之真正內涵展現出
來。老子並不是喜歡說大話、興致所之隨意說個宇宙論的人，他提出宇宙論的
文字有好幾處，可見其重視程度。所以，筆者認為宇宙論是其人生論、政治論
之基石，由宇宙論推衍出老子的人生論、政治論，這是必然的結果。《老子》
四十二章：

　　道生一，一生二，二生三，三生萬物，萬物負陰而抱陽，沖氣以為和。

　　這段話的解釋眾說紛紜，王弼注云：「萬物萬形，其歸一也。何由致一，
由於無也。由無乃一，一可無言？已謂之一，豈得無言乎？有言有一，非二如

---

[4] 嚴遵，《道德指歸論》一書中嚴靈峰所著《輯「道德指歸論」上卷佚文》部分之第一章注文。
　　此書編入嚴氏之《無求備齋老子集成初編》。

何。有一有二，遂生乎三，從無之有，數盡乎斯，過此以往，非道之流。故萬物之生，吾知其主，雖有萬形，沖氣一焉。」王弼的注文很美、很警醒，可見他有使用語言的天分，單是簡單的一、二、三，便被他說得玄妙難識。當然，王弼注文有其深義，然而，筆者以為，王注美則美矣，卻未必契合老子文旨。老子雖然有哲學頭腦，善於思辯，精於名言，從首章我們即能領略一二。但是，筆者認為，他未必同先秦名家如惠施、公孫龍輩一般，喜歡名相辯給之術，所以，我們必須另找新解。

　　筆者初步認為「一」乃是「道」自一超時空界落實到時空界之一渾全的整體，「一」即首章所言的「無名」，也就是萬物之始，宇宙之始，因為誠如《莊子‧大宗師》所說：「（道）自本自根，未有天地，自古以固存，神鬼神帝，生天生地。」「道」自古以存，不為堯存，不為桀亡。我們今日所生存的世界，如果有一日真如佛家所言「成、住、壞、空」的宇宙觀般毀滅了，「道」依然還是存有著，所以，談到我們現在所處的這個有形世界，便得為它找個源頭，也就是宇宙之始，因為它不是瞬間生成的，因此，「道」生成這世界，首先必須透過「一」或者「無名」這過程，才能往下衍生出形形色色的宇宙萬有。

　　行文至此，須進一步略做小結論。所謂「天下萬物生於有，有生於無」。「無」指涉「道」，意味著「道」是一超時空的、無限的、無向性的、無名而無所不名的本體，以「無」指涉「道」，正為了凸顯「道」的這些質性。至於「有」則包含「無名」、「有名」兩層次。「有」之意義為何呢？「有」乃指落入時空的、有限的、有向性的，而基本上「無名」相當於「一」，「有名」則相當於「二」、「三」之階段，以下方生出萬物，此後當細論。所以「無」或「道」進入「有」，便意味「道」由超時空、無限、無向性進入時空、有限、有向性之階段，也就是向著生出萬物發展。此無論就宇宙之開始生成之過程言，或就現象界之個別事物之生成過程言，皆同樣存在著「無」進入「有」之過程。如此，方稱得上「道生之，德畜之，長之、育之、亭之、毒之、養之、覆之」（五十一章）。在此生成過程中，「一」便是「有」層之第一個階段。「一」乃指一渾沌、整全的整體，乃「道」於生成過程，落入時空界之自我之化身，所以，就其超越面、絕對面而言，則謂之「道」，就其落入時空、相對面而言，則謂之「一」，一乃與多相對，所以往後才漸生出「二」、「三」以至「萬物」。因此，「一」與「道」實無本質上之差異。

載營魄抱一，能無離乎？（十章）

「一」是一渾沌、整全的整體，所以又可叫做「樸」：

是以聖人抱一為天下式。（二十二章）

故令有所屬，見素抱樸，少私寡欲。（十九章）

道常無名。樸雖小，天下莫能臣也，侯王若能守之，萬物將自賓。（三十二章）

道常無為而無不為，侯王若能守之，萬物將自化，化而欲作，吾將鎮之以無名之樸。（三十七章）

　　不論是「抱一」、「抱樸」、「守樸」、「守道」，其意義皆同，因為「道」、「一」、「樸」其本質無異，所以稱做「道」、「一」、「樸」，只是在不同意義下所出現之三種表達符號而已，而這種表達的方式，正是所謂「字之曰」、「強為之名曰」之表達方式。而且三十七章之「無名之樸」更是一弔詭的句子。既已名為「樸」，卻又說「樸」是無名的，這印證了上述的表達方式。所以，誠如前面所引嚴君平所謂之「無名而無所不名」，「道」正是如此，因此我們只能以「字之曰道」之方式來表達那宇宙的本體，而不能以現象界之「名之曰」的方式來表達，但是，還是可以「強為之名曰」的方式來描述、契近那宇宙的本體。所以，《老子》一書中，「無」、「夷」、「希」、「微」、「大」、「小」、「一」、「樸」皆指涉宇宙的本體。而這些「名」，實即「道」運化時所顯的質性，然而「道」乃一無限性的本體，豈可執一質性以名之？所以，「道」無常名，卻又可以其質性強為之名，如此豈非所謂「無名而無所不名」？名實問題於此略及之，不再細論。

　　所以「道」常無名，「樸」是無名，「一」也可說是無名的。只不過「道」是超現象的、絕對的，「一」、「樸」則就現象的、相對的立場而言。

　　此外「一」又相當於「德」。

> 昔之得一者，天得一以清，地得一以寧，神得一以靈，谷得一以盈，
> 萬物得一以生，侯王得一以為天下貞。（三十九章）

宇宙萬有皆得「一」以得其所。五十一章言：

> 道生之，德畜之，物形之，勢成之，是以萬物莫不尊道而貴德。道之
> 尊，德之尊，夫莫之命而常自然。故道生之，德畜之，長之、育之、
> 亭之、毒之、養之、覆之；生而不有，為而不恃，長而不宰，是謂玄
> 德。

　　王弼注云：「道者，物之所由也；德者，物之所得也。由之乃得，故不得
不尊，失之則害，故不得不貴也。」可見萬物得「德」以生。徐復觀先生便認
為：「德是道的分化。萬物得道之體以成形，此道之一體，即內在於各物之中，
而成為物之所以為物的根源；各物的根源，老子即稱之為德…就其『全』者『一』
者而言，則謂之道，就其分者多者而言，則謂之德。道與德，僅有全與分之別，
而沒有本質上之別。」[5]所以，「德」即「一」，而「德」、「一」與「道」
皆無本質上的差異。因此「道」雖是超越的、絕對的，但並非隔絕的、高不可
攀的，實際上，「道」既超越於現象界卻也同時內在於現象界，而「道」內在
於現象界，就稱為「一」、「樸」、「德」。

　　既然已弄清宇宙生成過程之第一階段「一」之涵義，接下來須確定「二」、
「三」究何所指？綜觀全書，「天地」是一對相當重要的觀念，「天地」一詞
共出現在八個章節之中，且皆有其獨立意義，顯見在老子思想中，「天地」在
宇宙生成過程中，比萬物還早出現，所以「天地」與「萬物」並非同義詞，天
地並非萬物之總稱，萬物也不是天地之散說。因此，我們可以認定，「一」生
「二」之「二」乃指「天地」而言，「天地」與「一」（「德」）即併為「三」，
此點徐復觀先生已有相當精闢的解釋[6]，不再贅述。

　　綜上所述，我們可以幾個式子來表示《老子》的宇宙論：

　　道───→無名───→有名───→萬物

---

[5] 徐復觀，《中國人性論史》，頁337-338。
[6] 徐復觀，《中國人性論史》，頁335-336。

無────────→有────────→萬物
道──→一(德)──→二(天地)──→三──→萬物

　　這幾個式子是相對應的。「無」自與「道」對應，是為了表現「道」之超越的、無限的、無向性的（無向性非沒有向性，只是未顯其向性而已）、無名的特性，而「有」則與「無名」、「有名」或「一、二、三」相對應。「有」則顯其現象的、有限的、向性的特性。此外「一」與「無名」對應，「一」即「德」、「樸」，乃「道」向此世界（就宇宙生成而言）或個別事物（就個別事物生成而言）落實、內在化之自我的化身。所謂「無名」，是沒有定名的意思，即不可以現象界之名去命定的意思，而「一」或「樸」是「道」之自我化身，並無本質上差異，所以當然也無定名了。再者「天地」有形位，實質可見，不是恍惚難辨，自然有定名，而與「有名」一層相應了。

二、

　　接著討論《老子》中有關境界的觀點。《老子》描述境界的文字相當平實，除了「陸行不遇兕虎，入軍不被甲兵」（五十章）這段話易予人神祕感而引起聯想外，其他多言無為境界之效，意甚豁顯。其中又以三十八章的境界說，層次最分明，義理最精采，且先錄之於下再作分析，而王弼注文也頗可觀，但因文繁，不能全列，僅錄其要者如下：

　　　　上德不德，是以有德；下德不失德，是以無德。上德無為而無以為，
　　　　下德為之而有以為。上仁為之而無以為，上義為之而有以為，上禮為
　　　　之而莫之應，則攘臂而扔之。故失道而後德，失德而後仁，失仁而後
　　　　義，失義而後禮。夫禮者，忠信之薄而亂之首。前識者，道之華而愚
　　　　之始。是以大丈夫處其厚不居其薄，處其實不居其華。故去彼取此。
　　　　（三十八章）

　　　　德者，得也。常得而無喪，利而無害。故以德為名焉。何以得德？由
　　　　乎道也。何以盡德？以無為用。以無為用，則莫不載也。故物，無焉，
　　　　則無物不經；有焉，則不足以免其生。是以天地雖廣，以無為心；聖
　　　　王雖大，以虛為主。故曰以復而視，則天地之心見；至日而思之，則

先王之至睹也。故滅其私而無其身,則四海莫不瞻,遠近莫不至。殊其己而有其心,則一體不能自全,肌骨不能相容。是以上德之人,唯道是用,不德其德,無執無用,故能有德而無不為。不求而得,不為而成,故雖有德而無德名也。下德求而得之,為而成之,則立善以治物,故德名有焉。求而得之,必有失焉;為而成之,必有敗焉。善名生,則有不善應焉。故下德為之而有以為也。無以為者,無所偏為也。凡不能無為而為之者,皆下德也,仁、義、禮節是也。將明德之上下,輒舉下德以對上德,至於無以為。極下德之量,上仁是也,足及於無以為,而猶為之焉。為之而無以為。故有為為之,患矣!本在無為,母在無名,棄本捨母而適其子,功雖大焉,必有不濟;名雖美焉,偽亦必生。不能不為而成,不興而治,則乃為之。故有宏普博施仁愛之者,而愛之無所偏私,故上仁為之而無以為也....夫大之極也,其唯道手!自此已往,豈足尊哉?故雖德盛業大,富有萬物,猶各得其德,而未能自周也。故天不能為載,地不能為覆,人不能為瞻萬物。雖貴,以無為用,不能捨無以為體也,不能捨無以為體,則失其為大矣!所謂失道而後德也。以無為用,則得其母,故能己不勞焉,而物無不理。下此以往,則失用之母,不能無為而貴博施,不能博施而貴正直,不能正直而貴飾敬。所謂失德而後仁,失仁而後義,失義而後禮也....故苟得其為功之母,則萬物作焉而不辭也,萬物存焉而不勞也。用不以形,御不以名,故仁義可顯,禮敬可彰也。夫載之以大道,鎮之無名,則物無所尚,志無所營,各任其貞事,用其誠,則仁德厚焉,行義正焉,禮敬清焉。棄其所載,舍其所生,用其成形,役其聰明。仁則尚焉,義則競焉,禮則爭焉。故仁德之厚,非用仁之所能也;行義之正,非用義之所成也;禮敬之清,非用禮之所濟也。載之以道,統之以母,故顯之而無所尚,彰之而無所競。用夫無名,故名以篤焉;用夫無形,故形以成焉。守母以存其子,崇本以舉其末,則形名俱有而邪不生,大美配天而華不作。故母不可遠,本不可失。仁義,母之所生,非可以為母。(王弼注)[7]

---

[7] 此王弼注文採用樓宇烈《王弼集校釋》本。唯其中「不能捨無以為體也,不能捨無以為體,則失其為大矣!」樓氏校訂作「不能捨無以為體也,捨無以為體,則失其為大矣!」於上下文義反而不通,故仍照舊。

　　三十八章之原文學者校釋有許多不同的意見，有作「上德無為而無以為」[8]也有主張「上德無為而無不為」[9]，但是二者皆將「上德」定位在「無為」的層次，所以於義理上無多大影響。至於下一句的情形便不同了，有學者認為應作「下德為之而有不為」[10]，另有校訂成「下德無為而有以為」[11]。這種分歧造成兩種情形，一「下德」被歸入「為之」之「有為」層，二「下德」被歸入「無為」層，此關係義理甚大，牽涉到與下文「上仁」、「上義」、「上禮」之綰合，也影響及整個境界層級之架構問題。考諸湖南長沙馬王堆小篆本、隸書本帛書《老子》及《韓非子・解老》篇，皆沒有「下德為之」句，《韓非子》更連「下德不失德，是以無德」亦缺。從上述學者考訂現象及版本資料之比對，我們會產生一個疑問，究竟「下德」是不是一獨立之境界層級？若是，則「下德」當歸入「無為」層，原文句當作「下德無為而有以為」；若否，則「下德」應併入「有為」層，而指涉「上仁」以下各層。然而，主張「下德無為而有以為」說法者，並未有版本上依據，只是順著上下文義校訂，所以，這種觀點成立的理由較薄弱些。且加上帛書《老子》、《韓非子》的證據顯示，「下德」在帛書、《韓非子》中並不具有獨立的境界層級的地位，所以「下德」之描述文句並未出現，基於以上之比較考量，「下德」應歸入「有為」層，指涉「上仁」以下各層，似較妥當些。至於「下德為之而有以為」句，或者是原三十八章之注文，後因傳鈔而誤入原文者，亦未可知，而「下德」之所以言「為之而有以為」，正為提綱式地點出，其所涵之層級（仁、義、禮），或者「為之」，或者「為之」、「有以為」兩者兼具，所以，與「上義為之而有以為」句之義並不算重疊。總之，至少我們已分辨上德、上仁、上義、上禮等四個境界層級。接著我們可以順著王弼注文來了解三十八章的意思。

　　原文「失道而後德，失德而後仁，失仁而後義，失義而後禮」，似暗指在「德」之上尚有一「道」的境界層次。與上述四層級比觀，則《老子》之境界說便包含道、德、仁、義、禮五個層級。參考前引注文，王弼先分出「上德」一層，又言「凡不能無為而為之者，皆下德也，仁義禮節是也」，若此，則王

---

[8]　如朱謙之《老子校釋》（附於里仁書局出版之《老子釋譯》）。
[9]　蔣錫昌《老子校詁》。
[10]　同註8。
[11]　同註7。

弼眼中至少有上德（德）、仁、義、禮四層。接著再檢視王弼心中是否有更上一層的「道」？我們先看「道」與「德」的關係。王弼言「何以得德？由乎道也。何以盡德，以無為用，以無為用，則莫不載也。」、「天地雖廣，以無為心；聖王雖大，以虛為主。」，又言「上德之人，唯道是用，不德其德，無執無用，故能有德而無不為」。所以，能夠得「德」、成就「上德」，皆「以無為用」、「唯道是用」，即用「無」、用「道」之義，而「天地」、「聖王」正是「用道」之最明顯例子。從此可見，王弼認為「上德」乃以「用道」方式成就其德。此外王弼更認為有「體道」或「體無」之一層。其言「夫大之極也，其唯道乎！自此已往，豈足尊哉？故雖德盛業大，富有萬物，猶各得其德，而未自周也。故天不能為載，地不能為覆，人不能贍萬物。雖貴，以無為用，不能捨無以為體也，不能捨無以為體，則失其為大矣！所謂失道而後德也。」顯然地，王弼認為「上德」是「用無（道）」層，其上更有所謂「體無」（捨（舍）[12]無以為體）層，即「道」自身一層也。所以，「天」、「地」、「人」即使「以無為心」、「以虛為主」，雖然「貴」，但仍比不上「道」之「尊」，畢竟它們皆「以無為用」（用無）而已，不能「舍無以為體」（體無），不能「體無」，就失其為大，即便德盛業大，也只能自得其德而不能周遍溥博，所以，能載者即不能為覆，能覆者亦不能為載，人更不能完贍周濟萬物，凡此皆顯其不足、限制所在，因而更襯出「道」之「尊」與「大之極」的特性，故言「失道而後德」，「道」之層級高於「德」。魏源《老子本義》便說：「上德近乎道，故無為而無不為。」即明顯地分出「道」、「德」兩層。

因此，王弼的境界觀，當有道、德、仁、義、禮五層，實際上這也正密合《老子》「失道而後德，失德而後仁，失仁而後義，失義而後禮」之境界說，《老子河上公章句》也同此意：「言道衰而德化生也。言德衰而仁愛見也。言仁衰而分義明也。言義衰則施禮聘、行玉帛。」正明顯分為五層境界。然則近人劉師培以為《韓非子‧解老》作「失道而後失德，失德而後失仁，失仁而後失義，失義而後失禮。」其義與王注有異[13]。考諸《韓非子》原文作「道有

---

[12] 日本學者石田羊一郎刊誤《老子王弼注》「捨」作「舍」，居守之意也。石田氏此書收入天士出版社所出版的《老子王弼注》、帛書《老子》、《黃帝四經》之合印本中。參考天士出版社編輯部，《老子王弼注‧帛書老子‧伊尹‧九主‧黃帝四經合訂本》（台北市：天士出版社，1982年十月初版），p57。此外牟宗三先生亦以為「捨」當為「居」，見氏著《才性與玄理》頁166。此二者同以居守之意為解。

[13] 蔣錫昌《老子校詁》頁248引劉氏說。

積而德有功。德者，道之功。功有實而實有光，仁者，德之光。光有澤而澤有事，義者，仁之事也。事有禮而禮有文，禮者，義之文也。故曰，失道而後失德，失德而後失仁，失仁而後失義，失義而後失禮。」《韓非子》正是以德屬於道，仁屬於德，義屬於仁，禮屬於義。道所以成就德，德所以成就仁，仁所以成就義，義所以成就禮，此非王弼「何以得德？由乎道也」之義？王弼言「夫載之以大道，鎮之以無名，則物無所尚，志無所營。各任其貞事，用其誠，則仁德厚焉，行義正焉，禮敬清焉」、「仁德之厚，非用仁之所能也；行義之正，非用義之所成也；禮教之清，非用禮之濟也」、「守母以存其子，崇本以舉其末，則形名俱有而邪不生，大美配天而華不作。故母不可遠，本不可失。仁義，母之所生，非可以為母。」正可與《韓非子》相印證，皆表達「守母存子」、「崇本舉末」的思想。且韓非子去古未遠，其說法更值得我們注意，也許正是古義保留下來的面貌。

　　所以，表面上韓非子與王弼的意思似有所不同，實際上正好互相發明、印證，而《老子》境界說也可以底定成道、德、仁、義、禮五層。「德」屬無為層次，仁義禮則歸入有為層次，至於「道」則代表未始有有為無為的層次，正是大道未分、渾沌玄寥境界。比較而言，「道」是無限性、絕對性的層級，「德」以下則是有限性、相對性的層級，因為是有限的、相對的，所以只能各得其德而未能自周。「因此，也可見《老子》之境界說與其宇宙論是相呼應的。」

　　總上所論，可以看出《老子》是一有機的著作。其宇宙論是一有機的理論，宇宙論所包含之重要概念，如「道」、「德」、「一」、「無」、「有」、「無名」、「有名」等等，亦組成一有機的架構，而絕不虛設。甚至宇宙論與境界說，亦是一有機的聯絡與呼應。所以，處理思想系統問題時，實可藉由各關鍵概念之探討以逼顯出其中心概念（如「道」），進一步可以各種問題層次之有機組合、關係，契近思想系統之基源問題所在。此筆者作是篇之另一小得也。

朱子「智藏」之義析論[*]

黃瑩暖

一、前言：「智藏」之說的由來與本文之問題意識

「智藏」一詞，並非朱子（名熹，1130-1200）所創，亦非朱子之後的中國學者所說，而是日本德川幕府（1603-1867）初期的儒者山崎闇齋（名嘉，字敬義，號闇齋，1618-1682）根據他對朱子思想的研究心得所提出的。依據日本學者岡田武彥（1909-2004）的考察，朱子的「智藏」之說無論在其後學或日、韓等地，均未有廣泛的傳佈。[1]至於現代學界，約與岡田武彥同時及其後的日本學者們才加以注意並展開許多研究。[2]

---

[*] 本論文原題為「朱子智藏之說與格物致知」，曾宣讀於「東亞儒學的當代詮釋國際學術研討會」（2011 年 8 月 5-7 日，國立中央大學），承蒙特約討論人香港中文大學中文系鄭宗義教授給予指正、與會學者提供許多寶貴意見，謹此一併致謝。今修改原文範圍與內容，專就朱子「智藏」思想作深入析論。至於「智藏與格物致知」部分，則待另撰他文論之。謹此說明。

[1] 據岡田武彥所言，朱子後學中只有門人蔡氏（蔡元定、蔡沉）在〈洪範〉、〈皇極內篇〉中略有提到，以及真德秀在《讀書記》卷 4 中有所論及而已；此外就是日本學者山崎闇齋及崎門學派重視之。除此之外，中國元、明、清的朱子學者及日本、朝鮮的朱子學者幾乎無人論及「智藏」之說。見〔日〕岡田武彥著，錢明譯：《山崎闇齋》（臺北：東大圖書公司，1987 年），頁 126。山崎闇齋的徒孫若林強齋則認為明代薛文清（1389-1464）也對「智藏」之奧義有所體會；不過此說尚待查考確認。

[2] 如日本學者岡田武彥有〈朱子と智藏〉、〈朱子の智藏說とその由來および繼承〉（二文收於氏著《中國思想における理想と現實》（〔日〕東京都：木耳社，1983 年）、〈朱子學與現代社會〉（張文朝譯，鍾彩鈞主編：《國際朱子學會議論文集》上冊，臺北：中央研究院中國文哲研究所籌備處，1993 年，頁 677-694）、〈〔山崎闇齋〕對朱子智藏說的宣揚〉、〈李退溪與闇齋〉（二文收入氏著、錢明譯：《山崎闇齋》，臺北：東大圖書公司，1987 年）等論文。難波征男有〈朱子學「智藏說」の變遷と展開〉，《福岡女學苑大學人文學研究所紀要》（2001 年第 4 卷），頁 89-118、〈日本朱子學與將來世代──智藏論〉，收入朱傑人主編：《邁入 21 世紀的朱子學──紀念朱熹誕辰 870 週年、逝世 800 週年論文集》（上海：華東師範大學出版社，2001 年，頁 403-411）等論文。韓國學者朴洋子有〈『天命図』に見る退溪の智藏說について〉（《退溪學報》第 52 輯，1986 年 12 月，頁 30-40）。國內學者方面，在著作中對「智藏」思想有所論述的，有楊祖漢〈從劉戢山對王陽明的批評看戢山學的特色〉（收入鍾彩鈞主編：《戢山學術思想論集》，臺北：中央研究院中國文哲研究所，1998 年，頁 35-65）。楊儒賓〈理學的仁說：一種新

所謂「智藏」，是指朱子以「含藏、收斂」的意象來詮釋「智」的涵義。朱子以「藏」來說「智」之義，最明確的文獻應屬《玉山講義》[3]，以及〈答陳器之二問玉山講義〉。[4]前者是朱子六十五歲時的演講記錄，後者則是其回答門人陳器之有關《玉山講義》中的問題的書函。《玉山講義》被認為是朱子「晚年教人親切之訓」，值得學者深入體味[5]，學者亦多肯定其為理解朱子晚年思想的重要文獻。[6]而其中所提出的「智藏」之意，亦被認為是朱子晚年思想成熟的見解。筆者於蒐羅整理朱子有關「智」的言論資料時，發現許多資料出於朱子六十五歲之前，而各條資料雖來自說解經義、與弟子時人問答解疑、指點弟子為學……等不同的論述，但朱子對於「智」的解說，在義理脈絡上卻都具有高度的一致性；也就是說，或許到了朱子晚年的《玉山講義》與〈答陳器之二問《玉山講義》〉中，對「智藏」之義才出現較明確的文字表述，但以「含藏」與「貞固」、「終始」等相關意涵來詮釋「智」，卻是朱子自四十四歲〈仁說〉[7]撰成之後即很少改變的見解。因此《玉山講義》中的「智藏」之說不是朱子晚年才提出的新見，而是他一生學思的成果，是他對「智」之義詮釋的總結。

朱子以「含藏」的意象來說「智」，是相當特別的。按將「智」列為德目之一，可以溯自孟子。孟子繼承孔子「仁」的人性主張，將全德之「仁」的內容進一步攤展為「仁、義、禮、智」四者，而於具體生命的「惻隱、羞惡、辭讓、是非」四端之心中指證此四德之本具於人性。依孟子的性善學說，「智」作為善性的德目，其主要的作用在於「對是非善惡的明辨」。自孟子以降，「智

生命哲學的誕生〉，《臺灣東亞文明研究學刊》第 6 卷第 1 期（2009 年 6 月），頁 29-63。
江俊億：《由朱子思想發展過程考察其智藏說》（東吳大學中文所碩士論文，2010 年 6 月）。

[3] 這是南宋光宗紹熙五年（1194），時年六十五歲的朱子，因寧宗罷其侍講一職，返歸閩地家鄉，途經江西省玉山縣，應邑宰司馬邁之請，於玉山縣縣庠為諸生講演，並因席間學者程珙（字仲璧，號柳湖，生卒年不詳）之問，而發明道要，在座聽聞者皆受到朱子之興發鼓舞。司馬邁遂將朱子講答的內容刊刻為《玉山講義》傳世；今收於陳俊民校訂：《朱子文集》（臺北：德富文教基金會，2000 年）第 8 冊，卷 74，頁 3732-3737。以下所引《朱子文集》資料皆同此版本，但標點有所修改，以下簡稱《文集》。

[4] 見〔宋〕朱熹著，陳俊民校編：《朱子文集》（臺北：德富文教基金會，2000 年），卷 58，頁 2825-2827。

[5] 〔日〕保科正之：《玉山講義附錄》（臺北：中央研究院中國文哲研究所，1994 年），頁 20。

[6] 見〔清〕王懋竑《朱子年譜》（臺北：世界書局，1984 年），頁 213。陳榮捷：《朱熹》（臺北：東大圖書公司，2003 年），頁 10、頁 95。

[7] 〈仁說〉被視為是朱子「己丑之悟」（孝宗乾道 5 年，西元 1169 年，朱子時年 40 歲，悟「中和新說」。此據王懋竑《朱子年譜》所繫）之後思想規模底定的代表文獻，該文定稿於孝宗乾道 9 年（1173），朱子時年 44 歲。今收於《文集》第 7 冊，卷 67，頁 3390-3392。

德」的定義未有太多的改變。因此，朱子以「含藏」之義為「智」的特質，顯然有別於前賢。以「含藏」說「智」所表現的義理向度，便是本文所欲探究的主題之一。再者，筆者歸納朱子說「智」的言論，發現共有「含藏」、「收斂」（翕聚）、「分別」、「終始」、「貞固」等義；諸義是否可以涵攝統合，呈顯為朱子「智德」思想的整體圖像？復次，在朱子「智藏」思想的代表作〈答陳器之二問《玉山講義》〉中有言：「仁為四端之首，而智則能成始，能成終；猶元氣雖四德之長，然元不生於元，而生於貞」，這段話最值得注意的是「智在四德中的地位」以及「仁與智的關係」。尤其在〈仁說〉提出「仁包四德」的概念後，「仁包四德」幾已成為朱子對於「仁、義、禮、智」四德位相的定論；然而〈答陳器之二問《玉山講義》〉的「元氣雖四德之長，然元不生於元，而生於貞」之語，即反映了：在朱子思想中，「智」與「仁」之間顯然存在著多重的位相與互動關係，較諸「義」、「禮」與「仁」的關係為繁複。凡此，皆是「智藏」之說所牽引出的議題，亦是本文的問題意識所在。以是，本文欲通過文獻的解讀，對上述環繞「藏」的幾個概念進行分析，尋索其如何互相融攝而成為「智藏」的整體義蘊；從而以此分析為基礎，去確認朱子思想系統中的「智」在仁義禮智四德中的地位，以及仁與智的關係。

在文獻依據方面，山崎闇齋曾協助會津藩主保科正之（1161-1672）蒐集《朱子文集》與《朱子語類》中與「智藏」相關的言論資料，編成《玉山講義附錄》[8]一書，是為研究朱子「智藏」之說的重要文獻，亦為本文論述主要依據之文獻；但本文中所列舉之朱子相關言論，不限於此書所蒐羅者。

二、以「藏」說「智」緣自四德與四季的對應

朱子的「智藏」之說，從其對「仁、義、禮、智」四德的定義與彼此關係上去闡述。在「仁義禮智」四德的關係上，朱子多從《易‧乾》卦辭「元亨利貞」與四季「春夏秋冬」的對應關係來加以申論。從文獻上經常可以看到，朱子論說仁義禮智之涵義與四德彼此的關係時，往往與「元亨利貞」以及「春夏秋冬」並舉而說，這種對應的說法在其著名的〈仁說〉中已經出現，〈仁說〉曰：

---

[8] 見注5。

天地以生物為心者也；而人物之生，又各得夫天地之心以為心者也。
故語心之德，雖其總攝貫通，無所不備，然一言以蔽之，則曰仁而已
矣。請試詳之。蓋天地之心，其德有四，曰元、亨、利、貞，而元無
不統；其運行焉，則為春、夏、秋、冬之序，而春生之氣無所不通。
故人之為心，其德亦有四，曰仁、義、禮、智，而仁無不包；其發用
焉，則為愛、恭、宜、別之情，而惻隱之心無所不貫。[9]

　　在〈仁說〉這段文字中，「元亨利貞」、「春夏秋冬」與「仁義禮智」的關
係是值得注意的。依朱子所述，人之心稟自天地之心，是即生生之仁；此一仁
德的內容，就天地之心的角度說，是「元亨利貞」四德；其具體的發用，是春
夏秋冬四時的運行；而落實在人身上，則是仁義禮智的德目，發用之即為愛（惻
隱）、恭（辭讓）、宜（羞惡）、別（是非）之情。顯然，三者之間並非互為「類
比」，更非彼此的「象徵」，而是同為「天地之心」（仁）的運化與呈現，也就
是同為宇宙萬物本體的「天理」（太極）之一根而發，是天理的流行運化到不
同的場域因緣所表現出的分殊面貌，故彼此之間是同理同情、相應相通的。[10]
這樣的思想並非朱子獨創，而是有其淵源。遠自《易》的作者，即因觀察自然
的變化，而領會陰陽消長循環的道理，進一步以之推及人類世界，而啟悟宇宙
人生相通相貫的智慧。而《中庸》的作者體驗到天道不僅在吾人的性份之中，
亦普遍於萬物，所謂「鳶飛戾天，魚躍於淵」[11]，天地之間無一不是活潑潑的
天道的展現；人可以經由對天道的體察而獲得啟發，而最終則必須通過道德實
踐的工夫以上契於天道。[12]

---

[9] 宋‧朱熹：〈仁說〉，《文集》卷 67，頁 3390-3391。

[10] 楊儒賓先生於此指出朱子思想中的天與人之間有種「同構的關係」，他並認為明道論「仁」
亦主張生物之「仁」（如其舉杏仁、桃仁）與道德意識之「仁」的同構性，而此乃繼承《中
庸》、《易傳》以降之儒家道德形上學的思想。這在朱子的道德形上學所表現出來的，是「一
種最根源的創造性被視為是萬物的本質，這樣的創造性即是一種創生性。根源處是有而不是
無，是生而不是寂」。見氏著：〈朱子論仁〉（2006 年 9 月 23 日華東師大座談會引言稿）

[11] 見《中庸》第 12 章。此為《中庸》引《詩‧大雅‧旱麓》中之詩句，藉以表達道體的創造
性：當人能體道之時，便能感受到天地間一切存在皆是天道生德的流行，而人體道時活潑不
滯的心境，亦是天道流行的表現，二者頓時是一。參楊祖漢：《中庸義理疏解》（臺北：鵝湖
出版社，1997 年），頁 146。

[12] 如《中庸》第 22 章云：「唯天下至誠，為能盡其性；能盡其性，則能盡人之性；能盡人之性，

此外，以天之四德（仁義禮智）與四季（春夏秋冬）、四方（東西南北）等相配應的說法，亦散見於《禮記》之〈樂記〉、〈喪服四制〉、〈鄉飲酒義〉等篇。如〈樂記〉曰：

> 春作夏長，仁也；秋斂冬藏，義也。仁近於樂，義近於禮。[13]

此是將春、夏二季中萬物的滋長繁衍，視為「仁」之精神的表現；將秋、冬二季中萬物的凋萎斂藏，視為「義」之精神的發揮；又指出「仁」的涵容遍潤與「樂」的一體和諧相近似，而「義」的合宜斷制則與「禮」的分別尊卑相類同。在此，人的仁義之德與天地四季的變化，其精神義蘊是相通的。又如〈喪服四制〉言喪大禮之恩、理、節、權四制乃基於人情而取自四季變化之道，同時亦即仁、義、禮、智四德的表現，其云：

> 喪有四制，變化從宜，取之四時也；有恩、有理、有節、有權，取之人情也。恩者仁也，理者義也，節者禮也，權者知〔智〕也。仁、義、禮、知〔智〕，人道具矣。[14]

這段文字中，「權」代表因時制宜的權衡變通，〈喪服四制〉作者將之列為喪禮之制的要項之一，認為這是治喪重要的原則。後文還詳細列出喪禮中權變的八種情況，顯見在治喪中「權」的因應變通是相當重要的，作者強調這便是「智德」的精神。於此，「智」除了「分別善惡」、「明辨是非」，還有「權衡變通」之意。但未見有「含藏」的意涵。而在〈鄉飲酒義〉中，則是將賓主之禮與仁義之德、天地之氣、四方之方位加以連結，其云：

> 天地嚴凝之氣，始於西南而盛於西北，此天地之尊嚴氣也，此天地之義氣也。天地溫厚之氣，始於東北而盛於東南，此天地之盛德氣也，此天地之仁氣也。主人者尊賓，故坐賓於西北，而坐介於西南以輔賓。賓者，接人以義者也，故坐於西北；主人者，接人以仁、以德厚者也，

則能盡物之性；能盡物之性，則可以贊天地之化育；可以贊天地之化育，則可以與天地參矣。」
[13] 漢・鄭玄著、唐・孔穎達等正義：《禮記正義》（十三經注疏本，北京：中華書局，1980 年）。
[14] 同上註。

故坐於東南；而坐僕於東北，以輔主人也。仁義接，賓主有事，俎、豆有數，曰聖。[15]

以「溫厚之氣」連結「仁」之德、以「嚴凝之氣」連結「義」之德，此一思維同於〈樂記〉；而〈鄉飲酒義〉又多了方位上的連結。

至唐代李鼎祚《周易集解》則明確以「智」為冬藏之德，並以「元亨利貞」之「貞」為「智」，其對於《乾文言》的詮釋，是將「仁義禮智」四德與〈乾〉卦卦辭「元亨利貞」、「春夏秋冬」四時（四季）變化、「東西南北」四方方位、「金木水火土」五行屬性等加以結合，而明言：「貞為事幹，以配於智；智主冬藏，北方水也。」他說：

夫「在天成象」者，「乾，元亨利貞」也，天運四時，以生成萬物。「在地成形」者，仁義禮智信也，言君法五常，以教化於人。元為善長，故能體仁；仁主春生，東方木也。通為嘉會，足以合禮；禮主夏養，南方火也。利為物宜，足以和義；義主秋成，西方金也。貞為事幹，以配於智；智主冬藏，北方水也。故孔子曰：「仁者樂山，智者樂水。」則智明證矣。不言信者，信主土而統屬於君，故〈中孚〉云『信及豚魚』，是其義也。[16]

按將四時節候、四方方位、五行屬性，乃至仁義禮智信五德等等，加以比配、對應，源自戰國時期陰陽家的思想，並成為戰國末年至漢代思想的主調。《禮記》由於各篇作者不一，成書年代約為春秋末年至西漢初年，因此自然受到陰陽家思想的影響。上文所引李鼎祚《周易集解》之論，宜為結集了《禮記》以降的說法。朱子以「含藏」為「智之德」的見解，當與上述文獻之思想有關。但是，筆者認為二者仍有不同，必須辨明。按《禮記》與《周易集解》所述之種種對應關係，是以戰國至漢代以降之陰陽學說與天人相應的宇宙觀為基底；至於朱子「智藏」之說，在文字方面的呈現或有類於前二者，但由前文所論與所引述之〈仁說〉內容，來看朱子在種種對應關係（仁義禮智、元亨利貞、春

[15]同上註。
[16]見〔唐〕李鼎祚：《周易集解》（上海：上海古籍出版社，1991年），頁11。

夏秋冬等）中對仁義禮智四德的安頓，則會發現：朱子顯然已將陰陽家或漢代的天人感應思維吸納入其思想系統中，而以「理一分殊」的脈絡來統貫所有的對應與連結；亦即如前文所述，諸項互相對應的事物，皆為同一天理在分殊機緣下的表現，因此沒有本質上的差別。此已非原有的陰陽家或天人感應之說，而是朱子的思想體系了。

三、朱子「智藏」諸義析論

承上所述，則在朱子的理路中，「元亨利貞」、「春夏秋冬」、「仁義禮智」乃至「愛恭宜別」，原是一事，彼此的內容與精神可以相互融攝、相互印發，[17]這就是朱子「仁義禮智」的思想圖像。在此一圖像中，「智」之德所對應的，是〈乾〉卦卦辭「元亨利貞」中的「貞」之德，與四季中「冬藏」的義蘊。不過，在〈仁說〉中，朱子較為強調「仁」的優位性，視其為天地生物之心，亦即宇宙創生的根源，因此「義」、「禮」、「智」皆為「仁」之分化，亦皆為「仁」所統貫；[18]此時朱子對「仁」之義理有較多的著墨與闡發。而到了晚年〈答陳器之二問《玉山講義》〉一文中，則明顯表現出他在原有的「仁義禮智」的論述與「仁包四德」的觀點之外，特別重視「智」之義的申論。他說：

> 「仁」包四端，而「智」居四端之末者，蓋冬者藏也，所以始萬物而終萬物者也。「智」有藏之義焉，有終始之義焉，則惻隱、羞惡、恭敬是三者皆有可為之事，而「智」則無事可為，但分別其為是為非爾，是以謂之藏也。又惻隱、羞惡、恭敬皆是一面底道理，而是非則有兩

---

[17]朱子用以申論「仁義禮智」之義的不僅是「元亨利貞」與「春夏秋冬」，還有五行「金木水火土」、古代神話中的四神獸「青龍、白虎、朱雀、玄武」等。（見《朱子語類》，臺北：文津出版社，1986 年，以下所引同此版本，簡稱《語類》）在朱子，舉凡天地一切事物皆同此一理，故皆能相互對應。此亦即朱子「理一分殊」的思想。

[18]依孔子，「仁」是全德，涵括所有的德行；孟子以仁與義禮智並列為本心固有之德，此時的「仁」即含二義：全德之仁與偏義之仁。前者為所有德目的總名；後者則是與義禮智並列之德目，指惻隱之心。伊川朱子「仁包四德」的說法即綜合此二義。伊川之說見《易程傳・乾象》，其云：「『大哉乾元』，贊乾元始萬物之道大也。四德之元，猶五常之仁，偏言則一事，專言則包四者。」（〔宋〕程頤：《易程傳》（臺北：文津出版社，1990 年）頁 7。又收於〔宋〕朱熹編：《近思錄》卷之一〈道體〉，見陳榮捷：《近思錄詳註集評》（臺北：台灣學生書局，1992年），頁 8。

面。既別其所是，又別其所非，是終始萬物之象。故仁為四端之首，而智則能成始，能成終；猶元氣雖四德之長，然元不生於元，而生於貞。蓋由天地之化，不禽聚則不能發散，理固然也。「仁智」交際之間，乃萬化之機軸，此理循環不窮，吻合無間，程子所謂「動靜無端，陰陽無始」者，此也。[19]

　　這段文字中所提到的「智」，即包含了「含藏」、「收斂」(禽聚)、「分別」、「終始」、「貞固」等涵義，匯集了朱子關於「智」的所有詮釋，也是朱子文獻中說「智之德」說得最完整的一段。這段話中所提出的「智」的幾個涵義，值得深究。以下歸整為「分別是非」、「收斂與含藏」、「貞固（葆任）」、「終始」等四方面，分別析論之。

（一）分別是非

　　「分別是非」是「智」的基本義。孟子所提出的「惻隱之心，仁也；羞惡之心，義也；恭敬之心，理也；是非之心，智也。」[20]說法，以四端之心為仁義禮智四德之具體表現，已是儒家人性論的基本教義。朱子對於「智」，固以「分別是非」為其本義；不過，基於其「理氣二元」與「心統性情」的思想架構，朱子卻將「是非之心」與「智」的屬性分別開來：「是非之心」屬於形下氣層的「情」，是「用」；「智」則是「是非之心」的內在根據，為形上之性理，是「體」。《語類》卷6載：

直卿曰：「五常中說知有兩般：就知識處看，用著知識者是知；就理上看，所以為是為非者，亦知也。一屬理，一屬情。」曰：「固是。道德皆有體有用。」[21]

又《語類》卷95載：

[19] 朱熹：〈答陳器之問玉山講義〉，《文集》卷58，頁2827。又收入〔日〕保科正之編：《玉山講義附錄》(（臺北：中央研究院中國文哲研究所，1994年）附錄上之一，頁31-32。

[20] 《孟子・告子上》第6章。又《孟子・公孫丑上》第6章：「惻隱之心，仁之端也；羞惡之心，義之端也；辭讓之心，禮之端也；是非之心，智之端也。」

[21] 《語類》卷6，頁122。

「智」字自與知識之「知」不同。智是具是非之理，知識便是察識得
這箇物事好惡。[22]

這裡所謂的「知識」並非一般所說之「knowledge」，而是作為動詞，指「智」
發用於外的表現，亦即具體情境中「知是知非」的道德判斷，也就是「察識得
這箇物事好惡」的靈明知覺；而「智」即是「所以為是為非者」，是「知識」
能知是知非背後的所以然之理。朱子於此說「道德皆有體有用」，指「智德」
具有「體」與「用」兩個面向，智德之「體」就在知是知非的判斷（「用」）之
中呈顯；故二者雖然分屬體用，實則為一體，其中的樞紐就在「統性情」的「心」，
朱子〈答潘謙之一〉即明白說道：

性只是理，情是流出運用處，心之知覺即所以具此理而行此情者也。
以智言之，所以知是非之理，則智也，性也；所以知是非而是非之者，
情也；具此理而覺其為是非者，心也。此處分別只在毫釐之間。[23]

再者，「智」作為道德之「體」，固與仁、義、禮同為人之性理的內容；而
依朱子「仁包四德」的說法，智與義、禮皆為「全德之仁」的分殊表現，在此
一義之下，「智」的分別是非，即是統攝在「全德之仁」、亦即生生之仁的流行
運化中而說。《玉山講義》記錄朱子回答程珙的提問說：

「仁」字是箇生底意思，通貫周流於四者之中，仁固仁之本體也，義
則仁之斷制也，禮則仁之節文也，智則仁之分別也。正如春之生氣貫
徹四時，春則生之生也，夏則生之長也，秋則生之收也，冬則生之藏
也。孔子只言仁，以其專言者言之也，故但言仁，而仁、義、禮、智
皆在其中。孟子兼言義，以其偏言者言之也，然亦不是於孔子所言之
外添入一箇「義」字，但於一理之中分別出來耳。其又兼言禮、智，
亦是如此。蓋禮又是仁之著，智又是義之藏，而仁之一字，未嘗不流

---

[22] 《語類》卷95，頁2421。此條是朱子弟子黃榦之語。上引文（注16所引）中，黃榦的陳述
得到朱子的認可；而《語類》卷95記錄黃榦此語，則與其他弟子之發言間雜，未見朱子對
此語之直接答覆。但以《語類》卷6的記載來看，卷95此處朱子對黃榦此語應是肯定的。

[23] 《文集》第6冊，卷55，頁2607。

行乎四者之中也。[24]

《語類》卷 6 也說：

> 或問《論語》言仁處。曰：「理難見，氣易見，但就氣上看便見，如看
> 元亨利貞是也。元亨利貞也難看，且看春夏秋冬。春時盡是溫厚之氣，
> 仁便是這般氣象。夏秋冬雖不同，皆是陽春生育之氣行乎其中。故「偏
> 言則一事，專言則包四者」。……大凡人心中皆有仁義禮智，然元只是
> 一物，發用出來，自然成四派。……仁義禮智自成四派，各有界限。
> 仁流行到那田地時，義處便成義，禮、智處便成禮、智。且如萬物收
> 藏，何曾休了，都有生意在裡面。如穀種、桃仁、杏仁之類，種著便
> 生，不是死物，所以名之曰「仁」，見得都是生意。如春之生物，夏是
> 生物之盛，秋是生意漸漸收斂，冬是生意收藏。[25]

　　在人心中，仁義禮智「元只是一物」，此即是天道性理、全德之仁；而仁、
義、禮、智的分野，是此一天理流行到相應之境的自然運化，因此，四者率為
全德之仁所一體貫通；這表現出朱子「理一分殊」的思維理路。在此意義下，
「智」的本體，即是天道性理之體，故「智」是天道性理的一個面向，並非天
道性理的某個部份；也就是說，「智」不是天道性理的局部，而是與仁、義、
禮一般，皆同為天道性理的整體。此天道性理原為一整全之體，由流行化育而
有仁、義、禮、智不同的風貌，故四者皆為天道生機的展現。就「智」為「義
之藏」、於四時節令中屬於冬季、具有含藏翕聚的意象等等而言，其義乃由「冬」
此一節候的氣化表現而指認；其與在人心之所表現的「分別是非」的能力，同

---

[24] 〔宋〕朱熹：《玉山講義》，〔日〕保科正之編：《玉山講義附錄》，頁 6-7；又《文集》第 8 冊，
卷 74，頁 3734。《朱子語類》卷 6 亦有類似的說法：「『仁』字須兼義禮智看，方看得出。仁
者，仁之本體；禮者，仁之節文；義者，仁之斷制；知者，仁之分別。猶春夏秋冬雖不同，
而同出於春：春則生意之生也，夏則生意之長也，秋則生意之成也，冬則生意之藏也。自四而
兩，兩而一，則統之有宗，會之有元，故曰：『五行一陰陽，陰陽一太極。』」頁 109。所謂
「自四而兩」是指「仁義禮智」四者可以歸屬於陰與陽：「仁禮屬陽，義智屬陰」（同卷，頁
106）；「兩而一」則是指陰陽統歸太極。從這裡亦可再次證明朱子視倫理領域的「仁義禮智」
與本體宇宙論的陰陽、太極為同一理。

[25] 《語類》卷 6，頁 112-113。

是天道性理的作用；以是，「智」這個德目的特質與功能，表現的即是天道性理的特質與功能，而統歸言之，一切皆是天道生生之德的展現。由此可見，朱子論「智」之義，仍由〈仁說〉之「仁包四德」的論點延伸而來，乃是以「仁」之「生意統貫」的脈絡來闡說「智」的義理，將「智」之了別能力歸攝到「仁」的全德大用中，亦同時表達了「智」為道德之體的義蘊──在此「智為道德之體」一方面是與發用出來的「是非之情」對言，從「性為體，情為用」的架構下說；一方面是從「仁包四德」的角度，由「仁」為道德之體而說仁德統貫下的智之為體。

（二）收斂與含藏

依朱子，「智」之分別是非，具有「收斂」與「含藏」的特質，這是「智藏」思想的主要涵義之一。而「智」的「收斂」、「含藏」之義該如何理解呢？先看《語類》卷 17：

> 義猶略有作為，智一知便了，愈是束斂。孟子曰：「是非之心，知也。」纔知得是而愛，非而惡，便交過仁義去了。[26]

卷 6 也說：

> 智更是截然，更是收斂。如知得是知得非，知得便了，更無作用，不似仁義禮三者有作用。智只是知得了便交付惻隱、羞惡、辭遜三者，他那個更收斂得快。[27]

在此有必要對上引文之義理從兩方面稍作討論：第一部份，是關於「智」的「收斂」之義。所謂「收斂」，意謂「智」的「分別是非」屬於心之「知」的作用，此是「知是知非」之知，因此並非認知之義，而是道德本心的良知良能[28]，是人存在的當下感受，它不受因果條件的制約，亦無利害或任何因素的干擾，而純是良知良能本然的、自發的行為，有如孟子說「乍見孺子將入於井」

---

[26] 《語類》卷 17，頁 374。

[27] 《語類》卷 6，頁 106-107。

[28] 關於朱子之「心」是否能為一道德本心、道德主體，此於當代學界仍為爭論的議題。為了論述焦點的集中，本文在此暫不涉及這個論議，而專就朱子「智藏」文獻本身的涵義作分析。

之時，怵惕惻隱之心必隨即生起一般；「智」所作的是非判斷，亦為當是即是、當非即非，無所猶豫遲疑，因此「收斂」即是就「智」對於是非之無條件的、自發自然的、當下即是的判斷而說，故朱子說「智更是截然」。其實，不論是「智」的分辨是非、「仁」的怵惕惻隱、義的合宜當為，或禮的恭敬辭遜，凡屬道德的行動必然是無條件的、當下即是的、自發自然的，道德的莊嚴正由此顯現；在朱子，其強調「理」具有絕對純粹而潔淨[29]的特質，亦即此意。若然，則必需回答一個問題：既然四端之心皆有「無條件的、自發自然的、當下即是」的特質，何以「收斂」的涵義特別落在「智」上？當然，這與朱子將「智」與四季中的「冬」相比應有一定的關聯（此將於下文述及）。除此之外，考察朱子說「智」的文獻，會發現他常用「一知便了」來解釋「智」的「收斂」之義，而且常常接著說「無作用」與「交付（過）仁義（或言「惻隱、羞惡、辭遜」）」等等話語，例如上引兩則文獻皆然；以此推斷，朱子說「智」的「收斂」之義，必然與「一知便了」、「無作用」、「交付仁義禮」的意思有關。關於「一知便了」，此語表達了道德本心之「知是知非」是當下的、無所遲疑的，筆者認為即等於上文述及道德判斷之「無條件、當下即是、自發自然」的特質；又「智」的「無作用」，亦可用「一知『便了』」作為說明，意即「智」的作用主要在「知是知非」的「分辨」、「判斷」，分辨判斷之後，即「交付（過）仁義禮（惻隱、羞惡、辭遜）」。這是本段要討論的第二個部份——即「智」的「無作用」與「交付仁義禮」二者的關係。先看兩則文獻，其一是朱子於〈答廖子晦五〉中說：

> 智主含藏分別，有知覺而無運用，冬之象也。[30]

而他在〈答陳器之問玉山講義〉也提到：

> 「仁」包四端，而「智」居四端之末者，蓋冬者藏也，所以始萬物而終萬物者也。「智」有藏之義焉，有終始之義焉。則惻隱、羞惡、恭敬是三者皆有可為之事，而「智」則無事可為，但分別其為是為非爾，

---

[29] 朱子對「理」的形容即是潔淨純粹而至善的，如《語類》卷1云：「若理，則只是個潔淨空闊底世界。」又：「氣則為金木水火，理則為仁義禮智。」以上均見頁3。

[30]《文集》第5冊，卷45，頁2025。

是以謂之藏也。[31]

由此可知，朱子所謂「無運用」、「無事可為」並不是說「智」完全沒有用處，而是說「智」的「分別是非」，是通過仁、義、禮（惻隱、羞惡、辭遜）來表現。若就季節中的「冬」而言，萬物於嚴冬之中深隱蟄伏，天地之生機翕藏未開，是以「冬」的意象的確可以用「收斂含藏」、「無作用」、「無事可為」來說明。然而，就作為人之本心的道德判斷，或如朱子言心所本具的道德之理來說，所謂「有知覺而無運用」，是否指「智」之判斷是非的作用主要是在內心進行，判斷的結果則交付仁、義或禮，從惻隱、羞惡、辭遜之情去發出具體的道德行為；因此，相較於仁、義、禮三者而言，「智」本身並無直接發出的具體行為可言？若然，則四端之心表現於外的道德活動便只有惻隱、羞惡、辭遜三者，而是非之心只潛隱在惻隱、羞惡、辭遜之中表現，現實中不存在「由智直接發出的、純屬『別是非』的」道德行為。但是，孟子明以「惻隱、羞惡、辭遜（辭讓）、是非」並列為四端之心；又就吾人之實存經驗而言，若遇到違反道德原則之事，吾人除了當下在心中立刻生起是非對錯的判斷，亦會將此判斷形諸言語與行動，如指陳某事之錯謬、或責備某人之過失等等，凡此均說明了「智」可以發用為「別是非」的道德行動，而且是一獨立的過程，不一定要通過仁、義、禮三者。上文所引黃榦與朱子問答的內容[32]，即說明了「智」同時具有「所以為是非者」之「理」與「察識好惡」之「情」二者，有體也有用。由是可知，朱子所說「無作用」、「無事可為」的「智」，應不能就「與仁、義、禮並列為四德的智」來了解。

依前引文，「收斂」表達了「智」之分別是非乃是「無條件、當下即是」的，而此一「收斂」又與「含藏」、「分別是非」的特質不可分割。朱子說：

蓋禮又是仁之著，智又是義之藏。[33]

依字面解釋，這句話的意思是：禮是內在的仁心發用於具體情境中所表現

---

[31]《文集》第 6 冊，卷 58，頁 2827。
[32] 註 21、22 所引文。
[33]〈答陳器之問玉山講義〉，《文集》第 6 冊，卷 58，頁 2826。又收入《玉山講義》附錄上之一，頁 29。

的行事節度，故言其為「仁之著」；而禮因有仁以為其精神內涵，故能顯其人文意義。而在為人處事、應對進退之間，能有合乎義理的取捨與舉措，必根源於內在本心的是非分判，因此說「智是義之藏」。如果朱子之意是如此，則此中含有兩個意思是〈仁說〉裡並未見到的：其一，仁、義、禮、智之間，除了平等而並列為四德的關係外，還可以是互為表裡、甚至互為體用的關係；其二，智的地位提升，較諸〈仁說〉時期已有不同。第二點待下文論述，此處先論第一點。就「禮又是仁之著，智又是義之藏」這句話來說：禮與仁是一組表裡關係，智與義是另一組；又就「禮是仁之著」一語而可將仁與禮理解為體與用的關係，同樣由「智是義之藏」一語亦可說智與義具有體與用的關係。由這層表裡、體用的關係，可以顯出「智」的地位與重要性，因為「智是義之藏」雖僅以「義」與「智」相為表裡，但若聯結上文「智一知便了，交付仁義（禮）」一語，可知實是仁、義、禮皆與智相為表裡：仁、義、禮為表，智為裡。當然，這裡「表、裡」或「體、用」，都是從仁義禮智彼此交融互攝的作用上來權說，並非實指；若就存有上的位階而言，四德乃同為內在之道德理體。朱子認為「仁義禮與智互為表裡」之意亦可用一個講法表示，那就是「智含藏仁義禮在其中」。朱子說：

> 智本來是藏仁義禮，唯是知恁地了，方恁地。是仁義禮都藏在智裡面。如元亨利貞，貞是智，貞卻藏元亨利意思在裡面。如春夏秋冬，冬是智，冬卻藏春生、夏長、秋成意思在裡面。且如冬伏藏，都似不見，到一陽初動，這生意方從中出，也未發露，十二月也未盡發露。只管養在這裡，到春方發生，到夏一齊都長，秋漸成，漸藏，冬依舊都收藏了。只是「大明終始」，亦見得無終安得有始！[34]

依《易·復》之卦象，冬末春初，是一陽初動之時，雖然天地沍寒至極，卻是萬物生意萌發之機；朱子因用《易·復》之意，以「冬藏即含有春生、夏長、秋成意思在裡面」來說明「智藏仁義禮」的意思。但是，朱子「智藏仁義禮」之義並非僅由《易經》卦象或季節、陰陽變化來立說，它亦具有相應的深義。上引文說「智藏仁義禮」，進一步解釋意即「智」的「知恁地了」使仁義

---

[34] 《語類》卷53，頁1290。

禮「方恁地」，此已相當程度地標示「智」的重要性：仁、義、禮的道德行為需要以「智」的分辨是非為先決條件與必要條件。「唯是知恁地了，方恁地」，顯見「智」之「是非、當否的分辨」先於仁之惻隱、義之羞惡與禮之辭讓，而且是決定後三者成立與否的關鍵。仁、義、禮惟先經由「智」分辨是非、判斷當否之後，所發而為惻隱、羞惡、辭讓的道德行為才能當機而適切（此即上文所說的「智一知便了，即交付（過）仁義（惻隱、羞惡、辭遜）」），使人能夠當惻隱時即惻隱，當羞惡時即羞惡，當辭讓時即辭讓，不致有過與不及之憾；復由「智」的分辨與判斷，故能廓清道德理解上的混淆，走出似是而非的模糊地帶，剔除道德踐履中有意無意的私欲夾雜，而確保惻隱、羞惡、辭讓等道德行為的真實與純粹。如果缺少「智」的分辨，對仁、義、禮的義理就不易通達，在是與非、當為與不當為的分際上便難以持守，道德的純粹也就無法保住。由此一義而可說仁義禮皆由「智」所發；惟此「發」並非由「智」直接生出，而是指仁義禮等德行的產生乃是「以智的分辨判斷為起始點」。仁義禮由「智」所發，即可謂「智」中含藏了仁義禮。由「智藏仁義禮」的說法可知，朱子體會到的「智」，在四德之間的關係中具有兩重身份：它不僅是「與仁、義、禮並列為四德者」，而且還是「作為仁、義、禮、智（當然，與仁義禮三者並列的智亦包括在內）的先決與充要條件者」。

　　在朱子的〈仁說〉中，關於「仁」有「包四德」的仁與「與義禮智並列為三」的仁；惟「包四德」一義，是朱子從天道本體的角度，來對「仁」的「全德」義蘊加以發揮。上文由「智藏仁義禮智」的說法進一步歸納出朱子賦與「智」以兩重身份，其中「作為仁、義、禮、智的先決與充要條件者」一義，吾人實可肯定其即具有天道本體的位相，而所謂「智藏」的主要義蘊，即是就此義而說。「藏仁義禮智」的「智」，與前文述及的、在〈仁說〉「仁包四德」的觀點下，統屬於「生生之仁」的全德中的「智」，有著界義範圍上的不同。統屬於全德之「仁」的「智」，即是「與仁、義、禮並列為四德者」，為性理的一個面向；至於能含藏仁義禮智的「智」，則是四個德行的根據與基礎，亦由此一根據與基礎而肯定其作為天道本體的性質；「藏」字表示了「智」以「分別是非」為四德之根據之義。因此，本文上一段所引的「無作用」與「無事可為」之語，便可從「藏」的根據義、本體義去理解：由「智」之「作為四德之根據」而說其本體位相，此時智之為天道本體，即是「無作用」、「無事可為」。此義將於下文再作進一步的闡述。

（三）貞固（葆任）

　　依上文所述，「智藏仁義禮」是「仁義禮都藏在智裡面」，通過「智」的判斷是非，惻隱羞惡辭讓之情的發用方能當機、適度而純粹；換句話說，純粹的道德必有「智」為其基礎。以是，「仁義禮都藏在智裡面」其實也可以說「智藏於仁義禮之中」。朱子所說的「智」具有「貞固」之義，主張「智」是仁義禮之楨幹，即有「智藏於仁義禮之中」的涵義。這主要是取自《文言傳》所說的「『貞』者，事之幹也」、「貞固足以幹事」的意思所作的詮釋，朱子《周易本義》釋曰：

> 「貞固」者，知正之所在而固守之，所謂「知而弗去」者也，故足以為事之幹。[35]

又《語類》卷 68 說：

> 「貞固足以幹事」，貞、正也。知其正之所在，固守而不去，故足以為事之幹。幹事，言事之所依以立。蓋正而能固，萬事依此而立。在人則是智，至靈至明，是是非非，確然不可移易，不可欺瞞，所以能立事也。幹，如板〔版〕築之有楨幹。今人築牆，必立一木於土中為骨，俗謂之「夜叉木」，無此則不可築。橫曰楨，直曰幹。無是非之心，非知也。知得是是非非之正，緊固確守不可移易，故曰知，周子則謂之正也。[36]

　　「貞固」是「智」之德，其涵義是「知其正之所在，固守而不去」。「知正之所在」即是知是、知善，知明辨是非善惡；而「固守不去」就涉及實踐的工夫了。然而，朱子說「知得是是非非之正，緊固確守不可移易，故曰知。」表示能對是非有所分判，尚屬淺義的智德；必須做到能對本心良知所判斷之「是」者、「善」者加以堅持，不因任何原因而動搖或放棄，才是深義的智德，也才是智德的真義。朱子說：

35　〔宋〕朱熹：《周易本義》（臺北：大安出版社，2009 年）卷之 1，〈上經·乾〉，頁 33。
36　《語類》卷 68，頁 1709。

貞是正固。只一「正」字盡貞字義不得，故又著一「固」字。謂此雖
是正，又須常固守之，然後為貞，在五常屬智。孟子所謂「知之實，　知
斯二者〔按指仁義〕弗去是也」，「正」是知之，「固」是守之，徒知
之而不能守之，則不可。[37]

　　朱子這樣的說法是有根據的，孟子說：「仁之實，事親是也；義之實，從
兄是也；智之實，知斯二者弗去是也。」[38]對事親從兄等仁義之理，能知得切、
行得篤，而且要能緊固確守，才稱得上「智之實」；朱注說：「知而弗去，則見
之明而守之固矣。」[39]由「智」之「知正」且能「守正」，仁義禮等道德才能
因此確立，其價值也才能貞定。於是，所謂「智」之「貞固」義，可以從兩方
面加以理解：其一，就「智」的定義而言，對道德之正理、是非之原則的堅持
固守，是「智」之所以為「智」的關鍵；若在理論的層面上知道孰是孰非，卻
在實踐的層面上無法堅持信守，此便不是真知，不足以成「智」。其二，就「智」
與仁義禮的關係而言，正由於智之「見之明而守之固」，才使得仁義禮的真實
得以正定，其價值得以保住；因此「智」之「貞固」之德，正是仁義禮的骨幹，
它對仁義禮而言，既內在於其中，又含藏之並葆任之。　以是，「智」的特質與
深義，便在「既為仁義禮之基礎、且保守正固仁義禮之德」處呈顯。由「貞固」
一義來說「智」，可謂「智之德」即在「仁義禮的保全」之中，由仁義禮的純
粹與完整，見得智德的存在與力用，在這層意義上，也可說智是「以葆任仁義
禮為其德」，此中「智」本身的獨立性便不那麼明顯[40]。上引文中朱子說智是
「無作用」與「無事可為」，當可由此「葆任」義來說；而朱子以「藏」來說
「智」，其緣由亦與智之「貞固葆任」義有關。

（四）終始（翕聚）

---

[37]　《語類》卷76。
[38]　見《孟子‧離婁上》，〔宋〕朱熹：《四書章句集注》（臺北：大安出版社，1996年），頁402。
[39]同前註。
[40]楊祖漢先生說：「智是『含藏葆任』之德，即智是保守著仁、義、禮三者，它以保守此三者為
　德，本身無獨立性。」見氏著〈從劉蕺山對王陽明的批評看蕺山學的特色〉，收入鍾彩鈞
　主編：《劉蕺山學術思想論集》（臺北：中央研究院中國文哲研究所，1998年），頁35-65。
　本文參考此說，但不認為「智」即完全無獨立性，而是認為「含藏葆任諸德」一義下的智，
　其獨立性較不明顯。

　　「智藏」之說還有一個重要的涵義，那就是「終始」之義。最具代表性的
一段話見於〈答陳器之問《玉山講義》〉，為論述方便故，茲復引述相關文句如
下：

> 　　「仁」包四端，而「智」居四端之末者，蓋冬者藏也，所以始萬物而
> 終萬物者也。「智」有藏之義焉，有終始之義焉，則惻隱、羞惡、恭敬
> 是三者皆有可為之事，而「智」則無事可為，但分別其為是為非爾，
> 是以謂之藏也。又惻隱、羞惡、恭敬皆是一面底道理，而是非則有兩
> 面。既別其所是，又別其所非，是終始萬物之象。故仁為四端之首，
> 而智則能成始，能成終；猶元氣雖四德之長，然元不生於元，而生於
> 貞。蓋由天地之化，不翕聚則不能發散，理固然也。「仁智」交際之間，
> 乃萬化之機軸，此理循環不窮，吻合無間，程子所謂「動靜無端，陰
> 陽無始」者，此也。[41]

　　這段話中提出了「智」具有「終始」之義的理由：其一，就「智」之「分
別是非」的能力而言。朱子以「既別其所是，又別其所非」來作為「智」具有
「終始萬物之象」的理由，這個說法是相當奇特的。為什麼「既別其所是，又
別其所非」即能「終始萬物」？這可以從上文所說的「是非之心則有兩面」，
有別於惻隱、羞惡、恭敬「皆是一面底道理」來解釋。所謂「兩面」不是指是
非之心同時具有「是」與「非」，而是說是非之心的作用在於對道德的「是」
與「非」作分辨，對事物進行符合道德原則與否的判斷。依上文所論，「智」
在分辨是非後即交付仁、義、禮發為惻隱、羞惡、辭讓之情用，可謂仁、義、
禮的先決與充要條件，以此言其能斂藏仁義禮而為三德之端始，是為「智」的
「成始」之德，此亦上文所說的「含藏」之義。而從仁、義、禮、智四德互相
涵攝的關係來說，由「智」對「仁—非仁」加以明辨（義、禮同），並堅守其
是，亦即上文所說的「貞固」操守，使得仁、義、禮得以葆任其純粹與真實，
是為「智」的「成終」之德，此亦上文所說的「貞固」之義。筆者認為，朱子
論「智」，以其「分辨是非」而言其「能成始，能成終」，其義可如此詮解。
其二，就「智」所相應的「冬藏」與「貞下起元」之涵義而言。「智」居四德

之末，猶「冬」居四時之末。冬季乃春生之氣的終結與斂藏之處，是四時「春生、夏長、秋收、冬藏」的總結，亦是下一個春生之氣的蟄伏之所與發動的開端，因此說「所以始萬物而終萬物」；此猶「智」居四德之末，斂藏仁義禮三德，以貞守正道而葆任三德，為三德終成之象。又上文述及朱子曾引《易·復卦》之《彖傳》「復，其見天地之心乎？」來詮解斂藏與終始之義，其於《周易本義》說：

> 積陰之下，一陽復生，天地生物之心幾於滅息，而至此乃復可見。在人則為靜極而動，惡極而善，本心幾息而復見之端也。程子之論詳矣。[42]

按伊川《易程傳》說：

> 一陽復於下，乃天地生物之心也。先儒皆以靜為見天地之心，蓋不知動之端乃天地之心也，非知道者，孰能識之？[43]

　　朱子並認為邵康節之詩足以表達「天地生物之心」的涵義：「冬至子之半，天心无改移。一陽初動處，萬物未生時。玄酒味方淡，大音聲正希。此言如不信，更請問包羲。」[44]朱子因此主張天地之生意必先翕聚而後能發散；而「智」之斂藏翕聚，亦正是「仁」之生意的蘊蓄、待發之所在，此即「智」的成始之象。

　　復由「元亨利貞」的終始循環之道來看，「元」固為乾德之首，而「貞下起元」，「貞」之即為「元」的創生動力蓄積待發之處；猶如「智」居四德之末，亦為仁德萌發復生的所在。朱子從「天地之化，不翕聚則不能發散，理固然也。」來解釋「元」生於「貞」、「仁」生於「智」的道理。這裡的「翕聚」與「發散」之語，頗令人有以「氣」之聚散變化來說「理」之感。朱子在此要說明的元亨利貞、仁義禮智皆屬「理」的範疇，理無形迹，必由氣之聚散以見其運化[45]；

---

[42]　〔宋〕朱熹：《周易本義》（台北：大安出版社，2009年），頁110。

[43]　〔宋〕程頤：《易程傳》（台北：文津出版社，1990年），頁214。

[44]　〔宋〕朱熹：《周易本義》（台北：大安出版社，2009年），頁110。

[45]　如註25所引《語類》云：「理難見，氣易見，但就氣上看便見，如看元亨利貞是也。元亨利

因此生長收藏、翕聚與發散，是借陰陽之氣循環往復的遞變，來說明「理」運化天地的規律。朱子認為仁義禮智的道德人倫之理，與宇宙變化的元亨利貞之道、寒暑遞嬗的春夏秋冬之運，同此天地生物之心的太極仁道；而「貞」之道、「冬」之象亦同「智」的成始成終之德，故可交互發明，以顯其義。

四、由「智藏」之義看朱子思想中「智」的圖像與仁智關係

（一）由「智藏」看朱子思想中「智」的圖像

　　綜上所論，由「智藏」之相關意涵，諸如分別、含藏、貞固、終始等諸義，吾人可以為朱子思想中的「智」之義勾勒一圖像。首先，「分別」一義承自孟子，為「智」之基本義理，它是知是知非的能力，為人本然的良知良能。而「貞固」是除了良知良能的辨別與判斷外，更有對善道正道的堅持與信守；由於有此信守，方可以肯定所「知」確為「真知」，而仁義禮智等道德的價值與純粹，亦由此信守而得以葆任，故言「智」有「含藏、葆任」諸德之義，此是朱子根據孟子的「是非之心」，對道德的真知之義作更精深的闡發。至於「終始」一義，則由朱子「理一分殊」的理論脈絡，吸納戰國與漢代之陰陽感應學說，而視「仁義禮智」四德、乾卦「元亨利貞」卦辭、「春夏秋冬」四時等等皆同為天理的分殊表現，由此連結貫通道德的義理、四季的變化、《易》卦的哲思等等，在相互對應與相互發明之中，延伸推闡出「智」的「終始」意涵。但「終始」一義仍與前三義互相關聯：若以「冬藏」的意象說「智」含藏仁義禮智四德，可由「智」為四德之基礎與伊始處說，此是「成始」之義；而由「智」能「貞固」故能葆任諸德處，即見「智」的「成終」之義，凡此皆必須以分辨是非的良知良能為先決條件。以上是統整朱子「智藏」諸義所勾勒出的「智」之圖像。很明顯地，較諸先秦孔孟，此一圖像所包含的義理向度更加多元，而諸向度之間又是互相連結的，構成一完整的脈絡，顯現了豐富而獨特的面貌，這可說是博學善思的朱子創發的成果。

（二）由「智藏」看朱子思想中「仁」與「智」的關係

　　朱子說「智」之諸義，主要是從「智」與「仁」、「義」、「禮」的關係上立

貞也難看，且看春夏秋冬。春時盡是溫厚之氣，仁便是這般氣象。夏秋冬雖不同，皆是陽春生育之氣行乎其中。」

論；由上文所述可知，「智」的作用與仁、義、禮的場域密不可分。朱子說「智」有「藏」之義，能藏仁、義、禮之德；由此「藏」義而說其「能成始，能成終」，對於諸德扮演著「先決條件」的角色與「葆任」的功能，即此義而可以肯認其具有天道本體的位相，故朱子言其「是終始萬物之象」。回顧本文前半部所引述之〈仁說〉，文中指出「仁」乃是「天地之心」，統攝四德，猶如「元」通貫「亨、利、貞」諸義，又猶春生之氣通貫夏、秋、冬一般，為天道的代稱、諸德的總名。然而到了〈答陳器之問《玉山講義》〉一文，朱子卻明言「元氣雖四德之長，然元不生於元，而生於貞」，又說「仁、智交際之間，乃萬化之機軸」，《語類》中也說「不貞則無以為元也」[46]，反而肯定具有藏德之「智」是萬化的本源。日本學者山崎闇齋即據此而認為「仁、智都具有終始之意」[47]；岡田武彥記述山崎闇齋之見，甚至說「我們也可以說智藏就是太極」，因為「朱子曾說太極為理所藏之處（《朱子語類》卷六），淺見絅齋〔按山崎闇齋弟子〕則說太極為知〔智〕所藏之處（〈知藏論筆箚〉）」。[48]岡田認為絅齋「充分闡明了朱子的智藏之義」[49]。若然，則是「仁」與「智」的位階在〈答陳器之問《玉山講義》〉時有了轉變：「智」在四德中的地位提升上來，甚至與「仁」齊等。然而，天理本體只有一個，若言「仁、智都具有終始之意」，那麼究竟何者才是本體？尤其岡田武彥說「智藏就是太極」，如此則是推翻了〈仁說〉以「仁」為天地之心、萬化之源的觀點。但觀朱子言論，並未有推翻〈仁說〉之意，亦未明言天理本體有仁、智兩個，以是，日本學者的觀點未免有推闡太過之嫌。然而，岡田說「站在寂感的觀點來看，智藏是一種達於至寂而正準備發動的狀態」，這樣的理解與朱子由〈復〉卦「見天地之心」來說智藏的思想卻是相應的；又對於朱子由「智藏」的角度肯定「智」蘊蓄著天地生化之機，日本學者於此一義理可謂體會適切，著意深微。只是，若朱子肯定「智藏」之德為萬化

46　《語類》卷6，頁109。

47　見岡田武彥著、錢明譯：《山崎闇齋》，頁130。本文「前言」處提到的會津藩主保科正之的碑文即申述朱子「智藏」之義云：「知〔智〕藏，無有形之形跡，識此始得論道體、論鬼神。仁智交會處為萬物生成之中心，此為天人合一之道。」日本學者山崎闇齋對此碑文讚賞不已，因為他非常贊同朱子「仁、智交際之間，乃萬化之機軸」的看法，其〈庚戌〉詩曰：「仁智交際間，萬化同出自；雖孔朱復生，不過啟此密。」見前揭書引《垂加文集》下之6，前揭書頁134。

48　同前註，頁131。

49　同前註，頁131。

之本源,那麼「仁」與「智」的關係便必須有進一步的釐清。

在朱子,《玉山講義》、〈答陳器之問《玉山講義》〉與〈仁說〉,彼此之間並未有義理上的扞格。如是,吾人將其中的「仁、義、禮、智」論述並比而觀,當能了解「仁」與「智」之間的關係。就如上文所言,朱子在〈仁說〉中已指出:「天地以生物為心」,此心「在天地,則块然生物之心;在人,則溫然愛人利物之心,包四德而貫四端者也」。生生之仁即是天道性理之本體,它是一切德性的總名,因此它涵括一切德性,而且通貫所有德行的精神與義蘊;進一步地說,在「理一分殊」的脈絡下,不僅是人類道德層面的仁義禮智,而是存在的一切層面,皆是此生生仁體的分殊面貌。因此,仁、義、禮、智是天道性理的不同面向,四者同為全德之仁所涵括與貫通,亦同為天道生機的展現。在此意義下,「智」是仁所涵括的四德之一,「智」的分別是非,即是天道仁德的分別是非,因此可以統攝在天道仁德的運化中。此時的仁智關係,是從全德之仁的角度說,由「仁包四德、貫四端」,而說「智」為「仁」所統攝。若就《玉山講義》、〈答陳器之問《玉山講義》〉與其他論「智」的言論加以歸納,便會發現朱子在仁義禮智四德之中,除了「仁」之外,最重視的便是「智」之義。在「智藏」的思想中,「智」所具有的「藏」之義,被認為是天道本體「寂然不動」的境界,如如淵深,而蘊蓄著「感而遂通」的無限生機[50],如同《易・復卦》卦象中積陰之下的一陽萌發,即此可見天地之心。故由此「藏」之義而肯定「智」為「仁」之源,如《易・乾卦》「元亨利貞」之關係,元為「亨、利、貞」之長,但「貞」下能起「元」;又如「冬之藏」即為「春之生」的真幾所在。再者,「智」的貞固守正,葆任了仁、義、禮的價值與真實,此一「葆任」之德亦可說是另一種「生之」之德──由「葆任其真實故保住其存在」而說者。凡此,皆足以肯定「智藏」具有天道本體之位相。就此意義而言,「仁」亦在「智」的含藏之中。此時的仁智關係,則是智藏仁於其中,仁為智所涵括。

那麼,「為仁所統貫的智」是否即是「居於本體位階的智」?天道本體應該屬於「統貫諸德的仁」還是「含藏諸德的智」?筆者認為,此一問題由「界義」入手當能解答。統貫而涵攝諸德的仁,是天道生生之大德,其為天道本體的內容與義蘊,是自《繫辭上傳》[51]以降的儒門共識,因此自可無疑義。作為

---

[50] 「寂然不動」、「感而遂通」語出《繫辭上傳》:「易無思也,無為也,寂然不動,感而遂通天下之故;非天下之至神,其孰能與於此?」宋儒常引之以形容天道之存有與作用。

[51] 《繫辭上傳》言天道乃:「顯諸仁,藏諸用,鼓萬物而不與聖人同憂,盛德大業至矣哉。」

「為仁所統貫的智」，是就天道的內容來說，因此是與仁、義、禮並列為四之天道面向。而居於本體位階的「智」，是從其「藏德」的特質來說，由此一藏德而可肯定「智」之本體性質；當此之時，智之為生物之幾，其本質仍是天道生生之體，故亦為仁德之體，並不與「仁」相並列，而是二者一體。如是，即無「仁與智孰為本體」的問題。至於朱子說「仁智交際之間，乃萬化之機軸」，當是從天道終始循環的律則來說，因此，「貞下起元」、嚴冬而藏春生之幾，皆是天道的終始往復，故其引伊川「動靜無端，陰陽無始」之語，言「此理循環無窮」。

五、結論

朱子「智藏」思想，為日本崎門學派所重視與闡揚；相形之下，在華人學界的朱子學研究中似乎較少被注意，也許是因為它在朱子思想中並未成為獨立的理論之故。在朱子文獻的呈現中，「智」的意涵並未特別的突出；而以「含藏」之意說「智」的文本，最明確的亦只有《玉山講義》以及〈答陳器之二問玉山講義〉。崎門學者的論述亦以此二著作為依據，尤其對「仁智交際之間，乃萬化之機軸」一語特別重視；因而引起筆者的探究之心，遂以能力所及，蒐羅朱子《文集》與《語類》中關於「智」的論述，而歸納出「智」與「智藏」的幾個義理向度，從而嘗試連結之，發現其自成一套義理網絡，相當獨特，而屬於朱子的創發。以是不揣譾陋，為文獻曝，期能拋磚引玉，就教於學界諸賢。

文人的自我獨白
——以陶淵明〈自祭文〉與張岱〈自撰墓誌銘〉為例

郭乃禎

※本文已蒙北市大語文學報（100 年 12 月）刊登

一、前言

　　歷史上第一個以自傳式的寫作方式為自己發聲者，起源於屈原（前 340 年－前 278 年）的〈離騷〉，〈離騷〉一開始便說：「帝高陽之苗裔兮，朕皇考曰伯庸。攝提貞於孟陬兮，惟庚寅吾以降。皇覽揆余初度兮，肇錫余以嘉名；名余曰正則兮，字余曰靈均。」[1]在這一篇歷史長詩當中，屈原自敘世冑、生辰與命名，飛揚於人生的理想，哀痛仆踣於信讒齏怒，乃至執著於再三追尋，以死為諫的忠烈悲慨，已為文人自我獨白的寫作方式，寫下劃時代的里程碑。《史通通釋》：「案屈原《離騷經》，其首章上陳氏族，下列祖考；先述厥生，次顯名字。自敘發跡，實基於此。」[2]司馬遷（前 145 年或前 135 年－前 86 年）在《史記·太史公自序》以孔子發端，說明紹承著述的原委：繼承父命，以編纂為世職，是孝子的表現；尊尚朝廷，以推崇之心論著，是忠臣的表現也；宗主孔子，依傍於《春秋》而筆法之，是史家之所當為。並且論及先祖、父親典事於史、以及遊學述職志意所趨向，雖然是《史記》一書的創作始末，但又具有自傳的特質。《史通通釋》：「自敘之為義也，苟能隱己之短，稱其所長，斯言不謬，即為實錄。」[3]〈與楊德祖書〉：「吾雖德薄，位為蕃侯，猶庶幾勠力上國，流惠下民，建永世之業，留金石之功，豈徒以翰墨為勳績，辭賦為君子哉！若吾志未果，吾道不行，則將采庶官之實錄，辯時俗之得失，定仁義之衷，

---

[1] 戰國·屈原《楚辭注釋》馬茂元主編，楊金鼎、王從仁、劉德重、殷光熹注釋，臺北：文津出版社，1985 年 6 月大陸初版，1993 年 9 月臺灣初版，頁 7。

[2] 唐·劉知幾《史通通釋·序傳》清·浦起龍釋，白王崢校點，臺北：藝文印書館，1978 年，頁 256。

[3] 同註 2，頁 257。

成一家之言。雖未能藏之於名山，將以傳之於同好。」[4]曹植（192 年－232 年）意氣風發的筆端，舒展了生命的藍圖，同樣是自我價值的剖判。

　　包括揚雄（前 53 年－18 年）〈逐貧〉之賦，韓愈（768 年－824 年）〈送窮〉之文，或是「徒行負賃，出處易衣，身服百役，手足胼胝」[5]之苦，或是「智窮、學窮、文窮、命窮、交窮」[6]之所煎迫，何嘗不是文人自剖式的獨白。而自祭與自撰墓誌銘的體式，寫於死生大限之期，莫不直言吐實，真情流露，對於筆耕一生的文者，雖終其一生悠遊於筆墨之趣，所言萬端，無所不吐。但是祭銘之作，更當具有回顧自省、褒貶評價的意義，或得、或失，或憾，或否，文人如何為自己蓋棺論定，必有可觀之作，本文將取陶淵明（約 365 年－427 年）〈自祭文〉、張岱（1597 年─1679 年）〈自為墓誌銘〉解析之，並兼及歷代自祭自撰墓誌銘之作。

二、自祭與自撰墓志銘的由來及特色

　　自祭文與自撰墓誌銘屬於祭弔類和碑銘類的文體，《文心雕龍·哀弔卅》：「弔，至也。《詩》云：『神之弔矣』，言神至也。君子令終定諡，事極理哀，故賓之慰主，以『至到』為言也。…或驕貴以殞身，或狷忿以乖道，或有志而無時，或行美而兼累，追而慰之，並名為弔。」[7]祭弔類的文字為弔喪之賓到來，以言辭悼慰亡者在天之靈。詹鍈（1916－1998），曰：「弔文之作，往往是對古人致追慕、追悼或追慰之意。對於死者，或悲其有志而不成功，或傷其懷才而不見用，或怪其狂簡而遭累，或惜其忠誠而殞身。以惻刲切，使讀者能明是非，辨邪正為目的。」[8]因此祭文多兼有志意未竟，懷才不遇之悲，信而

---

[4] 南朝梁·蕭統《文選》臺北：藝文印書館，1972 年 9 月 6 版，頁 604。
[5] 《兩漢魏晉十一家文集·揚雄》上冊，臺北：世界書局。1973 年 5 月，頁 16。
[6] 唐·韓愈《韓昌黎全集》冊二，《四部備要》據東雅堂本，臺北：中華書局，1966 年 3 月 1 版，卷卅六，頁 3。〈送窮文〉：「其名曰智窮：矯矯亢亢，惡圓喜方，羞為奸欺，不忍害傷；其次名曰學窮：傲數與名，摘抉杳微，高捉群言，執神之機；又其次曰文窮：不專一能，怪怪奇奇，不可時施，祇以自嬉；又其次曰命窮：影與行殊，面醜心妍，利居眾後，責在人先；又其次曰交窮：磨肌戛骨，吐出心肝，企足以待，實我讎冤。凡此五鬼，為吾五患，飢我寒我，興訛造訕，能使我迷，人莫能間，朝悔其行，暮已復然，蠅營狗苟，驅去復還。」
[7] 南朝梁·劉勰著，詹鍈義證《文心雕龍義證》，上海市：上海古籍出版社，1999 年 12 月 3 版，頁 475。
[8] 同註 7，頁 478。

見疑，忠而被謗之痛，賈誼（前 200 年－前 168 年）〈祭屈原文〉之「體同而事異，辭清而理哀」[9]備考亡者生前之事，而以清新的文辭表達哀傷，可說是古今祭弔之文的典範。

　　墓誌銘的體裁特色，如明・徐師曾(1546-1610)在《文體明辨序說》中說：「按誌者，記也；銘者，名也。」[10]《禮記・祭統》：「夫鼎有銘。銘者自名也，自名以稱揚其先祖之美，而明著之後世者也。為先祖者，莫不有美焉，莫不有惡焉。銘之義，稱美而不稱惡，此孝子孝孫之心也」[11]注：「銘，謂書之刻之以識事者也。自名，謂稱揚其先祖之德，著己名於下。」古時銘刻於器，如鼎銘，盤銘。秦、漢以後，或刻於石，如班固（32 年－92 年）〈封燕然山銘〉、張載〈劍閣銘〉，一般稱為碑銘。墓誌是碑銘的一種，存放於墓中。記載死者生平功業，是個人歷史的濃縮，寫作墓誌銘者，乃立德、立言、立行，為亡者留名。尚繼武(1970-)：「現考最早的自題墓誌銘是漢哀帝時馮州刺史杜鄴為自己撰寫的。葛洪《西京雜記》載：『杜子夏葬長安北四里，臨終作文曰：「魏郡杜鄴，立志忠款。犬馬未陳，奄先草露。骨歸於后土，氣魄無所不之。何必故丘，然後即化。封於長安北郭，此焉晏息。」及死後，命刊名，埋於墓側。』」[12]，而文人自撰墓誌銘則以唐王績為始。包括志與銘兩個部分。志者以散文記敘死者姓名、籍貫、官級、功蹟。銘者以韻文概括志的全文，並對死者致以悼念、安慰、褒揚。

　　貞觀十八年，王績（585 年－644 年）病逝家中，其自撰墓志銘曰：「王績者，有父母，無朋友。自為之字曰無功。人或問之，箕踞不對。蓋以有道於己，無功於時也。」[13]通篇以「有道於己，無功於時」為文眼，以莊子思想「以生為附贅懸疣，以死為決疣潰癰」[14]為基調。「有道」者，追慕陶潛真率疏放，曠懷高致之風，行己有道。「無功」者，對隋末唐初天下動盪、政治鬥爭激烈

9　同註 7，頁 479。
10　明・吳訥、徐師曾合著《文體明辨序說》，臺北：長安出版社，1978 年 12 月，頁 148。
11　漢・戴德、戴聖《十三經注疏》八，《禮記疏卷》鄭沅注，孔穎達疏，據嘉慶 20 年宋本，臺北：藝文印書館，1955 年 4 月，卷四十九，頁十八，頁 838。
12　尚繼武〈自為墓志寫心曲-張岱的特異文化人格探窺〉《前沿》，2005 年，第 5 期，頁 206－209。
13　唐・王績《王績詩文集校注》，臺北：國立編譯館，1998 年 6 月）頁 310。
14　戰國・莊子《莊子・大宗師》，陳鼓應註譯，臺北：臺灣商務印書館，1984 年 3 月六版，頁 213。

表達不滿，一生無所作為。王績仿陶潛〈自祭文〉，作〈自作墓志文〉，仿〈五柳先生傳〉，作〈五斗先生傳〉，仿〈桃花源記〉，作〈醉鄉記〉。在〈醉鄉記〉記中，虛擬醉鄉「去中國不知幾千里」，處境幽美，得以安居，可以說是陶潛的忠誠追隨者。自唐而後，文人自撰墓誌之作源源不絕。例如：嚴挺之、顏真卿、裴度、韓昶、杜牧、徐渭、張岱等等，皆有自撰墓誌之作。

三、創作背景－生死有期與顛躓窘困的交相煎迫

宋徽宗即位，蘇東坡（1037年－1101年），年屆六十六，從儋州北歸，途經金山寺，寫下《自題金山畫像》：「心似已灰之木，身如不繫之舟。問汝一生功業，黃州惠州儋州。」[15]成為回顧人生歷程的喟嘆。面對人命奄乎有時而盡的窘迫，與世事轗軻窒礙交切的橫逆，誰能無痛呢！陶淵明出生沒落的仕宦家庭。曾祖陶侃是東晉開國元勳，官至大司馬，都督八州軍事，長沙郡公。祖父陶茂作過武昌太守，父親陶逸任安成太守，早逝，母親是東晉名士孟嘉的女兒。陶淵明早年曾任江州祭酒，鎮軍參軍，建威參軍及彭澤縣令等職，後「不為五斗米折腰」，辭官回家。行年五十初患瘧病〈與子儼等疏〉：「疾患以來，漸就衰損，親舊不遺，每以藥石見救，自恐大分將有限也。」[16]已有臨終遺言之口吻，直至寫自祭文六十三歲，可謂宿疾纏身，貧病交迫。據《宋書·隱逸傳》所考證，陶淵明死於南朝宋元嘉四年九月，由於疾病的折磨，生命的日漸衰損，使他耗盡生命力而視死如歸。他的〈挽歌詩〉：「嚴霜九月中，送我出遠郊，四面無人居，高墳正嶕嶢。」[17]自陳蕭條悲涼之景。〈自祭文〉：「歲惟丁卯，律中無射。天寒夜長，風氣蕭索。鴻雁于征，草木黃落。陶子將辭逆旅之館，永歸於本宅。」先寫年，再寫季節月份，寒意乍升而景色凋敝，寫於祭文之中，特別能感受生命暖度的消逝。大雁南飛遠去，觸發大去之遠行，一去不返的意象，而枯黃的草木也令人聯想到生命的凋零。雖豁達如陶潛，能對大去之期而無感乎！

---

[15] 宋·蘇軾《蘇軾詩集》下冊，清·王文誥、馮應溜輯注，臺北：學海出版社，1983 年，頁2641。

[16] 東晉·陶潛《陶淵明集校箋》，上海市：上海古籍出版社，1996 年 12 月）頁 441~442。

[17] 東晉·陶潛《靖節先生集》（四部備要）據陶文毅集注本，臺北：臺灣中華書局，1965 年，卷四，頁 5。

　　徐渭（1521 年－1593 年）是明代晚期的書畫家、文學家、戲曲家，袁宏道（1568 年－1610 年）〈徐文長傳〉寫其「雅不與時調合」，「屢試屢蹶」，「不得志於有司」[18]，造就他成為一個懷才不遇的知識份子，滿懷狂放與悲憤，不惜以生命與世俗相抗衡。嘉靖四十三年胡宗憲（1512 年－1565 年）因「黨嚴嵩罪」入獄，並畏罪自盡，徐渭哀之，作〈十白賦〉。時胡宗憲案搜查甚嚴，徐渭深感危殆，作〈自為墓志銘〉，以至三次自殺，「引巨錐刺耳，深數寸；又以椎碎腎囊，皆不死。」[19]傳世著述有《徐文長全集》、《徐文長佚稿》、《徐文長佚草》，劇本《四聲猿》、《歌代嘯》，嘉靖三十八年撰成戲曲理論著作《南詞敘錄》。書法有《青天歌卷》、《詠墨磁軸》、《題畫詩》，繪畫有《墨葡萄圖》、《山水人物花鳥》、《牡丹蕉石圖》、《墨花》等，所作遍及書畫曲文。因一生顛簸，妻與子俱違，孤高疏狂，袁宏道：「其胸中有一段不可磨滅之氣，英雄失路托足無門之悲，故其為詩，如嗔如笑，如水鳴峽，如種出土，如寡婦夜哭，羈人之寒起。當其放意，平疇千里，偶爾幽峭，鬼語秋墳。」[20]其〈自為墓誌銘〉：「賤而懶且直，故憚貴交似傲，與眾處不浼袒裼似玩，人多病之，然傲與玩，亦終兩不得其情也。」[21]一生受盡屢挫屢仆的折耗，仍保有「不浼袒裼」的樸真，屢臨死生的試煉，仍不免於忐忑，其銘曰：「杼全嬰，疾完亮，可以無死，死傷諒。兢系固，允收邕，可以無生，生何憑。畏溺而投早嘻渭，即髡而刺遲憐融。孔微服，箕佯狂。三複〈蒸民〉，愧彼〈既明〉」[22]可以無死，可以無生，生死無常，或微服，或佯狂，如何做到有智慧而能明哲以保身呢？直到寫作銘文的此刻，徐渭深有受盡命運鞭撻的憂悒。

　　張岱處於明朝危急存亡之秋，目睹忠臣烈士以身殉國，以死明志，而〈陶庵夢憶序〉曰：「陶庵國破家亡，無所歸止。 披髮入山，駴駴為野人。 故舊見之，如毒藥猛獸，愕望不敢與接。 作《自挽詩》，每欲引決，因《石匱書》未成，尚視息人世。」[23]清兵入關，國破家亡，無法從容就義以表彰氣節的悲痛，啃蝕他的一生，張岱曰：「忠孝兩方，仰愧俯怍。聚鐵如山，鑄一大錯。」

[18] 袁宏道《袁中郎全集(一)》,臺北：偉文出版社，1976 年）頁 311~316。
[19] 明・徐渭《徐文長三集（四）》（臺北：國立中央圖書館，1968 年 7 月）頁 1549-1553。
[20] 同註 18。
[21] 同註 19。
[22] 同註 21。
[23] 明，張岱《張岱詩文集・瑯嬛文集卷之一》，上海市：上海古籍出版社，1991 年，頁 110。

[24]在兵燹烽火的延燒中，夜以繼日地炙烙心靈的便是「忠義」二字。其〈自撰墓志銘〉曰：「甲申以後，悠悠忽忽，既不能覓死，又不能聊生，白髮婆娑，猶視息人世。恐一旦溘先朝露，與草木同腐，因思古人如王無功、陶靖節、徐文長皆自作墓銘，余亦效顰為之。」生不逢時的悲慟流竄在時代中，無論陶潛、王績、蘇軾、徐渭、張岱無不遭難而愴惶，「恐一旦溘先朝露，與草木同腐」的壓迫，讓他們寫下自祭與自撰墓志銘的文字。因世事所侷限，人有「當為」而「不能為」的無奈，但是生於天地之間，卻能有「不與草木俱腐」的昂然，這是對自我「生」的價值的評判，有誰能放棄呢？

四、自祭文與自為墓志銘的內涵與價值

(一)面對時運乖舛的態度──自我價值的剖判

　　張岱出生於書香門第，家學淵源。高祖天複，官至雲南按察副使，甘肅行太僕卿。曾祖張元汴狀元及第，官至翰林院侍讀，詹事府左諭德。祖父張汝霖為萬曆進士，官至廣西參議。父張耀芳，副榜出身，為魯藩右長史。先輩均工詩文而有著述。張岱早年生活優渥，受到晚明崇尚性格，不拘禮俗以及狂放自由的影響。〈自撰墓誌銘〉曰：「少為紈綺子弟，極愛繁華，好精舍，好美婢，好孌童，好鮮衣，好美食，好駿馬，好華燈，好煙火，好梨園，好鼓吹，好古董，好花鳥，兼以茶淫橘虐，書蠹詩魔。」明亡後避居山野，所處困窘，以其博通經史，洽聞子集之能，著述不輟，墓誌銘曰：「所存者破床碎几，折鼎病琴，與殘書數帙，缺硯一方而已。布衣疏食，常至斷炊。」雖不能以身相搏成為義烈，而他回應時代的卻是「好著書，其所成者，有《石匱書》、《張氏家譜》、《義烈傳》、《瑯嬛文集》、《明易》、《大易用》、《史闕》、《四書遇》、《夢憶》、《說鈴》、《昌谷解》、《快園道古》、《傒囊十集》、《西湖夢尋》、《一卷冰雪文》行世。」

　　墓誌文中張岱對於少時所浸潤的高情逸興，流連玩賞的諸般風月，既自負不凡，如同對故國的悔愧，又有自我批判的笞楚。《夢憶序》：「因想余生平，繁華靡麗，過眼皆空。五十年來，總成一夢。今當黍熟黃粱，車旅蟻穴，當作如何消受？遙思往事，憶即書之。持向佛前，一一懺悔。」[25]對於遍及經史文

---

[24]　同註23，〈瑯嬛文集卷之五‧蝶庵題像〉，頁332。

[25]　明‧張岱《陶庵夢憶‧西湖尋夢》，北京市：作家出版社，1995年12月，頁19-20。

集的文化事業，既有寫作《石匱書》「第見有明一代，國史失誣，家史失諛，野史失臆，故以二百八十二年總成一誣妄之世界」[26]的使命感，又有處困不屈，發憤著書的精神，使其風燭草露年屆垂暮，尚能聊以昂揚。佘德余：「著《石匱書》就是『存國史』，『存國史』就是為了『存明』、『復明』。」[27]所以墓誌銘末云：「曾營生壙於項王里之雞頭山，友人李研齋題其壙曰：『嗚呼，有明著述鴻儒陶庵張長公之壙。』伯鸞高士，家近要離，余故有取於項里也。」雖有臨老之悲慨，出落於字句間尚有「取於項里」的自得，所謂「楚雖三戶，亡秦必楚。」[28]佘德余：「項羽是張岱崇敬的英雄，其當年反抗暴秦正和自己寄籬在清暴政下頑強抗爭可引為同調。」[29]這是他面對乖舛所取的應對態度，也是他忍辱苟生，以保存國史的方式，抗爭到底的自我評價。

　　顏延年（384 年—456 年）〈陶徵士誄〉：「年在中身，疚維痁疾，視死如歸，臨凶若吉。」[30]既寫出陶淵明五十歲以後貧病交迫的現況，也寫出曠達灑脫以待天命的性格。陶淵明〈自祭文〉：「茫茫大塊，悠悠高旻。是生萬物，余得為人。自余為人，逢運之貧。簞瓢屢罄，絺綌冬陳。」上句傳達了生成為人的慶幸，下句表達了生而為人，卻生不逢時的乖舛。以「余為人」三字承上啟下，形成「幸」與「不幸」的落差。一般人面對這樣的狀況，大概會悲痛不能自已，會藉文意的起落表達懷才不遇的牢騷，特別是一個才華洋溢之人。但陶淵明卻是「含歡谷汲，行歌負薪。翳翳柴門，事我宵晨。」懷著喜樂到山谷打水，擔負柴薪時邊走邊唱歌，直至天色昏暗，才在暮色中，抵達從早候我到晚的家門。陶淵明表達了不悲不嘆，無怨無悔的豁達，掬取山谷之清泉，所得的豈僅僅是流水，還有來自大自然源源不絕的澄澈，山野清新的氣流，也足以淘洗他的心靈，成為真正豐潤生命的資源，若非如此，怎能忍受一生的侷促？必定是此中有真樂，有充沛滿盈的富足，讓他拋離了形骸上的不足。所以當他背負薪柴而肢體勞乏之餘，能夠長歌嘯野，成為一個快樂的樵夫。在早出晚歸、勞多獲少

[26] 同註 23，〈瑯嬛文集卷之一‧石匱書自序〉，頁 100。

[27] 佘德余〈甘灑熱血存「春秋」－張岱〈自為墓誌銘〉現象窺探〉，2004 年 6 月，《紹興文理學院學報》哲學社會科學，第 24 卷第 3 期，頁 43。

[28] 漢‧司馬遷《史記‧項羽本紀第七》，裴駰集解，司馬貞索隱，張守節正義，臺北：鼎文書局，1977 年，頁 300。

[29] 同註 27，頁 42。

[30] 南朝宋‧顏延年〈陶徵士誄〉，蕭統《文選（六）》（上海市：上海古籍出版社，1986 年 6 月）頁 2469-2475。

中返家，能以樸素簡陋的家門做為生命的依歸。離開了日暮的原野，回到家又敞開另一扇樸實，讓這樣裡外通透的自由，陪伴他日復一日，年復一年。在陶淵明的自祭文中，以簡短的「含歡谷汲，行歌負薪，翳翳柴門，事我宵晨。」四句縮影其田園生活，但是脫溢於文字的，卻是掩不住的快樂與滿足。

「含歡」與「谷汲」，「行歌」與「負薪」，「翳翳」與「柴門」都是對立的感受，每一句都有形骸上的勞苦，但也都賦予心靈上的喜樂，特別突顯了樂在其中的感受。前句「含歡谷汲，行歌負薪，翳翳柴門，事我宵晨。」寫日復一日，穿梭於原野自然的暇適自在，相形之下，所謂體膚之勞，更顯得微不足道。後句「春秋代謝，有務中園，載耘載耔，迺育迺繁。」寫年復一年，忙碌於田園農耕的陶然自得，所謂「耘耔」、「繁育」皆有兩面的解讀與表白。一則是艱辛的勞動與肉體的疲憊，一則是參讚大地生生不息的化育與成長。從字表上雖忙碌於耘耔繁育，所得到的卻是禾苗蓬勃的生機，由中可以體會出作者農耕生活的怡然自得。相對於為官領俸，耕作所獲更令人心安理得，陶淵明深耕細耨的，當不如是農田，還有他為自己所留下的那一畝自在的心田。

〈自祭文〉云：「欣以素牘，和以七弦。冬曝其日，夏濯其泉。」讀書以自愉樂，彈琴以相唱和。冬來則曝曬日下，享用天地給予的溫暖照拂，夏日則在冰涼的泉水中洗滌，享用澄淨無暇的清涼。本句鋪寫陶子的生活實況，特別能彰顯怡然自樂的充實度。以讀書汲取哲理，暢通於心靈思路，以古琴滋補聰明，優遊於清音雅樂。寒冬中自有暖日，炎夏中自有清泉，儘管生活總是夾雜嚴苛的考驗，但也蘊含無限的生機，特別是來自樂天知命的人，總能夠在嚴寒中看到晴日曝曬之溫暖，能夠在炙熱中浸潤通體涼徹的樂趣。生活中唾手可得的情致，不在用高價求索，而在靈通的體悟。「勤靡餘勞，心有常閑，樂天委分，以至百年。」辛勤勞動從來沒有停歇，而心裡卻常保有餘裕的自在空閑，樂於讓生命的步伐與自然的變化應節合拍，順隨本分，以窮其一生。

在陶淵明生於晉宋之際，群雄爭霸，政治腐朽的年代，儘管在大動盪的年代中，有許多的追隨者，但是真能從積極濟世的抱負中隱退，順隨生命的節奏與步伐，走竟「清洌」且「樂至」的一生，當足以自得，而成為自撰祭文之由。自祭之作正如：東坡所言：「淵明自祭文出語妙於曠息之餘，豈涉死生之流哉！」[31]

---

[31] 元・陳秀民《東坡文談錄》，臺北：藝文印書館《百部叢刊集成》，1969 年，頁 19。

(二)生命歷程的省思－悔與悟的選擇

陶淵明〈自祭文〉「惟此百年，夫人愛之；懼彼無成，愒日惜時。」對於人所生存的百年，眾人都珍視而不捨，害怕沒有成就，而眷戀愛惜每一日每一時。「存為世珍，歿亦見思；嗟我獨邁，曾是異茲。」希望活著的時候被世人重視，去世了也能讓人懷念。當「存」與「歿」相對時，陶潛自許特立獨行，與世人不同，不以獲致他人之褒揚，作為自己存在的目標。不以世人的價值觀念，作為自我生活的目的。無論儒家或道家，都相信「人」有與生俱來的善性，是異於禽獸的價值根源。如果價值觀念是外在的，將隨社會的變化而與世沉浮，淪為物役，而失去自我的自由。即使陶淵明在年輕的時候，也曾經懷抱遠大的志向，與其說他曾經眷戀功成名就，不如說他曾經懷抱入世的思想，想要實現遠大的抱負，因此功名不是他人生的最終目標，所以能從容地在黑暗的政局中拔身。在自祭文中，陶淵明說出了自己與眾不同的價值判準，顯然他對「實現理想」和「爭名奪利」劃分的十分清楚。由此我們可以看出，古代文人與帝王間「知遇」的交互相應是很重要的，劉備（161年－223年）能「三顧茅廬，言聽計從」，所以諸葛亮（181年－234年）可「鞠躬盡瘁，死而後已。」這是報其知遇之恩。如果生不逢時，而又想堅持自己的理想，那只要二個選擇：走上屈原的道路，不惜燃盡生命所有的火花，或者選擇陶淵明的方式，寄託精神於田園山水，融入大自然的造化。

「寵非己榮，涅豈吾緇」即「榮寵非己，涅緇豈吾」，受到世人的揄揚或得到顯達富貴不是目標，與世浮沉卻是所能、所願。陶潛寧可昂首傲立於簡陋的房舍，痛快喝酒，作詩。〈五柳先生傳〉：「贊曰：黔婁有言『不戚戚於分窮，不汲汲於富貴』，味其言，茲若人之儔乎！銜觴賦詩，以樂其志，無懷氏之民歟，葛天氏之民歟！」我們看到了他始終如一的人生態度。「識運知命，疇能罔眷；余今斯化，可以無恨。」了解自己註定的氣數，知悉自己生命的極限，啊！能不眷戀嗎？知道自己生命將盡，有誰不眷戀的呢？但是我現在就這樣死去，卻能夠無所怨恨。陶淵明留下一個懸疑，有哪個人面臨死亡而不眷戀，是什麼人生態度，可以讓人從容赴死？解答即是「壽涉百齡，身慕肥遯；從老得終，奚所復戀？」所謂人生七十古來稀，陶淵明六十三歲，可謂高壽，而譬之以「百齡」，夸飾其長壽。在戰亂頻仍，朝代更迭，天災人禍的年代逃得過政客迫害，盜賊殺害，以帶病之身，苟延殘喘而到六十三歲，還有什麼遺憾？能夠順隨心意，實現隱居田野的理想，任隨自然的安排，與之同化，生于斯而死

于斯，還有什麼好遺憾。能活到高歲，置身於渴望的隱望生活，而得以壽終正寢，不死於非命，還有什麼好眷戀。明‧張自烈（1597 年－1673 年）：「今人畏死戀生，一臨患難，雖亦當捐軀，必希苟免。且有曠息將絕，眷眷妻孥田舍，若弗能割者。嗟乎，何其愚哉，淵明非止脫去世情，真能認取故我。」[32]自是陶潛的知音。《論語‧述而篇》：「子貢曰：『伯夷，叔齊何人也？』曰：『古之賢人也。』曰：『怨乎？』曰：『求仁而得仁，又何怨？』」[33]言下富足的自足與自豪，在〈自祭文〉中重申「求仁」而再現「得仁」了。張自烈：「如『奚所復戀』，『可以無恨』此言非淵明不能道。」[34] 可敬的，正是陶淵明面對橫逆時所採取的價值取向，他的生命軌跡，始終如一而又無怨無悔。

　　張岱〈自撰墓誌銘〉自評一生有七不可解，實則闡其面對明亡的遽變，所遭蒙的巨大震盪，而以七命題自嘲自解。並於其中悔恨以了悟，或於其中挺立以應對。例如：「向以韋布而上擬公侯，今以世家而下同乞丐，如此則貴賤紊矣，不可解一。」往昔以韋帶布衣而兼享紈綺子弟的豪奢逸樂，可上比於公侯，如今卻以世代官宦之身，淪為無籍之乞兒。佘德余（1943 年－）引《瑯嬛文集》曰：「幾個兒子都不善營生，以致『山廚常斷炊，一日兩接淅』。『寒暑一敝衣，捉襟露其肘』、『骨瘦如雞肋』的張岱此年已是五十八歲，迫於生計，還得親自參加舂米、擔糞的勞動。」[35]在一不可解中，亡國遺恨不絕，貴賤身分差池，身為遺民而能守忠悃安鄙賤，雖自唾於昔時荒逸，也自解於恥食滿粟，身道與國運同起落。「產不及中人，而欲齊驅金谷，世頗多捷徑，而獨株守於陵，如此則貧富舛矣，不可解二。」明亡前產業比不上中等之家，卻耳濡目染於侈靡以相高，明亡後雖有多種便捷途徑，卻安身立命於隱居生活，所謂貧富之論定，豈真以物質生活之奢寡為標準，國家的覆亡，使張岱心中對於生活的價值，產生不同的觀點，人的命運與國家的命運，同飛升而同迫降了。

　　「以書生而踐戎馬之場，以將軍而翻文章之府，如此則文武錯矣，不可解三。」國難在前，當效漢代投筆從戎之班超，從軍衛國以建功績；社稷蒙塵，則國之將軍也要以筆墨實踐未竟之業。所謂文武之能，必當勇赴民族之存亡。這種觀念普遍存在明末清初文人學者的心中，救亡圖存的責任感，風湧號召了

---

[32] 同註 16，頁 468。
[33] 《廣解四書‧論語‧學而篇》朱熹集注，蔣伯潛廣解‧臺北：東華書局印行，頁 74。
[34] 同註 32。
[35] 同註 27，頁 41。

當代的鬥士，例如：崇禎十六年成為國子監生的顧炎武，在清兵入關後，投入南明朝廷，任兵部司務，撰有《軍制論》、《形勢論》、《田功論》、《錢法論》。清軍攻陷南京後，又轉投王永祚義軍，終身不事清。著有《日知錄》、《音學五書》、《天下郡國利病書》。康熙帝開「博學鴻儒科」招致明朝遺民，顧炎武三度致書，以死堅拒推薦。顧炎武既以書生踐戎馬，又以將軍翻文府。以上總三不可解，寫張岱所經歷的最大的慘痛，所悟得的最寶貴的價值經驗。

　　「上陪玉皇大帝而不諂，下陪悲田院乞兒而不驕，如此則尊卑溷矣，不可解四。」在神明之前無諂諛的必要，與悲田院乞兒相處而不驕矜，有德者豈能因對象不同而諂媚、而驕橫。子貢曰：「貧而無諂，富而無驕，何如？」[36]更何況人之尊卑，豈是「處貧」或「居富」可論斷。尚繼武：「他心懷入世抱負，但年輕時家國尚在卻生逢國運敗落，有抱負而無所用；國破家亡純粹避世，卻內心有所不甘。」[37]「能力」與「機運」隸屬於兩個不同的命題。張岱一生折挫於科場，尚不至於依附攀慕，反而寫出反抗八股箝制的文章，如《石匱書・科目志》：「有人於此，一習八股，則心不得不細，氣不得不卑，眼界不得不小，意味不得不酸，形狀不得不寒，肚腸不得不腐。」[38]四十八歲餘蔭盡後，落拓失憑，如〈舂米〉所言：「身任杵臼勞，百杵兩歇息」、「自恨少年時杵臼全不識。因念犬馬齒，今年六十七。在世為廢人，賃舂非吾職。」[39]勞於田壤，露膚沾肌，乃至受〈擔糞〉所苦：「近日理園蔬，大為糞所困。」、「婢僕無一人，擔糞固其分。」、「扛扶力不加，進咫還退寸。」[40]今昔不啻天壤，恍如隔世，況比於悲田院乞兒，又何所驕。但是年少的荒玩不恭，又豈是老壯的撰述不輟可比，所謂「尊」與「卑」又何可判而以為然。

　　「弱則唾面而肯自乾，強則單騎而能赴敵，如此則寬猛背矣，不可解五。」大丈夫有所為有所不為，有可忍有不可忍。因為堅持還原歷史的真相，忍受清廷的血腥鎮壓，致力於明史的編纂，而且「事必求真，語務必確，五易其稿，九正其訛，稍有未核，寧闕勿書。」[41]立下與《石匱書》共存亡的決定。一個紈綺出身之人，竟然忍受長期的高壓脅迫與斷炊缺糧，其中必須承擔的尊嚴挫

36　同註33，頁10。
37　同註12，頁207。
38　明・張岱《石匱書・科目志》上海市：上海古籍出版社，2007年11月。卷廿七，頁2。
39　同註23，頁36。
40　同註23，頁35。
41　同註23，頁100。

傷，又豈只唾面自乾可比。而仗義直言的刀筆，寫下〈姚長子墓誌銘〉、〈周宛委墓誌銘〉、〈古今義烈傳〉，在文字的馳騁攻略中，揮兵於倭寇、揭竿於科舉，擎旗於民族大義，當然可比於單騎赴敵。「奪利爭名，甘居人後，觀場遊戲，肯讓人先，如此則緩急謬矣，不可解六。」無論前半生或後半輩子，鐘鳴鼎食式的萬般逸樂，或捉襟見肘式的簞瓢屢空，爭論於名利的，或計算於嬉鬧娛樂的，都非所急迫。這是異於常人，且非常人所能的行徑。表現張岱有所取有所不取的選擇，雖然無法在明末汙濁的政治中博取功名，以光宗耀祖。但著書立說，卻實現了著作等身的功業。

「博弈挦蒱，則不知勝負，啜茶嘗水，是能辨澠、淄，如此則智愚雜矣，不可解七。」張岱廣於材藝，雖有紙醉金迷、伎弦管玩之失，但卻富厚了他的藝術生命。習琴如《陶庵夢憶・過劍門》所載：「主人精賞鑒，延師課戲，童手指千。蹊童到其家，謂『過劍門』，焉敢草草。」[42]磁陶銅青，精搜細羅，如〈附傳〉所言：「所遺尊、彝、名畫、法錦，以千計。」[43]藝術的鑑賞生活，使張岱靈敏於別具巧思，涵養於雅致情韻，使他在文章當中，標舉主體精神的觀照，深切生活體驗的真味。《幼學瓊林・地輿》：「淄澠之滋味可辨，涇渭之清濁當分。」[44]《呂氏春秋・精諭》：「孔子曰：『淄澠之合者，易牙嘗而知之。』」[45]張岱的文理思致流動於事物中，演繹為生活的情趣，耳目所接皆成風情之樂。《陶庵夢憶》所舉的各項民俗遊藝，琴棋蹴踘，戲曲廟會，觀荷賞月，鬥雞賽舟，校獵演武等等，琳琅滿目，應接不暇。如張則桐所言：「張岱是一位造詣精深的生活藝術家，人生藝術化的觀念貫穿了他的一生。晚年雖然在貧困窘迫的物質生活中，我們仍能從他的詩文中感受到新鮮的藝術情趣。」[46]而《陶庵夢憶》是張岱藝術化人生的結晶。茶淫橘虐的生活，豐厚了張岱的品味，包括美食茶道、器皿古玩，在文藝創作中，深刻於風姿神韻，在精選細擇中，表現出靈動的世俗歡惡，舉筆點染自成樂趣。這自然不屬於奪長搏短的意氣之爭，也當不是汩沒於物流者所迷失。

---

[42] 同註 25，頁 149-150。

[43] 同註 23，頁 216。

[44] 明・程登吉《幼學故事瓊林》程允升原本，鄒聖脈增補，謝梅林、鄒可庭參訂，台南：成大書局編輯部，1988 年 7 月 3 版，頁 15。

[45] 戰國・呂不韋《呂氏春秋・審應覽第六・凡入篇第十八》高誘注，臺北：藝文印書館，1974 年 1 月 3 版，頁 497。

[46] 張則桐〈從人生取向看張岱的價值觀念〉，《古今藝文》第三十一卷一期，頁 45。

張岱以七不可解，自解命運中所遭逢的課題，一切的體悟都來自於「人生無常」。「貴賤、貧富、尊卑」上下易位，「文武之能」被重新評價，「寬猛緩急之度」被重新擇選，以至於愚智之辨，得失之權衡，都被重新咀嚼。這一段文字夾雜家國覆沒之恨，愁鬱自解之願，有悔有悟，既自我嘲諷又自我肯定，並且寓褒於貶，而最後終究完成了人生的省思歷程。

(三)擺盪之錘的休止符－蓋棺論定的自我觀照

蘇軾在〈縱筆三首〉其三：「北船不到米如珠，醉飽蕭條半月無。明日東家當祭灶，隻雞斗酒定膰吾。」[47]虛待於日與月之間是雞與酒的等候，普天下砥節守忠者，能料到此窮途末路嗎？陶淵明《雜詩》：「憶我少壯時，無樂自欣豫。猛志逸四海，騫翮思遠翥。」[48]但是回報他的遠大志向者，卻是權貴操持的庸腐官場。能逃離「舉世皆濁我獨清」[49]者，唯有返璞歸真於自然。直到寫作〈自祭文〉的當下：「寒暑逾邁，亡既異存；外姻晨來，良友宵奔。」逾邁是時間的消逝，生命終究必須走至終點，生存與死亡既然存在著很大的差別，所以姻親摯友晨宵來奔。陶淵明以走向歸途者之心，想像死去後親友的倉皇奔走，對比於自己面對死亡的從容，筆墨略帶滑稽。此等滑稽更加添作者面對死亡的自在。「倉皇」由晨宵來奔可見。「葬之中野，以安其魂；窅窅我行，蕭蕭墓門。」一句，「蕭蕭」呼應首段「風氣蕭索」，借秋之肅殺，暗喻生命終了與枯萎。陶潛說：埋葬我於荒野之中，使我魂魄安息，有別於生者，我這一趟幽深沉寂的冥途，將入蕭索秋風吹拂的墓門。「奢恥宋臣，儉笑王孫。」即「恥宋臣奢，笑王孫儉。」，關於葬禮的安排，我羞如宋司馬桓魋的浪費，且嘲諷漢楊王孫的薄吝。無論浮靡奢華與節省薄吝都有過「過之」、「不及」之處，都失去悼亡的真諦。「廓兮已滅，慨焉已遐；不封不樹，日月遂過。」當空虛失落的感覺消逝，悲慨之情也會漸次遠離。不會再有人到墳上來聚土種樹，時間就這樣一天一天的過去。薄葬的苛吝，厚葬的靡費，將無益於安定死者飄浮的魂魄，無用於宣洩存者潰決的傾訴，隨時日之遠去，痛失之情淡漠，也不再時時弔念於墳前。既然如此，又何必計較於厚薄，俗人自擾罷了。順乎人情，盡乎心意就好了，既然如此，又何必窮盡有生，汲汲奔走於鑽營。

「匪貴前譽，孰重後歌；人生實難，死之如何，嗚呼哀哉！」我既然已不

---

[47] 同註 15，頁 2328。

[48] 東晉・陶潛《陶淵明全集》，（臺北：新興書局，1959 年 10 月）頁 52。

[49] 同註 1，頁 477。

重視生前的虛名，又怎麼會注重死後的歌功頌德。人生在世實在艱辛，死又有什麼關係呢？嗚呼哀哉！為什麼世人總是想不透，而有那麼多的牽掛與不捨呢？前後兩個「嗚呼哀哉」：第一個表達生離死別之痛，人情所難免，陶淵明也為之嘆息。第二個表達名利毀譽之追逐，終生難已，死後都將落空，世人為何淺薄而不能通達。在行將就木之際，〈自祭文〉中還不失幽默的，為世人一發扼腕之嘆。充份表現了從容不迫的態度。

張岱在〈自撰墓誌銘〉中自我論定：「故稱之以富貴人可，稱之以貧賤人亦可」總結一生，張岱可說是富貴人，無論前半生浸淫藝術玩賞的頹廢，或後半生筆耕著作等身的績業。也可以說是貧賤人，無論明亡前的孤芳自賞，遠離功成名就的追求，或明亡後的破敗流離，悔恨摻半的自咎與自責，兼以擔冀自虐求生的困苦。「稱之以智慧人可，稱之以愚蠢人亦可」也可以說張岱具有智慧，否則怎麼能擁有跨越各領域的筆墨傳世，張則桐：「勤奮著書是張岱的價值觀念在生活實踐中的具體表現，從二十七歲編成《徐文長逸稿》開始，他手中的筆一直沒有停止，去世之前還在為《越人三不朽圖贊》的刊印忙碌。張岱的著述涉及史學、經學、文學、類書等各個領域，幾乎包括了明清之際文藝學術的所有領域，其中史學和文學的成就尤其突出。他以宏富的著述樹立了明末清初思想文化大家的地位。」[50]句括《夜帆船》在內，從存明史到百科全書，包羅萬象，從充沛活躍的筆觸，能見其不為困窘所苦的自在與自得。但是如果以不務功利的冬烘，也可稱之為不識時務的愚笨人。「稱之以強項人可，稱之以柔弱人亦可」在艱困中，賴農耕以為生，尚且勇於實現理想，可以說是一個堅強的勇者。在亡國後，沒有選擇以身就義，也可以被罵為軟弱的人。「稱之以卞急人可，稱之以懶散人亦可」說他躁急或懶散都可以，反正他不在乎。「學書不成，學劍不成，學節義不成，學文章不成，學仙學佛，學農學圃，俱不成。任世人呼之為敗子，為廢物，為頑民，為鈍秀才，為瞌睡漢，為死老魅也已矣。」這一生的多才多藝，舉凡文人學者所沾染浸潤者，雖不能成就一家之學，但書法舞劍之術，節義文章之能，求仙成佛之思，務於農圃之勞，莫不經歷。任憑世俗人以敗家子，頹廢者，頑冥人、鈍秀才，瞌睡漢，甚或死老妖來稱呼他！檢點之下，他無愧此生，冥冥黃泉路，行之可也。

---

[50] 同註46，頁48。

五、自祭文與自撰墓誌銘的寫作特色

(一)傷春悲秋，潛藏遺憾

陸機（261年－303年）〈文賦〉：「悲落葉於勁秋，喜柔條於芳春。」[51]本文陶淵明以秋景發端，既寫實於時序，也特別能誘發秋景蕭條的悲涼氣氛，特別能烘托行將就木之人的傷痛感懷，以及一個人即將死亡的特定情境。自楚辭以來，悲秋的文學傳統，以蕭條的秋景寄寓傷感。楚辭〈九歌·湘夫人〉：「帝子降兮北渚，目眇眇兮愁予，嫋嫋兮秋風，洞庭波兮木葉下。」[52]將迎神之巫不見神靈的落寞、惆悵之情，融於洞庭湖的波風落葉聲中，愈發顯得淒清和悲涼。暗示：神明未來，來的只有蕭索的落葉，憑添傷感。「鴻雁于征，草木黃落。陶子將辭逆旅之館，永歸於本宅。」本文中以「逆旅之館」、「本宅」比喻人世，生只是暫時的借居，死才是本來的歸宿。《列子·天瑞篇》：「精神離形，各歸其真，故謂之鬼。鬼，歸也。歸其真宅。」[53]陶淵明〈雜詩〉：「家為逆旅舍，我如當去客。去去欲何之，南山有舊宅。」[54]大雁南飛而去，草木枯黃凋零，陶子將要辭別人世，永遠回歸於舊宅。「故人淒其相悲，同祖行於今夕。羞以嘉蔬，薦以清酌，候顏以冥，聆音愈漠。嗚呼哀哉！」推想老朋友淒涼的以悲傷的態度相對，齊聚在今晚為我設宴逆行，獻上嘉肴，呈上美酒。生離死別是人生大事，悲痛與不捨是人之常情，就算是視死如歸，有大去的心理準備，但這些熟知的面容，這些熟悉的語音也將漸次遠離模糊消逝，怎不令人悲傷呢？「陶公本性嫌無病呻吟，而其祚莫不有物，乃自感覺身體之衰微，如西山殘日，秋圃荒枝，藉〈挽歌〉、〈自祭文〉之文以敘人生觀。」[55]

(二)似貶而褒，正言若反

在回顧之作中，張岱作了自我觀照的省思，以多重角色自嘲。「稱之以富貴人可，稱之以貧賤人亦可」舉富貴、貧賤對稱，一方面表示陷於墜落的局勢中，身份地位不變，可以見其倉皇的面貌。一方面表現屈於山野的乏困中，守節著述，可以見其操守的堅定。「稱之以智慧人可，稱之以愚蠢人亦可」舉智

---

[51] 同註4，頁245。

[52] 同註1，頁141。

[53] 戰國·列子《列子》張湛註（臺北：藝文印書館，1974年9月）頁11。

[54] 同註48，頁53。

[55] 清·鄭文焯注《陶集鄭批錄》卷三，[日]橋川時雄補校，文字同盟社，1927年，頁51。

慧、愚蠢對稱，一方面以得失不在於擲骰子、下棋等遊戲上，而在深切體會對
生命所造就的滋補，一方面標榜自我靈動之心，對於遍嘗甘苦的主宰性。「稱
之以強項人可，稱之以柔弱人亦可」舉強項、柔弱對稱，一方面揭示強弱不能
就表象論定，而在當爭與不當爭的價值判準。處清劣境之中，唾面自乾又如何，
韓信尚且受胯下之辱。當為所當為時，則將義不容辭，躍馬干戈以之，張岱曰：
「余故不能為史，而不得不為其所不能為，固無所辭罪。然能為史而能不為史
者，世尚不乏其人，余其執簡俟之矣。」[56]在文字箝制的高壓中，猶堅持著述
《石匱書》。「稱之以卞急人可，稱之以懶散人亦可」舉卞急、懶散對稱，表示
不汲汲於世道的競名逐利錙銖必較，《離騷》：「忽馳騖以追逐兮，非余心之所
急。老冉冉其將至兮，恐脩名之不立。朝飲木蘭之墜露兮，夕餐秋菊之落英。
信姱以練要兮，長顑頷亦何傷？」[57]張岱所顑頷、急切者自是千載文人脩名脩
德、著書立說的大功大業。「學書不成，學劍不成，學節義不成，學文章不成，
學仙學佛，學農學圃，俱不成」舉「書劍節義文章仙佛農圃」為範疇，指前半
生承自晚明，狂狷不羈玩物玩世的放任所成就，藝廣多方，雖未能建立一家之
說，但卻無所不涉。後半生投棄荒遽，飽受手足胼胝之苦，也練就挑糞力杵農
圃之技。內容寓褒於貶，正言若反，淚眼中夾雜自得，歷數經歷，無限滄桑。
「任世人呼之為敗子，為廢物，為頑民，為鈍秀才，為瞌睡漢，為死老魅也已
矣。」張岱自許絕不坐困於「患人之不己知」的憂慮之中。這種自信不正是《論
語·憲問》：「子曰：『不患人之不己知，患其不能也。』」[58]充分表達了操之在
我的自我肯定。

(三)以生悼死，對比與想像一起奔放

陶淵明在祭文中想像了臨終送別的場景，「故人悽其相悲，同祖行於今夕。
羞以嘉蔬，薦以清酌。候顏以冥，聆音愈漠。」對於生命的凋零，有一種置身
事外的輕鬆，對於黃泉之途，有視死如歸的從容，「嘉蔬清酌」在前，如同一
生所追求的平靜與樸實，生命的真味也當在清茶與淡飯之中。人生而如此，所
以祭亦當如是，所怡然而自適者，解脫腐臭政治所夾帶的腥肉臊魚，將離世的
軀殼無所罣礙。「惟此百年，夫人愛之。懼彼無成，愒日惜時。存為世珍，歿
亦見思，嗟我獨邁，曾是異茲。寵非己榮，涅豈吾緇，捽兀窮廬，酣飲賦詩。」

對比人我的緩急，無須議價得失。對於有限生命的對待方式，有更多的解放與鬆綁，完全脫去世事顛沛的滋擾，表現平實而豐富的生命內涵，用語簡樸、優美，不加矯飾。「外姻晨來，良友宵奔，葬之中野，以安其魂，窅窅我行，蕭蕭墓門」想像親友故舊，聞訊惶惶，倉促疾走。但是終究要遠離的，也只有自己的魂魄。以生悼死，情感雖平淡沖和，但是表情瀟灑，態度曠達。

(四)以死念生，感性與懷恩振臂相擁

　　張岱在自撰之作中，將行仍感念親恩，對於尊長憐愛培育之心，慨然回首，沒世難忘，「生於萬曆丁酉八月二十五日卯時，魯國相大滌翁之樹子也，母曰陶宜人。幼多痰疾，養於外大母馬太夫人者十年。外太祖雲谷公宦兩廣，藏生牛黃丸盈數簏，自余圖地以至十有六歲，食盡之而厥疾始瘳。」褓抱提攜的恩情，暖日照拂的慈輝，暄妍了篇章，也光迴照返了熒熒燭炬，能見菊老荷枯的淚水滌盡一生的塵僕，做懷恩遠行的準備。「六歲時，大父雨若翁攜余之武林，遇眉公先生跨一角鹿，為錢塘遊客，對大父曰：「聞文孫善屬對，吾面試之。」指屏上李白騎鯨圖曰：「太白騎鯨，采石江邊撈夜月。」余應曰：「眉公跨鹿，錢塘縣裡打秋風。」眉公大笑，起躍曰：「那得靈雋若此！吾小友也。」欲進余以千秋之業，豈料余之一事無成也哉！」感恩懷德中，猶有老驥伏櫪的悲鳴，有忝所譽的慨嘆，直到當下仍有責任未了的遺憾。他的《自撰墓誌銘》通篇文字精煉而暢達，串貫喻托，排比成諷，對比奢靡與貧窶，痛陳亡國之恨。所涉命題無不莊嚴凝重，然而乞兒與玉帝成文，唾面與遊戲成詞，以詼諧調謔，寄寓嚴肅的獨白。自陳癖嗜，非祭文「隱惡揚善」之常法，但是對比於「著作等身」，又有志拔能超之卓絕。有懷慕、有悔恨，有自責、有自強，多重對立的情感，成為張岱豐富的人生經歷的最佳寫照。

六、結語

　　雖然面臨死生之大限，但無張惶之憔悴。料定必然，所以從容以之。因此，有更多冷靜的時間，做自我獨白的檢視。回溯高風張帆的險境，或泥船渡河的窒礙，消融在歲月的灰燼中，瀝血猶帶腥臊的痛，滋育灰燼，成為宏富生命內涵的動力，在自為之作中散發光亮，成為不朽。張岱在墓誌銘言：「因思古人如王無功、陶靖節、徐文長皆自作墓銘，余亦效顰為之。」舉了王績、陶潛、徐渭等人之作。正因為這些作品，在時窮困躓中，表情真摯，率真於自我獨白

的觀照,具有生動的感動力。影響所及,張岱效顰之作也突出優異,尚繼武曰評之:「其文文筆跳宕峭快,時而沉著鬱憤,時而輕靈明快,時而貌莊令人深思,時而詼諧催人反省,在歷代自題墓誌銘文叢中,具有獨特的風格和思想內容,折射出張岱曲折多難的人生經歷,和卓然持異的文化人格。」[59]自撰墓誌銘的體裁,從漢哀帝杜鄴起,到張岱的自撰之作,可以說是出類拔萃。葛洪(284年－363年)《西京雜記》:所載「杜子夏葬長安北四里,臨終作文曰:『魏郡杜鄴,立志忠款。犬馬未陳,奋先草露。骨肉歸於后土,氣魄無所不之。何必故丘,然后即化。封於長安北郭,此焉晏息。』及死后,命刊石,埋於墓側。」[60]簡陳事略,僅供後人按碑稽考。到了陶淵明,一反〈薤露〉、〈蒿里〉的恐懼和憂傷,表達面對生死的坦然,對曲終人去的讚禮,帶陶式的幽默口吻,勘破形體與精神的真正自由,自是一大特色。包括王績的自撰之作,不寫世系,甚至於目地不在陳述臧否,也不細數功蹟,全然是抒發自我的情調,自我獨白的口吻,對於祭文寫作形式的解放,亡者真切自我的表白,有別於形式的堆疊,有別於他撰墓誌銘,涵詠豐富的自我追悼之情。

　　唐代的自撰之作,裴度(765年－839年)只留「裴子為子之道,備存乎家牒;為臣之道,備乎乎國史。」[61]片語隻辭。而顏真卿(709年－785年)因平亂而遭害,雖然有墓誌之作,沒有傳世。韓昶(?－855年)自為之作,自陳世系及己所傳,布陳細瑣,「不通人事,氣直,不樂者或終年不與語。因與俗乖,不得官。」偶發牢騷,以銘文略表個人的蹉跎,平凡無奇。銘文:「噫,韓子,噫,韓子。世以昧昧為賢,而白黑分。眾以委委為道,而曲直辨。生有志而卒不能就,豈命也夫!豈命也夫!」雖然一吐不遇之痛,但是敍述空存憂惱,而並不深刻。杜牧(803年－852年)《自撰墓誌銘》大量記述祖考與官歷,並涉夜夢、星象、甌裂等事以為死亡之兆,不同於一般自省自悔自悟自得之作,無法呈現個人自我評價的觀點。無如袁枚(1716年－1797年)自輓詩:「人生如客耳,有來必有去。其來既無端,其去亦無故。但其臨去時,各有一條路。⋯逝者如斯夫,水流花王住。但願著翅飛,豈肯回頭顧?偉哉造化爐,洪鈞大鼓鑄。我學不祥金,躍治自號呼。作速海風迎,仙龕陪白傅。或遊天外天,目睹

---

[59] 同註 12,頁 206。

[60] 東晉・葛洪《西京雜記》(臺北:廣文書局,1981 年 12 月),頁 38。

[61] 宋・王讜《唐語林》,臺北:廣文書局,1968 年 6 月,卷二,頁十一,總頁 60。

所未睹。勿再入輪迴，依舊詩人作。」[62]寫得暢快淋漓，如同曹操(155 年－220 年)的〈善哉行〉裡所說：「人生如寄，多憂何為？」瀝乾憂慮後，袁枚也能敞懷邀請大家為其生輓，無論得到的是揶揄，或是嘲諷，或是真情挽留，或是曠達一嘆，坦然如此，竟讓他多活了好幾年，直到八十二歲才仙逝。

　　張岱自撰之作，抱存「名根一點，堅固如佛家舍利，刼火猛烈，猶燒之不失。」[63]儒家聖賢立德立言立行的訓誨，發酵發光發熱，成為張岱自我價值判斷的根本，他自嘲：「然瓶粟屢罄，不能舉火，始知首陽二老，直頭餓死，不食周粟，還是後人粧點語也。饑餓之餘，好弄筆墨。」[64]蘸饑為筆，悔悟故國如夢。不可自解的排比相對，造就譏誚，以詼諧相戲謔，但是所彰顯的氣節崇高，情操傀偉，態度莊嚴而蘊情深厚。相較於五十歲以前遊戲人生的態度，深刻的表達臨老悲壯的情懷，令人動容。陶潛以悟透自解之心貫串了自祭的文字，放下世事的銀鐺囚錮，自放於天地之間，與張岱成為文學上儒道自為之作的雙璧。

62　清‧袁枚《小倉山房詩文集》上冊，上海古籍出版，1988 年 1 版，2009 年 4 月翻刷，頁 823。
63　同註 23，頁 111。
64　同註 23，頁 110。

心智圖在國中詩文寫作教學的應用

呂佳樺

一、前言

在基測、學測、各類應試作文測驗乃至近幾年聯合盃作文大賽中都有一項規定:「不可使用詩歌體」。有趣的是,在這幾項測驗和比賽裡表現優異的作品,幾乎被認為具有「詩性」。而「所謂的『詩性』,在某些文學理論裡等同於『文學性』,就是變化日常用語為文學用語。它的基本手段是:善用隱喻,製作意象。只要領略這個心法,就算是平凡的經驗,也能夠寫得精采出色。」[1]這是兒童文學家張嘉驊為第四屆聯合盃國中八年級總決賽第一名作品所下的評語。既然作文中「詩性」與「文學性」扮演這麼重要的角色,那麼,在寫作教學中讓學生習得使用「詩性」或「文學性」的創意寫作,這對教學者而言顯然是一個極端重要的課題。

事實上,「文學性」跟「文學思維」的方式有關,「文學思維」就是一種「形象思維」、「具體思維」,「形象」又跟「圖象」有關,「詩性」又跟「詩的語言」[2]有關。因此,在寫作教學設計時能創意地結合「詩」、「圖」、「文」此三種不同表現形式的體裁,讓學生能夠經由這三者的融合及交互作用的學習,開展其可能的創造力,這個範疇顯然是值得探究的主題。

本文即試圖在國中寫作教學現場中,以心智圖來結合「詩」、「文」的創作,將三種不同表達形式的體裁結合並交互作用使其生發 1+1+1 大於三的效能,

---

[1] 見聯合報文教 2011 年 1 月 5 日 AA4 版。

[2] 【挑戰閱讀】 喬林詩觀:詩的語言,是借居於隱喻系統詩性語言的語言,是不能言說的言說。它以一種整體的方式進行交際。它的詞語不再是常規的表達,在新的變異與新的排列的搭接組合系統關係裡,詞語有了新的系統構件角色,詞語與詞語間有了新的內在的互動關係,詞語從故有的意指中被解放出來,不再被囚禁。通過隱喻系統遞傳的張力拉緊,激發出被隱藏的情緒和新的訊息。人間福報 http://www.merit-times.com.tw/NewsPage.aspx?unid=76500

期許不僅開展國中學生創造力更進而提升其寫作能力。

二、從形象思維與左右腦看心智圖

文學藝術創作過程中運用的思維方式，主要是形象思維。然而學生受教的長期過程，卻是由「左腦」為主的知識性、邏輯性所掌控，如何「活潑右腦」便成了國中生當務之急，而詩與圖的引導便成為活化右腦的重要捷徑。而不論是形象思維與邏輯思維的統合、左右腦的攜手互助，或詩圖文三領域的互動激盪，皆是呼應了多元智能理論（The theory of multiple intelligence）的中心思想，即因材施教、適性而教，尊重孩子的個別差異，相信每個人天生都擁有不同的優勢智能和創造能力，教師站在以學生為中心的角度，從旁盡力協助，使其自我開發潛能，正是多元社會發展和創意教學的大趨勢。

(一)由認知結講看形象思維

形象即圖像、畫面、具象，「形象思維」即「具象的思考能力」，是人人天生具有的能力。

心理學家布魯納 (J. S. Bruner)認為在人類智慧生長期間，經歷了三種表徵系統的階段：動作表徵時期、影像表徵時期和符號表徵時期。[3]動作表徵期用手去摸、口去嚐，以「做中學」的經驗為主，包括直接或有目的的經驗、設計的經驗、演劇的經驗及示範。影像表徵期運用感官對事物所得的心像以了解周圍的世界，以「看中學」的經驗為主，有參觀、展覽、電視、電影、錄音或廣播或靜畫。最高層次是符號表徵期，能運用文字、數字、圖形等符號來代表他的經驗知識，以「想中學」的經驗為主，分別為視覺符號和口述符號。若沒有前兩階段「做中學」、「看中學」的具體經驗，則很難能在「想中學」階段對抽象符號所描述的現象賦予意義。因此布魯納的認知發展理論強調，當人們研究某種新事物時最重要的是，要達到符號表徵階段「想中學」時，仍需極大量地利用動作性表徵「做中學」、和影像表徵「看中學」的同時運作，效果才易顯現。

---

[3] 布魯納(J. S. Bruner)著 ，邵瑞芬(譯)：《教學論》(*Toward a theory of instruction*)(臺北：五南圖書股份公司，1997)，頁 11-17。

　　亦即到了後一階段，仍得設法維持前兩階段的特質，並行成長。這是詩人藝術家特別「不願意長大」，能保有兒童天真、活潑的天性和豐富想像力的原因，而畢卡索（Picasso）之所以會認為世界上只有一種人真正能作畫，那就是小孩子，他說：「我窮一生的時間，學習像小孩那樣畫圖。」[4]。但由於教育側重知識、記憶、和計算，美育的形象教導受到忽視。因此如何透過誘導使之不受到壓抑，反而能透過「激化右腦『用形象來思考』」（張春榮）[5]，使學生的創造力受到激盪、釋放，尤其如何使學生寫作由「三心」（教師中心、教科書中心、課堂教學中心）轉為「三主」（教師為主導、學生為主體、設計為主線）、由「被動接受」（要我學）轉為「主動學習」（我要學）[6]，是多元智能學習中極重要的一環。而「形象思維能力的培養」顯然是一大契機和關鍵。

　　因此圖/詩/文三者，其實皆以形象思維為其核心，本文即是透過詩／圖或詩／文或圖／文的互動，來激發學生的「形象思維的能力」，如圖一所示。

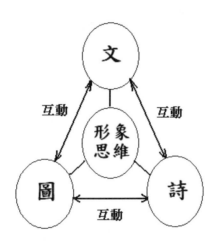

圖一、形象思維是詩／圖／文核心[7]

(二)從左右腦看創造力

---

[4]　參見「當現代遇見原始」之「畢卡索與原始藝術」項下，查詢日期 2010 年 12 月 3 日：
　　http://www.aerc.nhcue.edu.tw/4-0/newteach/002/876003/a/moden.htm。
[5]　張春榮：〈形象思維與作文〉，《作文教學風向球》(臺北：萬卷樓出版社，2008)，頁 49。
[6]　張春榮：〈形象思維與作文〉，《作文教學風向球》，頁 3。
[7]　研究者自繪。

　　左右腦的功能差異，是科學家們經由中風患者、癲癇患者的腦部研究，逐漸發現的。比如左腦掌管語言，把聽覺、視覺、觸覺、嗅覺、味覺等五官收到的訊息，以堆積的方式轉換成語言，進行的是條理、邏輯的思維，思考數學性的事物，按照線性處理訊息。其最直接的證據是得自「正子射出斷層攝影」（PET），比如右撇子者若從事語言試驗，其左腦「有強烈的活動」而右腦「相對靜止」[8]。因此左腦控制著知識、判斷力、思考，被稱為「知性腦」，「和顯意識有密切關係」[9]，基本上是可信的。而美國科學家 Sperry 的研究則證明右腦能夠處理可視的、綜合的、幾何的、繪畫的思考認識和行為，也就是形象思維。右腦是印象的腦，會將到手的訊息以圖像處理，能在短時間內處理大量資訊，在短時間內建立想像、產生很多創意，只要圖像在眼前閃過，就可以記住細微的部份，也因此「右腦又被稱為『藝術腦』，右腦運作能力強的人比較適合成為畫家、演奏家和作家」[10]。

　　由於右半腦的空間智能可以準確感受到空間關係，對色彩、線條、形狀有高敏感度，並把所知覺到的表現出來。空間智能強的人喜歡拼圖、迷宮、看插圖呈視覺遊戲、喜歡想像、設計及塗鴉。因此善用或常用此右腦特性，將可深刻體會 Edwards 所說：「藝術界有一句古老的諺語：『如果你教會一個人如何去看，那麼這個人就能學會如何繪畫。』所以你需要學習的不是繪畫，而是如何看事物。」[11]Edwards 認為「繪畫是一種認知能力的訓練，而不只是藝術能力的訓練。透過繪畫，可以獲得用直接感知看事物的方式，透過直接看事物，可以學會如何繪畫……把看到的事物『複製』下來。」[12]

　　因為藝術活動可以強化觀看的知覺，描繪東西可以訓練正確、敏銳的觀察力，或以新角度來衡量事物。未描繪對象前，往往看不出真正的形狀、結構、細節。因此，「描繪可以說是觀察力的延伸，而觀察是描繪的前提，互相增強兩者的能力」[13]。　正因為一般會認為制式的教育偏重左腦功能發展的教學活

---

[8] 大衛‧科恩(David Cohen)著，唐韻(譯)：《思維的時態》(The Secret Language of the Mind)。(臺北：知書房出版社，2004)，頁 47。

[9] 許素甘：《展出你的創意：曼陀羅與心智繪圖的運用與教學》(臺北：心理出版社，2004)，頁 9。

[10] 七田真著，劉天祥(譯)：《超右腦革命》(臺北：中國生產力中心，1997)，頁94。

[11] Betty Edwards 著，張索娃(譯)：《像藝術家一樣反轉思考》(臺北：時報文化，2005)，頁 156。

[12] Betty Edwards 著，張索娃(譯)：《像藝術家一樣反轉思考》，頁 232。

[13] 王秀雄：《美術與教育》(臺北：市立美術館，1990)，頁 148。

動，重點課程均擺在閱讀、語言表達、書寫、計算這些運用左腦的科目上，大部分的人還習慣使用右手，所以左半腦佔有優勢，右腦功能的開拓受到忽略，此嚴重傾向左腦的「偏側性」，使大約十歲左右兒童的繪畫創造力受到影響，[14]正因為「符號系統開始取代感知，並干擾這些感知」[15]。

　　而創造力一般被認為有廣狹二義，狹義的創造力只屬於少數天才人物的專長，是特殊能力的表現，接近心理學家馬斯洛（Abraham Maslow）所說的「特別技能的創造力」（special-talentcreativity），也被Ripple歸為創造力的「非凡論」的部份。廣義的創造力則認為它是每個人與生俱來的能力，只有懂得珍惜它的人，才能積極地加以開發和利用，使人的生活過得更加美好和充實。廣義的創造力接近馬斯洛所說的「自我實現的創造力」（self-actualizing creativity），也被Ripple歸為創造力的「平凡論」的部份。此時創造力即與日常生活的革新變化結合起來，認為創造力是人人與生俱來的能力，是所有人的潛能，需要加以不斷地開發和利用。如此創造力成為人重新認識和解決問題的能力表現。就創造力的廣義來看，人人皆有創造力，強調的是創造力的平凡性、實用性、大眾性、生活性等特點，創造力就是再認識已了解的知識並以之看待同一件事物的不同功能和作用，創造力可謂無所不在，無所不有，無所不能，無所不入，只要一個人用心去創新，他就有可能取得其實踐上的一次次飛躍。[16]

　　詩或圖或文的創作皆是創造力的表現，不論哪一種，皆與左右腦通力合作有關，但由於右腦劣勢半球，因此強調右腦的形象思維訓練乃成了必然。而占有優勢之左腦的邏輯思維與右腦的形象思維相輔相成，對立統一，其交互發展、有機結合，便構成了個體創作、創新、和創造的基礎。兩思維、左右腦的互動關係或可表為如圖二：

---

[14] Elliot W. Eisner 著，陳武鎮(譯)：《兒童知覺的發展與美術教育》(臺北：世界文物，1990)，頁 112。

[15] Betty Edwards 著，張索娃(譯)：《像藝術家一樣反轉思考》，頁 79。

[16] 岳曉東：《青少年創造力培養──　思考與研究》(香港：香港城市大學出版社，2011)，頁 9-11。

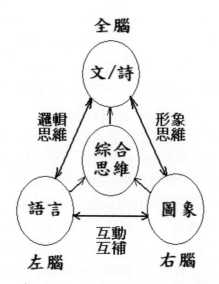

圖二、左右腦思維模式與詩文關係[17]

（三）心智圖的重要性

　　心智圖(Mind Map)是融入了上述左腦邏輯思維、右腦形象創意思維的兩種模式所發展出的心智技能，以達到兼具理性與感性的全腦思考模式。它是 1974 年由英國學者 Tony Buzan (東尼‧博贊)所發展的，是一種圖像化的放射性思考(Radiant Thinking)圖形法，可用以處理複雜資訊與強化學習力。[18]心智圖(Mind Map)是融入了上述左腦邏輯思維、右腦形象創意思維的兩種模式所發展出的心智技能，以達到兼具理性與感性的全腦思考模式。它是 1974 年由英國學者 Tony Buzan (東尼‧博贊)所發展的，是一種圖像化的放射性思考(Radiant Thinking)圖形法，可用以處理複雜資訊與強化學習力。[19]由於大腦細胞的組織是輻射狀或網絡狀，為配合大腦心智運作的這種模式，Buzan 採取以核心概念

---

[17] 研究者自繪。

[18] Buzan, Tony 著，陳素宜、孫易新(譯)：《心智魔法師－大腦使用手冊》(*Use Your Head*) (台北：耶魯──國際文化事業公司，2001)。Buzan, Tony, & Buzan, Barry 著，孫易新(譯)：《心智圖聖經》(*The Mind Map® Book*) (台北：耶魯國際文化事業公司，2007)。

[19] Buzan, Tony 著，陳素宜、孫易新(譯)：《心智魔法師－大腦使用手冊》(*Use Your Head*) (台北：耶魯──國際文化事業公司，2001)。Buzan, Tony, & Buzan, Barry 著，孫易新(譯)：《心智圖聖經》(*The Mind Map® Book*) (台北：耶魯國際文化事業公司，2007)。

為中心的輻射圖，稱之為「心智圖」(mind map)。[20]王開府教授曾簡述心智圖的特色如下：[21]

1. 由中心概念開展自由聯想。
2. 以不同顏色區別概念層級。
3. 可自由加插圖以增強記憶。
4. 可組織與發展系統化知識。
5. 可表現個人風格發揮創意。
6. 可利用電腦繪圖收放自如。

　　且其構圖鼓勵自由聯想，可以摘記心情、理想和目的，甚至可以拿來寫日記用。它可以用來處理文學性的題材，作故事、小說或戲劇之情節圖，乃至協助各種寫作如寫摘要、簡報、心得報告、演講大綱、論文及著作大綱等使用。

　　此思考與學習工具強調(1)關鍵字詞的使用原則、(2)邏輯分類階層化的結構以及加入了(3)顏色、(4)圖像等元素。其中：(1)關鍵字以名詞為主、動詞次之，再輔以必要的形容詞與副詞，這是因為名詞、動詞最能呈現出具體視覺化的概念與圖像。(2)分類與階層化的圖解結構：透過樹狀結構為主，網狀脈絡為輔的圖解思考方式，依照關鍵字詞的邏輯結構做出分類與階層化的放射思考樹狀圖。(3)顏色：其目的透過顏色來區分不同的主題，其次是運用顏色來表達對該主題內容的感受性。(4)圖像：是為了標示出重點所在，提醒目光視覺的注意力並強化記憶的效果。在重點地方所要加的插圖只要用簡筆畫的方式畫出能表達對該資訊的聯想圖像即可。[22]

　　在運用心智圖時，為了達到最大效果可朝三方向自我要求：(1)強化印象的效果：盡量使用圖像來標示重點內容，中心主題以及重點圖像要用三種以上的顏色來繪製，讓想像力擴張。融入五官的感受，盡情發揮想像力。(2)強化聯想的效果：使用連結線條指出在不同支幹之間資訊的關聯性，　使用顏色來

---

[20]　王開府：〈心智圖與概念模組在語文閱讀與寫作思考教學之運用〉，臺灣師範大學國文學報，第 43 期，2008 年 3 月，頁 268。

[21]王開府：〈概念模組在語文思考教學評量之運用——以心智圖為例〉，2007 年 10 月，見國民教育社群網，
　　http://teach.eje.edu.tw/resource/resource_SIG.php?login_type=1&GID=SIG00010&CAT=C3。

[22]　孫易新：《心智圖法基礎篇－多元知識管理系統》(台北：耶魯國際文化事業公司，2002)。

觸發聯想，使用符號來取代文字，除了可以精簡內容還能觸發視覺的聯想，利用大腦無限的想像力來創造具有創意的形狀，來激發創造力提升記憶力。(3)簡潔清晰的效果：每一個支幹線條上只寫一個關鍵字詞，以開啟思考的活口。字跡要端正，容易閱讀，沿著線條走，有整體感，有助於思緒的延展與內容的記憶。

三、心智圖於詩文寫作教學的應用例

應用心智圖在詩/文的寫作教學時，學生已升上九年級，這時的學生很有自己的看法、想法、做法，所以在教學過程中，筆者針對「心智圖法」的繪製，只是講作法重點，並強調創意性，並不刻意重複講述很細節的作法，因為怕學生的思考受限制。但後來發現「心智圖法」會歸納出這樣一套繪製法則，當是有其作用，從學生五花八門的作品就可看出原來繪製法則的特色——主題明確、關鍵字分類、資料群組化、資料階層化、簡潔、統一性等。所以這點在教學過程中可以特別加以強調，如果是圖像思考強的學生，則可大量透過圖形來記憶或者喚醒記憶；但如果是線性思考比較優勢者，則可以比較有規則的主幹、分支、次分支有系統的來做記錄。

(一)心智圖應用在記人的詩/文寫作教學

或許「自我寫照」在小學的作文課，大家都進行過了，例如〈我的志願〉、〈我是一個○○的人〉。但人生中每一個階段都會因為有了某些的經歷，而對自己有新的認識和想法。學生步上九年級了，馬上要跨入另一個學習領域，在國中這個階段，想法會和小學有異，將來到高中或許也會改變，所以每一個階段都有必要讓他們對自己進行一番省思：對自己的認識是什麼？看看自己想要什麼？也藉此澄清未來想走的路或者談談自己的理想。安排「自畫自話」的習作，則是希望他們能透過畫自己而更能好好的看看自己，進而思考自己是一個什麼樣的人？畢竟能清楚認識(內、外在)自己，才能確實掌握自己。

1.學生圖/詩/文作品賞析

學生作品經由批閱後，高表現(六、五級分)有十位，中表現(四、三級分)有二十二位，低表現(二、一級分)有二位。高、中、低各級表現各列舉 1 位學生的作品為參考。

(1)高表現 S04

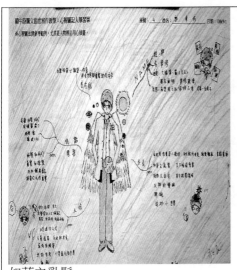

如草之亂髮
其下暗藏智慧
狡詐之面容
其中深慮謀略
以神的雙眸
睥睨
這渺小的大千
以王的雙手
匡正
這腐敗世界
宛如鋼之意念
將虛幻化作現實
目光所向
我的世界
完美無瑕的世界
無解

(2)中表現　S29

　　我是個外表平凡的人，雜亂無章的頭髮、凶狠的目光，總是一副無聊的表情，若是第一次認識我的人，大概會覺得我是個「御宅族」吧！但實際上，我是個很外向的人，只要搭的上話的，都可以成為朋友，但是，知心的朋友卻沒幾個，因為我的自傲，而常被反諷，這也常是我的致命傷，聖經說：「驕傲在敗壞以先。」但我可能永遠學不乖吧！

　　同時，我是個有遠大抱負的人，從年幼時，就認為這個世界充斥著許許多多的黑暗面，背叛、謊言、貪婪……等，隨年齡的增長，改革世界的想法，在心中匯集成一股巨流，愈來愈強大，所以，我才會學習，我的能力，並不是用來求溫飽就會滿足的，我要靠自己的力量，匡正這腐壞的世界，美國總統甘迺迪曾說：「頭皮下的東西，比頭皮上的更重要」，因此我不在乎我那如草的亂髮，只相信蘊藏的智慧，不斷的充實自己。

　　「如果你真心期望一件事，那麼全世界都會幫助你完成。」我就是以如此的想法努力到現在，我並不期望經世濟民，因為那不夠，人們的腐敗已達到了極點，必須有人引領世人往正確的方向前進，而我深信，我的力量即是為此而存在的。不管前方有多少苦難，無論要流多少的鮮血，踏過多少的屍體，為了不讓犧牲白費，我，無所畏懼。

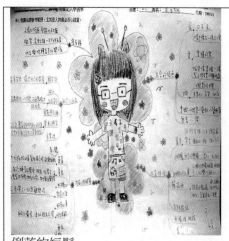

俐落的短髮
飄出過人的氣質
那黑框攔不住
雙眼如火的自信
透紅的臉頰
如遇水的顏料
暈成一片
我喜歡笑
微微的笑
大聲的笑
把一切悲觀念頭吞噬掉

　　一陣風帶來此起彼落的笑聲。她是個平凡的女孩，白皙的臉蛋上戴著追逐流行的黑框眼鏡，那框攔不住她雙眼如火的自信；透紅的雙頰如遇水的顏料，暈成一片；那俐落的短髮，更添加了一份氣質。

　　聽說，這女孩喜歡嘗試自己沒做過的事，因為那樣才能有一番成就感──運動會海報比賽，不擅於繪畫的她，在一次因緣巧合下參加了。因為初試，所以更加小心一筆一畫的完成，最後獲得了第三名；每一次出遊也都是自己徒手規劃，那女孩的心地也十分善良，總是為他人著想，怕別人的利益受損。

　　她的嗜好也十分特別，並不像其他女孩子愛逛街，而是喜歡登山，她說：「在忙碌的生活裡，到山上散散心，看見那些為你張開雙手的大樹，難道沒有一股奔向他們的熱情嗎?微風拂來，花香撲鼻而來；鳥語傳入耳裡，陽光糝了下來，暖意竄流全身，這豈不是人生一大樂事?」

　　悠揚的笑聲逐漸清晰，那女孩笑著望山頭走來，喃喃的說：「笑，不管是微笑抑或是開懷大笑，這是一個人最好也是最貴的保養品，因為它能夠把一切悲觀想法都吞噬掉，留下最陽光的一面。」

(3)低表現 S11

一棵古銅色的老樹
呆在這裡
將泥土變得樂活起來

　　每個人都有外表特徵及內在特質，而表現出各自的特色。

　　我所認識的他也很特別,全身黑的不像樣,青春痘滿天飛,好像泥土長了一顆蘋果似的。不過他很善解人意,在我不開心的時候,常常當我垃圾車,這台垃圾車所經過的地方,都會變的一塵不染,讓我的心情大為轉換,像一棵老樹,將泥土變得熱活起來,將自己化作養分,去體會每株花草,但他有一個壞習慣,就是他做事常常不馬上去做,到最後甚至忘記去做,讓我有點

將自己化作養份 滋養每一株花草	懊惱，最近脾氣也變得不好些，這些 還需要改進。

2、學生回饋

　　單元學習結束後，筆者列了 5 個問題請學生談談練習過程的作法、想法，以下是每個問題摘錄數位學生的回饋內容。

(1)問題一：應用心智圖、詩、文三者的結合完成這份「人物」的描寫後，是否有學到如何觀察「人物」的特點，並能透過文字描寫出來？

S29：畫心智圖時除了安排大綱外，也會把人物的特點畫下來，<u>畫的時候會想，這像什麼</u>？而<u>寫詩就是應用修辭(我常用譬喻和轉化還有動詞的變化)完成</u>，然後<u>寫文章時</u>，回想<u>圖和詩便能激盪出更多的想像</u>。

S35：<u>詩、圖、文都是從想像開始的，想像後再描寫，記人的主題大致是這樣完成的</u>。在寫文章的過程中，有時需要描寫人物的細部，所以自然而然就會去觀察周遭的一切人、事、物，這樣才有材料能在文章裡發揮。

　　這個問題是要讓學生仔細省思，透過練習是否在觀察力方面能更敏銳，從學生的回饋中計有 20 個學生覺得自己經過練習後會在觀察人、事、物特別細心；有 6 位學生是知道要培養觀察力，但還在練習中；有 3 位是不知道，另有 5 位沒有作答。

(2)問題二：心智圖與詩之間如何轉化？

S12：將個人對自己的認知及透過他人的描述，<u>將自己畫出，再參考圖，寫出最適當的句子即寫短詩</u>。

S41：<u>寫詩時，會參考所畫的圖</u>，會<u>用名言或特別的詞句表現圖中所畫的特點</u>。

　　圖轉化為詩句，在這個單元中有 27 人，但有 5 位未作答，有 2 位認為有幫助，但沒這樣作。

(3)問題三：詩句如何融入文章？

S04：不是以詩配合文或以文合詩，而是<u>自然的讓兩者合而為一</u>。

S39：<u>詩句，背後隱含著圖像</u>，寫作時，一邊想著畫面，一邊轉換文字，當<u>感覺進入另一層面，詩句放進去就對了</u>。

　　「記人」的單元，詩融文的技巧，顯然是進步了，這個部分有 26 位學生提到如何將詩句融入文章中，有 5 位未作答，有 3 位是沒有進行詩融文。

(4)問題四：所畫的心智圖和寫的詩，對寫作文有無幫助？

S30：有，運用<u>圖畫將腦海中的人物畫出</u>，不管最後所畫出來的成品像不像本

人，在**畫心智圖的過程中，自己就已經一再的想過那人的長相，所以在心中會很明白的知道要寫什麼**，再運用詩句將人物的長相、性格清楚的記錄在白紙上，最後再將**詩句擴充至文章**，將有些無法加到詩中的句子、對話一起融入，可以更快的完成文章。

S16：**透過畫心智圖的過程，在用文字描寫時，比一般文章更容易使讀者有明顯的圖像，就是比較會描寫。**

學生的回應，無論畫心智圖、寫詩都必得一再將主題反覆思考，無形中提升其思維力。有 20 提到在畫心智圖、寫詩的過程會不斷的思考，另有 8 位是談到腦海中的影像會特別清楚，2 位是不知道，4 位未作答。

(5)問題五：談談你對心智圖、詩、文三者融合交互作用的看法或其效果？

S18：**以前寫文章，用字較白話**，描繪的不傳神，很難讓讀者從文章內容了解意涵，但現在**透過畫心智圖和一些優美的詞句，能寫得比較生動，文章也不會平淡無奇，會有更多新意。**

S42：以前沒有先畫心智圖就直接寫文章，但現在有先畫心智圖，在**畫的過程會去想要如何畫，而寫文章時也可以更仔細描述出來。**

「記人」單元的寫作練習，有 24 位反應，畫心智圖時會仔細觀察自己的外表或思考所具有的內在特質，所以在寫作文章時不僅寫得較細膩，完成寫作後，也對自己有了更深的了解。

(二)心智圖應用在論說的詩/文寫作教學上

三年級下學期，學務處推動環境教育專題，這個專題的進行，為了協助活動的進行，筆者與衛生組長討論，最後擬定以「資源回收的重要性」為三年級開學初第一次模擬考的作文題目，欲透過這個主題的寫作了解學生對環境的變化及如何改善的看法與作法。

雖然是模擬考的作文寫作，但因為「資源回收的重要性」是偏向以「論說」為寫作文體，筆者的寫作創意教學，一系列練習項目尚欠缺「論說」方面的主題，此次的機會也正好填補研究所需，所以這次的練習筆者研擬教案設計是先鋪陳長文一篇，然後根據自己的文章寫詩和繪圖。

繪圖的作法，則因從「自話自畫」已經嘗試以「心智圖」進行創作，所以為了讓學生對「心智圖」的應用能更加熟練，故仍以其配合詩創作，不同的是這次文章先完成。筆者的構想乃希望學生能將寫過的文章再多次咀嚼，從中再行修正或者自行審視發現自己創作的特點，這項練習方式有別於以往，期待因

而激盪出不一樣創作火花；另方面也考慮到針對這個「環境教育專題」，如此不僅有文章可以發表，還有圖、詩可以增加活動的特色。

　　學生作品經由批閱後，高表現(六、五級分)有八位，中表現(四、三級分)有二十三位，低表現(二、一級分)有三位。高、中級表現各列舉一位學生的作品參考。為省篇幅，低表現略去。

(一)高表現 S35

大自然的悲鳴
無情的吞噬著這個世界
什麼高樓大廈
都被海嘯吞沒
反撲　自然的報復已開始
違背四個綠色箭頭的法則
引領我們的是
一片荒蕪的未來

（僅舉第二段）

　　小時候沒有什麼環保概念，家裡的垃圾也不做分類，後來住在社區裡，負責處理社區垃圾的清潔人員，總是會即時對我們住戶機會教育：「平常我們喝完即丟的寶特瓶，以為根本沒什麼用處，其實只要用點心思，小小寶特瓶也能像石油一樣，產生大作用。」我知道寶特瓶的回收已經有一段很長的時間了，但對於回收後還能做什麼，都不是很清楚，直到前些日子，台北市政府蒐集了一百多萬個寶特瓶，用來作為花博展館的建築，不僅美觀透氣又兼具環保的功效，才令我大開眼界；還有慈濟也將回收的寶特瓶，利用機器分解其纖維，然後做出一件件質暖輕柔的毯子，這也是令人嘖嘖稱奇！最近因日本地震的關係，慈濟將這些資源回收再製的毯子送到日本，將溫暖遍灑日本，可說是利己、利人、利國又利自然。

(二)中表現 S27

鏘
鋁罐微笑著

（舉一、二段）

　　「鏘！」鐵鋁罐丟入回收桶是多麼清脆的聲音，它正開心的對我說謝謝呢！現在生活上處處都是可回收的瓶瓶罐罐，一瓶開水，一罐可樂，在懶惰的慫恿下，人們便將可回收物隨手丟到垃圾桶裡，甚至地面隨處可見！造成地球的反彈，以怪異的氣候對我們做出最後的警告。

　　從小就有老師會提醒我們如何

心中滲入光芒　希望 投進的桶子像是個通道 開啟了無盡的未來 曾經是微不足道的垃圾 如今 存在著黃金般的價值 地球也眉開眼笑	做垃圾分類，並且教導我們在地上看到垃圾要撿起來，但又有幾個會去做？在國中，老師也是如此反覆提醒著。所以，每當室外課結束後，在走回教室的途中，我便會拉著同學去沿路撿垃圾，然後再分類處理，雖然這作法並沒有帶動多少人，但至少我們撿一個算一個，總比假裝沒看到的好！

(三)學生回饋

　　單元學習結束後，筆者列了 5 個問題請學生談談練習過程的作法、想法。因為是先完成文章，所以這次列了一個問題是分別比較先作文再畫心智圖、詩，和先畫心智圖、寫詩再作文，兩者學習效果的差異。

(1)問題一：畫「圖」是否讓你更能仔細觀察生活周遭環境的變化？

S04：(1)在畫心智圖的時候，會思考怎麼樣畫出它的特色，也有助於了解在文章中該如何形容。

　　　(2)要寫這類文章時，最重要的是先搜集資料，而最好的來源，當然就是自己的日常生活，在**觀察過程中，也讓自己更關注環保議題**，對文章大有助益。

S10：一開始寫根本不會寫，只覺得分類就分類啊！分類很重要就對了。**畫了心智圖之後就有流程概念**，例如寶特瓶的分類細節，從沖洗、壓扁、放對位置等都有一定的程序。因為**畫心智圖就會仔細了解、觀察**。而且上網查資料後，就會特別看一下分類編碼。

(2)問題二：圖與詩之間如何轉化？

S16：很多地方是從**心智圖得到的靈感**。由於**從文章連結出來的東西跟主題有許多相似之處，所以很容易串起來寫成詩。**

S19：把畫好的圖和已有的垃圾分類的概念結合起來，寫出該如何有更好的環境，用一些優美的詞句，寫出資源分類的概念。

(3)問題三：所畫的圖和寫的詩，對寫作文有無幫助？

S10：**心智圖很有幫助**，因為有了分段的構思，內容條理分明。Ex：(1)分類重要。(2)如何分類。(3)做分類。(4)具體影響與總結。

S29：**心智圖就等於是在分段說明，如果分得仔細，寫出來的詩就比較具體。**

我是分得很細，所以對我來說是很有幫助的。

「心智圖」及學生所附加的圖像，透過回饋，有28位認定對寫作是有幫助，有2位是還在練習中，有4位未作答。

(4)問題四：之前的練習是先畫心智圖、寫詩再作文，這個主題是先寫文章再畫心智圖及寫詩，你完成練習之後有何看法？

S27：先作文很難想像要寫什麼，透過心智圖可以很快列出大綱，就有方向了。

S39：先作文就必須在腦中有個架構，想像有限，但是先畫心智圖比較能寫出各段落的重點，而詩則是能使文章的用詞較有特色，如此先下一番功夫，作文也比較容易完成。

綜整這道題目的內容，有26位學生是一致同意先畫心智圖、寫詩，再寫作文，寫出來的文章內容較豐富，用詞也比較有特色。

(5)問題五：談談你對詩、圖、文三者融合交互作用的看法或其效果？

S19：垃圾分類雖然是個很基本的概念，但是如果能把這種概念化作具體的圖，藉由人物與垃圾的關係，會較能把垃圾分類這種抽象的概念，寫得更具體、更生動。

S32：以心智圖分類，再延伸出畫心智圖，從圖中的感覺寫成詩，我覺得這種方式較有完整性。

雖然大部分同學根據經驗，認為先畫心智圖、寫詩再作文效果比較好，但也是有四位同學覺得各有特點，甚至有一、二位學生認為先寫作文再畫心智圖和寫詩，的好處是可以補足寫作時沒有提到的事、物，還有花的時間比較少。筆者觀察後者這一、二位學生，例如S07，事實上在其他幾個單元練習時，他就未盡全力在畫心智圖、寫詩方面的習作，所以或許筆者忽略了有些學生並不喜歡畫心智圖或根本不會畫，這點在往後的教案設計上應該特別注意，如何讓不喜歡畫心智圖的學生也能有其他方法彌補這部分的學習。

(四)心智圖應用在敘事的詩/文寫作教學上

人都愛聽故事，所以無論是抒情文或論說文都無法避免地得應用到「敘事」的技巧，即所謂「寓情於事」、「以事論理」。在寫作教學的課程中，「敘事」的練習是教師責無旁貸，必須幫學生加強。

作品表現

學生作品經由批閱後，高表現(六、五級分)有一十一位，中表現(四、三級分)有二十位，低表現(二、一級分)有三位。高、中各級表現各列舉一位學生的

作品參考。為省篇幅，低表現略去。

(一)高表現　S29〈最難忘的一件事〉

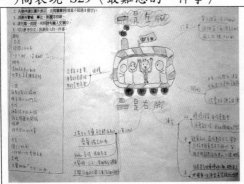

（僅舉一至三段）

　　眼看就要輪到我們這組了，雙手不由得生出一掌的汗水，呼吸突然急促起來，聽到同學大聲嘶吼著：「快！你們從右邊進去，另一組從左邊出來，記住把帆布扶好不要塌掉。」才跨進帆布的我們，馬上踏出整齊劃一的腳步，那是使帆布前進的動力，也帶出一幕幕練習的過程……

　　當運動會競賽項目表公布：三年級趣味競賽──火戰車，幾個字吸引了大家的目光，我們幾乎無庸協商地，全班一致決定以這個項目，要在這一次──在大有的最後一次運動會，刷新往年來運動會各項競賽倒數的名次，實實在在奪下一個「第一名」。這個目標如星火燎原，點燃深藏彼此心中那份奪冠的決心。體育課分組時，由於三年來的默契，四組的組頭很快的誕生了，組員也馬上分配得當，我們的熱情猶如一鍋煮沸的開水，連老師都嚇著了！

　　開始練習之初，我們這組的速度是最慢的，凌亂的步伐踏出了問題的開端，幾次的練習幾乎將大夥的雄心壯志消磨殆盡！最後，決定在一旁觀摩其他隊伍。我們也在問題裡穿梭許久，終於找出失敗的癥結點──口號太小聲導致腳步錯亂。之後，大家針對這一點，一次又一次的練習，在歷經無數次的苦練後，我們摸清楚彼此的默契，口號越來越大聲；腳步越來越整齊。我們喊出了熱血；喊出了鬥志，這也讓我們在最後一次練習中拿下四組之中的冠軍。

右進
撐開了帆布
一是左腳
二是右腳
一！二！一！二！

腳步
是帆布前進的動力
帶出一幕幕練習的過程

步伐
踩散隊中的和諧
踏出問題的開端

口號
凝聚大家的精神
喊出彼此的鬥志

眼神
相信彼此的力量
射出信心的光芒

左出
躍出了帆布
激情擁抱
高聲附和
913 第一！

低首越過門框下的錦旗 一切的一切　歷歷在目 這是汗水的戰利品	

（二）中表現 S19〈最光榮的一件事〉

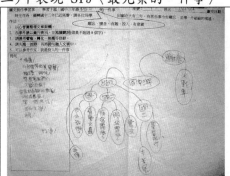

場邊
此起彼落的囂鬧聲
推擠　腳步
慫恿著我們
不斷向前
當展翅的麻雀
燃成鳳凰
第一個想法
並非光榮
而是
好燙

（僅舉二、三段）
　起初當然覺得這是不可能的，<u>第一次嘗試的混亂，就如被地震打毀的房子一般</u>，也不知道那布條前出了什麼事，在那藍白相間的地上就是無法如願向前，雖然沒有完美的出發，但我知道大家心中共同的光芒並未因此而退縮，犧牲了汗水和午睡，獨自在活動中心踩著「一、二、一、二……」，一個星期過去了，<u>原本的破房子在夜以繼日修建下，成了一座根基穩固的堡壘</u>。當然我們也不是省油的燈，我們明白這樣是不夠的，<u>為了那面光榮，要奮力再踩，踩出勝利的火花。</u>

（三）學生回饋

　　單元學習結束後，筆者列了 5 個問題請學生談談練習過程的作法、想法。

(1)問題一：：思考如何用心智圖規劃這個主題時，腦海中是否呈現有關事件的畫面更多、更清楚？。

S01：有，可以把想到的**畫面先畫在紙上，就會發現漏了什麼**。

SS41：我是寫二年級「啦啦舞」比賽，<u>在畫「心智圖」的架構</u>時，要不斷回想以前練「啦啦舞」的種種細節，然後<u>有系統的標列「主幹」、「支幹」</u>，因為<u>有「心智圖」的分類，就知道自己要寫要內容充不充實、有沒有條理</u>。

(2)問題二：圖與詩之間如何轉化？

S11：參考自己所畫的**圖，有助於詩句的創作**，例如：火戰車可以寫：夏日中
堅而不摧的小螞蟻。

S18：1、把圖反覆的看過好幾遍，加深自己的印象。2、藉著圖和自己原本的
經驗寫出最有感覺的部分。3、**將圖中的影像化作詩句，改變一些動詞，
讓詩句更生動，句子更優美、通順。**

S42：因為在畫心智圖的過程中會一直想那個畫面，所以寫詩時就會比較知道
要寫什麼，然後**參考圖時會儘量投入感情，再轉換為詩句。**

(3)問題三：所畫心智圖，是否對你在寫詩、作文的構想有幫助？

S02：透過**心智圖的整理，對於要寫的東西比較有排列性**，例如時間的順序會
考慮要先寫夕陽還是直接看螢火蟲，畫心智圖時會先構思。

S07：**畫心智圖後，就把基本的順序排列好了。**

S18：**應用「心智圖」我畫出起、承、轉、合的架構**，這樣會有比較**明確的方
向**，不至於盲目不知如何下筆，也會有效率的規劃寫詩的方式，會讓詩
的完整性更佳。

(4)問題四：談談你對詩、心智圖、文三者融合交互作用的看法或其效果？

S01：**先畫心智圖再寫詩，可以在寫作文時，把重點整合起來，比較好寫。**

S41：我在畫「心智圖」時，就會花很多時間思考再下筆，**「心智圖」就像材
料拼盤，作文則是完成的作品先將材料有系統地整合，寫作文才不會
亂**，比較**有條理。**

在學生的心得回饋中，針對採用手繪圖的教學策略，「有圖腦裡就會有畫
面，有畫面，自然而然就寫出來了」這類的看法不勝枚舉，足見手繪圖像對寫
作方面確實有相當的助益。

四、心智圖應用於詩文寫作成果及回饋分析

本文嘗試運用手繪圖、詩創作及文章寫作三者融合交互作用，藉此練習提
升學生在語文創作方面的觀察力、想像力、表達力、寫作力。教案設計以記人、
論說、敘事等三個單元進行寫作創意教學。在教學實施後，針對實施結果做評
析與綜合討論。首先，探討學生學習過程、表現及成效，這個部分是統整三個
單元的的學習成果、學生的自我檢視回饋資料，以了解每一個別單元練習，手
繪圖、詩創作對學生寫作成效的影響，其次，是由學生的問卷回饋探究教學策

略的成效，了解本寫作創意教學對學生在寫作上的助益及收穫；最後是從家長的問卷調查回饋單，整理家長對學生接受本寫作創意教學的態度、看法。

(一)學習前後學生對寫作創意教學的相關觀念、態度的變化

學生學習前後的改變。由問卷調查資料中整理 7 點說明如下：

1. 「會畫出腦中的想法並寫出圖畫要表達的意思」，這點在學習前只有 6 人非常同意，學習後增加到 14 人。

2. 「喜歡作文」，學習前只有 5 人，學習後增加到 17 人。

3. 「作文會使用修辭」，學習前非常同意有 13 人，學習後增加到 20 人。

4. 「畫心智圖發揮想像力」，學習前非常同意有 13 人，學習後增加到 19 人。

5. 「作文發揮想像力」，學習前非常同意有 6 人，學習後增加到 14 人。

6. 「腦中畫面畫成圖畫呈現出來，對寫詩很重要。」學習前非常同意有 11 人，學習後增加到 18 人。

7. 「詩句適時融入文章，對作文很有幫助。」學習前非常同意有 7 人，學習後增加到 16 人。

由上述 7 點亦可看出本寫作創意教學對學生在繪圖、詩創作及寫作的正面影響。

(二)語文創作能力成效

1.觀察力、想像力、表達力

以問題：「繪心智圖、寫詩的練習是否能讓你更懂得如何透過想像力聯想事物抒發、情感？」探究本研究能否有助學生透過觀察、想像力聯想事物表達情感。

透過這份問卷，請學生回答經過繪心智圖、寫詩的練習，在觀察力、想像力、表達力方面的收穫，發出問卷 34 份，有 6 人未作答。以下整理 8 點學生的回饋：

(1) S04：會仔細觀察平常不曾注意的事物。

(2) S06：畫心智圖後讓自己更想要仔細觀察生活環境。

(3) S14：畫出來，感受很深，能有很多想法。

(4) S17：畫心智圖讓我聯想更多有關事物的特點，也讓我仔細觀察事物。

(5) S18：圖像畫出來，寫文章不會那麼抽象，也較能觀察到細節。

(6) S31：畫心智圖可以將看到的事物仔細描繪，就會更想多看一點東西。

(7) S33：畫過圖就比較會聯想事物了。

(8) S37：本來喜歡觀察，但很少會去想它像什麼，現在做了練習，比較會多
　　想一想，也知道如何聯想。

2.思維力、寫作力

　　透過問題：「手繪心智圖、寫詩對文章寫作有無幫助？」探析學生在寫作
能力上的提升。

　　經過三個單元的寫作創意教學後，由學生自評的學習回饋中，檢視「寫作
力」方面的提升，發出 34 份問卷，有 7 人未作答，其餘都覺得畫心智圖和寫
詩對寫作有幫助。

（三）家長回饋

★家長的協助

　　藉由家長問卷調查表了解家長在寫作方面對孩子的協助狀況。

表一　家長問卷調查 1

	非常同意	大致同意	沒意見	不太同意	非常不同意
01.我會觀察孩子在畫心智圖方面的學習狀況。	11	11	0	0	0
02.我會協助孩子在畫心智圖方面的學習。	7	9	4	2	0
03.我會和孩子討論畫心智圖方面的學習。	12	5	4	1	0
04.我會督導孩子在畫心智圖方面的學習。	4	11	6	1	0
05.我會觀察孩子在寫詩方面的學習狀況。	8	10	4	0	0
06.我會協助孩子在寫詩方面的學習。	3	11	7	1	0
07.我會和孩子討論寫詩方面的學習。	4	9	8	1	0

08.我會督導孩子在寫詩方面的學習。	3	9	7	2	0
09.我會觀察孩子在作文方面的學習狀況。	9	11	2	0	0
10.我會協助孩子在作文方面的學習。	6	13	2	1	0
11.我會和孩子討論作文方面的學習。	6	13	3	0	0
12.我會督導孩子在作文方面的學習。	6	13	3	0	0

註：發出 34 份問卷，回收有效問卷 22 份。

　　由表一歸納──觀察學習、協助學習、討論學習、督導學習等四大點來看家長對本教學策略的配合。

1.觀察學習

(1)家長在畫心智圖的練習部分是 100%全程關注的。

(2)作文方面有 90.91%的長家會注意孩子的學習狀況。

(3)詩的創作只有 81.81%的家長會關注。

　　由以上的統整，顯然手繪圖的創作是比較吸引家長關注。

2.協助學習

　　家長協助孩子學習的部分，在圖作方面有 72.73%，詩創作有 63.64%，作文方面是 86.36%，顯示家長在作文這方面是比較能給予協助。

3.討論學習

　　會和孩子討論習作的部分，在畫心智圖的部分有 77.28%，寫詩部分有 59.09%，作文方面則有 87.36%，還是在作文這個部分，有較多的家長對學生能有所協助。

4. 督導學習

　　在督導孩子學習方面，畫心智圖的部分有 68.18%，詩創作有 54.56% ，作文則有 86.36%。

　　整體看來，在心智圖的部分對家長較有吸引力，會全程關注，其他在協助、討論、督導等方面，則是作文的部分有較多的家長能參與孩子的學習。

★家長的觀察

表二　家長問卷調查 2

	很大	大	尚可	退步	不清楚
01.我觀察到孩子畫心智圖進步狀況。	7	8	6	1	0
02.我觀察到孩子寫詩進步狀況。	5	9	8	0	0
03.我觀察到孩子作文進步狀況。	3	12	7	0	0
註：發出 34 份問卷，回收有效問卷 22 份。					

　　表二主要是在本教學策略實施後，調查家長所觀察到孩子在畫心智圖、寫詩和作文等三方面的成長。以下整理說明：

1.畫心智圖進步大，有 68.18%。

2.寫詩進步大，有 63.64%。

3.作文進步大，有 68.19%。

　　顯然畫心智圖和作文的部分是較寫詩有更大的進步。

五、結論

　　「寫作」歷來是大部分中學生聞之色變的苦差事，基於改善學生對寫作的觀感，筆者以能力為指標研擬寫作創意教學，期許經由手繪心智圖、寫詩進而創作文章的多元教學設計，開展語文創作的向度，豐富學習的內容，達到擴展學生想像力，培養敏銳觀察力，寫作組織力，提升語文思考、寫作能力的目的。基於上述理念，即分由學習者的學習成效及教學者的自我檢視，綜合研究結論如下：

(一)學習者的學習成效

1.跨領域創作可提升學生的寫作力

　　本寫作創意教學共設計有三個單元主題，隨著各單元課程活動不斷進行問題修正後，其寫作能力的提升不僅在平常的練習中多有展現，在基測的寫作測

驗成果上表現亦佳。但最可貴的是學生，學生學到的寫作技巧能令其在文章創作有成就感，進而不再懼怕寫作。在學生的回饋問卷中，在進行寫作實驗前對「我喜歡作文」這個問題，有 1 位學生「非常同意」，有 4 位學生「同意」，實驗後「非常同意」增加至 6 位學生，「同意」是 11 位學生，也就是有 17 位學生習得寫作方法後，寫作力提升就不再畏懼寫作了。

2.大幅度激發學生全腦運作，強化其創造能力

　　在寫作教學的課程設計中融入手繪心智圖，就是培養學生的觀察力、想像力、組織力，因為當腦中所想的意念要透過圖像表現時，就得將細節描寫出來，所以學生一定必須絞盡腦汁、仔細思考才能完成，此時如果想不出來，就會對平常不注意觀察事物的習慣有所改進，而這也就是筆者設計這項技法的初衷了。透過學生的回饋問卷中，31 份問卷有 28 位在學習後覺得「畫心智圖」可以發揮想像力及會觀察生活週遭的事物、寫作結構較清楚；有 27 位認同「寫詩」可以發揮想像力；有 25 位認為作文可以發揮想像力。

3.多媒體學習開展學生多元智能

　　本研究的成果，除了展現在學生寫作表現上，另一可喜的收獲是S30、S31、S33、S35、S40 等五位學生經由這六個單元的手繪圖練習，開發了自己的性向，踏上與藝術創作相關的道路，其中S33、S35兩位是順利考上自己的理想公立高中廣告設計科。這五位學生除了S31選讀廣設科是出乎筆者意料之外，其餘四位都是在一系列的手繪圖創作中就不斷展現其在圖像創作方面的智能，甚至由畫而優則寫，無論詩的寫作或作文的創作均同步成長。由此筆者肯定本教學策略除了寫作能力提升的成效外，亦能開展學生多元智能。

367

4.創意教學創造學生基測寫作測驗佳績

　　因為對象為九年級的學生，在面臨國中基本學力測驗的壓力，所以另一間接目標即：提高國中基本學力測驗的寫作成績。在本寫作創意教學實驗後，學生參加100 年第一次基本學力測驗寫作，本班共有27 位學生參加測驗，寫作測驗平均成績是同校同年級第一名。有兩位六級分(全校十七個班有十四位)，十位五級分，十四位四級分，一位零級分(未參加實驗者)。沒有三級分、二級分、一級分。這就是本研究最重要的成果。

(二)教學者自我檢視

1.跨領域創意教學模式有其可行性

　　圖文互動教學可增進學生學習動機和效果，在此教學實驗中得到了絕佳的驗證。而平日舉行的基本功練習和由多角度、多方向（詩至圖、圖至詩、文至圖、圖至詩至文）切入的寫作方式，對應的是「卵生胎生說」中所強調的「由卵生到胎生」或「多種靈感」產生的方式，對強化學生創造動機和創新能力果然有極大的、出人意表的效果和傑出表現。

2.促進教師專業成長

　　聽、說、讀之後才是寫，足見寫作能力在國語文能力的重要性，在教學現場上也是讓教學者感到最有挑戰性，因為寫作能力涉及面廣，要會寫、不怕寫，必須具備多項相關創作能力包括觀察力、想像力、思維力、表達力等統括這些能力才能提升寫作力。從學生的創意中汲取養分，促進筆者在國語文教學專業能力的成長；再者，以行動研究來解決教學實際情境中所面臨的問題外，對於教學行動研究者本身，亦能經由研究的歷程而成長。

3.增進師生良好互動

　　學生進行詩、圖、文創作時，筆者亦常與學生就所面臨的問題來作焦點對話，目的不在幫學生解決問題，而是希望學生能更清楚自己的問題，並思考可行的解決方式。由此，發現學生歷經了幾個單元後，也愈來愈勇於向筆者說出自己在圖作或詩創作的想法或者困境，這也使得師生之間更有機會激盪出討論的火花。同儕作品中習得創作的技巧等等原因中，慢慢由厭煩進而肯定，最後是師生都樂在其中的良好互動。

國家圖書館出版品預行編目(CIP)資料

佛教與中國文化——王開府教授榮退紀念論文集／
黃連忠、李幸玲、黃敬家等編撰 — 初版 —
臺北市：萬卷樓, 2013.05
　　面；　　　公分
ISBN 978-957-739-801-7
1.佛教　2.文集

220.7　　　　　　　　　　　　　　　102007877

佛教與中國文化——王開府教授榮退紀念論文集

撰　　　　者：黃連忠、李幸玲、黃敬家等編撰
發　行　人：陳滿銘
出　版　者：萬卷樓圖書股份有限公司
臺北市羅斯福路二段 41 號 6 樓之 3
　　　　　電話(02)23216565・23952992
　　　　　傳真(02)23944113
劃撥帳號 15624015
出版登記證：新聞局局版臺業字第 5655 號
網　　　　址：http://www.wanjuan.com.tw
E － mail：wanjuan@tpts5.seed.net.tw
承印廠商：中茂分色製版印刷事業股份有限公司
定　　　價：500 元
出版日期：2013 年 5 月初版

ISBN　978-957-739-801-7